कविता का उत्तर जीवन

(आलोचना)

कविता का उत्तर जीवन

परमानन्द श्रीवास्तव

राजकमल प्रकाशन

ISBN : 978-81-267-0887-1

मूल्य : ₹ 595

पहला संस्करण : 2004
दूसरा संस्करण : 2018

प्रकाशक : राजकमल प्रकाशन प्रा. लि.
1-बी, नेताजी सुभाष मार्ग, दरियागंज
नई दिल्ली-110 002

शाखाएँ : अशोक राजपथ, साइंस कॉलेज के सामने, पटना-800 006
पहली मंजिल, दरबारी बिल्डिंग, महात्मा गांधी मार्ग, इलाहाबाद-211 001
36 ए, शेक्सपियर सरणी, कोलकाता-700 017

वेबसाइट : www.rajkamalprakashan.com
ई-मेल : info@rajkamalprakashan.com

मुद्रक : बी.के. ऑफसेट
नवीन शाहदरा, दिल्ली-110 032

KAVITA KA UTTAR JIWAN
(Literary Criticism) by Parmanand Shrivastav

पूर्वकथन

'कविता का उत्तर जीवन' इस पुस्तक को 'शब्द और मनुष्य' (1988) और 'कविता का अर्थात्' (1999) के क्रम में देखना इसलिए भी आवश्यक है कि बीते हुए डेढ़ दशक का समय क्या कविता और समाज के लिए ऐसे भयावह संकट का दौर रहा है, जिसमें समूचा भूमंडल चंचल पूँजी और हिंसा के वर्चस्व से आक्रान्त है और विध्वंस को भी तकनीकी और मीडिया ने खेल-प्रपंच बना दिया है। आज कविता पढ़ना भी कविता को देखने की तरह है, जब फोकस 'दृश्य' की ऐन्द्रजालिकता और हिंस्र अश्लीलता पर है। फासीवाद जिस रूप में बहुत आगे तक बढ़ आया है, वह सभ्यता समीक्षकों की दृष्टि में अश्लीलतम कार्रवाई है। इसके बावजूद अगर 'युद्ध के विरुद्ध कविता'-जैसे आयोजन हो रहे हैं तो इसे कविता की आख़िरी उम्मीद कहा जा सकता है।

'कविता का उत्तर जीवन' यह मानकर लिखी गई पुस्तक है कि कविता का जहाँ अपना एक वृहत्तर **अर्थात्** है, वहीं वह **असमाप्त प्रक्रिया** भी है। **वाल्टर बेंजामिन** ने **अनुवाद** के अर्थ में जिसे **उत्तर जीवन** कहा था वह समूचे **सृजन** पर लागू है—सिर्फ़ **कविता** पर नहीं, संगीत और दूसरी कलाओं तक भी। कविता संगीत की हद को भी छूना चाहती है, पर उससे पहले वह समय की **तात्कालिक जटिलताओं** से भी बच नहीं सकती। देखते-देखते कविता को सस्तेपन की ओर, भद्‌दी तुकबंदियों की ओर और अश्लील मनोरंजन तक सीमित करने का जो दुश्चक्र साम्प्रदायिक ताक़तों के एजेंडे पर है, उसे देखते हुए भी कहा जा सकता है कि कविता की जीवनी शक्ति असंदिग्ध है। यही समय है कि **ग़ालिब, मीर, दादू, कबीर** भी हमारे समकालीन हो सकते हैं। इन्हें याद करते हुए आधुनिक भारतीय कविता के बुनियादी सेकुलर चरित्र की ओर संकेत करती टिप्पणी है—'साथी, इस समय यह लालटेन !'

'कविता का उत्तर जीवन' कविता-संग्रहों की समीक्षाओं का संग्रह नहीं है। एक कृति में अनेक कृतियाँ हैं, तो एक विमर्श में अनेक विमर्श हैं। इधर डायरी के पन्ने और अख़बारों के स्तम्भ भी 'आलोचना' में दाख़िल हैं। याद करें, 'कविता का अर्थात्' के अंत की डायरी—**आलोचक**

का दुख। यहाँ *जनसत्ता, राष्ट्रीय सहारा, सहारा समय* के पन्नों में छपे **कॉलमनुमा लेख** भी पूरे काव्य विमर्श को ठस अकादमिक पाठ होने से रोकते हैं। इस आलोचना का वृहत्तर स्पेस बन सकता है। तब जिरह के लिए कविता के संवेदनशील पाठक भी और कवि भी, यहाँ तक कि कथाकार और रंगकर्मी भी हमारे साथ होंगे। कविता के पाठक अनुक्रम को ग़ौर से देखेंगे तो उन्हें क्रमशः आठ खंडों में चुने गए निबंध भी एक स्वतंत्र पाठ की तरह दिखेंगे। परिशिष्ट खंड : ''जर्नल से समय-असमय 'जनसत्ता' और 'सहारा समय' में प्रकाशित टिप्पणियों और लेखों से बना है। इनमें अन्तिम दो टिप्पणियाँ 'कविता का अर्थ,' 'कविता कौन पढ़ता है' फिर 'कविता का उत्तर जीवन' के पहले निबन्ध से जुड़ जाती है। इसके बाद भी इस कठिन काव्यसमय से संवाद करने के लिए सिर्फ़ सवाल हाथ आते हैं, उत्तर नहीं। इस अर्थ में 'कविता का उत्तर जीवन' भी एक असमाप्त कृति है, जो फ़िलहाल राजकमल प्रकाशन के प्रबंध निदेशक अशोक महेश्वरी के आग्रह पर प्रकाशित है। फिर तो शमशेर ही याद आते हैं–बात बोलेगी, हम नहीं।

–परमानन्द श्रीवास्तव

अनुक्रम

कविता का उत्तर जीवन

कविता का उत्तर जीवन

कविता शब्दों में या शब्दों से लिखी जरूर जाती है पर साथ ही अपने बाहर या आसपास वह जगह भी छोड़ती चलती है जिसे पाठक (या आलोचक, जो सबसे पहले एक खास तरह का पाठक ही है) अपनी कल्पना और समय के अनुरूप भर सकता है। इस तरह देखें तो कविता लिखी जाने के साथ ही उस उत्तर-जीवन में प्रवेश कर जाती है, जिसके बाद वह कवि तक सीमित नहीं रहती, बल्कि पाठक के अपने विकसित होते अनुभव-जगत का भी हिस्सा बन जाती है। और यहीं वह (पाठक) एक या दूसरी अनेक व्याख्याओं के लिए स्वतंत्र होता है। भ्रम न हो, इसलिए कहना जरूरी है कि यह स्वतंत्रता भी निरपेक्ष या असीमित नहीं होती, क्योंकि व्याख्याकार के लिए भी कुछ आंतरिक नियम होते हैं, कुछ शर्तें होती हैं। उनसे सर्वथा मुक्त होकर कोई अतिवादी निष्कर्ष निकला जाए, तो उसे कविता पर एक और पाठ न मानकर निरर्थक मनमाना प्रलाप ही माना जाता है।

कुछ ही दिनों पहले एक वरिष्ठ कवि के एकल काव्य-पाठ के बहाने बातचीत में कई सवाल उभरे। एक तो यही कि जब तक कविता सीधे-सीधे आज के यथार्थ को तथ्यों, घटनाओं और ब्यौरों में जाकर न बताए तब तक क्या उसे एकांत-राग या शुद्ध निजी जीवन तक सीमित माना जाए और शेष समाज के प्रति उसकी उदासीनता को प्रश्न या जवाबदेही के दायरे में या कि कठघरे में ला खड़ा किया जाए ! या कविता को ही और तरह से पढ़ा जाए ! क्या यथार्थ के वर्णन और ब्यौरे को सीधे-सीधे न पाकर मान लिया जाए कि ऐसा रवैया एक ग़ैर-प्रतिबद्ध कवि का ही हो सकता है, जो न अपना पक्ष चुन सके, न बता सके ! क्या मान लिया जाए कि उसकी बेफिक्री विभ्रम विलास है, जो यही जाहिर करता है कि वह सुख की नींद का कवि है, क्योंकि दुख तो उसी के कथनानुसार उसे उत्तेजित नहीं करता। ऐसी धारणाएँ कवि और कविता के बारे में क्या राय बनाएँगी ? क्या यही नहीं कि ऐसा कवि जो यथार्थ के बारे में या अपने पक्ष के बारे में सीधे नहीं बताता, एक शब्दों से खेल-सा रचने वाला और उसी में मगन रहने वाला कवि है ! अक्सर प्रेम पर लिखने वाला और शेष दुनिया को नजरअंदाज करने वाला—भले ही वह गुजरात-जैसा हादसा ही क्यों न हो ! कुछ इसी तरह की राय बनाने वालों में एक वक्तव्य ऐसा भी था जो आलोचक को भी शक के दायरे में लाता था। आखिर ये आलोचक भी वैसे हैं जो इस तरह की कविता पर सीधे फ़ैसला देने से बचते हैं। उस कविता को और तरह से पढ़ने की सलाह देते हैं जो फौरी

प्रतिक्रिया नहीं जताती, या जो देर में खुलती है। कहा जाए कि ऐसे सवाल न सिर्फ समझदार पाठक को उद्विग्न छोड़ जाते हैं बल्कि बहुतों को, जो छंद या काव्य प्रयोजन को सुगम वर्ग पहेली-जैसा एकमात्र हल मानकर चलते हैं, एक नासमझ किस्म की पोलेमिक्स तक सीमित रखते हैं। यह कहना कि जो कवि ही कहता हो कि वह दुख से उत्तेजित नहीं होता, सुख के विलास का ही कवि हो सकता है—किसी भी चिन्ता, सरोकार या फिक्र से बरी—क्या आत्यंतिक सरलीकरण नहीं है ! यहीं पूछा जाना चाहिए कि हम कविता को आखिर क्यों पढ़ें और कैसे ? कविता जो कहती है, उसे कहीं गहरे जाकर समझने के लिए या अपने काल्पनिक या इच्छित पूर्वग्रह से उन पर मनमाना निर्णय देने के लिए !

ऐसे क्षणों में बड़े कवि कितने काम आते हैं ! उस दिन बातचीत में अचानक याद आये फ़िराक़ ! 'तुझ से छुट के बड़ी फ़राग़त है/अब मुझे कोई कामकाज नहीं !' कविता में 'अब' जैसा मामूली लगने वाला एक शब्द कितना कुछ कह जाता है ! कविता में जिसे 'भाषायी जगह' (Linguistic space) कहा गया है, उसे जरूरी नहीं कि कोई वाक्य या बिम्ब ही बताए ! बोलचाल का एक शब्द ही काफी है—वह भी जैसे कोई महज एक संयोजक शब्द, जो वाक्य या वाक्य समूह का कोई आंतरिक आधार बनता है। फ़िराक़ की पंक्तियों का हवाला देकर पूछना चाहा—क्या कहना चाहता है कवि ! 'तुझ से छुट के बड़ी फ़राग़त है !' क्या कवि को प्रिय से बिछुड़कर बड़ा सुकून है ! क्या यह फुर्सत पाए हुए का, अर्थात् किसी निठल्ले का बयान है ! क्या यह 'छुटकारा' ही ऐसा नहीं, कि भीतर कहीं हथौड़े की-सी चोट पड़ती हो। अकेलेपन की एक वह हद, कि अकेलापन भी साबुत नहीं रह पाता। क्षतविक्षत, लहूलुहान जान पड़ता है। विडम्बना (Irony) और किसे कहते हैं ? 'तनाव' अगर काव्यगुण है तो कविता में आखिर आता कैसे है ! यहाँ ये सवाल उठेंगे जरूर।

2

हमारे यहाँ वरिष्ठतम पीढ़ी के कवि कुँवरनारायण का 'इन दिनों' नाम से संग्रह छपकर कुछ पहले आया है जो सबसे पहले सावधान करता है कि कविता को धीरे-धीरे पढ़ें। अपने ही पूर्वग्रहों से बचकर पढ़ें। यह मानकर पढ़ें कि क्लासिकी रुझान का कवि गाहे-बगाहे मुक्त प्रगीतात्मकता में विचरण करने, घूमने या टहलने निकलता है और अपनी ही तय की हुई पाबन्दियों से बच निकलता है ! या बच निकलना चाहता है। कभी व्यंग्य-रस के छंद में, कभी कम से कम शब्दों के अनजाने प्रगीतात्मक ढंग में। व्यंग्य है तो छंद है और कथ्य काफी कुछ स्पष्ट लक्ष्यीभूत है। उससे अलग जाकर किसी और शक्ल में है, तो कभी सचेत और कभी अनजान काव्यविडम्बना है। कुँवरनारायण के बारे में तो बहुप्रचारित है कि वे गढ़ने, काट-छाँट करने, सँवारने-तराशने वाले कवि हैं। एक-एक शब्द पर रुकते हैं, बिम्ब-सरीखी इकाई रचते हैं और संश्लिष्टता का मर्म

भी समझते हैं। शायद इसी कारण वे तत्काल अर्थ निकालने वाले पाठक के उत्साह को सेंसर करते या जाँचते चलते हैं। बाज़ार की सब शक्लें तो जानी-पहचानी हैं—वह भी, जिसे कविता में देखकर आश्चर्य नहीं होता, और कुछ भी असंगत नहीं लगता—"कभी-कभी टहलते हुए निकल जाता हूँ/बाज़ारों की तरफ भी :/नहीं, कुछ खरीदने के लिए नहीं/सिर्फ देखने के लिए कि इन दिनों/क्या बिक रहा है किस दाम/फैशन में क्या है आजकल !" पर वह भी, जो आमतौर पर कल्पना से परे है—अनुमान के बाहर ! और यहीं कुँवर नारायण हैं—अपने ढंग के एक अकेले कवि—जो विचार को संवेदना में और संवेदना को विचार में ढालने वाले कवि के रूप में पहचाने जाते हैं। वह कुछ इस तरह—

वैसे सच तो यह है कि मेरे लिए
बाज़ार एक ऐसी जगह है
जहाँ मैंने हमेशा पाया है
एक ऐसा अकेलापन जैसा मुझे
बड़े-बड़े जंगलों में भी नहीं मिला

और एक खुशी
कुछ-कुछ सुकरात की तरह
कि इतनी ढेर-सी चीजें
जिनकी मुझे कोई जरूरत नहीं।

इस एक अकेलेपन के ही रंग कितने अलग हो सकते हैं। साहचर्य उसे बढ़ाता भी है और कम भी करता है। संग्रह त्रिलोचन का भी इन्हीं दिनों छपा है—'मेरा घर'। पर याद आती है तो उनकी बहुत पहले की कविता—"आज मैं अकेला हूँ/अकेला रहा नहीं जाता/जीवन मिला है कि रतन मिला है यह/धूल में कि फूल में/मिला है तो मिला है यह/मोल-तोल इसका अकेले/कहा नहीं जाता।" यह और तरह का अकेलापन है, जो हमेशा दूसरों में होकर ही अपने को सह्य और सार्थक पाता है। पर कुँवरनारायण वस्तुओं की विपुलता में जो अज्ञात अकेलापन आविष्कृत करते हैं, वह और है। और कवि का 'अन्दाज़ेबयाँ' भी और। जरूरत नहीं रही ढेर सारी चीज़ों की—इसकी एक खुशी ! पाठक क्या राय बनाएँगे इस 'खुशी' के बारे में, कहना कठिन है। क्या यह 'संग्रह' के विरुद्ध कोरा 'त्याग' है ! यह क्या संतों-जैसा संतोष-धन है ! या कुछ और ! कविता इसी 'कुछ और' में है—अपरिभाषित या अप्रत्याशित। कविता के लिए 'प्रदत्त' महत्त्वपूर्ण नहीं है, 'खोज' महत्त्वपूर्ण है।

एक शब्द के पीछे की नैतिक गूँज पकड़ने के लिए कुँवरनारायण इतने चौकन्ने हैं कि उन्हें कबीरदास की मुक्ति अपनी मुक्ति लगती है—प्रसन्नता से परे, उदासी से परे। और दुनिया में रहना इतना सकारात्मक लगता है कि छोड़कर जाना ही असंभव लगे। रहने, न रहने में अनबन या द्वन्द्व महत्त्वपूर्ण है। "कहाँ जाऊँगा छोड़कर/इतनी बड़ी दुनिया को/जो मेरे ही अंदर बसी है/हज़ारों वर्षों से।" जहाँ समकालीनता का इतना

आतंक है, वहीं एक सार्थक कवि की यह कल्पना उसके विरुद्ध एक तरह का हस्तक्षेप है—कि एक साथ कई जीवन में, कई देशकाल में रहा जा सके। केदारनाथ सिंह की 'त्रिनिदाद' जैसी डायस्पोरा वाली मनःस्थिति की कविताएँ याद आ सकती हैं—'कुछ दिन अन्य देशकाल में' जैसी कविता पढ़कर। यह ढंग अपने कठोर खुरदुरेपन में मराठी कवि बिंदा करंदीकर के यहाँ भी दिख सकता है। समयबद्ध और समयातीत के बीच एक निरन्तर आवाजाही का-सा दृश्यालेख !

अपने अनेक संस्करण, आलेख, पांडुलिपियाँ
खोजते हुए लाइब्रेरियों में, अजायबघरों में, विद्यालयों में
जा पहुँचा वहाँ
जहाँ केवल हर जानी जगह से—हर पायी वस्तु से—
लौट आना था एक ऐसे अविचल बिन्दु पर
जिसके चारों ओर
केवल एक अकुलाता विस्तार था

भाषा और भाषा के इस अभेद में कुँवरनारायण जहाँ-तहाँ शिशु-कल्पना का सहारा लेते हैं पर यहाँ वे बहुत स्वाभाविक नहीं हो पाते। यह भेद भी छिपा नहीं रहता कि शिशु-कल्पना आकृतियाँ बनाती ही नहीं, मिटाती भी है। कुँवरनारायण के यहाँ प्रकट है कि उनकी उदासीनता एक 'जानकार' की उदासीनता है। इसलिए विस्मयप्रधान खेल की जगह उनके यहाँ अवधारणाओं की बहुलता है। हर कविता अन्ततः एक विचार है—विचार की प्राचीनता और व्याप्ति में अक्सर मुकम्मल। मनुष्य होने का पूरा तात्पर्य या विचार भी यहाँ एक सुगठित निर्मिति है।

आश्चर्य नहीं कि कुँवरनारायण का व्यंग्य कई बार न सिर्फ ग्राह्य बल्कि सटीक लगता है। उसमें एक कथा-रस भी है और नाटकीय खिलंदड़ापन भी। कवि की सुघड़ सुगठित निर्मितियों का ही जैसे प्रत्याख्यान है यह ! विरल, पर महत्त्वपूर्ण। जबकि निर्मितियाँ अनेक हैं—"वह एक शिल्प है जो शून्य नहीं।" "उसके अमूर्तन में मौजूद है/उसकी ठंडी सतह से ढँकी/बेचैन गहराइयाँ।" इनके बरक्स 'शान्ति वार्ता' जैसी कविताएँ तो नागार्जुन की 'मंत्र' जैसी कविता की याद दिलाती हैं। यों नागार्जुन छूट ज्यादा लेते हैं और व्यंग्य का फलक भी उनके यहाँ अधिकाधिक विस्तृत होता जाता है। यह ढंग कुँवरनारायण के यहाँ भी है कि देखते-देखते एक विदग्ध उक्ति एक सीमित निपुण कथन से कहीं अधिक अर्थ देने लगे। "जब कोई अपना ही अपनों से कहता/कि वह ग़ैर नहीं/एक सन्देह पक्का होने लगता/कि अब दोनों की खैर नहीं।"

3

कुँवरनारायण को एक बार इस दृष्टि से भी पढ़ा जाना चाहिए कि निर्मितियाँ भी सब ठस अपारदर्शी नहीं हैं। कई बार कविता एक आकस्मिक 'राग' की तरह शुरू होती

है—काव्य प्रक्रिया में निहित उत्सुकता में, जिसकी ऐन्द्रिकता निर्विवाद है।

आओ शुरू करें एक दिन
जैसे एक राग
स्वरों और फिरत से बढ़त लेती
मध्य लय में ठहरती हुई
द्रुत में प्रवेश करती
तानों का सधा हुआ भराव

'जानकारी' अलक्षित नहीं है पर खोज की उत्सुकता अबाध है। कविता पर लिखी कविताएँ हैं और अवधारणात्मक भी जान पड़ती हैं पर काव्य-विवेक की सघनता अपने आपमें बन्द कार्रवाई नहीं। "अर्थ है वह खाली जगह भी जो शब्दों के बीच होती"। उत्सुकता का केन्द्र "खाली जगह" ही है—"एक निरभ्र खाली जगह/उस पर लिखते ही फूल/वह खिल उठता।"

यह मानने में कोई हानि नहीं है कि एक महत्त्वपूर्ण कवि परम्परा में ही हो सकता है—स्मृतियों को लिये-दिए, जो आगे की भी हो सकती हैं और पीछे की भी। यह रघुवीर सहाय या केदारनाथ सिंह के बारे में जितना सच है उतना ही कुँवरनारायण के बारे में भी। अब तो अंतर्पाठीयता (Intertextuality) जैसा काव्य सिद्धान्त भी इस आदान-प्रदान या आवाजाही की प्रकृति को समझने में सहायक है। यह लहजा 'आना किन्तु इस तरह" पहली बार कविता में नहीं आ रहा है, पर आ रहा है यहाँ, कवि का अत्यन्त निजी स्वभाव बन कर !

"उस वक्त आना ऐसे कि लगे/किसी ने द्वार खटखटाया/
कोई न हो/पर लगे कि कोई आया/इतना आत्मीय/
इतना अशरीर/जैसे हवा का एक झोंका/और मुझमें
समाकर निकल जाना/जैसे निकल गई/एक पूरी उम्र।"

'सरहपा' जैसी कविता की अंतर्वस्तु में कवि के स्मरण के साथ सुदूर कल्पना के शृंगारपरक (erotic) बिम्ब भी हैं जो पठन की स्मृति से छनकर आते हैं और जिन्हें जीवन के मुक्त पाठ की तरह इस रूप में पढ़ा जा सकता है—(इस दृष्टि से 'मुक्ति का अर्थ' कविता का साभिप्राय पद है)—

चिकने कपोलों पर लिखता प्यार के मनमाने छन्द
लहराते केशों की सुगन्ध में ऊँघती एक मदहोशी
चूमता नाभि-कमल

'अभिनवगुप्त' और 'अमीर खुसरो' की उपस्थिति कुँवरनारायण की दुनिया का एक जरूरी प्रसंग है। इतिहास महज इतिहास नहीं है वह स्मृतिलोक भी है जिसमें संचित पाठ के उत्तरोत्तर खुलने की अनेक संभावनाएँ हैं। कुँवरनारायण का क्लासिकी कवि व्यक्तित्व अगर बौद्धिक अवधारणाओं के प्रति वर्जनाशील नहीं है तो जीवन-राग या जीवन-विनोद की आत्मीय मुक्ति के प्रति भी उदासीन नहीं है। इसी अर्थ में एक कविता में कई

कविताएँ, एक जीवन में कई जीवन संभव हैं।

4

अन्त में फिर कविता की उसी आरंभिक बहस पर लौटें—कविता का समकालीन यथार्थ क्या इतना सरल सुनिश्चित और तथ्य सीमित है कि उसका एक ही अर्थ होगा और तुरन्त जान लिया गया होगा ! बता देने में आसान और व्याख्या-तत्पर ! कुँवरनारायण के कबीरदास जितने मध्यकाल में हैं, उतने ही त्रिकाल में हैं और उतने ही फिलहाल में। और यह महज रेटारिक नहीं है। प्रसंगवश 'ताना बाना' नाम से प्रकाशित आधुनिक भारतीय कविता के एक चयन में केदारनाथ सिंह की कविता 'अपनी खबर' काल या समय के बारे में एक गड्डमड्ड समय है और कवि का पता-ठिकाना अन्त तक अनिश्चित है। स्मृति के भीतर स्मृति और समय में हर बार कोई दूसरा समय ! कुँवर नारायण को पता है कि जो स्मृति का मर्म जानता है वही स्मृति के पार भी जा सकता है। *एक ही छलांग में* कविता की आखिरी पंक्तियाँ हैं—'लेकिन कल्पना की तो ऐसी / कि एक ही छलांग में / छोटी पड़ गई दुनिया / पीछे मुड़कर देखता / ऐसी तो बड़ी भी न थी कोई छलांग / जितनी छोटी पड़ गई दुनिया।' अकारण नहीं कि कुँवरनारायण उस *रचनाशीलता* को पाना चाहते हैं जिसे *नया* या *आधुनिक* कहना ज़रूरी न हो।

कविता का उत्तर जीवन और उसके निहितार्थ

अचानक इस ओर ध्यान गया कि **त्रिलोचन** ने पचासी की उम्र पार कर अपना कविता संग्रह वनाया, तो नाम रखा—'मेरा घर'। और नाम रखते हुए याद भी किया तो कबीर को। त्रिलोचन का कहना है—"मेरा घर—पर संत कबीर ने कान में मुझसे कहा—कंकड़ चुनि चुनि महल बनावैं, लोग कहैं घर मेरा; ना घर मेरा ना घर तेरा चिड़िया रैन बसेरा।" भ्रम न हो कि त्रिलोचन ने वैराग्य ओढ़ कर कबीर को याद किया। निर्गुण का भी एक सगुण रागात्मक ठाठ होता है—एक खास 'अन्दाज़े-बयाँ' ! कविताएँ बताती हैं कि गहरी जीवनासक्ति और सघन राग के बूते ही त्रिलोचन ने 'कविता' को अपना भी और दूसरों का भी जब-तब रहने लायक 'घर' बना दिया। घर ही बाहर भी है—बाहर का पता ठिकाना। यह कवि-कर्म के लिए तो एक अनोखा रहस्य ही है। बहुतेरे 'बाहर' हैं तो बाहर ही रहते हैं, 'घर' में हैं तो घर के होकर ही। त्रिलोचन के लिए तो पृथ्वी ही घर है—"पृथिवी मेरा घर है/अपने इस घर को/अच्छी तरह मैं ही नहीं जानता/भीत नहीं दीखती/दुआर भी नहीं है/मोहार का पता नहीं चलता/भटक रहा हूँ/यही जीवन है।" इसी सिलसिले में एक और कविता बताती है कि—"कविताएँ/सपनों के संग ही/जीवन के साथ हैं/कभी-कभी पाँव हैं/कभी कभी हाथ हैं !" कविता का जीवन हो या जीवन की कविता अगर वह ऐसी ही नहीं है—जैसी त्रिलोचन की काव्य पंक्तियाँ बताती हैं, तो कविता और है ही क्या !

प्रसंगवश, यह लेख लिखने के लिए मन बना ही रहा था कि शहर कर्फ्यू में आ गया। सिलसिला भी लम्बा चला। उधर युद्ध की खबरें आने लगी थीं—इधर अपने शहर की। संयोग से ही ऐसा हुआ हो, दोनों तरह की खबरें लगभग एक ही शाम दुनिया की खबरों का हिस्सा बन गई। अंतर्वैश्विक 'मीडिया' का हाल यह है कि जो बताना चाहिए, वह अंत तक ठीक-ठीक और पूरा नहीं बताता है, जिसे न बताने से बहुत फ़र्क़ नहीं पड़ने वाला है, उसे जरूर बताता है। सूचना के तौर पर ही सही, पर बेशक उसी क्षण। यह जरूरी भी है और शायद विडम्बनापूर्ण भी। कविता के इसी घर और पास-पड़ोस के जीवन, स्वप्न, प्रेम और राग के बारे में विचार करते ही युवा कवि **अनिल कुमार सिंह** की कविता 'नफरत' सामने थी और मैं अपने से पूछ रहा था—क्या होगा इस उत्तर-आधुनिक उपभोक्तावादी समाज के भीतर बड़ी पूँजी, बड़ी ताकत, व्यापक असीमित हिंसा और अकल्पनीय विध्वंस के जबड़े में फँसे उस 'घर' का जिसे 'वतन' कहने का हठीलापन प्रतिकूल स्थितियों में भी ग़ायब नहीं हो पाता—कहीं-न-कहीं स्मृतियों

में बचा रहता है। क्या होगा उस 'दौर' का—जिसमें 'नफरत' ही ताकतवर होने का प्रमाण और हड़बड़ी में बुलन्दियाँ छूने का जरिया बन चुकी है। जिस जटिल तनाव को कोई वक्तव्य या बयान नहीं कह पाएगा, अनिल कुमार सिंह की कविता बता पा रही है। वरिष्ठतम त्रिलोचन और युवा अनिल कुमार सिंह की कविताएँ जैसे दो युगों की दास्तान हों। इस कविता 'नफरत' को इस दृष्टि से याद करते हुए भी पढ़ सकते हैं कि साम्प्रदायिक फासीवाद और साम्राज्यवादी फासीवाद के तार कहीं-न-कहीं जुड़े होते हैं। कविताएँ इसी तरह अलग-अलग समय में अलग-अलग अर्थ देने लगती हैं और अपने एक पाठ या एक ही जीवन में बंद, सीमित या स्थिर नहीं होतीं। शायद यही है कविता का उत्तर जीवन—जिसके निहितार्थ विचारणीय होंगे।

और बीस साल बाद संभव है प्रस्तुत करें
अपने अनुभव का निचोड़ कि
दरअसल नफ़रत की ही थी वह मजबूत
डोर जिंसने बाँधे रखा हमें इतने साल
इस जमाने में नफ़रत करते हुए
जीना ज्यादा आसान है बनिस्बत
प्रेम करते हुए जीने के
प्रेम करते हुए हो सकता है
आपको रुकना पड़े किसी के सिर
को थामे अपने कन्धों पर थोड़ी देर

जब आपको जल्दी है
जाने की
आगे की ओर

जब कर्फ्यू की अवधि खत्म होते ही शहर सामान्य होने लगता है और तनाव क्षीण, हादसों के बाद कहने को अमनचैन होता है, पछतावा भी—पर एक वह जो 'चेहराविहीन जनता' है—अपने-अपने घर-मुहल्ले का डर समेटे—उसके पास, सच पूछें, तो न यकीन होता है, न उम्मीद, न आश्वासन। **ऋतुराज** जैसा कवि अपने समय को देखकर जो राय बनाता है, उसकी बानगी कुछ इस तरह है—"अभी तो सारे विवादी स्वर खामोश हैं/बाहर लू चल चल रही है/पर भीतर सब कुछ शांत है/अभी तो लोग पिछली भूलों का प्रायश्चित करने में लगे हैं। अभी तो कुछ भी अनुकूल नहीं है।" (लीला मुखारविंद) 'अभी तो' कविता का शीर्षक भी है और केन्द्रीय मर्म भी—जो कविता को असमाप्त प्रक्रिया बनाता है—जहाँ न निश्चित अर्थ में कविता का कोई आरंभ है, न अंत।

एक तरह के 'आदिम राग' में रचे-बसे होकर भी ऋतुराज को न भूमण्डलीकरण, उदारीकरण, बाज़ारबाद के बारे में कोई भ्रम है, न आतंकवाद और साम्प्रदायिक-साम्राज्यवादी फासीवाद के रूपों को लेकर कोई दुविधा या गलतफहमी है। इनके रिश्ते जटिल जरूर

होंगे पर समझ से परे नहीं हैं और प्रतीकों हथियारों ब्रांडों की शक्ल में अक्सर दिखाई दे जाते हैं। उनकी लम्बी कविता 'श्री ईश्वरचरितम' देश-दुनिया की तथाकथित धर्म-संसदों में प्रोत्साहन पाने वाली बर्बर भयावहता को उद्घाटित करती है और इशारा करती है कि सामाजिक न्याय और बराबरी का दम भरने वाली सत्ता ने ही 'लोफतंत्र' को, जिसकी बुनियाद पर वह कायम है, निरर्थक या बेमानी बना दिया है। 'हत्यारा हत्या करता है ईश्वर के नाम पर/हत्यारे के पक्ष में ईश्वर गवाही देता है/क्योंकि हर अपराध में उसका हाथ होता है/...मैं जानता हूँ, ईश्वर/तुम कहीं नहीं हो/सिर्फ अन्याय को एक नाम देने के लिए मैं तुम्हें याद करता हूँ..." + + + "उनके हाथों में खून सनी छड़ें थीं/चाकू और तेजाब की बोतलें थीं/अनगिनत हाथ थे जैसे कि तुम्हारे ही हाथ हों वे..."। इस वृत्तांत का जरूरी संदर्भ था—इस ओर इशारा—कि उपभोक्तावाद, बाज़ारवाद, फासीवाद क्यों आपस में नाभि-नालबद्ध हैं—"ईश्वर, तुम ही तो थे उपभोक्ता संरक्षण समिति के सचिव/व्यापार मंडल के अध्यक्ष भी तुम ही थे...।" वृत्तांत इकहरा ही सही—ऋतुराज के लिए यही एक निर्मम, बर्बर समय का सच है। अराजक समय का अराजक वृत्तांत। सीधा, दो-टूक, तात्कालिक, प्रहारात्मक बयान—जो गुस्सा जगाता है। एक मकसद, एक फौरी कार्रवाई। 'अप्रकट' 'गूढ़' की हिकमत छोड़कर ही संभव है कि जरूरत होने पर कविता को ऐसा जोखिमभरा वृत्तांत बनाया जाए। ऋतुराज की ही अपनी प्रकृति की कोई और कविता—जैसे 'सम दुख' (लीला मुखारविंद) चुनी जाए तो अप्रकट-गूढ़ की बहुत सूक्ष्म अर्थसंभावना अदृश्य न रहेगी। फिलहाल, उस पर विचार आगे, और अलग से।

2

जो स्थितियाँ सार्वजनिक रूप से अपनी भयावहता में **श्री ईश्वरचरितम** (ऋतुराज) में इस तरह प्रकट और विकट हैं, वे ही **चंद्रकांत देवताले** के इधर के संग्रह 'उजाड़ में संग्रहालय' में एक निजी वृत्तांत भी बनाती हैं—यद्यपि देवताले का निजी आक्रोश भी 'इस कविता का केन्द्रीय शब्द है हिंसा'—जैसी कविता में एक अनिवार्य सामाजिकता लिये हुए है। कविता प्रकट भी कर रही है तो छिपा भी रही है। मुख्यार्थ के पीछे एक झीना परदा है—यों परदा भी क्या है ! "यह हिंसा की प्राक्तन बावड़ी है/हड्डियाँ समा जाती हैं तहखानों में/खून उड़ा दिया जाता है भाप बनाकर।" यहाँ तो "चाकू अभी तक भी है/दुश्मनों की भलमनसाहत में चमकता हुआ/और अभी तक भी यह अस्पष्ट है/विराट काले धब्बे की तरह/कि हिंसा कौन भड़का रहा है।" यही समय है कि 'हिंसा की प्राक्तन बावड़ी' को 'शास्त्रसम्मत' प्रमाणित कर दिया जाता है। कवि को लगता है कि शायद इसी तरह कहने से बर्बरता के रहस्य खुलें।

वृत्तांत-बहुलता देवताले के यहाँ भी है—साम्प्रदायिक फासीवाद, सामंती वर्चस्व, स्त्री यातना, धार्मिक पाखंड और प्रदर्शन, चालाक हुनरमंद लोगों के रहस्यमय क्रियाकलापों

की निर्मम चीरफाड़—और भी बहुत कुछ (शायद ऐसा वस्तु वैविध्य कम कवियों के यहाँ दिखे !)—पर अक्सर एक गहरी आत्म-मीमांसा के साथ। कभी निर्मम आत्मग्लानि, कभी कूट पदावली में गुँथी फंतासी, कभी शक और अपने से जिरह। देवताले की स्त्री विषयक अनेक कविताओं के बीच *देवीवध* और *बाई दरद ले* एक जैसी नहीं है। ऋतुराज की कविता 'श्री ईश्वरचरतम' के साथ देवताले की कविता 'यहाँ अश्वमेध यज्ञ हो रहा है' पढ़ें तो बहुत कुछ एक साथ दिखेगा। पर ऋतुराज की *समदुख* और देवताले की *औरत का हँसना* एक साथ पढ़ें तो दोनों की एकदम अलग-अलग पहचान और क्षमता की ओर ध्यान जाएगा। प्रवृत्तियों की समानता अगर समय की पहचान कराती है तो अलग-अलग कविताओं की बनावट में कवियों की निजी पहचान प्रकट होती है। देवताले का एक तरह का वृत्तांत अगर 'यहाँ अश्वमेध यज्ञ हो रहा है' जैसी कविता में दिखेगा, तो आत्मव्यंजक कविताओं में भी समय का दूसरा-तीसरा वृत्तांत अनदेखा नहीं रहेगा। देवताले के बयान का एक ढंग अगर यह है—

"भूल जाओ आधी रात की हत्याएँ और बलात्कार/यहाँ
अश्वमेध यज्ञ हो रहा है/उधर मोबाइल टेलीफोनों के सहारे/
शेयर बाज़ार और भूमिगत धन्धे पर पकड़ पुख्ता है/उधर कम्प्यूटर
के परदे पर प्रवेश कर रहा है/अश्वमेध का घोड़ा/जो चीज़
धुआँ छोड़ रही उसे ईश्वर बताया जा रहा है......"

तो दूसरा ऐसे 'आत्मकथ्य' के रूप में सर्वथा निजी और अंतरंग—

मैं अपने को गिरते हुए देखना चाहता हूँ
जैसे खाई में गिरती है आवाज़
जैसे पंख धरती पर

मैं अपने को डूबते हुए देखना चाहता हूँ

मुझे मत बचाओ
कोई मुझे मत बचाओ

देवताले जहाँ खामोश होते हैं वहाँ खामोशी भी एक पूरे दौर पर टिप्पणी है—"मैं रास्ता ढूँढ़ रहा हूँ/कोई फैसला नहीं लिख रहा/शर्मिन्दगी में डूबा पस्त आदमी हूँ/थकी हुई घायल धरती को/सूँघ रहा हूँ।" देखें तो आत्म-दया का-सा स्वर है—पर ऐसा कि 'आत्मदया' भर कहना अपर्याप्त हो। क्योंकि इन्हीं पंक्तियों से पहले समय के पाखंड का खीझ भरा बयान भी है। विकलता के लिए क्षमा नहीं माँगी जा रही है। अराजक स्फीति, असंतुलन, कूट वक्रताएँ, फंतासी, विडम्बना और विपर्यय के घालमेल से भी आत्म-मीमांसा एक स्पेस अर्जित करती है। यहाँ मुक्तिबोध की ऊँचाई अब भी कल्पना के परे है पर ऐसे कवि भी होंगे जिन्हें संक्षिप्तता का मर्म जादुई विडम्बना के लिए भी जरूरी लगता हो और निर्मम समय की कथा या वृत्तांत बनाने के लिए भी। कम

से कम पंक्तियों और शब्दों में भी यह ढंग आज़माया जा सकता है। **विष्णु नागर** का संग्रह *कुछ चीज़ें कभी खोई नहीं* इस दृष्टि से एक हद तक उल्लेखनीय माना जा सकता है।

3

कविता के 'उत्तर जीवन' की संभावना पर जर्मन आलोचक **वाल्टर बेंजामिन** ने विचार तो किया था—अनुवाद के उद्यम के प्रसंग में; पर गहरे अर्थ में खुद कविता यह अर्थ अपनी प्रकृति और प्रक्रिया में छिपाये हुए है। कई तरह के पाठ-सम्बन्धी अनुभवों से होकर बेंजामिन ने जाना था कि कविता का उद्देश्य किसी घटना का हू-ब-हू बयान नहीं है बल्कि वह अपने को एक तरह से कथाकार के जीवन में घोलती है। इसे वे रूपक की-सी शब्दावली में कुछ यों कहना चाहते हैं—"इस प्रक्रिया में वह (कविता) कथाकार की छाप लिये होती है, ठीक वैसे ही जैसे मिट्टी का घड़ा कुम्हार की उँगलियों की छाप लिये होता है।" अन्यत्र बेंजामिन ही *स्मरण* और *स्मृति* में (जैसे घटना और कला में) फ़र्क़ करते हैं। एक अगर प्रभावों को संरक्षित करता है तो दूसरे का लक्ष्य होता है—विखंडन। विखंडन चुनने में सहायक है, जो एक तरह की आज़ादी देता है—एक तरह का काल्पनिक स्पेस। जैसे फ़ैन्टेसी कई बार सच से ज्यादा सच कहने में सक्षम होती है। विष्णु नागर के संग्रह 'कुछ चीज़ें कभी खोई नहीं' की पहली ही कविता फ़ैन्टेसी से यथार्थ में और यथार्थ से फ़ैन्टेसी में प्रवेश करती है।

बस और बच्चा कविता में कल्पना यथार्थ को फ़ैन्टेसी में बदलकर रूपांतरित नहीं करती, बल्कि विडम्बना को भी अधिक ठोस पारदर्शी बनाती है। कविता इस दृष्टि से भी विचारणीय है कि क्या असंभव की संभावना यहाँ काव्य-विनोद से बाहर भी कोई अर्थवत्ता हासिल करती है। जिस कविता में फ़न्तासी के ढंग के चुस्त-चतुर वाक्य या प्रयोग अनेक हैं—"बच्चे को देखा इस तरह झूमते-गाते/तो एक तितली ने बस में घुसना चाहा/ड्राइवर ने उसके लिए बस धीमी की/तितली बस में बच्चे के कंधों, हाथों/घुटनों पर बैठी/कंडक्टर के बैग पर बैठी/बस के स्टीयरिंग पर बैठी/..." "लोदी गार्डन आया/तो तितली दरवाजे पर आई/ड्राइवर ने बस धीमी की/वह उतरी/वह एक पौधे पर जा़कर बैठ गई—"। कविता में यह खेल कुछ देर चलता है जैसे कि कविता ही 'बस' हो—पर अचानक जैसे कोई जादू टूटता हो—कविता यथार्थ की उस ज़मीन पर है, जिसे नेरूदा-जैसा कोई कवि *रूखी त्वचा* की तरह देखता :

"बस चलती रही
चलती रही
बच्चा उसी में बड़ा हुआ
लेकिन यह क्या
वह अब 1996 की दिल्ली में था

गद्य की ज़मीन और विडम्बना की कला के संयोग से कई बार अचूक लगने वाला अर्थ भी संदिग्ध लगकर ही विश्वसनीय लगता है। इस अंतर्विरोध को बहुत सतर्कता से जाँचने की जरूरत है।

विन्यास या बनावट की दृष्टि से भले ही विष्णु नागर की *मुनाफे के लिए* और *प्याज* कविताएँ अलग-अलग दिखें—पर ताकत वे एक ही समय के निर्मम यथार्थ और सपाट गद्य से प्राप्त करती हैं। समय ऐसा है कि उसे कहने के लिए यह सीधा निपट गद्य ही काफी है—वह अर्थ और ध्वनि के कारण कुछ और भी हो तो आश्चर्य नहीं, न हो तो कहीं से वह कमतर नहीं। ''वे अब महात्मा गांधी से भी ज़्यादा/महात्मा गांधी बनने में जुट गये/उन्होंने एक दिन में पचास करोड़ कमा लिये/अब उनकी तैयारी 'डीलक्स' महात्मा गांधी बनने की थी/तभी न जाने क्या हुआ कि वे एक दिन सच बोल दिए/उनके लिए नाथूराम गोडसे की ज़रूरत नहीं थी/उनके प्रायोजक ही काफी थे।'' विष्णु नागर इससे अनजान नहीं हैं कि ये वे संदर्भ हैं जिन्हें कविता के बाहर भी अधिक प्रखरता के साथ कहा जा सकता है पर कविता के लिए वे कोई वर्जित विषय-क्षेत्र की तरह नहीं हैं। जहाँ यथार्थ इतना भयावह और बर्बर समय-संदर्भ उपस्थित करने वाला हो, वहाँ भीतर की दुनिया में कम हाहाकार न होगा—भले ही उसे बताने के लिए मुखरता से कहीं अधिक मूल्यवान चुप्पियाँ हों।

विष्णु नागर पर रघुवीर सहाय का प्रभाव छिपा नहीं है। इससे विष्णु नागर का अपना महत्त्व कम नहीं होता। न खूबियाँ कम होती हैं न खामियाँ छिपी रहती हैं। *अमर कविताएँ* और *कला में वाणिज्य* पढ़कर रघुवीर सहाय की कविताएँ याद नहीं आतीं, बल्कि उनकी चिन्ताएँ याद आती हैं, उनके सरोकार याद आते हैं। अमरता की धारणा का उपहास हरिशंकर परसाई के यहाँ मिलेगा। कला में वाणिज्य की बाढ़ का व्यंग्य भी। विष्णु नागर की कविता में समय ऐसे भी आता है—''कला में वाणिज्य की बाढ़ आई/तो वो बह के रह गया''। यही समय है कि होड़ या प्रतियोगिता अनिवार्य है और हादसा भी—''इसलिए वह आगे और आगे बढ़ता रहता है/और बढ़ते-बढ़ते इतना आगे बढ़ जाता है कि/असमय मर जाता है।'' रघुवीर सहाय की एक परंपरा-जैसी पहचान मानकर विष्णु नागर को पढ़ते हुए उन्हीं की कुछ कविता-सम्बन्धी चिन्ताओं को याद करना शायद ज़रूरी हो। 'आत्महत्या के विरुद्ध' एक अकेला संग्रह न था जिसके संदर्भ में कविता और राजनीति के सम्बन्ध को ठीक से समझने की शुरूआत हुई। आदर्श रूप में ब्रेख्त की कविताएँ थीं, तो अपने समय के धूमिल और दूसरे नये कवियों की कविताएँ भी थीं। फिर यही राजनीतिक कविता धीरे-धीरे एक समय की मुख्यधारा जान पड़ने लगी। इस बीच *राजनीतिक कविता* की समझ का विस्तार भी हुआ। अनुभव किया जाने लगा कि प्रेम की कविताएँ भी, बल्कि निराला के अन्तिम दिनों की प्रार्थनापरक कविताएँ भी गहरे अर्थों में राजनीतिक कविताएँ हो सकती हैं। पर किसी तरह की कविता या कला हो, कुछ समय के बाद उसकी रूढ़ियाँ बनने लगती हैं। यह आसानी के कारण भी होता है। और अनजाने भी। छंद से मुक्ति के नाम पर एक तरह की आसानी मिली

तो विषय की अनंत स्वतंत्रता के चलते दूसरे तरह की आसानी—जिससे अभी तक छुटकारा नहीं है ! जो बहुत महत्त्वपूर्ण लिखा जा रहा है, उसी के साथ यथार्थ और रूप का सरलीकरण भी जाहिर है। इस अर्थ में विष्णु नागर को आसान कवि मानकर पढ़ना शायद ग़लत हो। यहाँ रघुवीर सहाय के शब्द ही उन-जैसे कवियों को पढ़ने में सहायक हो सकते हैं। जहाँ उन्होंने समकालीन लेखन में रचनाजन्य कई कृत्रिमताओं के प्रवेश से इनकार नहीं किया वहाँ यह भी स्वीकार किया कि "वृथा भावुकता के प्रति वह जन्म से ही सशंक और सचेत है"। इसी के साथ यह भी लिखा—"वास्तव में कविता तो कविता तभी होती है जब वह बनी-बनाई समझ को तोड़ती है और पाठक के साथ मिलकर उसे फिर से बनाती है—इस बार पाठक में। वह श्रोता या पाठक को इस बनाने में हिस्सा लेने को उकसाती चली जाती है—एक बार लिखी जाने के बाद बहुत लम्बे समय तक। यही अच्छी कविता के कठिन होने का तात्पर्य है।" क्या यही कविता के उत्तर-जीवन का एक और साक्ष्य नहीं है ! आश्चर्य नहीं कि खुद रघुवीर सहाय एकाधिक बार अपने काव्यानुशासन से चूक गये हों—उससे फ़र्क़ नहीं पड़ता। जो तोड़ता है, वही जोखिम भी उठाता है। अचूक या बेदाग महानता की कोई शर्त नहीं है। एक तरह का अराजक सिनिसिज़्म भी कवि के कभी-कभार काम आ सकता है। पर जिस दिन वह महज एक काव्यमुद्रा या प्रदर्शन की हिकमत होकर रह जाए वह उसके 'यथास्थितिवाद' का ही एक दयनीय साक्ष्य होकर रह जाएगा। व्यंग्यविनोद, क्रीड़ाभाव, आत्मविडम्बना कई युक्तियाँ हैं जो विष्णु नागर की कविता की बुनियादी विशिष्टता या क्षमता को बचाती हैं। गंभीर मुद्राओं के बीच कभी-कभी काव्यविनोद ही कवि को बचाता है—क्या गद्य में और क्या कविता में !

4

कहना ज़रूरी नहीं कि ऐसे किसी भी विश्लेषण में एक तरह का सामान्यीकरण अनिवार्य हो उठता है। उससे छुटकारा तभी संभव है जब अलग से किसी एक कविता को कविता के रूप में पढ़ा जाए। आखिर अपने समय की कविता भी एक मुद्दा (या एजेंडा) भर नहीं है—उसके आगे-पीछे आसपास बहुत कुछ हो सकता है पर कविता का कोई विकल्प नहीं है। इसी दृष्टि से वह 'असंभव सारांश' है। इस दृष्टि से ऋतुराज, देवताले और विष्णुनागर के इन्हीं संग्रहों से एक-एक कविता चुनी जा सकती है—जैसे *समदुख* (ऋतुराज), *औरत का हँसना* (देवताले) और *उसे यकीन था* (विष्णु नागर)।

सबसे पहले *समदुख* कविता के आरंभ और अंत को एक साथ देखें तो कविता में कथा, कथा में पोर्ट्रेट, आत्मछवि का प्रकट-अप्रकट भाव-मर्म इन पर एक साथ ध्यान जाएगा। आरंभ की पंक्तियाँ हैं—

उस घर में सब जीवित थे
गृहिणी जो सद्यः विधवा थी

अदृश्य रूप से भीतर कहीं मौजूद थी
वह जब जीवित था तो वह अक्सर ऐसे ही हुआ करती थी

यहाँ 'आरंभ' में जितना कहा गया है उससे अधिक ही अनकहा छोड़ दिया गया है। दृश्य भी जितना है उससे ज्यादा अदृश्य है। *उस घर में सब जीवित थे* के पीछे क्या यह कहा जा रहा है कि गृहिणी जो सद्यः विधवा थी, होकर भी अदृश्य थी—एक अर्थ में अनुपस्थित। जैसे एक निष्प्राण निर्जीव उपस्थिति। कहना कठिन है कि स्त्रीविमर्श इस उपस्थित-अनुपस्थित के द्वन्द्व की व्याख्या किस रूप में करेगा। पर कविता छिपाती हुई भी जितना कहती है वह पाठक या आस्वादक के मन में टिक जाने वाला है। क्योंकि—"वह जब जीवित था तो वह अक्सर ऐसे ही हुआ करती थी"। इस नगण्य-सी उपस्थिति के तात्पर्य को आगे की गतिविधि खोलती है—"किसी दूसरी महिला ने चाय बनायी"। पहली पंक्ति से आगे बढ़ते ही दूसरी पंक्ति का पहला ही शब्द 'गृहिणी' इस संदर्भ में ग़ौर करने की चीज़ है कि 'सद्यःवैधव्य' के साथ आगे के 'अदृश्य' शब्द का सीधा सम्बन्ध है। यहाँ व्याख्या निरर्थक होगी क्योंकि विषय की दृष्टि से ही कविता एक ऐसे विरल अनुभव को सामने लाती है जिसमें ब्यौरे व्यर्थ होते जाते हैं और जीवन—(प्रकट और प्रच्छन्न)—ज़्यादा ही जगह घेरता हुआ दिखाई देता है।

आरंभ और अन्त सुविधा की दृष्टि से ही विन्यास में महत्त्वपूर्ण हैं वर्ना क्या गारंटी कि मुख्यार्थ इनसे अलग किसी और पंक्ति या शब्द में छिपकर न बैठा हो। दुनियादारी के सभी ब्यौरे व्यर्थ हैं—क्या 'अनंत प्रतीक्षा' क्या 'कातर अनुभव' 'क्या शोक प्रकट करने की औपचारिकता !' जो नहीं है और स्मरण में अधिक ही उपस्थित जान पड़ता है—यही है कविता के अंत का विडम्बनापूर्ण आरंभ :

"वह मुझे अपनी शादी की फोटो में हँसता हुआ देख रहा था
उसकी पत्नी के चेहरे पर वही लज्जालु खुशी जाहिर हो रही थी
जो अच्छा वर पाने पर किसी कन्या को होती है

उन्होंने मुझे वह निशान दिखाया
जो उसके सीढ़ियों पर फिसल कर गिरने से बना था
इन्हीं सीढ़ियों पर कई बार मैंने उसे चढ़ते-उतरते देखा था

इसी एक बात ने मुझे चौंका दिया
यह तय है कि वह अब सीढ़ियों से नहीं उतरेगा
और मैं यहाँ उसकी प्रतीक्षा नहीं
बल्कि उसकी ग़मी में बैठने आया हूँ।"

कविता सामान्य 'उत्पाद' न हो तो आरंभ और अन्त निरर्थक ही होते हैं। इसी अर्थ में कविता अनिवार्य रूप से कहीं खत्म नहीं होती; वह पूरी कथा में 'अनकही' छूट जाती है। जो मुकम्मल सुनिर्मित लिखने के अभ्यस्त हैं, उनकी पूर्णता, दक्षता और एक हद तक सफलता भी डर पैदा करती है और शक भी कि इतनी सारी अधूरी चीजों

के बीच कविता ही एक 'सुनिर्मित उत्पाद' कैसे हो सकती है ! एक गृहिणी के सद्यःवैधव्य के प्रसंग से शुरू होने वाली कविता में 'शादी की फोटो' और पत्नी के चेहरे की 'लज्जालु खुशी' क्या अर्थ रखते हैं ! यहाँ **'तनाव'** विन्यास में निहित 'क्रिटिकल कैटेगरी' भर नहीं है। जितना शाब्दिक उतना ही शब्दातीत।

उजाड़ में संग्रहालय संग्रह में चंद्रकांत देवताले की एक कविता है–*औरत का हँसना*। सबसे पहले तो इसीलिए कविता पर ध्यान गया कि इसे पढ़ते ही अनेक कवियों की स्त्रीविषयक कविताएँ याद आने लगीं। देवताले की कविता में स्त्रियाँ अक्सर अपनी दुनिया के सघन अंतरंग और कभी-कभी तो हास्यास्पद और खिलन्दड़े पाठ के साथ आती हैं। कई इतनी मामूली लगेंगी कि उन्हें संग्रह में क्यों रखा गया, यही उलझन होगी। जैसे कि कोई एक घटना–जिसे न कवि तवज्जो दे रहा है, न पाठक ही दे पाएगा। पर इसी मामूलीपन के बीच वे कविताएँ भी होंगी जो अपनी करुणा और अपने त्रास में रघुवीर सहाय, विष्णु खरे, यहाँ तक कि निराला जैसे कवियों की याद दिलाएँगी। ज़रूरी है कि पहले हम इसी कविता *औरत का हँसना* के पाठ पर सीधे आएँ। फिर वही, आरंभ और अन्त का पाठ। पर अकारण नहीं है कि हम यह सुविधा छोड़कर बीच की इस पंक्तियों को पढ़ें–

दुःख भरे दालानों से गुज़रते आती है औरत
और झाँकती है बसन्त की खिड़की से
बेहद करीने से वह ढाँप लेती है भरपूर अँधेरा आसानी से
और कई बार चमकते अकेले तारे की तरह प्रसन्न
और सुन्दर लगती है

इतना अंश भी अपने आपमें एक पूरी कविता है पर देवताले उससे जो वृत्तांत बनाना चाहते हैं वह, ठीक आरंभिक और अन्त की पंक्तियों के बगैर असंभव है। आरंभ की चार पंक्तियाँ हैं–"औरतों को कैसे याद रह सकता है/कब-कब और कितनी बार/ आते-आते आँसुओं को आँखों में आने से रोका/और उसी क्षण होठों पर हँसी पैदा करने में वे कामयाब हुईं।" याद आ सकती है **निराला** की कविता "वह हँसी बहुत कुछ कहती थी/फिर भी अपने में रहती थी/देती थी सबके दाँव बंधु"। या **विष्णु खरे** की कविता–"जो मार खा रोई नहीं"–(जो फिर निराला की याद दिलाने वाली है–देखा मुझे उस दृष्टि से/जो मार खा रोई नहीं !)। या इधर की ही युवा कवयित्रियों में एक अनीता वर्मा की 'यह हँसी बहुत कुछ' (एक जन्म में सब/पृष्ठ 37)–जैसी कविता–जिसका अन्त देवताले की कविता 'औरत का हँसना' की भी अचानक याद दिलाने वाला है। 'यह हँसी बहुत कुछ' का अन्त इस तरह है–

सब कुछ एक पर्दे के भीतर चला गया था
या फिर कोई पर्दा नहीं रहा था
पर्दे के बाहर रुकी हुई थी पृथ्वी
रुकी हुई थी मुस्कराहट

तो देवताले की कविता का अन्त इस सघन अनुभव के साथ :

सचमुच औरतों का हँसना
कई बार परदे की तरह होता है
अमूमन प्रारंभ और अंत के बीच
मध्यान्तर में गिरे परदे की तरह

—(औरत का हँसना)

क्या समय है कि अनेक कवि मिलकर एक ऐसी स्त्री का महावृत्तांत बना रहे हैं जिसके दुखों की महागाथा अथाह है कि छोटे-बड़े, मामूली-ग़ैरमामूली आशयों में सीमित कविता मे अँट नहीं पा रही है। पहले देवताले की कविता 'औरत का हँसना' के आरंभ को ही देख लेना शायद अधिक सार्थक होगा :

''औरतों को कैसे याद रह सकता है
कब-कब और कितनी बार
आते-आते आँसुओं को आँखों में आने से रोका
और उसी क्षण होंठों पर हँसी पैदा करने में वे कामयाब हुईं

यहाँ 'कामयाब' शब्द में निहित अर्थ-विडम्बना पर गौर करें तो नाकामी या विफलता की चुभन को यह शब्द छिपा नहीं रहा है, बल्कि उसे तीव्रतर बना रहा है।

एक महत्त्वपूर्ण कविता जहाँ इसलिए महत्त्वपूर्ण हो सकती है कि वह स्मृति के स्पेस में बार-बार पढ़ी कविताओं की इस तरह याद दिला दे, वहीं इसलिए भी कि उससे कविता के बाहर का समय और समाज ज़ेहन में ठीक से उभरे बग़ैर न रहे। कैसा है यह क्रूर बर्बर समय—जिसमें युद्ध-पीड़ित, विस्थापित या मृत स्त्रियाँ-बच्चों के चेहरे अक्सर सामने आ जाएँ, गर्वीले गुजरात के दंगापीड़ित क्षेत्रों की स्त्रियों का वह अथाह अनकहा दुख सामने आए, जिसे कोई एक बड़ा आख्यान भी लिख नहीं पाएगा ! और यह सब एक किसी कविता को पढ़ते-पढ़ते। देवताले की कविता **'औरत का हँसना'** को एक फ़िल्म की तरह भी पढ़ा जा सकता है। तब कोई एक चेहरा या कई-कई चेहरे 'क्लोजप' में उभर रहे होंगे।

संक्षेप की कला के लिए, काव्य विडम्बना के उपयोग के लिए, त्रासद और विनोदपूर्ण के तनाव की गहरी समझ के लिए अक्सर चर्चा में रहे विष्णु नागर के संग्रह **'कुछ चीजें कभी खोई नहीं'** की कविता **'उसे यकीन था'** (पृष्ठ 72) फिर स्त्री विषयक पाठ के लिए ही अलग से विचारणीय जान पड़ती है। कविता के बारे में इतना कहना कठिन है कि यह स्त्रीमुक्ति के प्रसंग में जारी किया गया बयान है या स्त्रीमुक्ति के अन्तर्विरोधों की ही अन्तर्कथा है। कहा जाए कि यह एक जटिल कविता भी है। यहाँ अनाम अपरिभाषित जटिलताएँ काव्यविवेक की तहों में जाने पर इतनी नजर आएँगी कि उन्हें पारिभाषिक संज्ञाओं या अवधारणाओं में रिड्यूस करना बेमानी जान पड़े। कविता विश्लेषण या पाठ या पुनः पाठ की प्रक्रिया में आते ही कई तरह के सवाल पूछती जान पड़ेगी। स्वतंत्रता क्या केवल चयन की स्वतंत्रता है या उससे अधिक ! क्या

कोई भी सामाजिक या समाजशास्त्रीय या अर्थशास्त्रीय या मनोवैज्ञानिक अवधारणा इस स्वतंत्रता के भीतर छिपे अन्तर्द्वन्द्व और तनाव की व्याख्या कर सकेगी !

'उसे यकीन था' कविता को एक तो खंड-खंड पढ़ना ही असंभव हो जाएगा। कविता अपने आवयविक संगठन में एक सम्पूर्ण सुगठित निर्मिति की तरह है जिसमें विचारधारा, कल्पना, संवेदना का रचाव ऐसा घुलामिला है कि असतर्क संवेदनहीन पाठक को अतर्क्य घालमेल ही जान पड़े। ठीक-ठीक याद करना मुश्किल है कि अमर्त्य सेन जैसे अर्थशास्त्री और दार्शनिक चिंतक ने तार्किक और अतर्क्य के बीच ही हमारे समय के पाठ और विमर्श की कोई भी संभावना बताई है। इस पूरी कविता की समग्र बनावट पर एक साथ ध्यान जाना अनिवार्य है—चाहें तो कविता के पहले हिस्से को अलग करके पढ़ें :

उसने कहा, आओ सहेलियो, हौसला करो, उड़ो

उसे यक़ीन था कि उसकी सहेलियाँ भी कबूतर हैं
उड़ेंगी
उसकी मजबूत दाँत वाले चूहों से दोस्ती थी
फिर भी उसने सहेलियों को सावधान किया कि
जहाँ दाना होगा, वहाँ जाल भी हो सकता है
सँभल के रहना

वह उड़ी और उसे यकीन था कि उसकी सहेलियाँ भी उड़
रही हैं

क्या यह अचानक है कि हम जब इस पंक्ति—**"जहाँ दाना होगा, वहाँ जाल भी हो सकता है"**—को पढ़ेंगे, हमारे समय के महत्त्वपूर्ण स्त्रीलेखन का (कविता में हो या कविता के बाहर कहानी, उपन्यास के रूप में) बहुलांश याद आएगा। कविता का उत्तरांश है—

उसने पीछे मुड़कर देखा
तो बादलों के ऊपर वह अकेली थी

बस एक आँसू उसकी आँख से गिरा
वह अब अकेली थी
और इतनी ज्यादा अकेली हो जाना चाहती थी
कि वह उड़ते-उड़ते
दिशाओं के पार चली जाए।

विष्णु नागर की कविता के उत्तरांश तक आते-आते **शमशेर** की कविता 'एक पीली शाम' याद आने लगी—खासकर ये पंक्तियाँ—"अब गिरा अब गिरा वह अटका हुआ

आँसू/सांध्य तारक-सा/अतल में।'' विष्णु नागर की कविता में 'अकेली' शब्द बार-बार आ रहा है। **'एक पीली शाम'** में एक बार भी नहीं—पर कविता की पूरी बनावट में 'अकेलेपन' की अनेक गूँजें हैं और ज़रूरी नहीं कि सबको वे सुनाई ही दें। आलोचनात्मक पाठ कई-कई होंगे। संभव है आज यही कविता अपने आज के समय-विमर्श में एक बिल्कुल दूसरा जीवन प्राप्त करे—दूसरी व्याख्या के लिए पाठक को तैयार करे। प्रकृति में जाएँ तो एक पाठ, मानवीय प्रेम की अंतरंगता में प्रवेश करें तो सर्वथा भिन्न पाठ। शायद इस तरह पढ़ने से समझ में आए कि कविता का कभी भी कोई एक और निश्चित और तर्कसंगत या बंद पाठ नहीं होता। **'उसे यकीन था'** कविता का द्वन्द्व उस जैसी अनेक कृतियों में जहाँ प्रसार पा रहा होगा, वहाँ एक ही अर्थ के चलते नहीं। 'गहराई' 'प्रगाढ़ता' एक तरह के काव्यगुण हैं—उसके उलट के रूप में 'विचलन' 'विरोधाभास' विसंगति' उतने ही मूल्यवान हो सकते हैं। जहाँ जैसे कविता का दूसरा जीवन, दूसरा पाठ संभव होगा, वहीं आस्वाद, विश्लेषण और व्याख्या को भी नए-नए अनुभवों से गुजरना होगा। तब आलोचना का उत्तर जीवन भी शायद सार्थक हो।

कविता में कविता कहाँ है !

'कविता का मर्म' और **'कविता का अर्थात्'** समानार्थी नहीं हैं पर ऐसे आलोचनात्मक पद जरूर हैं कि यह डर बना रहेगा कि इन्हें बरतते हुए किस हद तक ग्राह्य और सम्प्रेषणीय बनाया जा रहा है या कि वह अपनी अति व्याप्ति में मनमाने ढंग से ही समझे जाने के लिए अभिशप्त है। शायद यह समय ही ऐसा है कि किसी भी अर्थवान पद को किसी न किसी तरह के अनर्थ से जोड़ दिया जाए और उस पर बिना सोचे बिचारे फ़ैसला दे दिया जाए। कुछ यों ही नहीं कहा गया है कि जहाँ समझदार (या फरिश्ते) पैर रखते डरते हैं, वहाँ नासमझ सरपट दौड़ जाते हैं। **कविता** और **कविता** की आलोचना दोनों से अपेक्षा की जाती है कि इन दोनों के मानी मतलब या सार संक्षेप को हड़बड़ी में स्वायत्त कर लेने वाले पाठक ज़रा धीरे ही चलें और धैर्य और उत्सुकता छोड़कर आगे न बढ़ें। **'कविता का अर्थात्'** पद पर विचार करते हुए मन में गहरा संतोष था पर क्रमशः अपनी समझ की कविता के लगातार पाठ में इस पद के वांछित अर्थ खुलते जान पड़े। यहाँ मैं अपनी ही उस प्रसंग में की गयी दो स्थापनाओं की याद दिलाना चाहूँगा। एक यह कि ''**सच्ची महत्त्वपूर्ण कविता वास्तव में मुठभेड़ भर नहीं चाहती। वह जीवन में छिपे गोपन, अज्ञात, रहस्यमय का भी पूरा स्वाद चाहती है। वह क्रमशः हर पाठ में कुछ और बताने लगती है जिस पर पहले ध्यान न गया हो।** निजी और सामाजिक के बीच का अनुभवलोक उस संरचना में सार्थक होता है जिससे कई झंकृतियाँ, कई गूँजें संभव हैं।'' दूसरी बात यह कि ''**स्मृतिहीन तात्कालिकता से ज्यादा महत्त्वपूर्ण कविता सम्भव नहीं होती,** भले ही नया शिल्प कितने ही कौशल से क्यों न स्वायत्त कर लिया गया हो।'' आज जब इधर के ही कुछ नए कवियों के संग्रह सामने हैं मुझे अपनी ही इन दो स्थापनाओं का स्मरण जरूरी लगता है।

यहाँ जिन संग्रहों के बहाने हम कविता पर बातचीत का सिलसिला आगे बढ़ा सकते हैं वे हैं : **'कहा उसने और हँसा'** (प्रतापराव कदम) **'अपने जैसा जीवन'** (सविता सिंह), **'चलो कुछ खेल जैसा खेलें'** (महेश आलोक), **'इस तरह मैं'** (पवन करण), **'अपनी तरह के लोग'** (श्रीप्रकाश शुक्ल), **'समय को चीरकर'** (कृष्ण मोहन झा), **'किसी रंग की छाया'** (सुंदर चंद ठाकुर), **'मिट्टी के फल'** (प्रेमरंजन अनिमेष) **'कागज के प्रदेश में'** (संजय कुंदन) और **'इन दिनों हाल चाल'** (जितेन्द्र श्रीवास्तव)।

सबसे पहले तो यही देख सकते हैं कि अपने समय का विमर्श और अनुगूँजें किस हद तक इनमें प्रकट हैं। वे कविता के लिए आसानी हैं या कविता की मुश्किलें। ये पहले

की कविता से किस तरह अलग हैं और इनमें कवि की पहचान किस हद तक बन सकी है या सारी 'कविताई', 'तामझाम' शिल्प कौशल के बावजूद नहीं बन पाई है। सहजता इनका गुणधर्म है तो वह कितना कह पाने में समर्थ है और जटिलता से ही इनकी पहचान है, तो वह सबसे पहले किसकी समस्या है—कवि की या आलोचक अथवा पाठक की। प्रकट और अप्रकट के बीच, प्रत्यक्ष और गोपन के बीच, अल्पकथन और सपाट अतिकथन के बीच यहाँ कविताएँ कहाँ हैं। कविता में कविता कहाँ है—बहाने के लिए यह सवाल इन्हें पढ़ने की एक चुनौती बन सकता है। इन्हें कैसे पढ़ें और कैसे न पढ़ें ? काव्यत्व की पहले से बन चुकी और स्थिर हो चुकी शर्तों के विरुद्ध कविता की नयी पहचान क्या इन अलग-अलग तरह की कोशिशों हिकमतों के ज़रिए बन पाई है !

2

'कहा उसने और हँसा' संग्रह की तीसरी ही कविता है—**'प्रेम'**। कहना कठिन है कि कितनी प्रेम पर है कितनी खुद कविता पर। **पॉल वेलरी** को याद करें जिसका कहना था कि जो दूसरों के लिए एक रूप है, मेरे लिए वही वस्तु है ? यह कहना महज रूप वस्तु का तालमेल बताना है याकि दोनों के बीच तनाव बताना भी। प्रेम के बारे में तो एक लम्बी जटिल कविता है—**'टूटी हुई बिखरी हुई'**। कवि शमशेर की इस कविता के अनेक टुकड़े हैं। एक यह भी—

एक खुशबू जो मेरी पलकों में इशारों की तरह
बस गयी है, जैसे तुम्हारे नाम की नन्हीं सी
स्पेलिंग हो, छोटी सी, प्यारी सी, तिरछी स्पेलिंग,
आह तुम्हारे दाँतों से जो दूब के तिनकी की नोक
उस पिकनिक में चिपकी रह गई थी,
आज तक मेरी नींद में गड़ती है।

यह तो सही है कि कवि को कुछ भी नया कहते परम्परा से चुनौती मिलती रही है—वह शमशेर को भी मिली होगी। शमशेर से पहले प्रेम की मांसलता या ऐन्द्रिकता के कितने ही दूसरे उदाहरण शमशेर के ज़ेहन में भी रहे होंगे। आज का कवि प्रेम पर लिखता है तो परम्परा की स्मृतियों के बाहर नहीं है पर उसके पाठ में अनुभव की निजता और निज की तन्मयता भी है। प्रकट करने और छिपाने का तनाव जो प्रेम पर होकर भी अपनी कविता की प्रकृति पर बयान या टिप्पणी भी हो :

छिपाता हूँ
जैसे गुनाह
चींटी जैसे अन्न कण
आपद समय के लिए
बीड़ाने के बाद भी

जैसे कैरी पत्तों में
मुफलिस जैसे
फटी ज़ेब में छदाम

झाँक जाता है यह फिर भी
जैसे दफ्तर से घर आते पापा को देख
छिप जाता बालक
कहता वहीं से
मैं कहाँ हूँ ढूँढ़ो ढूँढ़ो
जाहिर करता है खुद को
छिपा छिपा

—प्रतापराव कदम/प्रेम

कविता में गहरे स्तर पर यह तनाव किसी द्वंद्व का रूप लेता है कि नहीं ? साही होते तो पूछते कि यह है **तो चेतना के किस स्तर** पर और **किन चौहद्दियों के भीतर** घटित होता है। यहाँ यह कहने की जरूरत नहीं कि कविता यहाँ अनगढ़ता के रास्ते चलकर ही वांछित रूप या अर्थ या विन्यास प्राप्त करती है। 'छिपाते हुए' 'प्रकट करने' की जो हिकमत है, वह निजी अनुभव को किसी वृहत्तर मुक्ति से जोड़ती है। प्रेम भी मुक्त करता है संकोच से या वर्जना से। फिर यह पूछना असहज नहीं जान पड़ता कि 'छिपते हुए' 'जाहिर करने' की इस युक्ति में समय कहीं आता है कि नहीं आता ! यह प्रश्न कविता से ही पैदा होता है, कविता पर कोई आरोपण नहीं है। **मलयज** इसे शायद अनुभूति प्रक्रिया और रचना प्रक्रिया में सहभाव या तनावपूर्ण सम्बन्ध मानते, क्योंकि कविता में भी 'व्यक्तिगत' का अर्थ 'व्यक्ति सीमित' नहीं होता।

प्रेम भी कठोर निरंतरता में है और उसी में जीवित रहने का मर्म भी निहित है। इस कठोर निरंतरता के बाहर मुक्ति भी नहीं है। इसे स्त्री शायद अधिक जानती है। **सविता सिंह** की कविता **'कोई हवा'** की शुरुआत इसका संकेत हैं :

कोई हवा मुझे भी ले चले अपनी रौ में
उन नदियों, पहाड़ों, जंगलों में
जहाँ दूसरे जीवों का जीना होता है
...
...
दस बजिया फूल की एक डाल कैसे
टूटकर जीवन नहीं खोती
ज़रा सी मिट्टी से लग कर
कहीं पत्थरों से बनी सँकरी फाँक में
वह जीने लगती है नया एक जीवन

सविता सिंह की **'भेद'**, **'कठिन कठोर अनुभूतियों'**, **'सुख'** सतर्क पाठ की माँग करने वाली कविताएँ हैं। सुख उनके लिए ऐसा रहस्य है जिसे किसी अचूक हथियार की तरह पाना होता है—किसी दोपहर, किसी रात, 'दबी हुई किसी इच्छा की तरह'। प्रेम का सच ही ऐसा है कि कुछ भी हो जाता है संभव ! **'अपने जैसा जीवन'** शीर्षक की अर्थ ध्वनि भी इसी शीर्षक की कविता के अंत में प्रकट है "लेकिन है उधर ही कहीं मेरा निर्बाध एक ठौर/जहाँ पहुँचने पर नहीं पूछेगा कोई मेरा नाम/या कि कब करना है मुझे प्रस्थान/...जहाँ होगा एक अपने जैसा जीवन। हवा फूल आसमान रात और नींद भी/अपने जैसी।" **सविता सिंह** की कविताएँ **मारीना त्स्वेतायेवा** के इस कथन की याद दिलाती हैं : "समकालीनता का मतलब पूरे का पूरा अपना समय नहीं होता और इसी तरह पूरी की पूरी समकालीनता उसके अनेक रूपों में से केवल एक रूप नहीं होती।" **'कोई हवा'** कविता में ही ये पंक्तियाँ भी आती हैं—"कोई हवा मुझे भी दिखाये कैसे/लाखों करोड़ों जीवाणु/कीड़े मकोड़े बड़े छोटे/जीते हैं प्रच्छन्न प्रबल अपने जीवन/कैसे उन्हें कोई पीड़ा नष्ट नहीं कर सकती... ।" ये कविताएँ अनुभव कराती हैं कि कविता का जीवन एक सम्पूर्ण जीवन है जहाँ 'अकेलेपन' में भी 'शेष' या कि 'दूसरे' शमिल हैं। मुक्तिबोध को शायद इसीलिए लगा होगा कि मुक्ति 'अकेले में' नहीं मिलती—निजी और अल्पज्ञात या अज्ञात की सघन पूँजी के बावजूद ! इस नज़रिये से देखने पर अकेलापन भी एक भरापूरा अनुभव है, डरावना अनुभव किसी रूप में नहीं है।

3

इसी निरंतर कठोर जिजीविषा के लिए **प्रेमरंजन अनिमेष** की पहचान है—**'सूर्य सम्भव'**। इस शीर्षक से **'मिट्टी के फल'** में उनकी एक कविता इसी आशय से शुरू होती है :

इतनी कोशिशें एक साथ
इतनी कोशिशें लगातार...

असंख्य झींगुर पीटते पैर पंख रात भर
टिप टिप, चूतीं अनगिनत ओस की बूँदें
गूँथती समय को
करोड़ों जुगनू राह दिखाते
रातोंरात खिलते उजली पंखुरियों के नन्हे फूल हजारों हजार
पेड़ भरते प्राणवायु...

यों तो 'झींगुर' राजेश जोशी के यहाँ भी आते हैं जो तमाम खत्म होती चीजों के बीच बचे रहते हैं और अगली दुनिया बसने तक सन्नाटा तोड़ते रहते हैं पर वही प्रेमरंजन अनिमेष के यहाँ अपनी अलग महत्त्वपूर्ण पहचान के साथ हैं। यह पहचान ही अनिमेष को अपने समय के कवियों के बीच उल्लेखनीय बनाती है। नारियल को पहचानना हो

तो वे अपने सिर के बराबर हिलाकर और उसका पानी बजाकर पहचानते हैं, या बारिश को पहचानना हो तो वे अंडे लिये चींटियों की कतार से पहचानते हैं। यह पहचान ही कवि का चीजों के साथ नया रिश्ता बनाती है।

यह पहचान ही **पवन करण** जैसे कवि के यहाँ संदेश है या कि भरोसा। संदेश की भंगिमा यह है : "धरती के कानों में/बीज फुसफुसाये/पानी/पेड़ों के कान में/धरती बोली पानी/...संदेशा कानोंकान पहुँचा/पानी दौड़ा दौड़ा आया।" और 'भरोसा' इन शब्दों का—"वह अब भी मौजूद है दुनिया में/नमक की तरह/...बरसात के भरोसे बीज धरती में समा जाते हैं/अनजान पुरुष के पीछे सदा के लिए स्त्री चल देती है।" अच्छी कविता की पहचान महत् और उदात्त के चुनाव में ही नहीं, नगण्य साधारण के चुनाव में भी मौजूद होती है बल्कि उसके लिए अधिक गुंजाइश यहीं होती है। जीवनासक्ति भी उन्हीं ठेठ देशज चीजों से आँकी जाती है। **'छतों से'** जैसी कविता लिखने के लिए इसी ठेठ देशज सामान्य को पहचानना जरूरी होता है।

हमारी गीली कमीजें
सूख कर जब उठीं
छतों से
उजास लेकर उठीं

हमारी पापड़ बड़ियाँ
धूप खाकर जब हटीं
छतों से
स्वाद लेकर हटीं
......
हमारी उदास चप्पलें
ऊब कर जब लौटीं
छतों से
धूल लिये लौटीं

यह **'धूल'** कहाँ जीवनधर्मी स्फूर्ति से भरी है और कहाँ वह अँटी पड़ी है—इनमें फ़र्क़ करने की जरूरत है। हो न हो, **पवन करण** जैसे कवि को त्रिलोचन ही राह दिखाते हों जिनके लिए अकेले रह पाना कठिन है ! त्रिलोचन ही धूल में कि फूल में 'रंजन' खोज सकते हैं या वही प्राणवान गंध और जीवन। **रामचंद्र शुक्ल** इसे शब्द चमत्कार भर नहीं मानते। इसे **भाव प्रसार** की क्षमता कहते हैं। हमारे यहाँ कितने ही कवि निरे **शब्दाचार** से काम चलाते हैं। इसे **मलयज** औपचारिक वाले अर्थ में **शिष्टाचार** भी कह सकते थे। **वक्रता** और **जटिलता** का खास जतन करने वाले हमारे कई कवि आज अपनी ही अभिव्यक्ति को लगभग प्राणहीन अनुभव करेंगे।

खेल नयी कविता वाले दौर से आज तक बहुतों के यहाँ सहज क्रीड़ावृत्ति या

लीलाभाव नहीं है, जतन ही जतन है, चमत्कार ही चमत्कार है। **'चलो कुछ खेल जैसा खेलें'** संग्रह में **महेश आलोक** जिस हद तक इस रीति से मुक्त हैं वहाँ तक उनकी काव्य सम्भावना निर्विवाद है। असम्भव से भी कविता बन सकती है—जैसे कि **'मध्यांतर'**, पर इसके लिए जानबूझ कर कोई काफ़्का-जैसी युक्ति या कविता को कविता बनाने का प्रयास या जतन जरूरी नहीं।

पर्दे पर तैरता समुद्र बदल सकता है किसी
मध्यकालीन पेड़ में। संगीतकार
का खराब हो सकता है हारमोनियम। अभी भी
बदला जा सकता है पलंग किसी पढ़ने की मेज में
बदली जा सकती है मछली के पेट में अँगूठी
सम्भव है बगल वाली सीट पर बैठा कोई पागल बूढ़ा
निकल आये समय अथवा सूत्रधार

यह नाटक का मध्यांतर है
कुछ भी सम्भव है इस समय

न भूलें कि **अपरिचयीकरण** से कविता बन भी सकती है और बनते-बनते नहीं भी बन सकती है जबकि स्मृति में रचे-बसे अत्यंत परिचित वृत्तांत जैसी पटकथा में कविता कविता के रूप में सार्थक हो सकती है। सार्थक और कहीं अधिक अर्थ व्यंजक। जैसे **सुंदर चंद ठाकुर** की कविता **'पंद्रह साल बाद शहर में पुनरागमन'**। नास्टेल्जिया का अपना रंग है पर क्रूर यथार्थ की यह चुभन भी है "बाज़ार में मुख्य चौराहे पर मैंने देखा/पंद्रह साल पहले की तरह गालियाँ बकता एक परिचित पागल/गांधी चौक पर भिखारियों की वैसी ही कतार/उनकी थालियों में कुछ सिक्के चमक रहे थे।" **निराला** ने किन क्षणों में **'पगली भिखारिन'** का वृत्तांत लिखना चाहा होगा और उसमें उन्हें क्यों 'भारतमाता' की-सी छाया दिखी होगी। और यह अपना समय ! बाज़ार की गुलामी। बाज़ार का प्रभुत्व ! विकृत पूँजी का विस्तार और ग़रीबी की सीमा से नीचे रहने वालों की ताजा खबरें। कविता के भीतर और कविता के बाहर की त्रासदी कवि की नजर में है। **'बचे हुए एकांत'** में अचानक कोलाहल भरता समय कवि के लिए जितना जाना पहचाना है, उतना ही पहचान से परे भी है। ताक़त और पैसों की आँधी में उड़ती हुई दूर होती जाती दुनिया नजर में है।

4

हमारे समय के महत्त्वपूर्ण कवि **रघुवीर सहाय** का मानना था कि **कला जहाँ ज्यादा होगी, जीवन होगा उतना ही कम**। क्या **पवन करण** (इस तरह मैं) के लिए जीवन ही जीवन है और कला किंचित् कम ! क्या महेश आलोक के लिए कला ही प्रधान है, जीवन उसी

अनुपात में कम (यह नहीं कि जीवन का ताप और तेवर गायब हो) ! और क्या **कृष्णमोहन झा** (समय को चीर कर) अपने ढंग के एक ऐसे कवि हैं जिनके यहाँ कला और जीवन के बीच सधा हुआ संतुलन है। जैसे, साँस रोककर कही गयी कोई कथा, कोई त्रासदी, कोई सामूहिक विलाप। जीवन तो है, पर एक सचेत संतुलन भी है। **'बाढ़ के बाद'** कविता में एक शब्दों से अधिक कहा गया वृत्तांत है :

आधी रात को
जब कि पूरा गाँव
नींद की बाढ़ में डूब जाता है
कुएँ से निकलती हैं कुछ स्त्रियाँ
और करने लगती हैं विलाप

डबरे से निकलते हैं थोड़े बच्चे
और भगदड़ मचाने लगते हैं

पेड़ों से कुछ पुरुष नीचे उतर आते हैं
और उपछने लगते हैं पानी

कहते हैं कि हर रात को बीते हुओं की दुनिया
जीवन के लिए छटपटाने लगती हैं

कवि के लिए प्रेम जितना निजी है उतना ही सामाजिक भी। **फ़िराक़** जैसे कवि को शाम होते ही आवाज़ पर कान लगाये **(गोश-बर आवाज़)** किस दुर्लभ काव्य क्षण का इंतजार था जो **आपबीती** हो और **जगबीती** भी हो। आत्म समीक्षा में जगत समीक्षा। कवि का अकेलापन भी 'क्लीशे' नहीं है—काव्यात्मक मुहावरा भर नहीं है—वह आता है तो जीवन की खरोंचें भी साथ लाता है। जैसे लड़की निकलती है, तो हर बार एक न एक डर लेकर वापस आती है। "वह स्कूल से लौटती है/तो उसके लहजे में कीड़े की तरह दुबका होता है/एक डर/वह लौटती है सहेली के घर से/तो उसके रूमाल से डर की बू आती है/...वह कभी नहीं लौटती अकेली।" यह कला चेष्टा का चरम है या मितव्यय या अल्प कथन का मोह—कि कवि की यात्रा का आरम्भ इस तरह है **"मैं जो कुछ कहना चाहता हूँ/उसे किस तरह कहूँ/कि अन्त में/सिर्फ कपड़ों का भार मुझ पर शेष रहे !"**

पिछले कुछ वर्षों में युवा कविता पर विचार के बहाने दो वरिष्ठ पीढ़ी के लोकप्रिय महत्त्वपूर्ण कवियों—**रघुवीर सहाय** और **केदारनाथ सिंह** की परस्पर तुलना भी होती रही है। यह नहीं कि तुलना सर्वथा बेमानी या निरर्थक है। यह भी नहीं कि तुलना से दोनों कवियों के जीवन और कविता सम्बन्धी सरोकारों का फ़र्क़ नहीं स्पष्ट हुआ। यद्यपि हमेशा महत्त्वपूर्ण कवि, तुलना की किसी भी रीति या दायरे के बाहर होते हैं। अपनी अद्वितीयता में ही वे बेहतर समझे जाते हैं। क्या किसी भी तरह ऐसा सरलीकरण किया जा सकेगा

कि **रघुवीर सहाय** विशेष अर्थ में कविता के अर्थात् के कवि हैं और **केदारनाथ सिंह** कविता में अर्थ के या अर्थ के औसतपन के विरुद्ध कवि हैं। **आक्तोवियो पाज़** ने कविता को **अर्थ के विरुद्ध शाश्वत संघर्ष कहा** होगा—तो शायद इसी 'अर्थ के औसतपन' के विरुद्ध वाले अर्थ में। उनकी दृष्टि में दो तरह के कवि भी रहे हैं—एक सब अर्थों को समेट लेने वाले और दूसरे अर्थ मात्र से इनकार करने वाले। फिर और तरह के कवि कहाँ होते हैं और कविता में क्या कर रहे होते हैं ! कविता का अर्थात् ऐसा आलोचनात्मक पद तो नहीं कि किसी एक कवि का उस पर एकमात्र अधिकार हो। इसी अर्थ में कहा गया है कि दोहे जैसे छंद में भी कविता का वृहत्तर अर्थात् सम्भव है। यह नहीं कि ऐसी धारणा आसानी के चलते ही बन रही है। वास्तविकता यह है कि यह कवि कर्म की प्रकृति और उसके अपने नियमों के पवन करण जैसे कवि के लिए एक ऐसा 'भरोसा' है जो 'अब भी मौजूद है दुनिया में' नमक की तरह।

5

संजय कुंदन के संग्रह **'कागज के प्रदेश में'** की अंतिम कविता **'गपोड़ी'** उतना ही नहीं कहती, जितना शब्दों में कहा गया है—वह विषयांतर भी करती है और कई बार कविता के मर्म को वहीं केन्द्रित करती है। संजय कुंदन ने काट-छाँट या तराश की पद्धति नहीं अपनायी है—हालाँकि कई जगह लगता है, उन्हें करनी चाहिए थी। शायद वे सार मर्म से अधिक विस्तृत जीवन के बारे में बताना चाहते हैं, इसलिए किसी एक रूप, शिल्प या हिकमत के बंदी नहीं हैं। **'गपोड़ी'** की कथा-यात्रा पार करके शायद हम यहाँ रुकना चाहते हैं—जो अन्त के ठीक निकट की पंक्तियाँ हैं :

वे एक अकुशल कारीगर हैं
वे नहीं जानते अपने गप्प को ढाल लेना साँचे में
वे नहीं बदल पाते अपनी हँसी को एक उत्पाद में
वे मुक्तहस्त बाँटते रहते हँसी
इसीलिए डरता है उनसे टकसाल का मालिक
जो ढालना चाहता है सिक्कों की तरह
हँसी को भी

टकसाल के विरुद्ध अपनी आवाज की पहचान कवि की वास्तविक पहचान है। मंगलेश के लिए वह 'पूरी जगह' है। 'कथ्यरूप' (सं. अनिल श्रीवास्तव) शृंखला की दो कविता पुस्तिकाएँ हैं : **'अपनी तरह के लोग'** (श्रीप्रकाश शुक्ल) और **'इन दिनों हालचाल'** (जितेन्द्र श्रीवास्तव)। श्रीप्रकाश शुक्ल भी आज के बहुतेरे कवियों की तरह परिष्कार, काट-छाँट या तराश के कायल नहीं हैं। 'जहाँ सब शहर नहीं होता' श्री प्रकाश शुक्ल का ऐसा संग्रह है जो संकेत है कि परिष्कार या तराश के विरुद्ध, सलीके के विरुद्ध यह कविता के ढाँचे के भीतर नया वृत्तांत लाने की एक और अनगढ़ कोशिश

है और उसके पीछे अपना कोई दर्शन भी है। **'अपनी तरह के लोग'** जैसे शीर्षक की व्यंजकता भी यही है कि कवि अपनी तरह के **ठेठ देशज ग्रामीण गंध** वाले लोगों की पहचान करना चाहता है और उनके साथ दुनिया को जानने, समझने या बेहतर बनाने का कोई मुहिम चलाना चाहता है। **'अपनी तरह के लोग'** कविता का अन्त जैसे इसी मुहिम का प्रस्ताव है :

सब तरह के लोग सब तरफ से सक्रिय हैं
अपनी तरह के लोग अपनी तरफ से निष्क्रिय हैं
मैं क्या करूँ
कि अपनी तरह के लोग
अपनी तरफ से सक्रिय हो जाएँ
और सब तरह से सुखी रहें

इससे भिन्न **जितेन्द्र 'इन दिनों हालचाल'** जैसा कम महत्त्वाकांक्षी शीर्षक देकर कविता की दिशा का विस्तार करना चाहते हैं। अल्प **कथन** या 'अंडरटोन' कवि का जैसे स्वभाव हो। कविता का प्रकृत ढंग। हमारे समय की कविता **'इन दिनों हालचाल'** नहीं, तो और क्या है ! जितेन्द्र की इधर की कविता **'आँखों के जल में चेहरे'** में विस्थापन के दस साल बिता कर घर वापसी के क्षणों में 'हालचाल' न मिलने की चुभन महसूस करता नेपाली बहादुर जितना कह पाता है, कविता उससे अधिक कहती है। कच्चापन और शायद एक तरह का अनगढ़पन जितेन्द्र के यहाँ भी है। पर वे **'सोनचिरई'** और **'इतिहास दृष्टि'** को आमने सामने रखकर अपनी कविता का एक अलग चरित्र बनाते हैं। अबोध लोक सामान्य से विशिष्ट साहसपूर्ण आख्यान तक कवि जैसी अपनी राह बनाता है उसी में उसका विचारधारात्मक आग्रह छिपा है। स्त्री के दुख हैं और स्त्री का प्रेम है तो कहीं स्त्री की मुक्ति भी है। "**सोनचिरई** आठ बेटों की माँ थी/वह स्त्री थी/और स्त्रियाँ कभी बाँझ नहीं होतीं/वे रचती हैं...तभी दुनिया होती है।" कविता में कहा गया है "वे रचती हैं तभी हम आप होते हैं।" यह दूसरा उप वाक्य न भी हो, तो कविता का वजन घटेगा नहीं, बढ़ेगा।

स्त्री का वृत्तांत **सविता सिंह** ने **'विमला की यात्रा'** में पूरा ही कहा, जिसमें यह तथ्य भी छिपाया नहीं कि "पति की मृत्यु के बाद औरत का जैसे संसार बदलता है"। पर जो नहीं कहना था, नहीं कहा। और जो कहा जाना ही था वह ऐसे कहा :

वह जा रही है रेलगाड़ी से एक ऐसी यात्रा पर
जिसमें कहीं नहीं आता उसका अपना घर
मन ही मन इसलिए वह मनाती है
हे ईश्वर हों जीवन में मेरे ऐसी यात्राएँ अब कम
हो मेरा एक ही जीवन
एक अपना घर
जैसे है मेरी एक आत्मा

शायद इससे अधिक व्याख्या यहाँ जरूरी नहीं। सविता सिंह की दुनिया बड़ी है उनकी कठोर निजता के बावजूद ! दुख भी साहस देता है—जैसे कि उम्मीद, जैसे कि संदेह !

6

अत्यन्त नगण्य, मामूली चीजों को लेकर, बल्कि कहा जाए नितांत अकाव्यात्मक चीजों को लेकर कविता लिखने की कोशिश तो जाने कब से चली आ रही है। संस्कृत की दूसरी परम्परा के **योगेश्वर** जैसे कवियों से लेकर **नागार्जुन** तक, और भी आगे, **वीरेन डंगवाल** तक और अब पवन करण और प्रताप राव कदम तक यह सिलसिला जारी है। कटहल, पपीता, अमरूद, मादा सूअर, मूँगफली, झिनझिनी, छाता, पीठ की खुजली, चाकू, छिपकली, साँड़, समोसा—जैसी तमाम चीजें कविता की दुनिया में शामिल हैं। इन मामूली दिखते विषयों से जो दूरी बनाकर एक अनोखी काव्य वस्तु बनती है, कविता का असली रहस्य तो उसी की पहचान में है। क्या कारण है कि तमाम चीजें अपने आकार-प्रकार में, अपनी स्थूल लाक्षणिकता में कविता नहीं है। वे आगे जब एक ठोस वस्तु या संरचना जैसा रूप लेती हैं तो उन्हीं के दूसरे भेद खुलते हैं। तब 'जूते चमकाने वाले' शीर्षक कविता में **बोधिसत्व** के लिए सिर्फ मोचीराम, या व्यवसाय-प्रधान जातिवाचक संज्ञा नहीं रह जाते 'जोगी' हो जाते हैं। *समय को चीर कर* (**कृष्णमोहन झा**) के आगे की कविता है—'जोगी'। कविता छोटी ही सही, उसका अपना पूरा 'स्पेस' होता है—अपना अर्थात्—और अन्त तक आते-आते तो वह एक तरह का रहस्योद्घाटन होती है :

वे जूतों की तलाश में
घूमते हैं ब्रश लेकर
और मिलते ही बिना देर लगाये
ब्रश को गज की तरह चलाने लगते हैं
गोया जूते उनकी सारंगी हों
. . .
भरी दोपहरी में वे
जमात से बिछड़े जोगी की तरह होते हैं
जिसकी सारंगी और झोली
छीन ली हो बटमारों ने
. . .
बहुत पुरानी और अबूझ पृथ्वी पर
उस्ताद बुंदू खाँ और भर्तृहरि के शिष्यों की तरह
यश और मोह नहीं
निस्तेज जूतों की तलाश करते हैं

देखें कि कोई अपरिचित अप्रयुक्त कल्पना कैसे सघन काव्यार्थ की सृष्टि में

सहायक होती है। आश्चर्य नहीं कि बोधिसत्व का नया काव्य प्रस्थान हैं–'कमलादासी की कविताएँ।'

इधर हमारे बदले हुए समय में क्रूरता, लिप्सा, लूट और ताकत का ऐसा विपुल तामझाम है कि हादसे, हत्याएँ, हिंसा के दृश्य सिर्फ खबर नहीं हैं, कवि की भीतरी चेतना तक परस्पर गुँथे हुए हैं और उनका बयान कविता के नक्शे के बाहर एक असह्य चीख़ है। पोलिश कवि **चेस्वाव मिवोश** की व्याख्या के अनुसार अब यह **दुखांत** एक **विश्व परिघटना** है और हिंसा और हिंसा में फ़र्क़ करना कठिन है। **मिवोश** ने परस्पर विभाजित **दो प्रजातियों** का जिक्र किया है–एक वे **जो जानते हैं** पर **बयान नहीं कर सकते,** दूसरे जो **बोलते** हैं पर **जिन्हें पता नहीं** है। यह जो समय है उसमें न **विस्थापन** एक से है न हादसे एक तरह के हैं। उन्हीं-उन्हीं हादसों पर कभी बोलने और कभी चुप रहने की छूट है। **प्रताप राव कदम** की कविता **'वास्तुपुरुष नहीं जानता धारावी'** संकेत है कि हादसे अनेक हैं और सभी ब्यौरों में नहीं बताये जा सकते :

विस्थापितों के बारे में क्या सोचता है
वास्तुपुरुष
घर पर जिनके फिर गया पानी
न स्नानागार बचा न शयनकक्ष
रसोई तक को बख़्शा नहीं
बस मुआवजा राशि बाँटते अफसर के
चेहरे पर ही नहीं था पानी
वास्तुपुरुष क्या जानता है
धारावी या मेरे शहर की
जबरन कालोनी के बारे में

केवल शब्दावली के आधार पर जैसे कि **आंचलिकता** या **ठेठ स्थानीयता** (अष्टभुजा शुक्ल) या देशीयता के आधार पर कविता का महत्त्व-निर्णय कठिन है, उसी तरह केवल विन्यास या रचाव या लय के आधार पर कविता की ताकत का आकलन कठिन है। ब्राडस्की जब **गद्य** से मिलने वाली **कविता की ताकत** का सवाल उठा रहे थे, तो उसे घटित करने वाले उपकरणों के आधार पर अलगाना कठिन था। जिन्हें लग रहा है कि उन्होंने गद्य के विन्यास का मर्म जान लिया है और अब उसमें कविता लिखी जा सकती है, वे अक्सर भ्रम में हैं और ठीक-ठीक समझने में असमर्थ हैं कि लिख तो रहे हैं वे **खराब गद्य** ही और शब्द वाक्य के क्रम या विपर्यय से वांछित काव्यत्व हासिल करना चाहते हैं। उन्हें त्रिलोचन के सानेटों का मर्म आज भी एक चुनौती भरा काम जान पड़ेगा। **रघुवीर सहाय** जिस **पत्रकारिता** के ढंग के गद्य से कविता बनाते हैं या पत्रकार गैलरी के नोट्स और टीपों से–उसकी काव्यात्मक सार्थकता कहाँ है ! शायद कविता की एक अनोखी अद्वितीय पहचान बनाने और पाने में। **लय** के पारखी **केदारनाथ सिंह** ने गद्य की ताकत का कविता में विलक्षण उपयोग किया है। **बिम्बात्मक** और **नाटकीय**

गद्य के बीच वे एक रहस्यमय रिश्ता बनाते हैं और हर बार एक नयी शुरुआत का आभास कराते हैं। **'अपनी खबर'**, **'त्रिनिदाद'**, **पांडुलिपियाँ** आदि कविताएँ इस प्रयोग विधि के मार्मिक उदाहरण हैं।

7

एक ओर युवा कवियों के इन संग्रहों से हमारे समय की कविता की एक सामूहिक पहचान बनती है, जैसे हम एक सामूहिक-सी आवाज सुन रहे हों। वह समय की मिलीजुली अनुगूँजों से वंचित नहीं है। दूसरी ओर, इन्हीं में हम हरेक कवि की एक अपनी आवाज भी सुनना चाहते हैं और अक्सर उसे न पाकर हताशा अनुभव करते हैं। शक होता है कि समय का दबाव ही कुछ ऐसा हो चला है कि सब एक दूसरे की भाषा बोल रहे हैं। पर कविता की प्रकृति ही ऐसी है कि वह इस एक-सा पन या औसतपन से इनकार किये बिना नहीं रह सकती। क्या कविता इस द्वंद्व में ही फँसी रहने वाली है या कि अपनी निजता पाने के लिए संघर्ष या कि आत्मसंघर्ष का विकल्प चुनेगी। देर सबेर। आज नहीं तो कल। यहाँ हमारे लिए बहुत आश्वस्ति का क्षण नहीं है कि इधर की कविता ने अपना एक सहज मुहावरा पा लिया है। इसका कोई जवाब भी हमारे पास नहीं है कि यह कुछ ही पहले से, **अरूण कमल** और **राजेश जोशी** से, **मंगलेश** और **ऋतुराज** की कविता से किस तरह अलग है। कम से कम भाषा को लेकर वह इस चिन्ता की झलक कम ही देती है कि भाषा में समय और समय के आरपार की ध्वनियाँ-गूँजों से वह भरी हुई है। कवियों में फ़र्क़ तो हमें करना चाहिए और एक कविता और दूसरी कविता में भी, पर क्यों ऐसे कवि भी बार-बार दृश्य पर, पत्र-पत्रिकाओं में एक के बाद दूसरे संग्रहों में दिख ही जाते हैं जिनके लिए भाषा औसतपन में, लगातार प्रचलन में बंद शब्द संचय है—ऐसा शब्दाचार, जिसे शब्द सम्पदा कहते भी मुश्किल हो सकती है। भूमंडलीकरण, बाज़ारवाद, उपभोक्ता समय, नयी तकनीकी, नए संसार जगत के उपद्रव या विस्फोट—इनके बारे में कामचलाऊ जानकारी और असंतोष से अधिक रचनात्मक बेचैनी भाषा में कम ही दिखाई देती है। अधिकतर कवि भाषा का इस्तेमाल भर कर रहे हैं, तोड़ने, बनाने, बदलने, रचने का साहस कम दिखाते हैं। कभी-कभी संदेह होता है कि न सिर्फ उसकी **स्मृतिहीनता** चिन्तित करने वाली है बल्कि नितांत **तात्कालिक** दबावों का कोई व्यग्र बेचैन करने वाला स्पर्श भी विरल है। **प्रेम** और करुणा बखानने की, चीजों को कठिन समय में बचाने की भी कोई रीति है जो कविता को कामचलाऊ व्यापार बनाती है। अच्छी दिखती कविता में भी **अनुवाद विन्यास** जैसी शिथिलता छिप नहीं पाती।

ये सवाल आज के काव्य परिदृश्य से ही पैदा हुए हैं और जो कुछ अब सार्थक और महत्त्वपूर्ण दिख रहा है, उसी के साथ काव्य रीति या चलन का हिस्सा है। 'कविता का अर्थात्' या 'कविता का उत्तर जीवन' एक महत्त्वाकांक्षी आलोचनात्मक पद है। भ्रम न हो कि यह कोई ऐसा 'पद' है जिसकी जद या सीमा में आ जाने भर से 'कोई कवि बन जाए

सहज सम्भाव्य है'—जैसी आसानी पैदा हो जाएगी। यह अपने आप में कोई 'टच स्टोन' सुझाने या 'कैननाइजेशन' की भी कोशिश नहीं है। पर उसके निहितार्थ पर ध्यान दें तो किसी भी समय और दौर की महत्त्वपूर्ण कविता में उसकी सूक्ष्म पहचान या अवधारणा दिख जाएगी। आज की कविता की एक हद तक सतह पर ही दिख जाने वाली सीमा यह है कि मनुष्य का रोजमर्रा का व्यवहार, खरीदफरोख्त, मानवीय रिश्ते, राजनीतिक घटनाक्रम तो अक्सर दिख जाता है पर मनुष्य और प्रकृति के भीतर छिपी हुई असाधारण शक्तियों की पहचान कम ही दिखती है। सूचना विस्फोट के चलते जानकारियाँ तथ्य ज्ञान की दृष्टि से तालमेल भर नहीं बिठातीं। वह हस्तक्षेप करती हैं और वास्तविक अनुभव को एक सर्वथा नए रूप में उपस्थित कर देती हैं। इसलिए किसी भी कसौटी या प्रतिमान या मूल्य को ओढ़ भर लेने से कोई कवि कवि हो जाएगा या कोई कविता कविता हो जाएगी, यह भ्रम किसी कवि या आलोचक को नहीं होना चाहिए। अभी अपनी अंधाधुंध टिप्पणियों के क्रम में **अरुण कमल** ने सावधान किया है कि **''जो कुछ भी कविता करना आसान बना दे उस पर शक करना चाहिए।''**

कल्पना जो बोधवृत्ति के साथ कविता को अर्थवान बनाती है, उसका काम तो अबोधता और विस्मय के बग़ैर चलने वाला नहीं है। नेरूदा बहुतों की पसंद के कवि हैं—हमारे प्रगतिशील कहे जाने वाले कवियों के भी वे आदर्श रहे हैं। कभी नोबेल पुरस्कार से सम्मानित होने के अवसर पर कही गयी उनकी दो बातें मुझे अचानक याद नहीं आती हैं—मुझे उनमें आज की रचनात्मक बेचैनी का मर्म दिखाई देता है। **नेरुदा** कवि की भूमिका बताते हुए कहते हैं—**कवि हमारे लिए रोटियाँ तैयार करता है—फूली फूली गोल-गोल रोटियाँ !** आगे वही रोटियाँ एक अर्थ में **मनुष्यता के स्वप्न** से जुड़ जाती हैं। अन्यत्र नेरुदा अपने स्मरण लिखते हुए कहते हैं कि कवि अपनी **साँस** और अपने **खून** से इस मर्म को पाना चाहता है—अपनी बुद्धि और अबोधता या कि विस्मय से उसे स्वायत्त करना चाहता है क्योंकि यही वे चीजें हैं जो **कविता की रोटी** के काम आती हैं। कहना कठिन है कि आज लिखी जा रही ज़्यादातर कविता कल्पना, बुद्धि और विस्मय और ज्ञात यथार्थ के रहस्यों पर कितना भरोसा दिखाती है। 'कविता का अर्थात्' या 'कविता का उत्तर जीवन' पद कविता से जाने-अनजाने की जा रही इस बड़ी माँग के पक्ष में ही एक अधिक व्यंजक आलोचनात्मक पद है। कविता की सम्भावनाओं की थाह लेना इसका अपना पक्ष है। यह किसी बाह्यानुशासन का (बाह्याचार का तो बिल्कुल नहीं) हिस्सा नहीं है। कविता और कवियों के साथ चलकर निर्मित किया गया कविता का एक अपना पाठ है जो निरे शब्दार्थ से अधिक गूँजों, अनुगूँजों और झंकृतियों को कहीं ज्यादा महत्त्व देता है। **रघुवीर सहाय** से **केदारनाथ सिंह** तक, **मंगलेश डबराल** से **अरुण कमल** तक की कविता पर गौर करें तो कविता के छंद की सारी ताकत कविता के **गद्य** में है पर उन्हीं की कविता उदाहरण है—कि **कैसा गद्य** ! मुक्तिबोध को कविता में किस **भीतरी धागे** का इंतजार था—किस अनलिखे उपन्यास का !

एक दिन ग़ालिब के साथ

'देखने' को 'पढ़ने' का विकल्प बनाने वाले कितने भी माध्यम सुलभ हों और दुनिया के आगे ही आगे बढ़ते जाने की रफ्तार कितनी भी तेज क्यों न हो, अपने ही अकेले एकान्त में अपनी पसंद की किसी महत्त्वपूर्ण किताब के साथ एक पूरा दिन गुजार देना अपने आप में उत्तेजक और स्फूर्तिप्रद अनुभव हो सकता है। कहना न होगा कि ऐसे अनुभव को बाँटने का भी अपना सुख होता है। संयोग है कि आज का दिन एक समय की चर्चित और प्रसिद्ध कृति 'मुसद्दस' के लेखक मौलाना हाली की एक और पुस्तक 'यादगारे ग़ालिब' के साथ बीता। याद आता है कि हिन्दी कवि शमशेर ने 1948 में अपने निबंधों का एक संग्रह 'दोआब' प्रकाशित किया था जिसका दूसरा संस्करण बहुत बाद में आलोचक रामविलास शर्मा की भूमिका के साथ छपा है। 'दोआब' का पहला ही निबन्ध है—'मुसद्दस' और 'भारतभारती' की सांस्कृतिक भूमिका। 'दोआब' की एक बहुत पुरानी प्रति अक्सर मेरे साथ रहती है और आलोचना की नई पहचान लगती है। उसी 'मुसद्दस' के लेखक मौलाना हाली ने अपने काव्यगुरु और अपने वक्त के बड़े शायर ग़ालिब के स्मरण के लिए 'यादगारे ग़ालिब' जैसी किताब लिखी, जो ग़ालिब की जीवनी भी है, ग़ालिब की आलोचना भी।

'यादगारे ग़ालिब' पहली वार 1897 में प्रकाशित हुई थी। आज उसे छपे सौ साल से ज्यादा हो चुके हैं पर वह आज भी इस दृष्टि से मूल्यवान उदाहरण है कि एक कवि दूसरे बड़े कवि पर इतने लगाव से लिखता है जैसे वह आलोचना में जीवनी और जीवनी में आलोचना लिखने का एक विलक्षण प्रयोग कर रहा हो। अब तो अंग्रेजी और दूसरी भाषाओं के साथ हिन्दी में भी ऐसी कोशिशें दिखाई दे जाएँगी। हिन्दी पाठकों को इसी समय रामविलास शर्मा लिखित 'निराला की साहित्य साधना' का पहला भाग और अमृत राय लिखित 'क़लम का सिपाही'—जैसी किताबें याद आ सकती हैं। पर 'यादगारे ग़ालिब' को पढ़ने का अर्थ ही कुछ और है। लगता है हम जिस हद तक हाली की किताब के साथ हैं, उससे भी अधिक ग़ालिब के समय और उनके काव्यानुभवों के साथ हैं। ग़ालिब की दो खूबियाँ हाली की नज़र में भी सबसे पहले प्रकट हैं—क्षति का गहरा एहसास, जिससे ट्रैजिक संवेदना की झलक मिलती है और निरन्तर सक्रिय हास्यविनोद का-सा भाव। ये दोनों तत्त्व जो परस्पर विरोधी लगते हैं, ग़ालिब की बड़ी सर्जनात्मक क्षमता में घुले-मिले हैं। हाली दिखाते हैं कि ग़ालिब के मुक्त विनोद में दूसरों पर हँसना ही शामिल नहीं है, अपने पर और अपनों पर हँसना भी शामिल है।

'यादगारे ग़ालिब' के हिन्दी अनुवादक कथाकार अब्दुल बिस्मिल्लाह ने लिखा है कि इसका समीक्षा वाला भाग यद्यपि जीवनी वाले भाग की तुलना में बहुत सबल नहीं है, फिर भी ग़ालिब-साहित्य के अध्येताओं के लिए बहुत उपयोगी जान पड़ता है। उधर अपनी प्रस्तावना में खुद हाली का कहना है—"पुस्तक की समाप्ति पर एक छोटी-सी समीक्षा मिर्ज़ा की तमाम लाइफ और उनकी काव्यशैली एवं गद्यशैली पर लिखी गई है, जिसको पूरी पुस्तक का लुब्बोलुबाब समझना चाहिए।" मुझे लगता है 'यादगारे ग़ालिब' को एक साथ ग़ालिब की जीवनी और आलोचना मानने का अर्थ कहीं व्यापक है। दोनों अलग-अलग खंडों की तरह दिखें, तो भी एक पाठ (जीवनी) में दूसरे (आलोचना) को अंतर्भुक्त अर्थात् घुलामिला मानना चाहिए। इस रूप में इसके पढ़े जाने की सार्थकता अलग है।

'यादगारे ग़ालिब' पढ़ते हुए ग़ालिब के समय की ओर भी ध्यान जाता है और उसी के बहाने ग़ालिब के काव्यबोध की ओर भी। प्रसंगवश हाली ग़ालिब की 1857-58 के बीच की फ़ारसी में लिखी डॉयरी (दस्तम्बू) का हवाला देते हैं, जो ग़ालिब के बहुत ही कठिन दौर का वृत्तांत है। युवावस्था में आरिफ़ की मौत ग़ालिब के दिल और दिमाग पर क्या असर छोड़ गयी होगी, यह तो ग़ालिब के बयान से ही प्रगट है। 'लाज़िम था कि देखो मेरा रस्ता कोई दिन और/तनहा गये क्यों अब रहो तनहा कोई दिन और...।" कविता में ग़ालिब का जो अन्दाज़ है वही उनके गद्य की भी खूबी है, जिसकी सबसे अच्छी मिसाल उनके ख़त हैं। इन्हीं ख़तों में ग़ालिब के समय की त्रासदी भी दर्ज है और बहुत-सी काव्य-उक्तियों के अभिप्राय भी छिपे हैं। हाली ने इन प्रसंगों पर ऐसे लिखा है जैसे वे ग़ालिब की भावाभिव्यक्ति की व्याख्या भी कर रहे हों। उन्हें सबसे पहले ग़ालिब के अन्दाज़े-बयाँ का आकर्षण इस ढंग में दिखाई देता है जैसे दो आदमी आपस में बातचीत या सवाल-जवाब करते हैं। हाली के शब्द हैं—"कभी-कभी जिसे ख़त लिख रहे हों, उसे सम्बोधित करते-करते उसको अनुपस्थित मान लेते हैं। यहाँ तक कि जो लोग मिर्ज़ा के अन्दाज़े-बयाँ से वाकिफ नहीं हैं वे जिसे ख़त लिखा जा रहा है उसको ग़ैर हाजिर समझ लेते हैं।" आगे उन्हीं की टिप्पणी है—"मिर्ज़ा ऐसे मौके पर सवाल करने और जवाब देने वाले का नाम नहीं लेते, न उनके नाम की पहचान लिखते हैं, मगर सवाल और जवाब के अन्तराल में एक ऐसा लफ्ज़ ले आते हैं जिससे साफ मालूम हो जाता है कि सवाल क्या है और जवाब क्या है ?" गद्य या कविता की इन बारीकियों के विश्लेषण में हाली की दिलचस्पी उनकी गहरी सहृदयता और रसज्ञता को प्रकट करती है।

इसी तरह हाली **'दस्तम्बू'** से या ग़ालिब के ख़तों से जो कुछ प्रसंग चुनते हैं या सादगी की अर्थमयता बताने के लिए जो काव्य उक्तियाँ चुनते हैं, उनसे भी उनकी सहृदयता और आलोचनात्मक विवेक प्रकट है। ग़ालिब के कठिन दिनों को याद करते हुए हाली उन्हीं के शब्दों का हवाला देते हैं—"इन दुर्दिनों में जो कुछ भी कपड़ा-ओढ़ना और बिछौना घर में था, सब बेच-बेच कर खा गया। गोया और लोग **रोटी** खाते थे

और मैं कपड़ा खाता था।'' हाली किन्हीं नवाब मुस्तफ़ा ख़ाँ को याद करते हैं जिनकी दृष्टि में ग़ालिब शायर तो बड़े हैं ही, कविता के अच्छे पारखियों में हैं। हाली की नजर में वह ग़ालिब की विनोदवृत्ति ही है जो असाधारण दुख और तबाही झेलने की कूबत पैदा करती है। मसलन शराब का जिक्र जब भी आता है, ग़ालिब अलग रंग में होते हैं। हाली याद करते हैं—''एक शख़्स ने उनके सामने शराब की बहुत भर्त्सना की और कहा कि शराब पीने वाले की दुआ कबूल नहीं होती। मिर्ज़ा ने कहा, ''भाई ! जिसको शराब मयस्सर है, उसको और क्या चाहिए, जिसके लिए दुआ माँगें !'' मीर मेहँदी के नाम लिखे ख़त का जिक्र है—ग़ालिब लिखते हैं—''सुबह का वक्त है, ठंड खूब पड़ रही है। अँगीठी सामने है। दो हर्फ़ लिखता हूँ। हाथ तापता जाता हूँ। दो घूँट ले लिये तो दिल तवाना हो गया, दिमाग़ रौशन।'' इस पर हाली की टिप्पणी है—''यह ख़त गदर के बाद उस जमाने में लिखा था जब पेंशन वग़ैरह बंद हो गई थी और अभाव के कारण कुछ पीते-पिलाते नहीं थे।'' इस पीड़ा में जो विडम्बना छिपी है, उसे ग़ालिब की कविता के ज़रिए ही जाना जा सकता है।

ग़ालिब पर लिखते हुए हाली ने एक और पते की बात लिखी है। ग़ालिब की कमज़ोरी थी कि खुश करने के लिए भी आलोचनात्मक सम्मतियाँ लिख सकते थे, पर जहाँ तारीफ़ से बचना चाहा, कोई-न-कोई रास्ता निकाल ही लिया और बच निकले। एक उदाहरण है—**'आईने अकबरी'** के **सर सैयद अहमद ख़ाँ** वाले भाष्य पर **ग़ालिब** का चुप लगा जाना और तारीफ़ की जगह सिर्फ दुआ करना। हाली ने ग़ालिब के इस कथन को उनके आलोचनात्मक विवेक का साक्ष्य माना है—''खुदा ने समझदार दिल और देखने वाली आँख इसलिए दी है कि अक्ल और होश का काम अच्छी तरह अंजाम दिया जा सके। जो कुछ देखा जाए उसे अक्ल की कसौटी पर परखा जाए। उस्तादी और शार्गिदी का रिश्ता पीरी और मुरीदी का रिश्ता नहीं है कि बस श्रद्धा से काम चल जाए और इस मशहूर कहावत पर यकीन करके बैठ रहा जाए कि मेरे लिए घासफूस का लिबास और मेरी श्रद्धा ही काफी है।''

हाली को **ग़ालिब** का स्वाभिमान अच्छा लगता है, चाहे उसे गर्वोक्ति ही क्यों न कहा जा रहा हो :

न सताइश की तमन्ना न सिले की पर्वा
गर नहीं है मेरे अश्आर में मानी न सही

उन्हें अच्छा लगता है कि ग़ालिब सामान्य लोगों के ढंग पर चलना नहीं पसंद करते—न सिर्फ शायरी में, बल्कि रखरखाव में, लिबास में, खानपान में, रहन-सहन में। असहनीय स्थितियों में भी ग़ालिब की इस जीवनशैली में फ़र्क़ न आया।

हाली तर्कपूर्ण दलील और काव्यात्मक दलील में फ़र्क़ करते हैं और इस कसौटी पर ग़ालिब के साधारण समझे जाने वाले शेर की मार्मिक व्याख्या करते हैं। यहाँ चुनाव और व्याख्या दोनों का महत्त्व है। ''लाग हो तो उसको हम समझें लगाव/जब न हो कुछ भी तो धोका खाएँ क्या !'' हाली की व्याख्या है—''लाग अर्थात् दुश्मनी। और लगाव

अर्थात् मुहब्बत। मतलब यह है कि प्रियतम को न हमारे साथ दुश्मनी है न दोस्ती। अगर दुश्मनी भी होती, तो उसमें भी एक प्रकार का जातीय सम्बन्ध होता है। हम उसको दोस्ती समझते। लेकिन जब न दोस्ती हो और न दुश्मनी, तो फिर किस बात पर धोखा खाएँ ?''

हाली ग़ालिब के जीवन के जिन प्रसंगों को याद करते हैं उनमें एक सच्चे सहृदय काव्यप्रेमी या काव्यरसिक से भेंट की दुर्लभ प्रसन्नता का एक क्षण भी है। मुंशी नबीबख़्श हक़ीर से मिलने के बाद ग़ालिब के शब्द हैं—''हालाँकि मैं शेर कहता हूँ और शेर कहना जानता हूँ मगर जब तक मैंने उस बुज़ुर्गवार को देखा नहीं, यह नहीं समझा कि काव्यमर्मज्ञता क्या है और काव्यमर्मज्ञ किसे कहते हैं ? मशहूर है कि खुदा ने **हुस्न** के दो हिस्से किये, आधा युसूफ को दिया और आधा समूची मानव जाति को। आश्चर्य नहीं कि **काव्य-मर्मज्ञता** और रसिकता के भी दो हिस्से किए हों और आधा मुंशी नवीबख़्श के और आधा तमाम दुनिया के हिस्से में आया हो।''

कबीर का सामना इसी दुनिया से है

1

ऐसा कोई ना मिले जासूं रहिये लागि
सब जग जलता देखिया अपनी अपनी आगि

दुनिया जिसमें सब अपनी-अपनी आग में जल रहे हैं—कबीर का सामना इसी दुनिया से है। कबीर भी जल रहे हैं—इस फिक्र में, कि कोई ऐसा नहीं मिलता, जिससे बस जा लगें। सब तो अलग-अलग जल रहे हैं। अपने-अपने ठिकाने पर। अपना-अपना ठाठ रच कर। अपने-अपने वणिज-व्यापार हिसाब-किताब, नफ़ा-नुकसान के गणित में फँसे हुए। कबीर उन्हें देख रहे हैं। देख रहे हैं उनका जलना। और अपना भी जलना। और रात-दिन इस दुनिया को देखकर बेचैन हैं। दुनिया—जो खाने-पीने में मगन है। खा रही है और सो रही है। जलते-जलते भी सो रही है। पर एक सबसे अलग कबीर की आग है कि वे रात-दिन दुखी-बेचैन हैं। वे जागते हैं और सोते हैं। 'सुखिया सब संसार है खावै अरु सोवै/दुखिया दास कबीर है जागै अरु रोवै।'' देखें कि नानक के इस तर्क : ''नानक दुखिया सब संसार/वह सुखिया जो नाम अधार''—को कबीर ने उलट दिया। 'सुख' और 'दुख' का अर्थ और संदर्भ बदल गया। कबीर का यह रात-दिन 'जागना' और 'रोना' महत्त्वपूर्ण है। यह 'रोना' सामान्य रोना नहीं है। यह 'जागने' के साथ रोना है। यह नशे में रोना नहीं है। होशोहवास में रोना है। तमाम सारे झूठों को, भ्रमों को मिथ्यात्व को चुनौती देती हुई, उन्हें भेदती हुई, ध्वस्त करती हुई रुलाई है। इस रुलाई के लिए भी नैतिक साहस ज़रूरी है जो कबीर जैसे संत के संत होने की शर्त है। संत के भाग्य में नींद नहीं है। ''सब जग सूता नींद भरि संत न आवै नींद।'' याद आता है कि रूमी की मसनवी में नींद को मृत्यु की छोटी बहन कहा गया है।

2

कबीर छह सौ साल बाद अचानक पूरी दुनिया में एक महत्त्वपूर्ण, अपने ढंग के अकेले और विलक्षण कवि के रूप में मान्य हो उठे हों, ऐसा नहीं है। यह सही है कि उन्हें आसानी से स्वीकार नहीं किया गया है। संत माने गये तो सधुक्कड़ी स्वभाव के, जिसने

यहाँ-वहाँ से ज्ञान पा लिया। और कवि मानने में तो बहुतों को कठिनाई थी। तेवर है, आक्रोश है, कभी सीधीसादी बेधक उक्तियाँ हैं। पर कविता ! अध्यात्म के घड़े से छलककर या छिटककर कभी आ गयी तो आ गयी। वर्ना योग की पारिभाषिक शब्दावली में या उलटबाँसी में कविता कहाँ ! हिन्दू मुसलमान की धार्मिक संकीर्णता, अंधविश्वास, पाखंड, जड़शास्त्रीय मान्यताओं पर प्रहार—इसे सामाजिक सुधार के दायरे में ही देखा गया। कबीर की कविता से जो विस्फोटक सचाई व्यक्त होती है, उस पर कभी-कभार ही ध्यान दिया गया है। इस सचाई के केन्द्र में है प्रेम और दुख का अनन्य सहभाव। वे भ्रम में हैं जो मानकर चल रहे हैं कि कबीर किन्हीं शाश्वत मूल्यों के पोषक हैं और इस अर्थ में एक सर्वमान्य परम्परा में हैं। एक तो यही भ्रम का आधार है कि कुछ सर्वज्ञात, परम्परा से प्राप्त, हर समय के लिए शाश्वत महत्त्व वाले मूल्य हैं, जिनका निर्वाह कबीर को देर सबेर ही सही, स्वीकार्य बनाता है। कबीर के अपने कोई मूल्य हैं तो वे इस दृष्टि से महत्त्वपूर्ण हैं कि उनकी अपनी **खोज** हैं, अपने **अर्जित** मूल्य हैं, अपने कमाये हुए मूल्य ! प्रेम और दुख इस तरह उनके अपने खोजे हुए मूल्य हैं। वे दो होकर भी अभिन्न हैं, एक ही हैं। प्रेम में दुख है। दुख में प्रेम। प्रेम का ही दुख है—**"वासरि सुख ना रैणि सुख ना सुख सुपने माँहि/कबीर बिछुड्या राम सों ना सुख धूप न छाँह।"** दुख है कि **प्रेम की विकलता !** जो आठों पहर का जलना है—"कै बिरहिनि कूँ मीचि दे कै आपा दिखलाइ/**आठ पहर का दाझणाँ** मो पै सहा न जाए।" प्रेम और दुख का यह अजब अनन्य सहभाव है कि आठों पहर की मस्ती है और आठों पहर का जलना है। यह प्रेम का ही करिश्मा है—जो मूल्यों का मूल्य है। कबीर का सबसे महत्त्वपूर्ण मूल्य। जिसके लिए सिर देना न्यूनतम शर्त हो, वही तो होगा महानतम मूल्य !

प्रेम न बाड़ी ऊपजै प्रेम न हाट बिकाइ
राजा परजा जे रूचै सीस देइ लै जाइ

इस प्रेम का अपना नशा है। इसमें होशियारी के लिए जगह नहीं। यहाँ फूँक-फूँक कर चलना नहीं है। "हमन हैं इश्क मस्ताना/हमन को होशियारी क्या।" इस रंग में तो सब कुछ डूब जाना है। 'सतगुरु हो महराज मो पै साई ने रंग डारा।' ऋतु फागुन है ! और सबद की चोट ! **"सबद की चोट लगी मेरे मन में बेध गया तन सारा।"** जो ज्ञानी हैं, चतुर सयाने हैं, विलक्षण हैं वे प्रेम का मर्म नहीं जानते। वे दुख का मर्म भी नहीं जानते। नहीं जानते कि आखिर यह दुख ही क्यों काम्य है। वरण करने योग्य। **रवीन्द्रनाथ** ने **'दुख'** शीर्षक से एक निबन्ध ही लिखा है जिसमें 'दुख' के मर्म की व्याख्या इस तरह की है—"वास्तव में दुनिया की गतिशीलता में ही शान्ति है। दुख में, प्रयास में ही सफलता है। भेद में ही प्रेम है।...अपूर्णता पूर्णता के विपरीत नहीं है, वरन् उसके विकास का एक रूप है।...जिस तरह जगत् की अपूर्णता पूर्णता-विरोधी नहीं, उसी तरह अपूर्णता का साथी दुख भी केवल दुख नहीं, आनन्द भी है।...**अपूर्णता का गौरव ही दुख है।** दुख ही मूलधन है, अपूर्णता की एकमेव सम्पदा है। दुख के बीच हम सत्य की उपलब्धि करते हैं और इसी में हमारा मनुष्यत्व है।" **रवीन्द्रनाथ** का कहना है कि यही दुख टेढ़े-मेढ़े

रास्तों से चलकर रोज़ एक नये कर्म-लोक या नये सौन्दर्यलोक की रचना करता है। 'दुख' इस अर्थ में प्राप्त मूल्य नहीं है, अर्जित मूल्य है। जैसे कि प्रेम। और इस तरह दोनों अभिन्न हैं, एक हैं। प्रेम और दुख का यह अनन्य सहभाव जात-पाँत, धर्म मज़हब के सब भेदों को मिटाकर जिस नये अनुभव, नये कर्मलोक, नये सौन्दर्यलोक को जन्म देता है, उसे नाम देना कठिन है।

कबीर गुर गरवा मिल्या रलि गया आटै लूँण
जाति पाँति कुल सब मिटे नाव धरौगे कोण

3

प्रेम की यह अकथ कहानी है जिसमें बताना कठिन है कि कैसा है प्रेम ! कैसा है प्रिय या प्रेमास्पद ! बिरले ही इस मर्म को जानते हैं। कोरे ज्ञान में डूबते-उतराते चतुर सयाने इसे नहीं जानते। जैसे महारस के महान पात्र में पड़ी कलछुल (दरबी) महारस के मर्म को नहीं जानती। **''अंध सो दरपन बेद पुराना/दरबी कहा महारस जाना।''** यह प्रेम और दुख का सहभाव तो कबीर का अनुभव है—कबीर का अपना अनुभव। ''बालम आव हमारे गेह रे/तुम बिन दुखिया देह रे।'' यह ऐसी घनी चोट है जिससे कोई बचाव मुमकिन नहीं। या तो वाण मारने वाला जानता है या जो वाण से बिंधा है, वह जानता है। ''जाइ पूछौ उस घाइलैं दिवस पीड़ निस जाग/बोंहणहारा जानिहै कै जोपों जिस लाग।''.... ''घाइल घूमै गहि भर्‌या राख्या रहे न ओट/जतन किया जावै नहीं, बणीं मरम की चोट।''...''चोट सताँणी बिरह की सब तन जरजर होइ/माँरणहाराँ जोंणिहैं कै जिहिं लागी सोइ।''

कबीर का प्रिय से मिलने, उसे देखने और जानने का अनुभव ऐसा कि कोई दूरी शेष नहीं है। भीतर-बाहर प्रकाश ही प्रकाश, उजाला ही उजाला। हरा-भरा। संशय का लोप। सुख ही सुख का-सा अनुभव। पर तन-मन की दशा ऐसी कि बताना कठिन है। कैसे बताएँ इस अनुभव की अद्वितीयता को :

पिंजर प्रेम प्रकासिया अंतरि भया उजास
मुख कस्तूरी महमही वाणी फूटी वास

यह **अनुभव की अद्वितीयता** ही कबीर को बड़ा कवि नहीं बनाती, कुछ और भी है जो कबीर को बेचैन बनाता है और उनके अनुभव को अद्वितीय बनाता है। कबीर कहते ज़रूर हैं—**''सब रग तंत रबाब तन बिरह बजावै नित्त/और न कोई सुनि सकै साईं कै चित्त।''**—कि सारी नसें ताँत की तरह हैं और शरीर ही वह अनोखा तार वाद्य है जिसे विरह हर क्षण बजाता है (वही वादक है) और इससे जो ध्वनि उठती है जो झंकार पैदा होती है उसे या तो भीतर बसने वाला 'साईं' सुनता है या कि मेरा हृदय सुनता है। पर निहित है कि गूँज इतनी गोपन इतनी सीमित नहीं है कि वहीं की वहीं खत्म हो जाए ! कबीर जिन समानधर्माओं को बार-बार सम्बोधित करते हैं और प्रेम का

यह भेद बताते हैं, दुख का यह रहस्य या मर्म बताते हैं, उन्हें भी प्रेम-दुख के अनन्य सहभाव में शामिल करना चाहते हैं। जब वे कहते हैं—कि "सुनता है गुरुज्ञानी !" तो यह भी कहते हैं—कि ध्वनि जो भीतर-भीतर उठ रही है और चुप ही चुप ज्ञानी-गुरु या गुरु-प्रेमी द्वारा सुनी जा रही है, दूर-दूर गगन मंडल में भी उठ रही है। अब सुनेंगे तो वे ही, जिनके कान हों। कबीर इस **अनुभव** को **गुप्तज्ञान** नहीं बनाने जा रहे हैं। यह तो लोक के साथ धोखा है। आखिर यह मर्म जाननेवाला काशी का जुलाहा ही तो है। ज्ञान पर एकाधिकार जताने वाले, विशेषज्ञता का अहंकार ढोने वाले पाखंडी पंडित तो नहीं। कबीर के लिए कसौटी प्रेम है, कोरा ज्ञान नहीं। ज्ञानियों के लिए कबीर चुनौती हैं—'मानुस बड़े-बड़े हैं आए/एकै पंडित सबै पढ़ाए/पढ़ना पढ़हु धरहु जनि गोई/नहिं तो निश्चय जाहु बिगोई।" कबीर का मर्म तो उन तक पहुँचता है जो समाज में उपेक्षित हैं, पिछड़े हैं, वेद शास्त्र जिनके लिए वर्जित हैं, जीविका चलाने के लिए दिन-रात खटने वाले हैं, **बुनकर, मोची, कहार, कुम्हार, नाई**—सभी। जो सामाजिक शोषण और अन्याय के शिकार हैं। कबीर से उनका अपनापा है। कबीर उनके हैं। वे अपढ़ हैं पर निरंजन का मर्म जानते हैं। वे अंजन का मिथ्यात्व भी जानते हैं। **"राम निरंजन न्यारा रे/अंजन सकल पसारा रे।"** उनमें विरक्त वैरागी और उदार चित्त वाले गृही या गृहस्थ दोनों हो सकते हैं। कबीर सारे ज्ञान को **'सहज'** की श्रेणी में ले आते हैं। इस सहज की भी अपनी साधना है। शर्त है—माया का प्रत्याख्यान। अहंकार का परित्याग। अहंकार कोई एक तरह का नहीं है। कुलीनता का अहंकार है। धन का अहंकार है। ज्ञान का या विशेषज्ञता का अहंकार है। वर्ण या जाति का, धर्म का, मज़हब का अहंकार है। जबकि असली रास्ता किसी को नहीं दीखता। ये सब पाखंड रचने वाले हैं जो आसमान (स्वर्ग) की खोज में रहने का दावा करते हैं और धरती से, ठोस वास्तविकता से जिन्हें लेना-देना नहीं है। सच तो यह कि इन्हें अपना भी पता नहीं।

कहहिं कबीर ई पाखंड बहुतक जीव सताय
अनभौ भाव न दरसै जियत न आप लखाय

4

'चितावणी का अंग' में कबीर की उक्तियों को महज विरक्ति पाठ के रूप में नहीं देखना चाहिए। आज जो धनलिप्सा की अतिरिक्त होड़ है, जानलेवा स्पर्द्धा है, हर तरह की असीमित भोगवृत्ति है, इसे ध्यान में रखते हुए कबीर की चेतावनी का मर्म समझना चाहिए। अपनी-अपनी ताक़त दिखाने के लिए, अपना-अपना वर्चस्व प्रमाणित करने के लिए कैसी मारकाट मची हुई है। आज तो साधु-संत भी इसी में शामिल हैं। पर कबीर के लिए साधुता का अर्थ कुछ और था। अकल्पनीय सरलता। निश्छल व्यवहार। अबाध संयम। 'साईं' इतना दीजिए जामें कुटुम समाय/मैं भी भूखा ना रहूँ साधु न भूखा जाय।' कबीर चरम भोगवाद, कुत्सित स्वार्थ में लिप्त, मिथ्या अहंकार में डूबे हुओं को चेतावनी

के स्वर में कहते हैं—"कबीर नौबति आपणीं दिन दस लेहु बजाइ/ए पुरपाटन ए गली, बहुरि न देखै आइ।" या "सातों सबद जु बाजते, घरि घरि होते राग/ते मंदिर खाली पड़े, बैसण लागे काग।" कबीर को वंचित समाज के दुख-त्रास का पता न रहा हो, इसकीं कल्पना नहीं की जा सकती। दुनिया जो अपनी-अपनी आग में जल रही है—यहाँ तो **'रूई पलेटी आगि'** जैसा दृश्य है। अहंकार भी जलाने वाला है। "मैं मैं बड़ी बलाइ है, सके तो निक्सी भाजि/कब लग राखौ हे सखी रूई पलेटी आगि।" संचय-स्वार्थ के विरुद्ध है—कबीर की चेतावनी :

आसा जीवै जग मरे लोग मरे मरि जाइ
सोइ मुवै धन संचते सो उबरे जे खाइ

संचय की प्रबल लिप्सा है, वर्चस्व का इतना लोभ है तभी तो समाज वर्गों में बँटा हुआ है। विषमताओं का अन्त नहीं है। जहाँ वेदशास्त्र, धर्म-मज़हब, मुल्ला और पंडित भी विषमताओं को बढ़ावा दे रहे हैं वहाँ कबीर का गुस्सा, कबीर का आक्रोश समझ में आता है।

यह सब झूठी बंदिगी बरियाँ पंच निवाज
साचै मारै झूठ पढ़ि काजी करे अकाज

ना जाने तेरा साहब कैसा है
मसजिद भीतर मुल्ला पुकारे क्या साहब तेरा बहिरा है ?
चिउँटी के पग नेवर बाजे, सो भी साहब सुनता है।
पंडित होय के आसन मारै, लम्बी माला जपता है।।
अन्तर तेरे कपट कतरनी, सो भी साहब लखता है।
ऊँचा नीचा महल बनाया गहरी नेंव जमाता है।।

कबीर ऐसी सीधी और तीखी व्यंग्यगर्भित भाषा में जिन्हें फटकार रहे थे वे संकीर्ण, पाखंडी, सामान्यजन को ठगने वाले, और ख़ास तौर पर **सामंतवादी व्यवस्था** या ढाँचे को बनाये रखने वाले, हिसाब-किताब वाले लोग थे। वे धर्म का **व्यापार** कर रहे थे। अज्ञान प्रेरित ढोंग को वे ऊँचे दामों पर बेच रहे थे। विडम्बना यह कि वे हर जगह मौजूद थे और हर जगह मिल जा रहे थे, उनसे टकराना अनिवार्य था। कबीर निर्बाध रूप से आनन्द लोक में ही नहीं थे। दुख त्रास क्षोभ संघर्ष और प्रतिरोध में भी थे। अस्वीकार की चेतना ने ही कबीर को क्रान्तिकारी बनाया। उनके पास अस्वीकार का साहस ही नहीं था, अस्वीकार का विवेक भी था। आज के दलित लेखक हजारी प्रसाद द्विवेदी के कबीर-सम्बन्धी पाठ को एक 'द्विज पूर्वाग्रहयुक्त' पाठ बता रहे हैं। वह अलग विचार का विषय है। पर वे भी द्विवेदी जी के इस कथन से असहमत न होंगे—कि "कबीर समस्त बाह्याचारों के जंजालों और संस्कारों को विध्वंस करने वाले **क्रान्तिकारी** थे। समझौता उनका रास्ता नहीं था।" उनके लिए कठिन होगा कि कबीर के इस साहस, इस अस्वीकार, इस विद्रोह की प्रेम और दुख के अनन्य सहभाव से संगति बिठाई जाए,

जिसे अब तक के विश्लेषण में कबीर का अपना अर्जित सार्थक मूल्य कहा गया है। कबीर के अंतर्विरोध और भी होंगे। एक यह भी सही। प्रेम और दुख की विद्रोह या अस्वीकार के साथ संगति। एक सामान्य कवि ही सीधे सरल और सुसंगत तर्क के सहारे अपने को व्यक्त कर पाता है। कबीर **अन्तर्विरोधों** में बड़े और महत्त्वपूर्ण कवि हैं। वे सब 'राहों' को छोड़कर अगर अपनी एक अलग राह खोज या बना पाते हैं तो उसके लिए कोई भी स्थूल व्याख्या अपर्याप्त हो सकती है। आख़िर कबीर में कुछ ऐसा भी है जिसे **दलित साहित्य** के दायरे में स्वीकार करना कई दलित लेखकों को कठिन जान पड़ता है। कबीर का वास्तविक महत्त्व यह है कि उन्होंने इसी दुनिया में बुनते-कातते, उलझते, लड़ते-झगड़ते अपना आध्यात्मिक स्पेस संभव किया। आडम्बरों से परे। बाह्याचारों से परे। जड़शास्त्रवाद और पोथी ज्ञान से परे। उन्हें इसी दुनिया में रची एक और अपनी ही काल्पनिक दुनिया से बेदख़ल करने का अधिकार किसे है !

साथी, इस समय यह लालटेन ?

क्यों महाशय,
देखते नहीं, अँधेरा है
घना अँधेरा है सामने

—नारायण सुर्वे
(कहानी उस दिन की जब नेहरू की मृत्यु हुई)

कविता में एक युगान्त का-सा अनुभव, जो किसी हद तक विषाद-भरा अनुभव होता है, महज विगत का स्मरण नहीं होता। वह आनेवाले समय के संकेत भी अपने में छिपाए रहता है। स्वाधीनता के बाद की भारतीय कविता का यह चयन 'ताना-बाना' निरन्तरता और समकालीनता के सघन अन्तर्गुम्फन की ओर भी संकेत है। सिर्फ संयोग नहीं कि इस संकलन की जो कविता सबसे पहले ध्यान में आ रही है, वह है नारायण सुर्वे की कविता : *कहानी उस दिन की जब नेहरू की मृत्यु हुई* : जो नेहरू-युग की अवधारणा और नेहरू-युग के अन्त—दोनों पर टिप्पणी है। स्वाधीनता के बाद के साहित्य पर जब भी हम विचार करना चाहेंगे, **नेहरू-युग** की अवधारणा और उसका अन्त—दोनों हमें याद आएँगे। नारायण सुर्वे की कविता की कुछ और पंक्तियों पर ध्यान दें :

'क्या हुआ सुन्दरी ?'
एक वेश्या ने पूछा
दूसरी वेश्या से

'नहीं आज मत जलाओ अगरबत्ती
नेहरू नहीं रहे'
कहा दूसरी ने

'सचमुच !
फिर क्या आज रात बन्द रहेगा
अपना धन्धा !'
पहली ने पूछा...

कविता में इसके बाद जैसे सभी रास्ते बन्द थे। चुप्पी भयानक थी। और एक आदमी

दिन रहते ही ठेलकर ला रहा था अपनी ठेलागाड़ी—लालटेन के सहारे ! जब उसे रोककर पूछा गया—*'साथी, इस समय यह लालटेन ?'* जब हम कहते हैं कि नारायण सुर्वे की कविता एक युग के होने और न होने पर टिप्पणी है तो यह अनुभव करते हुए कि अक्सर कविता में समय एकदम अलग-थलग, अपने आपमें सम्पूर्ण नहीं होता। आगे-पीछे। आर-पार। **ताना-बाना** की कुछ महत्त्वपूर्ण कविताएँ चुनें, तो अरुण कमल के मुहावरे में 'सब कहीं-न-कहीं **एक डोर से बँधी** हैं'—''स्नायु तन्त्र की तरह, जहाँ एक-एक स्नायु का अपना अलग महत्त्व है, जो मिलकर पूरे जीवन का समर्थन-संवहन करता है।'' 'ताना-बाना' की कविताएँ स्वाधीनता के बाद की भारतीय कविता का परिदृश्य रचती हैं तो इसी अर्थ में।

2

भारतीय कविता का अगर भारत की एकता से कोई सम्बन्ध है तो वह भारतीय भाषाओं में लिखी जा रही कविता के **वैविध्य** को जीवन्त, सघन और सजीव बनाती हुई **एकता** है। **एकरूपता** नहीं। एकता—पर ख़ास **अपनी पहचान** के साथ ! जब भौगोलिक राजनीतिक सांस्कृतिक एकता के बहुत सारे आधार सिकुड़ रहे हों, इस खास बहुलताधर्मी वैविध्ययुक्त पहचान पर बल देना और भी जरूरी है। समकालीन भारतीय कविता के पचास वर्षों की किसी हद तक प्रामाणिक और महत्त्वपूर्ण पहचान बनानेवाला हिन्दी का सम्भवतः यह पहला ही चयन है जबकि अंग्रेजी में भारतीय कविता के आधे-अधूरे ऐसे और भी कई चयन हैं। सम्पादकों (**केदारनाथ सिंह/के. सच्चिदानन्दन**) को एहसास है कि भारतीय कविता का **फलक** इतना बड़ा है कि उसे ऐसे किसी एक चयन में समेट पाना कठिन है। अभी तो वे भाषाएँ भी सामने आ रही हैं जिन्हें भाषा का दर्जा प्राप्त नहीं है और यह नहीं कहा जा सकता कि वहाँ कविता नहीं लिखी जा रही है। आपत्तियाँ ऐसे चयन को लेकर स्वाभाविक हैं, जैसे यही, कि अमुक और अमुक कवि यहाँ क्यों नहीं शामिल किए गए—हालाँकि ऐसा कई बार व्यावहारिक कारणों से भी हो जाता है। इसलिए विचार यह चयन जिस रूप में उपलब्ध है, उसी पर किया जाना चाहिए।

महत्त्वपूर्ण है यह तथ्य कि 17 भाषाओं की 125 कविताओं में ऐसी कविताओं की संख्या कम नहीं है जिन पर ध्यान देना जरूरी जान पड़ेगा। यहाँ बड़ा खंड, बेशक, हिन्दी का ही है, जिसके पच्चीस कवि चयन में शामिल हैं। उनमें से कई चुनी गई दूसरी भाषाओं की कविताओं के अनुवादक भी हैं। जैसे, केदारनाथ सिंह, अरुण कमल, मंगलेश डबराल, चन्द्रकांत देवताले, गगन गिल। **हिन्दी कविता** को ज्यादा जगह इसलिए भी दी गई है कि हिन्दी भाषा का क्षेत्र न सिर्फ व्यापक है, बल्कि उसका रचना संसार भी अभूतपूर्व काव्य सक्रियता और गुणवत्ता का प्रमाण है। इसके बाद ही **मराठी, बांग्ला, मलयालम** में। फिर शायद **कन्नड़, उर्दू, असमिया** और **उड़िया** में। या **गुजराती** में। सम्भव है बहुतों को यह चयन भी आधा-अधूरा ही लगे और शायद यह भी कि सम्पादकों की

काव्याभिरुचि भारतीय कविता की विपुल सम्पदा को, उसकी अनगढ़ता, प्रखरता और अकल्पनीय विविधता को पूरी तरह सहानुभूति न दे सकी हो ! चयन की आकार-सीमा का दबाव भी रहता ही है। अभी जैसी स्थितियाँ हैं उनमें निस्संदेह 'ताना-बाना' को एक महत्त्वपूर्ण शुरुआत मान सकते हैं। यह सुखद है कि भाषाओं में भेद किए बगैर इतनी अच्छी कविताएँ एक साथ पढ़ी जा सकती हैं और वे हमें विलक्षण स्फूर्ति और उत्तेजना दे सकती हैं। कभी यह भी लग सकता है कि हिन्दी-उर्दू की भाषायी एकता के बावजूद **हिन्दी कविताएँ** उर्दू की तुलना में **उड़िया असमिया** के अधिक निकट हैं। जैसा **केदारनाथ सिंह** ने प्रस्तावना में स्वीकार किया है, स्वाधीनता प्राप्ति के बाद भारतीय कविता में जो बदलाव प्रमुख रूप से दिखाई देता है वह है **कवि-व्यक्तित्व** का कविता में **ओट** हो जाना। यह चयन भी इसका साक्ष्य है कि हम अक्सर कविता के रू-ब-रू हैं। कविता के सामने। ऐसा भारतीय काव्य-परम्परा में व्यक्तित्व-विलय के दर्शन के कारण नहीं है। आधुनिकता के दबाव के कारण ही है। शायद अनुवाद की प्रकृति और पद्धति भी इसके लिए एक हद तक उत्तरदायी हो।

कभी **बीज** कविता में असमिया कवि **हीरेन भट्टाचार्य** ने कहा होगा : 'कहीं भी **गद्य का उजाला** नहीं है / बहुत फीकी पड़ गई है मेरी कविता।' आगे चलकर यह स्वीकार कर लिया गया है कि गद्य के उजाले में ही है कविता की नई चमक या नई सम्भावना। अगर कविता को **ताजगी भरा खनिज** चाहिए तो वह **गद्य के उजाले** में ही सम्भव है। हीरेन भट्टाचार्य जैसे भाषा और उम्र की सीमाएँ लाँघकर हमारे अपने समय के हिन्दी के कवि के साथ हैं जब वे अपने भीतर के 'किसान' की तरह शब्दों को चखकर जानना चाहते हैं। जब वे लिखते हैं : 'हाड़-मांस की खाद पर फल-फूल उठेंगे धान, उड़द, सरसों—अनाज की सुदृश्य वर्णमाला'—तो जैसे उनके अनुवादक अरुण कमल ठेठ अपनी भाषा की कविता लिख रहे हों। अजब है कि असमिया में ही प्रेम-कविता इस नए अप्रत्याशित तनाव के साथ सम्भव है। कविता **नीलमणि फूकन** की—'नींद में भी वह मुझे खदेड़ता था'—

वह भला कहाँ है अब !

*दमकते हैं क्या **उसकी आँखों** में*
*वे काले घोड़े **दो***
आज भी हर रात
मेरा कलेजा रौंदता है

यहाँ प्रेम की सम्वेदना भी नई है, कविता का मुहावरा भी।

रमाकान्त रथ के यहाँ 'श्री राधा' कविता में प्रेम अपनी अन्तिम फलश्रुति में तनाव-रहित नहीं है। साथ ही, अपने ऐन्द्रिक आवेग में उस आदिम उत्तेजना के निकट ले जाने में सक्षम जो आठवीं-दसवीं शताब्दी के किसी कवि के आसपास भी हो सकता है। "आज हो कल हो एक न एक दिन मैं / तुम्हें अवश्य सौंपूँगी अपना अंगीकार /

चुप हो जाऊँगी, मैं जो कुछ बनी होती / वह बन जाऊँगी सिर्फ रात भर में / तुम्हें मैं भींचे रहूँगी युग-युग / विवस्त्र अंतःकरण में।'' प्रेम और प्रकृति, प्रकृति और गहन जिजीविषा, जीवन और मृत्यु की एक दूसरे में आवाजाही। ऐसे अनुभव कई-कई कविताओं में दर्ज हैं। कवियों के कवि **जीवनानन्द दास** की अति प्रसिद्ध कविता—जो लीजेंड बन चुकी है—'वनलता सेन'। जटिलतम रहस्य में प्रवेश करती कविता। देशकाल की अनन्तता में किसी कथानक की खोज-जैसी। साथ ही तात्कालिकता में सजीव। ''बहुत फिरा मैं...बिम्बसार और अशोक के धूसर जगत में''—आगे : ''बाल उसके कब से जाने अन्धकार विदिशा की रात / मुख उसका श्रावस्ती का कारु-कार्य''—/''चिड़िया के घोंसले की तरह आँख उठाती है **नाटोर की बनलता सेन** / पूरा दिन बीत जाता है जाड़े की हवा की तरह /—।'' 'घास' कविता में 'घास के भीतर घास होकर' जन्म लेने की इच्छा ! ''भीतर छुपी हुई किसी माँ के पास से / किसी अन्धकार से उतरकर / देह में स्वाद भरकर।''

जीवन के नैरन्तर्य का बोध जहाँ क्षति और लोप के तमाम अनुभव-लक्षणों के बीच कायम रहता है और संघर्ष को सारवान बनाता है, वहीं सम्भव है 'जाता हूँ'—जैसी कविता, जो **सुभाष मुखोपाध्याय** की उत्कट जिजीविषा का मार्मिक साक्ष्य है। कवि जिन्दगी में काम आनेवाली क्षुद्र साधारण पवित्र और महान जैसी बेशुमार चीजों से एक-एक कर विदा लेना चाहता है और फिर वे सब-की-सब जैसे जीवन के स्वीकार-और स्वागत में लौट आना चाहती हैं। उन्हीं की चरम आसक्ति है कि छोड़कर जाना कठिन है। ऐसी चीजों में क्या नहीं है—स्मृति और आशा, झींगुर और झाऊ, चूल्हे की माटी और शीतल पाटी ! ईंट-पत्थर, मेढक-साँप, पर्दा-पापोश, कथरी-लिहाफ, लिफाफा-पोस्टकार्ड। ''ओ ऊँची ओ नीची / ओ आम ओ लीची / ओ चुम्बन ओ बाहु-बन्धन / जाता हूँ''—''ओ बांग्ला भाषा / ओ रवि ठाकुर / ओ प्यास / ओ दूर ओ पास / जाता हूँ''—''ओ धीरे-धीरे ओ हड़बड़ी / ओ निहाई ओ हथौड़ी / जाता हूँ''—पर अन्त में, ''ओ माया / **आता** हूँ। / ओ मिऊ...।'' वही 'माया-ठगिनी' कितनी प्रिय और प्रेय हो उठी है। यही है जीवनासक्ति। **नीरेन्द्रनाथ चक्रवर्ती** के लिए यही है—'जिन्दा रहने की लड़ाई'। मार्क्सवाद से चलकर अनन्य वैष्णवता तक पहुँचे मराठी कवि **बिन्दा करन्दीकर** का यह स्वर : जैसे स्मृति में बची एक गूँज :

तुम्हारा काला-काला काजल
आकर मिल गया मेरे झकझक श्वेत से
और अब मैं रह नहीं गई शुद्ध !
....
मेरी भीगी साड़ी के छोर से
एक काले फूल की खुशबू टपक पड़ी
तुम्हारे अतृप्त और अभिमानी नाखूनों पर

(मुक्ति ने खो दिया अपना अर्थ)

कभी सुर्रियलिस्ट कभी विद्रोही तेवरवाले अरुण कोलटकर मुक्त वृत्तान्त से हटकर **'वामांगी'** कविता में इस तरह 'प्रगीत' के निकट आते हैं : "कन्धे से कन्धा जोड़े बिठु / खड़ा होगा बगल में / सोचकर मैं भी बावली खड़ी ही रही / आषाढ़ी कार्तिकी को / इतने लोग हैं आते / मुझसे किसी ने कभी / कुछ कहा नहीं"—"आज अचानक दौड़कर / मिलने आया मुझसे / अट्‌ठाइस युगों का अकेलापन।" परम्परा, जातीय स्मृति, इतिहास और मिथक के अन्तःसंक्रमित कथानक में एक और नचिकेता का तनाव—उड़िया कवि **सीताकांत महापात्र** का 'जारा शबर का गीत'। **जगन्नाथप्रसाद दास** के यहाँ 'कालाहाँडी' का कठोर त्रासद यथार्थ। **बलराज कोमल** (उर्दू) का 'सरकस का घोड़ा' जो "परेशान शहरों में करतब दिखाता"—जब अपने गाँव के मेले में पहुँचता है जहाँ से कभी उसे बहुत पहले खरीदा गया होगा—उसे कोई पहचाननेवाला बचा ही नहीं। एक ब्राजीली कथा के नीले घोड़े की तरह वह है और नहीं है। मुक्तिबोध के अभिप्रायों की याद दिलाती **गोपालकृष्ण अडिग** की कन्नड़ कविता—'कुछ करो भाई' !—"डालो गड़ारी में रस्सी / खींच लो बाहर सारा पानी / चट्‌टान की अन्तिम नमी तक पहुँचो !" रंगमंच की दुनिया के अनुभवों से सम्पन्न कवि **चन्द्रशेखर कम्बार** (कन्नड़) नाटक की समाप्ति और रंगभूमि के खाली हो जाने पर पाते हैं कि दो ही तो जाग रहे हैं—**रंगमंच** और **कवि** या काव्यनायक ! अर्थात् वे ! "लाल आँखों के चमकते प्रकाश में।" इसी चयन में मुक्तिबोध की हिन्दी कविता 'भूल गलती' आपात्‌काल के काफी पहले की कविता है जिसे पढ़ने पर आपात्‌काल का सारा परिदृश्य याद आता है : आतंक, झूठ की तानाशाही, कवि कलाकारों का आत्मग्लानि से वंचित पलायन और मौन। समय का ठीक-ठीक पता न भी हो तो कम्बार की कविता पढ़कर एक बार **नेहरू-युग के बाद** का **आपात्‌काल** याद आता है। नाटक ही तो था वह ! चौंधिया देनेवाली रोशनी का अन्धकार। कभी ज्यादा रोशनी भी अन्धकार की झलक देती है। कविता में बगैर बताए भी भारतीय समाज का यथार्थ अलग-अलग रूपों में आता है। केन्द्र और आंचलिक हाशिए द्वन्द्व, वर्चस्व और अवांतर का द्वन्द्व। मुख्यधारा और लघु अस्मिताओं का द्वन्द्व। "अब सोते हैं सब / नट, उनके भ्रम / नेपथ्य में काम करने वाले / और उनका परिवार / निर्देशक और उसका अहंकार / प्रेक्षक और उनके चिकने पलायनवादी मार्ग / पहरेदार और उसका सुख-संसार / अब केवल हम दो ही जागृत हैं / रंगमंच और मैं / लाल आँखों में चमकते प्रकाश में / बैठे हैं आमने सामने।" इसी क्रम में **एच.एस. शिवप्रकाश** (कन्नड़) की कविता : 'बगदाद : एक प्रार्थना'—एक ऐसे समय की दास्तान—जब "धरती के गर्भाशय को ही बर्बाद करता / बम-वर्षक हवाईजहाजों का कराल अवतार—जा छिपा हो पिकासो के शान्ति कबूतर के निस्पंद दिल में !" नेहरू-युग के अपने मूल्यों से मोहभंग एक ऐतिहासिक अनुभव के रूप में एक समय की भारतीय कविता में रेखांकित करने की चीज है। पर ऐसे अनुभव भी कविता में एक ही तरह से नहीं आते। कभी यथार्थ का ठोस वस्तु प्रत्यक्ष है—जैसे **श्री श्री** की कविता : 'शहर में बैल' ! कभी **फंतासी** ही **यथार्थ** को कह पाती

है। जैसे युवा तेलुगु कवयित्री ए. जयप्रभा की 'लड़की' कविता में स्त्री यातना का वृत्तान्त : "उन्मत्त चुम्बनों / और मदिरा के प्यालों की गरमाहट से भरी / इस दुनिया में / वह सो रही थी / एक वाशिंग मशीन में !/...और अब लगभग बर्फ की तरह जमी जा रही थी।" हमारे समय के अत्यन्त परिचित यथार्थ के भी नए और तनाव-भरे बहुविध पाठ हैं आज की कविता में। **'अपनी नाप के बराबर'** (हरिभजन सिंह), **'लोहा'** (पाश), **'कस्क बाजार की शाम'** (शक्ति चट्टोपाध्याय), **'ग्रुप फोटो'** (दिलीप चित्रे), **'मंत्र'** (नागार्जुन)।

मर्ढेकर से शुरू होनेवाली मराठी काव्य-परम्परा में भाषा की गतिविधि के भीतर जो अनवरत तोड़-फोड़ होती रही है उसका एक साक्ष्य **अरुण कोलटकर** और **दिलीप चित्रे** के यहाँ है तो दूसरा **नामदेव ढसाल** और **दया पवार** और **मलिका अमरशेख** के यहाँ। भाषा की मुक्ति भी कविता की ही मुक्ति है। 'ग्रुप फोटो' में जो दिलीप चित्रे करते हैं वही (भिन्न प्रयोजन से ही सही) **विष्णु खरे** करते हैं—'दिल्ली में अपना फ़्लैट बनवा लेने के बाद एक आदमी सोचता है' जैसी हिन्दी कविता में। या कुछेक कविताओं में **चन्द्रकांत देवताले**। याद आ सकती हैं—**रघुवीर सहाय** के संग्रह **'लोग भूल गए हैं'** की कविताएँ। कविता में वृत्तान्त। जटिल और कौतुकपूर्ण। कविता के समाजशास्त्र के लिए मॉडल से अधिक चुनौती है : चित्रे की 'ग्रुप फोटो' जैसी कविता ! भारतीय कविता में भारतीयता के गहरे निहितार्थ :

बिना गरदन उठाए चुपचाप खेती पर बसर करते रहे
ये एक वीरा और खंडोबा को बकरे की बलि चढ़ानेवाले

... ...

ये कहाँ से आए मैं नहीं जानता
हजारों खूनों की होगी जानी-अनजानी मिलावट

(—यद्यपि कविता का अन्त : सिर्फ यह काव्य-विडम्बना ! "कैमरे की आँख में टकटकी बाँधे देखता है यह मरा हुआ ग्रुप/और उन्हें 'स्माइल प्लीज़' तक कहने की मुझे मोहलत नहीं।")

3

भारतीय भाषाओं में लिखी जा रही कविता का इतिहास देखें तो हर भाषा अपना एक सांस्कृतिक तथा मनोवैज्ञानिक तन्त्र (mechanism) विकसित करती दिखाई देती है, पर धीरे-धीरे साँचा टूटने लगता है। परिचित काव्य-युक्तियाँ काम नहीं आतीं। मलयालम के कवि **कटम्मनिट्टा रामकृष्णन** 'कन्नूर का किला' लिखते हैं तो 'मौत की खबर' भी लिखते हैं। मृत्यु का स्वीकार, अस्वीकार दोनों साथ-साथ। याद करें रघुवीर सहाय की कविता 'मरघट' ! विस्थापन जैसे आज के मनुष्य की एक चिरन्तन नियति हो। **के. सच्चिदानन्दन** की कविता 'घर' (मलयालम) घर की, जड़ों की अनवरत खोज और

जिज्ञासा के बाद जिस **'विद्युत् शवदाह गृह'** तक पहुँचती है—वह भी अपने आपमें कोई उत्तर नहीं, प्रश्न ही है। 'वह मेरा घर नहीं'--यह उत्तर नहीं प्रश्न है—कि ''मेरा घर कहाँ है''—! ''मुझे सारे घर एक जैसे दिखे / और लगभग एक ही नम्बर वाले / जैसे सहस्र रजनी चरित्र की कहानियों में...!''—''मैं पुल के दूसरी तरफ पहुँचा / वहाँ एक हरा-भरा आँगन था पीले फूलों से घिरा / और एक हरा दरवाजा था / जहाँ हरे पर्दे झूल रहे थे / मैंने उसे खोला और घुस गया अन्दर / वहाँ सामने दीवार पर बड़े-बड़े अक्षरों से लिखा था—**'विद्युत शवदाह गृह'**। आज के भूमण्डलीकृत यथार्थ के सामने 'घर' की खोज या 'जड़ों' की खोज क्या अर्थ रखती है, कहना कठिन है। अचरज हो सकता है कि **केदारनाथ सिंह** के लिए सचाई आज भी यह है : (**'अपनी खबर'** कविता यह जाँचने के लिए उपयुक्त उदाहरण है कि कवि का सचाई के प्रति यह रुख पलायन है या वास्तविक प्रतिरोध !—)

सचाई यह है
कि अपनी जड़ों के भीतर
मैं आज भी इतना वानस्पतिक हूँ
कि जब भी मेरे कन्धों पर
गिरती है ओस
मेरी आत्मा हो जाती है बेचैन
उससे बात करने के लिए

बेघर होने और नष्ट होने की-सी हताशा वाले इस कठिन दौर में कवि के इस **काल्पनिक हस्तक्षेप** को फिर से पढ़ने की जरूरत है। एक और नास्टेल्जिक आशावाद को महज भावुकता बताकर खारिज करने से पहले ! ''वैसे तो मैं वही हूँ / जो कि आपके सामने हूँ / जिससे आप मिलते रहे हैं अकसर / हल्दी / कोटा / पाटन या पिपराइच में / पर वैशाली में मैं एक आम का पेड़ था / श्रावस्ती में शायद एक भिक्खु का भिक्षापात्र / वाराणसी में एक नाव हो सकता था मैं / अगर मेरे बढ़ई ने मुझे छील-छालकर / एक पहिया न बना दिया होता / और सन् 1857 में जब पत्ते गिर रहे थे / और लोगों के सिर भी / तो शहर दिल्ली में / एक गली के मोड़ का पत्थर था मैं / जिसने ग़ालिब को देखा था।''

हिन्दी कविता-खंड में कई प्रसिद्ध और चर्चित कविताएँ हैं। प्रतिनिधि और महत्त्वपूर्ण के आकर्षण से। **'नाच'** (अज्ञेय), **'टूटी हुई बिखरी हुई'** (शमशेर), **'तीन दिन तीन रात'** (नागार्जुन), **'ब्रह्मराक्षस'** (मुक्तिबोध), **'हँसो हँसो जल्दी हँसो'** (रघुवीर सहाय), **'ब्रूनो की बेटियाँ'** (आलोकधन्वा), **'मोचीराम'** (धूमिल), **'संगतकार'** (मंगलेश), **'लालटेन जलाना'** (विष्णु खरे)। अज्ञेय की **'औपन्यासिक'** कविता उदाहरण है कि जिन कुछ कविताओं पर उनकी स्पष्ट छाप बताई जाती है, उससे महत्त्वपूर्ण हैं वे कविताएँ जिन पर उनकी कोई छाप नहीं है। इसी तरह शमशेर की **'ओ मेरे घर'** !

तूने युद्ध ही मुझे दिया
प्रेम ही मुझे दिया क्रूरतम कटुतम
और क्या दिया
मुझे भगवान दिये कई-कई
मुझसे भी निरीह...

इसी ललचाए उपभोक्तावादी दौर में **कुँवरनारायण** का जिद्दी स्वर—आत्मविश्वास से भरा ! "अबकी अगर लौटा तो / **वृहत्तर** लौटूँगा।" स्वाधीनता के बाद के समय और समाज पर गौर करें तो मनुष्य के स्वतन्त्र, वृहत्तर, पूर्णतर होने के स्वप्न पर पहला हमला **'आपातकाल'** था। 'आपातकाल' के बगैर **रघुवीर सहाय** की कविता **'हँसो हँसो जल्दी हँसो'** अकल्पनीय है : "हँसो तुम पर निगाह रखी जा रही है / हँसो अपने पर न हँसना क्योंकि उसकी कड़वाहट / पकड़ ली जाएगी और तुम मारे जाओगे..."। आज जो आपातकाल के आलोचक हैं—वे भूल रहे हैं कि एक अघोषित आपातकाल में उन्होंने लोकतन्त्र के ढाँचे के भीतर ही किस बर्बर फासीवाद के लिए जगह बनाई है कि सच और झूठ, समर्थन और विरोध, शब्द के एक और दूसरे अर्थ में फर्क कर पाना कठिन है। बहुत कुछ खत्म हो रहा है। मूल्य और विचार। जैसा समय है यह **काव्योक्ति** भी लगभग रूढ़ हो चुकी है कि **विलोप** के इस भयावह दौर में कवि को ही या कि कविता को ही कुछ **बचाना** है। 'बचाओ' कविता में **उदयप्रकाश** की चिन्ता इस रूप में व्यक्त होती है—"क्या कुम्हार, धर्मनिरपेक्षता और / एक दूसरे पर भरोसे को बचाने के लिए / नहीं किया जा सकता संविधान में संशोधन / सरदार जी, आप तो बचाइए अपनी पगड़ी / और पंजाब का टप्पा / मुल्ला जी, उर्दू के बाद आप फ़िक्र करें कोरमे के शोरबे का / जायका बचाने की / इधर मैं एक बार फिर करता हूँ प्रयत्न / कि **बच सके** तो बच जाए हिन्दी में **समकालीन कविता**।"

4

'ताना-बाना' के एक सम्पादक **के. सच्चिदानन्दन** के आरम्भिक वक्तव्य के सन्दर्भ में कुछ सवाल जरूर उठेंगे। भारतीय समाज क्या महज एक **काल्पनिक अवधारणा** है या कि वह एक **ठोस वास्तविकता** है ? खंड-खंड **अस्मिताओं** की जो नई सुगबुगाहट है वह क्या भारत की वृहत्तर सामाजिकता से कोई सचेत इनकार है या कि सिर्फ अपने लिए अधिक **'स्पेस'** की माँग या चाहत भर है ! के. सच्चिदानन्दन जिन दो अस्मिताओं को लेकर अधिक उत्साहित हैं उनकी कोई मुकम्मल पहचान फिलहाल इस संग्रह में नहीं है। वे हैं कविता के परिदृश्य में दखल देनेवाली **दलित** और **स्त्री** अस्मिताएँ। मराठी में **नामदेव ढसाल, दया पवार, मलिका अमरशेख** की कविताएँ हैं जिनमें नामदेव ढसाल का विद्रोही स्वर ज्यादा मुखर है। 'बाप, धाँगड़ और मैं' तथा 'पानी' कविताओं में प्रकट आक्रोश भद्रवर्गीय काव्य-संस्कार पर सीधा हमला है। उसकी तुलना में किसी भाषा की

स्त्री-कविता में विक्षोभ हल्का या ठंडा ही है। मलिका अमरशेख जरूर 'सड़ी हुई गटर' में नई जिन्दगी की तलाश करना चाहती हैं। विडम्बनापूर्ण ढंग से तो **अनामिका** भी स्त्री के भीतर कुएँ का-सा अँधेरा देख पाती हैं–"एक औरत का पहला राजकीय प्रवास।" दूसरी ओर एक ग्रीक मिथक के बहाने **राजेश जोशी** की कविता 'प्रतिध्वनि' पुरुष-वर्चस्व के विरुद्ध स्त्री के चुप प्रतिरोध की ही अभिव्यक्ति है। यह तो स्पष्ट है कि कविता के उत्तर-आधुनिक परिदृश्य में ये दोनों प्रतिरोधी अस्मिताएँ अपने लिए अधिक जगह चाहेंगी। शायद एक नया **'वैकल्पिक सौन्दर्यशास्त्र'** भी–जिसकी जरूरत सच्चिदानन्दन के वक्तव्य में बताई गई है। कविता में अगर नई तोड़-फोड़ जरूरी और सार्थक होगी तो आलोचना में भी।

इतना तो आज भी है कि प्रायः सभी भारतीय भाषाओं की कविता में **'क्लासिक', 'उदात्त', 'महान'** जैसे शब्दों का कोई अर्थ बचा नहीं रह गया है। शब्द महत्त्वहीन नहीं हैं पर जैसा वक्त है, **भारतीयता** के नाम पर इनके दुरुपयोग के खतरे कम नहीं हैं। इनकी आड़ में धार्मिक संकीर्णतावाद और पुनरुत्थानवाद तक को ग्राह्य बनाया जा सकता है। कविता सतह पर आनन्द की स्थिति या अवधारणा से तो इनकार करती है, **आनन्दवाद** के किसी भी आग्रह से इनकार करती है, जिसका लाभ **प्रभुत्वशाली उपभोक्तावाद** के पक्ष में जाता है। एक भारतीय कवि से ही शब्द लेकर कहें–अपभ्रंश में ही 'नित्य' होने की सम्भावना है। जो स्थिर, परिष्कृत या शाश्वत है सम्भावना वहाँ नहीं है। जहाँ कुछ बदल रहा है, टूट रहा है, सम्भावना वहीं है। आज का काव्यार्थ **'साधारणता'** में ही छिपा है। 'पवित्र काव्यकुंज' के बाहर ही कविता सम्भव है। पहली पंक्ति की सिद्धि में नहीं, दूसरी तीसरी चौथी के संघर्ष में। **'संगतकार'** कविता में **मंगलेश** के यह कहने का व्यापक अर्थ है कि संगतकार की **विफलता** को विफलता नहीं, मनुष्यता समझना चाहिए।

5

शायद यहीं हमें निबन्ध के आरम्भ की ओर लौटना चाहिए। और एक बार फिर **नारायण सुर्वे** की कविता के साथ **नेहरू-युग के अन्त** पर ध्यान जाना चाहिए। नेहरू-युग का अर्थ था–कुछ खास मूल्य और आदर्श, जिसके पीछे थी इतिहास की उनकी अवधारणा, प्रगति और विकास की ऐतिहासिक परिकल्पना, सत्य, अहिंसा, सामाजिक न्याय जैसे शील और विचार ! नेहरू-युग का अन्त जिस मोहभंग के साथ हुआ उसका व्यापक एहसास समूची भारतीय कविता में किसी न किसी रूप में मौजूद होना चाहिए। **आपातकाल** को अगर एक अर्थ में **अन्धकार काल** कहा जाता है तो आज के भूमंडलीकरण वाले दौर को–जिसमें मुक्त बाजार की हिंस्र स्पर्धा है, बड़ी पूँजी और काले धन का असीमित विस्तार है, बहुराष्ट्रीय कम्पनियों का आतंकप्रद दबाव और प्रभुत्व है, उत्तरोत्तर बढ़ती महँगाई के बावजूद कभी न घटनेवाले बाजार के प्रलोभन हैं, चमकीले विज्ञापन–बल्कि

सब कुछ चौंधिया देनेवाली रोशनी से जगमग है। यह अन्धकार जितना घना है उतना वह दिख नहीं रहा है। इतिहास के अन्त का अँधेरा है। विचारधारा के अन्त का अँधेरा है। याद आते हैं **ब्राड्स्की**, जिनके अनुसार, महत्त्वपूर्ण यही नहीं होता कि **यात्राएँ** शुरू कैसे होती हैं, देखना तो यह चाहिए कि क्या वे **एक ही तरह** से खत्म होती हैं। जब अतीत धीरे-धीरे विस्मृति में चला जाता है, क्या है जो रह जाता है ! कहने की जरूरत नहीं कि भारतीय कविता की इस आधी सदी के सफर में **नेहरू** का **होना** और **न होना** दोनों महत्त्वपूर्ण हैं। आश्चर्य नहीं कि अँधेरा और घना होने पर एक दिन नेहरू के **न होने** का **अँधेरा** हम न भूल पाएँ। और हमसे दिन की रोशनी में ही कोई सवाल करे—"साथी, इस समय यह लालटेन !"

स्वाधीनता का अर्थ
कविता और कविता के बाहर

"भारतवर्ष की तमाम सामाजिक शक्तियों का यह एकीकरण काल शूद्रों और अंत्यजों के उठने का प्रभातकाल है। प्रकृति की यह कैसी विचित्र क्रिया है जिसने युगों तक शूद्रों से ऊपर तीन वर्णों की सेवा कराई और इस तरह उनमें एक अदम्य शक्ति का प्रवाह भरा और अब अनेकानेक विवर्तनों के भीतर से गुजरती हुई उठने के लिए उन्हें एक विचित्र ढंग से मौका दिया है, भारतवर्ष का यह युग शूद्र शक्ति के उत्थान का युग है। और देश का पुनरुद्धार उन्हीं के जागरण की प्रतीक्षा कर रहा है।"

(वर्णाश्रम धर्म की वर्तमान स्थिति)

"जब तक स्त्रियों में नवीन जीवन की स्फूर्ति भर नहीं जायेगी तब तक गुलामी का नाश नहीं हो सकता।"

(बाहरी स्वाधीनता और स्त्रियाँ)

"शूद्र अब द्विजत्व के प्रथमाधिकार के लिए सचेष्ट होने लगे हैं।"

(सामाजिक पराधीनता)

"अछूतों का यह ज्ञान ज्यों-ज्यों बढ़ेगा, बराबर वाले अधिकार भी त्यों-त्यों वृद्धि प्राप्त करेंगे। वे अपनी ही शक्ति से हिन्दुओं से वे अधिकार ले लेंगे।"

(हिन्दुओं का जातीय संगठन)

—निराला

आज स्वाधीन भारत के सामने जो सवाल और चुनौतियाँ हैं, उन्हें निराला के अपने समय और उनके अपने विचारधारात्मक द्वन्द्व के संदर्भ में देखने-जाँचने का अपना एक अर्थ हो सकता है। एक वह समय जब विचाराधारात्मक द्वन्द्व तथा अंतर्विरोध में मूल्य चिन्ता प्रखर रूप में मौजूद है और एक यह समय जब उग्र धर्मान्धता, संकीर्ण इकहरे राष्ट्रवाद का अंध दर्प और क्रूर तथा बर्बर आकांक्षाएँ हर तरह की मूल्यभावना, नैतिकता, करुणा को छोड़कर उस 'हिन्दू-चेतना' का राग अलाप रही हैं जिसके कार्यभार में दलितों के संहार, ईसाइयों पर हमले, ननों से बलात्कार, अल्पसंख्यकों के लिए घृणा आदि शामिल हैं। निराला-साहित्य को संकीर्ण हिन्दू पाठ में रिड्यूस करने वाले बुद्धिजीवी अपना योजनाबद्ध कुपाठ तैयार करने में लगे हैं और प्रगतिशील जनवादी चिन्तकों में

भी निराला के जहाँ-तहाँ के वक्तव्यों को लेकर असमंजस और अस्वीकार का रुख दिखाई दे रहा है। एक वह हिन्दू चेतना जो संकीर्ण राष्ट्रवाद से अलग बहुलतावादी संस्कृति के अनुरूप उदारता, सहिष्णुता, करुणा के प्रति आग्रहशील है और एक यह हिन्दू चेतना जो साधु-संतों और माफ़िया-अपराधियों को साथ लेकर अल्पसंख्यकों, दलितों, स्त्रियों पर लगातार हमले करने के उग्र उत्साह को हिन्दू राष्ट्र की गारंटी समझ रही है। क्या इसकी पृष्ठभूमि जानने के लिए स्वाधीनता आन्दोलन की विभिन्न धाराओं की फिर से जाँच करने की ज़रूरत है ? आखिर स्वाधीनता हमें मिली देश विभाजन की त्रासदी के साथ ! हिन्दू उन्माद-प्रेरित घृणा की परिणति–महात्मा गांधी की हत्या के साथ ! और जैसी स्थितियाँ हैं–देश के दूसरे-तीसरे विभाजन के लिए रणनीति बनाने वाली ताकतें चुप तो नहीं बैठी हैं। क्या विडम्बना है कि जब स्वाधीनता की पचासवीं वर्षगाँठ मनायी जा रही हो, बहुराष्ट्रीय कम्पनियों के लिए हर तरह का राजमार्ग खुला हो, शर्तहीन समझौता या निमंत्रण हो और साम्प्रदायिक हिंसा के लिए सत्ता की ओर से सह-संगठनों के लिए अबाध प्रोत्साहन हो। न भूलें कि ठीक इसी समय हम निराला की स्वाधीनता-सम्बन्धी विचारधारा और काव्यदृष्टि दोनों को समझना चाह रहे हैं। आरम्भ में ही निराला के निबन्धों, टिप्पणियों, वक्तव्यों से चुने विचार-सूत्र उदाहरण हैं कि निराला की स्वाधीन चिन्ता कोई अमूर्त निष्क्रिय नकारात्मक अवधारणा न थी। वह सामाजिक बदलाव की बड़ी कल्पना के साथ सक्रिय सकारात्मक और क्रान्तिकारी अवधारणा थी !

2

'स्वाधीनता' निराला के लिए बहुअर्थ-व्यंजक पद है। इसलिए जो इसका सीमित राजनीतिक अर्थ लेंगे, वे भी स्थूल और ग़लत नतीजों तक पहुँचेंगे। इस तरह का वर्गीकरण या निरूपण भी एक तरह का सरलीकरण है कि 'अरुण यह मधुमय देश हमारा', 'हिमाद्रि तुंग श्रृंग से प्रबुद्ध शुद्ध भारती' 'भारति जय विजय करे', 'भारतमाता ग्रामवासिनी'–ये कविताएँ देश प्रेम या स्वाधीनता का आशय या अभिप्राय व्यक्त करने वाली कविताएँ हैं और दूसरी कविताएँ और-और तरह की हैं जैसे प्रेम की, विषाद की, मृत्यु की। निराला के यहाँ ऐसा स्थूल विभाजन या सरलीकरण चलने वाला नहीं है। स्वाधीनता की कविता भी प्रेम कविता हो सकती है, जैसे प्रेम की कविता मृत्यु की कविता हो सकती है। इसलिए निराला स्वाधीन चिन्ता के कवि हैं, यह निरूपण काफ़ी नहीं है। देखना यह है कि निराला की स्वाधीन चेतना के निहितार्थ क्या हैं और ये निराला के साहित्य में किस तरह व्यक्त हुए हैं। संभव है, एकदम अप्रत्याशित अकल्पनीय जगहों पर जाकर हमें निराला की स्वाधीन चिन्ता का प्रखर साक्ष्य मिले। निराला की स्वाधीन चिन्ता या चेतना के अनुरूप एक विलक्षण पाठ 'वन बेला' कविता क्यों नहीं है ? यह भी देखने की जरूरत है कि इस स्वाधीनता में स्वच्छन्दता और विद्रोह

वृत्ति के लिए क्या जगह है। यदि निराला छायावाद में रहकर भी छायावाद का अतिक्रमण करने वाले कवि हैं, जो कि वे असंदिग्ध रूप से हैं, तो देखना चाहिए कि उनकी स्वाधीन चेतना का या चिन्ता का फलक कितना बड़ा है। 'बाहरी स्वाधीनता और स्त्रियाँ' निबन्ध में निराला के इस कथन के निहितार्थ कहीं अधिक व्यापक हैं–

"रूढ़ियाँ कभी धर्म नहीं होतीं, वे एक-एक समय की बनी हुई सामाजिक शृंखलाएँ हैं। वें पहले की शृंखलाएँ जिनसे समाज में सुथरापन था, मर्यादा थी–अब जंजीरें हो गई हैं। अब उनकी बिलकुल आवश्यकता नहीं। अब उन्हें तोड़कर फेंक देना चाहिए।"

कहना न होगा कि निराला के यहाँ 'तोड़ने' की प्रक्रिया में एक मूल्यबोध निहित है। अराजक दिखने वाली तोड़फोड़ में भी सार्थक बदलाव की रचनात्मक आकांक्षा सक्रिय है।

3

देखें कि 'पंचवटी प्रसंग' कविता में "प्रेम का पयोधि तो उमड़ता है सदा ही निःसीम भू पर/प्रेम की महोर्मिमाला तोड़ देती क्षुद्र ठाट...।" 'प्रगल्भ प्रेम' कविता में कविता की मुक्ति 'बंधनमय छन्दों की छोटी राह' छोड़कर ही संभव है। 'बादल राग' में यही मुक्ति की माँग एक उद्दाम आकांक्षा बनकर व्यक्त हुई है–"ऐ निर्बन्ध/अन्ध-तप-अगम-अनर्गल-बादल !/बाधा रहित विराट !" आध्यात्मिक मुक्ति का दार्शनिक पक्ष यदि 'जागो फिर एक बार' कविता में इस तरह व्यक्त है–"मुक्त हो सदा ही तुम/बाधा विहीन बन्ध छन्द ज्यों/डूबे आनन्द में सच्चिदानंद रूप !" तो 'मँहगू महँगा रहा' कविता में राजनीतिक संघर्ष का वर्गगत चरित्र ठोस मूर्त संदर्भ है :

"जब ये कुछ उठेंगे
और बड़े त्याग के निमित्त कमर बाँधेंगे
आयेंगे वे जन भी देश के धरातल पर
अभी अखबार उनके नाम नहीं छापते
ऐसा ही पहरा है"

"जैसा तू लुकुआ है, वैसा ही होना है
बड़े बड़े आदमी धन मान छोड़ेंगे
तभी देश मुक्त है...।"

एक और समाज का जड़ रीतिबद्ध ढाँचा टूटेगा जब अंतर्जातीय विवाह सम्बन्ध होंगे। निराला 'हमारे हिन्दू और मुसलमान' निबन्ध में सामाजिक बदलाव की शर्त बता रहे हैं कि "देश में कितनी मुसलमानों की विदुषी कुमारियाँ हिन्दुओं के घर आयीं और कितनी हिन्दुओं की मुसलमानों के घर गयीं।" दूसरी ओर 'प्रेम संगीत' कविता में व्यंग्य विद्रूप की भाषा में ही जात-पाँत तोड़ने वाले प्रेम-दर्शन का ऐसा बयान कर रहे हैं–

बम्हन का लड़का
मैं उसको प्यार करता हूँ
जात की कहारिन वह
मेरे घर की पनिहारिन वह
आती है होते तड़का
उसके पीछे मैं मरता हूँ

एक ही सामाजिक न्याय की चेतना से समाज की जड़ता भी टूट रही है और कविता की रीति भी टूट रही है। इसे सीमित लाक्षणिकता में न देखकर वृहत्तर परिप्रेक्ष्य में देखना चाहिए। निराला को इसका एहसास है कि जहाँ अभ्यास के जंग की मलिनता है वहाँ कलात्मक स्वाधीनता या कलात्मक नवोन्मेष संदिग्ध है। नवीनता की माँग या चेतना स्वाधीनता की ही चेतना है। 'हिन्दी में तर्कवाद' निबन्ध में निराला के शब्द हैं : ''साहित्य को प्रतिक्षण नवीनता की आवश्यकता है। पर नवीनता उस मस्तिष्क से नहीं निकल सकती जो रूढ़िग्रस्त होगा।'' यह नवीनता मूल्यवाचक है और उसकी व्याप्ति महत्त्वपूर्ण है। याद रहे कि निराला की दृष्टि में संसार के प्रवाह में बह लेना स्वाधीनता नहीं है। धारा के साथ हो लेना भर स्वाधीनता नहीं है। बाहर की स्वाधीनता और भीतर की स्वाधीनता—निराला की महत्त्वपूर्ण भूमिका इनमें तालमेल या समीकरण बिठाने की नहीं है, बल्कि इनके द्वन्द्वात्मक सम्बन्ध के गहन अनुभव-प्रत्यक्ष में है। सामन्त-विरोधी चेतना और साम्राज्यवाद-विरोधी चेतना दोनों मिलकर निराला की स्वाधीन चेतना का एक सम्यक् बिम्ब निर्मित करती हैं। निराला के उपन्यास, निबन्ध, लम्बी कविताएँ मिलकर स्वाधीनता की निराला की अपनी अवधारणा की अभिव्यक्ति में सक्षम हैं और इन्हीं में उनके अंतर्विरोध भी देखे जा सकते हैं। इन अंतर्विरोधों को नजरअन्दाज कर निराला की स्वाधीनता का एक मुकम्मल बिम्ब सुनिश्चित करना जरूरी नहीं है। निराला के विचारधारात्मक द्वन्द्व में ही उनकी सोच समझ का सकारात्मक पक्ष देखने-पढ़ने की जरूरत है। यों ही नहीं है कि निराला मृत्यु के निकट पहुँचकर भी 'उन्मेष', 'देश', 'जन' के बीच की संगति देख पा रहे हैं। पूँजी के प्रभुत्व के प्रति संदेह करते हैं। विश्व संसार की नयी गति जनता की जागृति के अभाव में असम्भव मानते हैं। '42 में लिखी कविता 'यह है बाज़ार' जैसे दमन, महँगाई, साम्राज्यवाद के विस्तार, साधारण जन की बढ़ती हुई बेबसी और उसमें प्रकट क्रय-क्षमता के क्षीण होते जाने के दबाव को एक साथ देख पा रही है। आने वाले उपभोक्ता समय में त्रास को भी।

यह है बाज़ार
सौदा करते हैं सब यार
धूप बहुत तेज थी, फिर भी जाना था
दुखिये को सुखिया के लिए तेल लाना था
बनिये से गुड़ का रुपया पिछला पाना था
चलने को हुआ जैसे बड़ा समझदार।

सुखिया बोली अपनी सास को सुनाकर यों
"मास के पैसे शायद अब तक भी बाकी हों
अच्छा है अगर करें पूरी धेली ज्यों-त्यों
टूटा रुपया खर्च होते लगेगी न बार।"

निराला जहाँ पराधीन भारत के इस अर्थक्षय के त्रासद दंश को पहचानते हैं, वहीं उसी समय दूसरी कविता में भारत को 'जीवनधन' बताते हैं और दिक्प्रान्तर को मर्म-मुखर पाते हैं। निराला समझते हैं कि बाहरी स्वतंत्रता के बग़ैर मुक्ति जैसी 'सार्वभौमिक स्वतंत्रता' असंभव है।

4

आज जब स्वाधीन भारत का एक ताकतवर भविष्य-स्वप्न कल्पित करने वाले अपने देवी-देवताओं पर अपना एकाधिकार जता रहे हैं (जिसकी हास्यास्पद और खतरनाक परिणति है मक़बूल फ़िदा हुसेन और 'फ़ायर' फिल्म पर एक जैसा हमला !) देखें कि निराला की 'देवी सरस्वती' विद्वानों के विमल उदात्त चित्त में ही उतरने वाली नहीं हैं, किसानों के घर और खेतों में उतरने वाली हैं और विमल आर्यों की होकर भी 'जग के दुख के मुरझाये' मुखों को हँसा देने वाली हैं। सरस्वती की कल्पना का भी साम्प्रदायिक हित में उपयोग करने वाले किसी बड़ी कल्पना के लिए, किसी बड़ी काव्यात्मक कल्पना के लिए जगह नहीं छोड़ना चाहते। जो उग्र संकीर्ण साम्प्रदायिक उन्माद हिन्दू राष्ट्र के एक शक्तिसम्पन्न क्षुद्र ठाट की हिंस्र कल्पना में डूबा है, उसे क्रूरतम घटनाएँ वैध जान पड़ रही हैं। वह एक-एक कर दूसरी संस्कृतियों, दूसरी परम्पराओं, दूसरी कल्पनाओं को मिटाने पर तुला है। एक धर्म, एक संस्कृति, एक ध्वज, एक भाषा, एक तरह की शिक्षा की साम्प्रदायिक सोच को आज स्वाधीन भारत की एकमात्र पहचान बताने वाले दसियों संगठन नयी तानाशाही के लिए पथ प्रशस्त करने में लगे हैं। यह अभी जितना प्रकट है उससे अधिक अप्रकट है। निराला 1930 के अपने निबन्ध में कह सकते थे—"यदि एक ही धारा से तमाम धाराएँ तैयार करने की कोशिश की गयी, तो वे सब नहरें होंगी, प्राकृतिक प्रवाह नहीं। फिर उस एक धारा में इतना पानी भी नहीं निकल सकता, जो तमाम नहरों को भरता रहे।" निराला उस विदेशी सत्ता के दावे को तो व्यर्थ बताते हैं जो भारत को एक देश न मानकर अनेक देशों का समुदाय बताती है, पर स्वदेशवासियों को लगातार याद दिलाते हैं कि हिन्दुओं-मुसलमानों में आर्य, अनार्य दोनों परम्पराएँ हैं और उनके बीच एक सम्मिलित साक्षी संस्कृति सक्रिय है। आचार्य हजारीप्रसाद द्विवेदी इसी अर्थ में 'अशोक के फूल' निबन्ध में काफी बल देकर कहते हैं कि शुद्ध आर्य संस्कृति जैसी कोई भारतीय संस्कृति नहीं है। बल्कि अविशुद्ध सांस्कृतिक बहुलता ही इस संस्कृति की जीवनी शक्ति है। आज इसी मिली-जुली संस्कृति के विरुद्ध संगठित राष्ट्रवादी एकात्मवाद का हमला है। तेजी से संस्थाओं और शहरों

के नाम बदले जा रहे हैं। जो देश को परमाणु शक्ति-सम्पन्न बनाने का डंका पीट रहे हैं वे सांस्कृतिक बहुलता की हमारी धरोहर को भीतर-भीतर नष्ट करने में लगे हैं। वे निराला से भी चुन-चुन कर वे स्थल बता रहे हैं जहाँ निराला प्राचीन आर्य संस्कृति की मूल्य-चिन्ता करते दिखाई देते हैं जहाँ मुगल शासन सत्ता की भर्त्सना के साथ हिन्दू-चेतना के अनुरूप दर्प की व्यंजना मिल सकती है। पर साम्राज्यवाद के प्रति निरन्तर बहुविध संघर्ष का जो स्वरूप निराला की स्वाधीनता सम्बन्धी अवधारणा का मूल है उस पर वे प्रायः चुप हैं। अंग्रेजी भाषा के प्रभुत्व या वर्चस्व को लेकर उनकी कोई प्रतिक्रिया नहीं। स्वदेशी को अपने एजेंडे से वे चुपचाप हटा चुके हैं। बहुराष्ट्रीय कंपनियों अर्थात् विदेशी बाज़ार-सत्ता से उनका सीधा समझौता है। नवधनाढ्य वर्ग जो इस संकीर्ण राष्ट्रवादी एकात्मवाद का सूत्र संचालक है, साम्राज्यवाद के विस्तार-कार्यक्रमों से नाभिनाल बद्ध है। एक तरह का नव सामंतवाद भी इस संकीर्ण राष्ट्रवाद का अनिवार्य पोषक है। दूसरी ओर सामंतवाद और साम्राज्यवाद के विरुद्ध एक ही तरह की संघर्ष चेतना निराला में जितनी प्रबल है, कम लेखकों के यहाँ दिखाई देती है। 'अलका', 'कुल्लीभाट', 'चतुरी चमार', 'बिल्लेसुर बकरिहा', 'कुकुरमुत्ता', 'नये पत्ते' के साथ निराला की क्लासिकी ठाठ की दूसरी रचनाएँ भी पढ़ी जाएँगी, तभी निराला की स्वाधीनता विषयक अवधारणा अधिक स्पष्ट होगी।

5

देखें कि निराला के कथानायक कुल्ली एक साथ भीतर और बाहर की विकृतियों से लड़ते हैं। गांधी जी के प्रभाव में ही उनका वह व्यक्तित्वांतरण संभव होता है कि एक पूरे सुधारवादी परिवर्तनकारी आन्दोलन में लग जाते हैं। पर अन्ततः इस अनुभव तक पहुँचते हैं—"संसार में साँस लेने की भी सुभीता नहीं, यहाँ बड़ी निष्ठुरता है, यहाँ निश्छल प्राणों पर ही लोग प्रहार करते हैं, केवल स्वार्थ है यहाँ, वह चाहे जन सेवा हो, चाहे देश-सेवा...।" क्या आज की स्थितियाँ भी हमें इसी अनुभव तक नहीं पहुँचाती हैं ?

गहन है यह अंधकारा
स्वार्थ के अवगुंठनों से हुआ है लुंठन हमारा

यह क्रूर स्वार्थ आज का भयावह सच है। दृश्य यह है कि उड़ीसा में एक धर्मप्राण समाजसेवी को ईसाई होने के नाते बेटों सहित जिन्दा जला दिया जाता है और हमारे सत्ता केन्द्र तुरन्त अपराधियों को बग़ैर जाँच बेगुनाह होने का प्रमाणपत्र देने में लग जाते हैं। कुल्ली में निराला एक चेहरा देखते हैं दिव्यभाव से पूर्ण—जब उनका अन्त निकट है। प्रसंग यह कि कुल्ली ने मुसलमान स्त्री से विवाह किया था। लोग एकादशाह के दिन उनके यहाँ नहीं आते। कुल्ली हिन्दू समाज के लिए अस्वीकृत थे, अस्वीकृत ही रहे। निराला साथ थे, साथ ही रहे। पुरोहित कर्म के लिए भी अकेले मौजूद। 'बिल्लेसुर बकरिहा' के बिल्लेसुर भी इस अर्थ में निर्वासित थे—अपने समाज के लिए अजनबी।

'गाँव में जितने आदमी थे अपना कोई नहीं, जैसे दुश्मनों के गढ़ में रहना हो।'

महत्त्वपूर्ण यह है कि निराला परम्परा को जस का तस स्वीकार नहीं करते हैं। उनके लिए द्विज-शूद्र, स्त्री-पुरुष के बीच का फ़र्क मिटाए बिना स्वाधीनता की कल्पना अधूरी है। आज पौराणिक प्रतीकों को नयी धर्मान्धता के हित में बाजारू मूल्य देने की कोशिश बड़े पैमाने पर की जा रही है। संकीर्ण राष्ट्रवाद के हिमायतियों का यह जरूरी एजेंडा है। निराला 'पौराणिक खुराफात' की जगह जीवन के सत्य पर बल देते हैं। अपनी स्वाधीनता की अवधारणा को अधिक पूर्णतर तथा व्यापक बनाने के लिए निराला वेदान्त के निकट जाते हैं और ज्ञानकांड का समर्थन करते हैं जो हर तरह के संकीर्णतावाद की काट है। निराला की स्वाधीन चेतना में एक तरह की प्रश्नोन्मुखता अनिवार्य है। इसलिए निराला की स्वाधीन चिन्ता में निहित सामाजिक आशयों पर बहस होती रहे, यही उनके मूल्यांकन के हित में है। निराला को भारत का बिम्ब जहाँ महावीर में दिखाई देता है, वहीं 'देवी' कहानी की पगली भिखारिन के बच्चे में भी। इस पर रामविलास शर्मा की टिप्पणी है : "एक महाशक्ति वह है जो राम के मुख में लीन हो जाती है दूसरी महाशक्ति वह है जो पगली के रूप में प्रत्यक्ष है। महाशक्ति प्रत्यक्ष होती है पगली के जीवन संघर्ष में, उसके अटूट धैर्य, उसकी अपराजेय वीरता में। यह वीरता साहित्य में स्वीकृत नहीं।" (निराला की साहित्य साधना, खंड-दो) कहने की ज़रूरत नहीं कि निराला की 'भारत कल्पना' के आधार पर भी उनकी स्वाधीनता-सम्बन्धी अवधारणा पर नए सिरे से विचार किया जा सकता है।

मनुष्य की मुक्ति और कविता

अब जब हम छायावाद को बहुत पीछे छोड़ आये हैं छायावाद का फलक कहीं अधिक व्यापक और वैविध्यपूर्ण जान पड़ता है। लगता है कि छायावाद की शान्ति में भी कोलाहल है और कोलाहल में भी शान्ति। व्यक्तिगत अनुभूतियों में भी गहरी सामाजिकता है और सामाजिक अनुभव-चित्रों में भी व्यक्तिगत स्पर्श जीवित हैं। एक बार यह भी लगता है कि छायावाद को केवल काव्य प्रवृत्ति के रूप में देखना उसे सीमित करके देखना है। अधिक सार्थक लग सकता है उसे एक सम्पूर्ण साहित्य-प्रवृत्ति मानकर देखना, जिसकी अभिव्यक्ति कथा साहित्य, नाटक, निबन्ध, आलोचना सभी विधाओं में हो—क्योंकि महत्त्वपूर्ण है वह संवेदना जो एक पूरे वर्ग के अभिप्रायों को अभिव्यक्त करने वाली है। केवल लाक्षणिकता और कल्पना-प्रधान चित्रभाषा ही छायावाद नहीं है। जिस वेदनाप्रधान यथार्थवाद को प्रसाद भारतेन्दु में देख रहे थे उसे वास्तविक प्रसार तो छायावाद में ही प्राप्त है। उसमें वह ज्ञानकांड भी है जिसे निराला कबीर में देखना चाहते थे और भावनाओं की वह संस्कृति भी जिसकी अन्यतम पहचान है प्रसाद का साहित्य।

आज छायावाद पर विचार करते हुए एक विस्तृत काव्यभूमि का पता चलता है जिसके अंतर्गत कई प्रवृत्तियाँ कई अन्तर्धाराएँ हैं। स्वाधीन चेतना भी एक ही स्तर पर व्यक्त होने वाली अनुभूति नहीं है। प्रकृति भी केवल प्रकृति नहीं है पर हर बार उस पर एक आध्यात्मिक छायाभास का आरोप भी खास ढंग का आलोचनात्मक पूर्वग्रह ही है। प्रेम भी हमेशा निजी मामला नहीं है पर कभी-कभार निजी मामला भी है और उसे रूपक प्रतीक-जैसे अनेक संकेत छिपा नहीं पाते। छायावाद में जहाँ कई प्रस्थान हैं—आगे, और आगे जाने के लिए निमंत्रण, वहीं वापसी की भंगिमाएँ भी कई तरह की। परम्परा से चलकर परम्परा से आगे, परम्परा के विरुद्ध और जब-तब परम्परा में ही शरण। छायावाद ने कवि-कल्पना के लिए बड़ा स्पेस दिया। साथ ही यथार्थ-दर्शन के लिए भी नई बाध्यता, नई चुनौती पैदा की। छायावाद में **रोमांटिक** और **क्लासिक** संवेदना का कई बार एक साथ अन्तर्भाव है। वहाँ ऐतिहासिक विज़न भी है, वर्तमान का संघर्ष भी और भविष्य का स्वप्न भी। जर्मन आलोचक **वाल्टर बेंजामिन** ने अगर कहा कि **'रोमांटिसिज़्म'** ही वह आखिरी आन्दोलन है जिसने कविता को बचा लिया था जिसमें कविता ने अपनी सब संवेदना, सारी संभावना और क्षमता एक साथ प्रकट की, तो रोमांटिसिज़्म (छायावाद) को आगे की कविता में देखने-जाँचने की जरूरत भी बतायी। पिछले ही दिनों, हिन्दी के कुछेक नये कवियों ने निराला से जैसा सम्बन्ध बताया है वह

इस दिशा में सार्थक संकेत है।

'परिमल' और **'पल्लव'** की भूमिकाओं के साथ प्रसाद के जिस निबंध को छायावाद के घोषणापत्र के रूप में पढ़ा जाना चाहिए—वह है **'यथार्थवाद और छायावाद'**। यहाँ प्रसाद के क्रम-संकेत को भी देखें। वे यथार्थवाद को छायावाद के पूर्वपक्ष के रूप में देख रहे हैं जबकि यथार्थवाद को छायावाद के उत्तर पक्ष के रूप में देखा जाता है। प्रसाद की व्याख्या में यह यथार्थवाद उस 'वेदना-भाव' से जुड़ रहा है जो स्वाधीन न होने की पीड़ा या बेचैनी से प्रेरित है। निराला तक आते-आते स्वाधीनता के नये अर्थ खुलने लगते हैं। 'परिमल' की भूमिका में **निराला** के शब्द हैं—"**मनुष्यों की मुक्ति** की तरह **कविता की भी मुक्ति** होती है।...मुक्त काव्य कभी साहित्य के लिए अनर्थकारी नहीं होता। प्रत्युत उससे साहित्य में एक प्रकार की स्वाधीन चेतना फैलती है, जो साहित्य के कल्याण की ही मूल होती है।" इसी परिभाषा में निराला मनुष्यों की मुक्ति को कर्मों के बन्धन से छुटकारा बता रहे हैं और इसी के संदर्भ में कविता की मुक्ति को छन्दों से मुक्ति बता रहे हैं। मनुष्यों की मुक्ति को 'मोक्ष' वाले पारम्परिक अर्थ में कर्मों के बन्धन से छुटकारा बताना भ्रम पैदा कर सकता है। कर्मकाण्ड के विरुद्ध जीवन और कर्म में आसक्ति अनुभव किए बिना स्वाधीन चेतना कैसी ! छायावाद मनुष्य की मुक्ति के राजनीतिक-सामाजिक आशय के अनुरूप एक बड़े संघर्ष की प्रस्तावना है। कविता की मुक्ति भी छंद की मुक्ति से बड़ी चीज है। इसी भूमिका में निराला यह भी कह रहे हैं—"साहित्य की मुक्ति उसके काव्य में देख पड़ती है। इस तरह **जाति** के **मुक्ति-प्रयास** का पता चलता है।" ध्यान दें कि निराला कविता की मुक्ति के बहाने जाति-धर्म के अति संकीर्ण बन्धन भी तोड़ रहे हैं। उन्हीं के वक्तव्यों में सोई हुई जातियों के जागने का पूर्व संकेत भी है जो उदाहरण है कि निराला कविता की मुक्ति के साथ ही मानव मुक्ति का बड़ा सपना देख रहे हैं—"अतः अब जिस जागरण की आशा से पूर्वाकाश अरुण हो रहा है उसमें सबसे पहले तो वे ही जागेंगी, जो पहले की सोई हुई शूद्र अंत्यज जातियाँ हैं। इस समय जो उनके जागने के लक्षण हैं वही आशाप्रद हैं और जो ब्राह्मण क्षत्रियों में देख पड़ते हैं वे जागने के लक्षण नहीं, वह पीनक है—स्वप्न के प्रलाप हैं।" अगर छायावाद एक है, तो इसी अर्थ में कि वह कविता और मनुष्य की एक साथ मुक्ति के पक्ष में है। प्रसाद की काव्य संस्कृति ज़रा अलग ढंग की है और याद आता है कि निराला ने कभी उन्हें पत्र में कहा भी था कि उपनिषदों से नीचे उतरते नहीं हैं जबकि मैं उन्हें ज़मीन पर ले आना चाहता हूँ ! पर वे भी, छायावाद की सीमाओं के विरुद्ध एक बड़ी काव्यभूमि के पक्ष में हैं। 'यथार्थवाद और छायावाद' निबन्ध में प्रसाद के इस कथन को एक ज़रूरी वक्तव्य मानना चाहिए : "सिद्धान्त में ऐसा रूप छायावाद का ठीक नहीं कि जो कुछ अस्पष्ट, छायामात्र हो, वास्तविकता का स्पर्श न हो, वही छायावाद है। हाँ, मूल में यह रहस्यवाद भी नहीं है। प्रकृति विश्वात्मा की छाया या प्रतिबिम्ब है, इसलिए प्रकृति को काव्यगत व्यवहार में ले आकर छायावाद की सृष्टि होती है, यह सिद्धान्त भी भ्रामक है। यद्यपि प्रकृति का आलम्बन स्वानुभूति का प्रकृति

से तादात्म्य नवीन काव्यधारा में होने लगा है, किन्तु प्रकृति से सम्बन्ध रखने वाली कविता को ही छायावाद नहीं कहा जा सकता।'' कहना न होगा कि प्रसाद के ख़ास अपने छायावादी संस्कार थे जिनकी टकराहट उन्हीं के क्लासिकी बोध से हो सकती थी। भाववाद से प्रभावित उनके विचारधारात्मक संशय और द्वन्द्व 'कामायनी' में प्रकट हैं जिसे महत्त्व देते हुए भी मुक्तिबोध **जिससे** टकराते हैं। अंतर्विरोधों में भी बड़े कवियों के काव्यात्मक साहस और संघर्ष का पता चलता है। महत्त्वपूर्ण यह है कि जिन काव्यगुणों के सम्मोहन में प्रसाद हैं, उनकी सीमाएँ भी देख रहे हैं।

पुरातनता के विरुद्ध, रूढ़ि के विरुद्ध, जर्जर परम्पराओं के विरुद्ध नवीनता छायावाद का महत्त्वपूर्ण सकारात्मक मूल्य है। वह केवल रूपवाचक नहीं है, मूल्यबोधक भी है। उसके आयाम विविध हैं। 'कामायनी' में श्रद्धा हताश मनु में प्राण संचार करती हुई कहती है—''पुरातनता का यह निर्मोक/सहन करती न प्रकृति पल एक/नित्य नूतनता का आनन्द/किये हैं परिवर्तन में टेक।'' निराला नयी सृष्टि की छवि को 'और' ही कहकर प्रकट करते हैं या सराहते हैं। **''और और छवि रे यह**/नूतन भी कवि, रे यह/और और कवि।'' पंत के लिए नवीनता की प्रेरक शक्ति है परिवर्तन की कामना—और परिवर्तन प्रगति का अनिवार्य नियम है। नवीन परिवर्तन का यह स्वर विद्रोहमूलक है—'द्रुत झरो जगत के जीर्ण पत्र'। /'गा कोकिल बरसा पावक कण'। कल्पना का नया साहस जहाँ सौन्दर्यबोध की नवीनता का सूचक है वहीं एक नयी सामाजिक संस्कृति या वैकल्पिक व्यवस्था का संकेत है। मुक्तिबोध इस नये या आधुनिक भावबोध में मुक्ति के प्रयास को भी देख पाते हैं। 'काव्य : एक सांस्कृतिक प्रक्रिया' निबंध में वे कहते हैं—''आधुनिक बोध के अन्तर्गत यह भी है कि मानवता के भविष्य-निर्माण के संघर्ष में हम और भी दत्तचित्त हों, इस वर्तमान परिस्थिति को सुधारें, नैतिक ह्रास को थामें, उत्पीड़ित मनुष्य के साथ एकात्म होकर उसकी मुक्ति की उपाय-योजना करें।'' इस व्यापक परिप्रेक्ष्य में यदि हम छायावाद का मूल्यांकन करना चाहेंगे तो हमें उसमें छायावाद से पहले का स्वच्छन्दतावाद भी मिलेगा और छायावाद से ठीक बाद का यथार्थवाद भी, जिसे एक विशेष अर्थ में प्रसाद जी 'लघुता के प्रति साहित्यिक दृष्टिपात' कहते हैं।

मलयज की तरह कई आलोचक अनुभव करते हैं कि शुक्ल जी द्वारा निर्मित साहित्य-बिम्ब में छायावाद-रहस्यवाद के लिए ख़ास जगह न थी। रहस्यवाद को तो वे विदेशी प्रवृत्ति ही मान रहे थे और छायावाद भी उनकी दृष्टि में पहले के उस स्वच्छन्दतावाद के विचलन सरीखा था जो ठेठ प्रकृत देसी चित्रण शैली को तरजीह देता था। वास्तविकता यह है कि छायावाद जिस दिशा में अर्थविस्तार चाहता था उसमें पहले के ठेठ प्रकृत देसी स्वच्छन्दतावाद के साथ ही ब्यौरों वाले यथार्थवाद के लिए भी जगह थी। 'चींटी' पंत के लिए सामाजिक प्राणी हो जाती है, श्रमजीवी भी और सुनागरिक भी। जीवन की अक्षय चिनगी। पंत की ही कल्पना में नवीनता का समारोह **युगान्तर** बनकर उपस्थित है—''पतझर यह, मानव जीवन में आया पतझर/आज युगों के बाद हो रहा नया **युगान्तर**।'' **'युगान्तर'** की कल्पना में स्वाधीनता संघर्ष की तीव्र चेतना भी

शामिल है और साम्राज्यवाद-विरोध की क्रान्तिकारी चेतना भी। इसे कविता के साथ ही कहानियों, उपन्यासों, नाटकों में भी देखने की ज़रूरत है। 'तितली' (प्रसाद) में जिस व्यावहारिक वेदान्त का संकेत है वह मनुष्य की मुक्ति और समता के बड़े लक्ष्य का संकेत है। छायावाद के भीतर से ही निराला ने यथार्थवाद के लिए वह चुनौती प्राप्त की कि वे **'चतुरी चमार'**, **'कुल्लीभाट'**, **'बिल्लेसुर बकरिहा'**, 'देवी' जैसी कथाकृतियों की रचना में समर्थ हुए। इसी दृष्टि से कहा जा सकता है कि छायावाद एक नहीं, अनेक है, या कि उसकी कई अन्तर्धाराएँ हैं। 'छायावाद' की एक शक्ल यह है जो तुलसीदास को ज्ञानकांड की ओर प्रवृत्त करती है :

कल्मषोत्सार कवि के दुर्दम
चेतनोर्मियों के प्राण प्रथम
वह रुद्र-द्वार का छाया-तम तरने को–
करने को ज्ञानोद्धत प्रहार
तोड़ने को विषम वज्र-द्वार;
उमड़े भारत का श्रम अपार हरने को–

और दूसरी वह जिसमें दलित मुक्ति के संकेत देखे जा सकेंगे : "आज अमीरों की हवेली/किसानों की होगी, पाठशाला/धोबी पासी चमार तेली/खोलेंगे अँधेरे का ताला।" इसी को निराला के संदर्भ में कहा गया है–**छायावाद** में रहकर **छायावाद** का **अतिक्रमण**। स्त्री की मुक्ति की आहटें यहीं हैं–पंत के यहाँ, निराला के यहाँ, प्रसाद के यहाँ। **'शृंखला की कड़ियाँ'** के गद्य में महादेवी के यहाँ भी। पंत युग-युग की बर्बर कारा से स्त्री को मुक्त करना चाहते हैं। महान विप्लव को ही सुधार का मूल बताते हुए निराला कभी आश्वस्ति अनुभव करते हैं कि वे विप्लवों के साथ हो रहे परिवर्तनों के बीच अपना रूप पूरी तरह बदलती रहीं। 'कामायनी' में भाववाद-प्रेरित महिमामंडित श्रद्धा से कम महत्त्वपूर्ण 'देवी' (निराला) की पगली भिखारिन नहीं है जिसमें निराला को भारतमाता का बिम्ब नज़र आता है। इस त्रासद यथार्थ की जटिल तहें हमारे अपने समय के परिप्रेक्ष्य में भी खुलती हैं जबकि 'कामायनी' का योजनाबद्ध समरसता दर्शन अविश्वसनीय हो चला है। इससे 'कामायनी' में प्रसाद के काव्यात्मक साहस और स्थापत्य का महत्त्व कम नहीं हो जाता। पर यह देखना भी अनिवार्य हो चला है कि छायावाद में क्या महत्त्वपूर्ण, या सार्थक है, और हमारे अपने समय के लिए प्रासंगिक भी है। पंत ने अपने काव्य-विकास के पहले ही चरण में एक ही काव्यभाषा रचने के लिए जो साहस दिखाया उससे कविता की मुक्ति की क्या संभावनाएँ बनीं और आज के परिदृश्य को देखते हुए क्या हम उनसे कुछ नया सीख पा रहे हैं या ग्रहण कर पा रहे हैं ?

इधर के अपने एक विश्लेषण में मैंने पंत की कविता पर पुनर्विचार करते हुए विस्मय की कला और आस्था के संकट के द्वन्द्व का उल्लेख किया है और स्वीकार किया है कि जहाँ शुरू के दिनों में पंत की अबोधता को पंत के विस्मय ने एक नयी

काव्यभाषा दी, एक नया काव्य संगीत दिया, वहीं बाद के दिनों में पंत विचारधारा के नाम पर कुछ आस्थासूचक अभिप्रायों की बंजरता का भार वहन करते रहे। मानव-मुक्ति या मानव-मंगल जैसा अभिप्राय भी उनके यहाँ नितान्त शब्दाडम्बर बनकर रह गया है। पर एकदम शुरू के दिनों में कविता की अपनी ज़मीन पर ही पंत बहुत कुछ तोड़ रहे थे और नया बना रहे थे। 'पल्लव' की भूमिका में रीतिवाद नायिका-भेद अलंकार रीति के विरुद्ध उनकी प्रतिक्रिया कविता और भाषा की नई मुक्ति का ही संकेत है। ''प्रथम रश्मि का आना रंगिणि तूने कैसे पहचाना''—कविता में सहज विस्मय के साथ यह पूछना ही नवजागरण के किसी स्थूल वक्तव्य से महत्त्वपूर्ण था। स्त्री-पुरुष सम्बन्ध की नवीनता घोषित करने के लिए यह नई सादगी ही काफी थी—**''बालिका मेरी मनोरम मित्र थी''**। प्रकृति में यह नई मानवीय उपस्थिति जैसे प्रेम के अनुभव की एक नई गरमाई लिए हुए—

धँस गये धरा में सभय शाल
उठ रहा धुआँ, जल गया ताल !
यों जलद यान में विचर विचर
था इन्द्र खेलता इन्द्रजाल
(वह सरला उस गिरि को कहती थी बादल घर !)
इस तरह मेरे चितेरे हृदय की
बाह्य प्रकृति बनी चमत्कृत चित्र थी;
सरल शैशव की सुखद सुधि-सी बही
बालिका मेरी मनोरम मित्र थी !

जहाँ प्रकृति नायक-नायिका की मनोदशा के अनुरूप सुख-दुख का परिपाटीबद्ध उद्दीपन भर रही हो वहाँ प्रकृति में यह नई मानवीय उपस्थिति एक नई घटना है। इसे ही हम कहेंगे शान्ति में नया कोलाहल। भीतर से सक्रिय एक नया भावावेग। कविता की मुक्ति यहाँ सम्बन्धों में एक नयी मुक्ति है। इस मुक्ति को ऐसे भी देखना चाहिए। भ्रू-विलास की वर्णन रूढ़ि के समक्ष यह नई सौन्दर्यकल्पना—'करुण भौंहों में था आकाश' अपने में एक नया मूल्य है। कीट्स के इस कथन की गूँज पंत के यहाँ काफी सुनाई देती है कि प्रकृति सुन्दर है पर मनुष्य और भी सुन्दर है। 'ग्राम्या' में संकलित 'ग्रामश्री' छायावाद के कवि के लिए एक नये यथार्थवाद में प्रवेश है जो चकित करने वाला इसलिए भी है कि छायावाद से पहले के देसी स्वच्छन्दतावाद का ही नया विकास है। यों, रोमांटिसिज़्म की पूरी अवधारणा में उदात्त के लिए काफी आकर्षण है पर यहाँ पंत निराला के यहाँ (पंत में शायद कम, निराला के यहाँ अधिक) साधारण में ही उदात्त छिपा है। 'ग्रामश्री' को इस दृष्टि से भी देखना चाहिए। कविता में प्रसंगवश ही सही, मालिन की लड़की तुलसा—ऐसे आती है, जैसे अमरूदों में लाल-लाल चित्तियाँ, जैसे लहलह पालक, महमह धनिया, मुकुलित जामुन, जंगल में झरबेरी। वह तुलसा भी जैसे प्रकृति का ही एक सजीव हिस्सा हो गयी है। पंत जैसे एक नयी घटना की तरह लिखते

हैं—"सुन्दर लगते फिर कुहरे से/उठते-से खेत, बाग, गृह, वन ! बालू के साँपों से अंकित/गंगा की सतरंगी रेती/सुन्दर लगती सरपत छाई/तट पर तरबूजों की खेती।"

पर, प्रकृति और मानवमन की इसी सरलता पर सामंतवाद और साम्राज्यवाद जैसी ताकतों और व्यवस्थाओं की मार भी पड़ती है। यह हमला इतना अज्ञात, अघोषित होता है कि कई बार पता भी नहीं चलता। कविता में तो कई बार दुख भी सुंदर लगने लगता है। बहुजीवन की छवियाँ लिखने वाले कवि इन हमलों से अनजान नहीं हैं। निराला के उपन्यास और महादेवी के कई निबन्ध इस चोट के बारे में बताते हैं।

निराला की कविताएँ भी—

झींगुर ने कहा
'चूँकि हम किसान सभा के
भाई जी के मददगार
जमीदार ने गोली चलवायी
पुलिस के हुकुम की तामीली की
ऐसा यह पेंच है—'

इसलिए 'छायावाद' में कविता की मुक्ति और मनुष्य की मुक्ति के निहितार्थ विविध हैं। निराला के गीत भी निर्वैयैक्तिक हैं—गीत भी कथा है। कविताओं में तो कथाएँ हैं ही। एक अकेले की वेदना भी बड़ी है—व्यापक और सार्वभौम।

छायावाद की सब स्त्रियाँ 'देवसेना' नहीं हैं जो हृदय में रुदन का स्वर उठने पर संगीत की वीणा मिला लेती हैं। कई बार वे दबे स्वरों में चीख़ती भी हैं। देवसेना सखी से कहती है—"मेरा हृदय मुझसे अनुरोध करता है, मचलता है, रूठता है, मैं उसे मनाती हूँ। आँखें प्रणय-कलह उत्पन्न कराती हैं, चित्त उत्तेजित करता है, बुद्धि झिड़कती है, कान कुछ सुनते ही नहीं। मैं सबको समझाती हूँ, विवाद मिटाती हूँ। सखी, फिर भी मैं इस झगड़ालू कुटुम्ब में गृहस्थी सम्हाल कर, स्वस्थ होकर, बैठती हूँ।" देखें तो एक कोलाहल भरे दृश्य में यह एक अकेले की शान्ति है। पर ध्यान से सुनें तो इस शान्ति में कितना कोलाहल है ! कितनी दबी-दबी चीख़ ! श्रद्धा भी तो 'कामायनी' में कुछ ऐसा ही करती दिखाई देती है। मनु-इड़ा के सब कौटुम्बिक झगड़े सम्हाल, बल्कि मनु-कुमार को गिरस्ती के नाम पर इड़ा पर छोड़छाड़, मनु के साथ हिमालय की ओर चली जाती है। प्रसाद उसकी 'शान्ति' ही सुनते हैं उसके भीतर की हलचल, कोलाहल समरसता और आनंदवाद के दर्शन में घुला देते हैं। छायावाद में ऐसी चीख़ें बहुत दबी-दबी हैं। कुछ जब-तब सुनाई भी पड़ती हैं। 'शिशिर की शर्वरी/हिंस्र पशुओं भरी'—ऐसी रात बहुत है। रात का अहंकार बहुत है—जिसमें औरतें 'मसान-सी' जागती हैं। 'अर्चना', 'आराधना' के प्रार्थना गीतों में भी निर्विकार निष्क्रिय शान्ति नहीं है—'शान्ति' में है—कोलाहल, क्रोध, चीख़ !

भवसागर से पार करो हे
विपुल काम के जाल बिछाकर
जीते हैं जन जन को खाकर

रहूँ कहाँ मैं ठौर न पाकर
माया का संहार करो हे

(अर्चना)

नाचो हे रुद्र ताल;
आँचो जग ऋजु अराल।
झरे जीव जीर्ण-शीर्ण,
उद्‌भव हो नव-प्रकीर्ण,
करने को पुनः तीर्ण
हों गहरे अन्तराल

(आराधना)

अगर विक्षिप्तता के बावजूद निराला की रचना-यात्रा के आखिरी चरण को ध्यान में रखें तो यह मानने का कोई स्पष्ट कारण नहीं दिखाई देता कि प्रगतिशील साहित्य या प्रगतिशील साहित्य आन्दोलन की प्रतिष्ठा के साथ छायावाद पूरी तरह अप्रासंगिक और व्यर्थ हो गया या 'तारसप्तक' (1943) के प्रकाशन के साथ उसकी कोई सार्थकता नहीं बची। **'छायावाद : मूल्यांकन पुनर्मूल्यांकन'** में कह तो पंत ही रहे थे कि छायावाद कविता के बचे रहने तक जीवित रहता है पर इसे प्रमाणित कर रहे थे **निराला**—उस द्वन्द्व-समृद्ध कविता में, जिसमें एक ओर मृत्यु का त्रास और भय और सघन अहंकार है, दूसरी ओर बसंत की कल्पना में जीवित एक नया दिनारम्भ। परस्पर विरोधी ध्रुवान्तों पर जैसे छायावाद एक युग पूरा कर लेने पर भी अपनी सार्थकता खोज रहा था। अज्ञेय में छायावाद के अवशेष बहुत हैं और मुक्तिबोध की आरंभिक कविताएँ छायावादी काव्य मुहावरे में ही सार्थक या सामान्य हैं। अन्ततः छायावाद इसलिए याद किया जाएगा कि उसने स्वाधीनता-संघर्ष के कठिन दिनों में कविता की **अर्थभूमि** का विस्तार किया और कविता की मुक्ति तथा मनुष्य की मुक्ति के लिए एक ही रणक्षेत्र सुनिश्चित करने की कोशिश की। 1937 की कविता **'वन बेला'** (निराला) क्या इस एक ही रणक्षेत्र की कोई सार्थक झलक देती है जो शान्ति में कोलाहल और कोलाहल में शान्ति का-सा अनुभव भी हो—

बोला मैं—"यही सत्य, सुन्दर !
नाचतीं वृन्त पर तुम, ऊपर
होता जब उपल-प्रहार प्रखर !
अपनी कविता
तुम रहो एक मेरे उर में
अपनी छवि में शुचि संचरिता !"

विस्मय की कला और आस्था का संकट

आरम्भ में ही यह विनम्र स्पष्टीकरण शायद ज़रूरी हो कि छायावाद की वृहत् त्रयी के महत्त्वपूर्ण कवि, कविता की भाषा में ख़ास तरह की नवीनता या ताज़गी के लिए कभी बहुत सराहे गये कवि, आगे के विकास क्रम में गहन विमर्श और बोधवृत्ति के लिए अलग क़िस्म की पहचान बनाने वाले कवि सुमित्रानंदन पंत ने या उनकी कविता ने कभी मुझे उस अर्थ में प्रभावित या उत्तेजित नहीं किया, जिस अर्थ में निराला की कविता ने। यह पंत की कविता की ख़ास आलंकारिक बनावट या अलंकृत संगीत पर कवि की निर्भरता और ठंडेपन के कारण भी हो सकता है और मेरी अपनी काव्याभिरुचि की किन्हीं सीमाओं के कारण भी। संभव है इस बात से बहुतों की असहमति हो, मुझे पंत की कविता और जैनेन्द्र की कथा की दुनिया इस अर्थ में एक-सी दिखाई देती है कि वह शुरू में ही नवोन्मेष का एक जादुई असर पैदा करके फिर विचार प्रौढ़ता के स्वनिर्मित आतंक में घिरकर अपनी सर्जनात्मक विकलता खो देती है। जैनेन्द्र 'परख', 'सुनीता', 'त्यागपत्र' के आगे 'अनाम स्वामी' और 'दशार्क' लिखते चले गये और पंत 'पल्लव', 'गुंजन' के आगे 'लोकायतन' या उसी के आगे-पीछे 'स्वर्णकिरण', 'स्वर्णधूलि', 'उत्तरा', 'अतिमा', 'कला और बूढ़ा चाँद' लिखने लगे। अबोधता, संशय और विस्मय का जादू टूट चुका था। अर्थात् विस्मय की कला की जगह नव आध्यात्मिक आस्था के दुहराव ने ले लिया और पंत की ऐतिहासिक अनुभूति के कायल मुक्तिबोध को भी लिखना पड़ा—"जहाँ-जहाँ उनकी सहानुभूति उन्हें ले गयी, उनकी गद्यात्मकता चमक उठी, छन्द नाचने लगे, भाव गूँज उठे, विचार जगमगाने लगे। उनमें नयी ताज़गी आ गयी। जहाँ उन्होंने पुरानी गूँज दुहराना शुरू किया, वहाँ अंगार बुझने लगे, शिल्प में झोल पड़ गया, भाषा सुंदर और जालीदार तो हुई, किन्तु बासी भी हो गई। काव्य की घड़ी टल गई, मुहूर्त निकल गया, किन्तु काव्य चलता रहा...यूँ ही।" यह कविता में पंत के लिए जितना सच है, कथा में जैनेन्द्र के लिए भी उतना ही सच है।

पंत और जैनेन्द्र की रचना-यात्रा में इस तरह की समानता देखने के बाद भी दोनों के बुनियादी स्वभाव में इतना अंतर है जिसे नज़रअंदाज़ करने के दूसरे खतरे हैं। अच्छा है कि हम यहाँ पंत और निराला, प्रसाद और पंत की तुलना न कर पंत और पंत की ही तुलना करना चाह रहे हैं। पंत के योजनाबद्ध विकास के अनुरूप (जिसे विश्वविद्यालयों ने एक अनिवार्य आसान सुनिश्चित परीक्षोपयोगी प्रश्न तक सीमित कर रखा है)—उनके कई-कई रूप हैं। प्रकृति का कवि। मनुष्य का कवि। यथार्थ दर्शन का

कवि। अतिचेतना या ऊर्ध्वचेतना का कवि। कभी अंतर्मुखी कभी बहिर्मुखी। कभी शुद्ध छायावादी कभी प्रगतिशील—यथार्थवादी। पर ध्यान से देखें तो हम अक्सर अनुभव करते हैं कि पंत का काव्य-संसार छायावाद से छायावाद तक की ही अविराम यात्रा है। अबोधता और विस्मय के रहस्य से क्रमशः वंचित पंत की आगे की यात्रा ज्ञान से भरी ऊब और थकान से परिचित कराती है। संकट वही है, एक-सी आस्था और ऊर्ध्वचेतना के सूत्रों-अभिप्रायों का निरर्थक दुहराव जिसका कितना भी महिमामंडन कविता के काम नहीं आता। 'पौ फटने से पहले' कविता में जैसे पंत अपनी कविता से ही कह रहे हों—

तुम मेरी हो
हाँ सचमुच तुम मेरी हो
विस्मित मत हो
सखी रूप में
तुम समग्र मेरी हो।

पर कविता-सखी उनके लिए जा चुकी होती है। विस्मय की कला की घड़ी टल चुकी होती है। पंत की परवर्ती कविता का भी अपना छायावाद है—ऊर्ध्वचेतना और नवअध्यात्म की आलंकारिक सजावट के साथ ! पर यह वह छायावाद नहीं है जब पंत ने अपने काव्यानुभव और भाषायी विन्यास में एक तरह की विलक्षण नवीनता प्रमाणित की। विडम्बना यह है कि पंत की काव्ययात्रा में प्रस्थान कई बताये जाते हैं और काव्य तर्क को सुपरिभाषित करने की कोशिश **पंत के यहाँ** कभी पूरी तरह स्थगित नहीं होती फिर भी छायावाद की केन्द्रीयता किसी-न-किसी अर्थ में उनके यहाँ कायम रहती है। 'युगांत' के बाद 'युगवाणी' 'ग्राम्या' वाले दौर में पंत वस्तु प्रत्यक्ष या यथार्थ दर्शन को महत्त्व ज़रूर देते हैं और एक बार इसकी घोषणा भी करते हैं कि छायावाद नहीं रहा, क्योंकि उसमें युग के यथार्थ को व्यक्त करने की क्षमता नहीं रही, पर जल्द ही एक नयी ऊर्ध्वचेतना के काव्यलोक में संचरण करते हुए फिर छायावाद में ही अपनी स्वाभाविक जगह खोजने लगते हैं और यह संशोधन ज़रूरी समझते हैं कि छायावाद कविता के लिए, काव्यात्मकता के लिए खत्म नहीं हो गया है, क्योंकि छायावाद मूल्यदर्शन की कविता है और ऐसी कविता के बीत जाने या विगत की वस्तु हो जाने का सवाल ही नहीं पैदा होता। अर्थात् पंत की काव्य संवेदना को निर्धारित या नियंत्रित करने वाला किसी-न-किसी तरह का अपना छायावाद ही है। छायावाद वह भी है जहाँ पंत कल्पना के उपयोग में अधिक सक्रिय सजग दिखाई देते हैं जहाँ विस्मय की कला का एक नया मर्म उद्‌घाटित होता है। यह शुरू का दौर है। 'ग्रंथि' और 'पल्लव' वाला दौर।

आह यह किसका अँधेरा भाग्य है
प्रलय छाया-सा अनंत विषाद-सा
कौन मेरी कल्पना के विपिन में
पागलों-सा यह अभय है घूमता

यह जो पागलों-सा घूमता है पंत के कल्पना विपिन में, उसमें एक निजी बेकली भी है और निजी वैयक्तिक आत्मीय अनुभव भी उससे जुड़कर काव्यात्मक सार्थकता पा सकता है। 'उच्छ्वास' का ही हिस्सा है—'पर्वत प्रदेश में पावस'। कविता में अचानक एक पंक्ति आती है—शेष पंक्तियों की बनावट या संरचना से अलग। एक उत्सुक स्मृति क्षण के लिए कहीं अन्तराल में अलग जगह बनाती यह पंक्ति। जहाँ अबोधता और विस्मय के लिए भी गुंजाइश है—गद्य का-सा स्पेस घेरती पंक्ति—

(वह सरला उस गिरि को कहती थी बादल-घर)

कहना न होगा कि छायावाद ने स्त्री-पुरुष सम्बन्ध की एक नई भावना की ओर ध्यान आकृष्ट किया। पंत अगर 'देवि माँ सहचरि प्राण' कहकर प्रिया को नयी सम्बन्ध-भावना के अनुरूप नया सम्बोधन दे पाते हैं तो इसे भी एक युगान्तरकारी कल्पना के अनुरूप नयी सार्थकता या मानवीय अर्थवत्ता के अनुभव के रूप में देख सकते हैं। देखने की चीज़ यह है कि यह सहज मानवीय स्पर्श धीरे-धीरे पंत की दुनिया से ग़ायब होता जाता है। फिर यह प्रयोग असंभव होता जाता है—वह सरला उस गिरि को कहती थी बादल-घर ! प्रकृति की दुनिया का शब्द 'बादल' मनुष्य की दुनिया का शब्द 'घर'—दोनों मिलकर जो दुनिया बनाते हैं। एक अनोखी दुनिया है यह। जिसमें कल्पना और क्रीड़ावृत्ति के लिए भी शायद गुंजाइश है। ये वे कविताएँ हैं जिनमें पंत के प्रकृति निरीक्षण से मिली है। कोई अज्ञात आकर्षण मेरे भीतर एक अव्यक्त सौन्दर्य का जाल बुनकर मेरी चेतना को तन्मय कर देता था।'' या 'प्रकृति सौन्दर्य ने मुझे स्वप्नजीवी और कल्पनाजीवी बनाया।' इसमें संदेह नहीं कि पंत की कल्पना को नयी स्फूर्ति शुरू के दौर में प्रकृति से ही मिली। बेशक, ज़रूरी नहीं कि छायावाद को 'प्रकृति-काव्य' के रूप में ही देखा जाए। ज़रूरी यह भी नहीं कि प्रयत्नपूर्वक कुछ शब्दों अवधारणाओं में जोड़-गाँठ बिठाकर छायावाद को शक्तिकाव्य प्रमाणित ही कर दिया जाए। ऐसी किसी एक अवधारणा पर बहुत बल देने से हम कवि के निजी अनुभवों से रची-बसी एक अपनी दुनिया से अलग जा खड़े होते हैं और कविता पर फैसला देने लगते हैं।

पंत के प्रकृति-सम्बन्धी वक्तव्यों और प्रकृति चित्रों को देखते हुए पिछले दिनों अचानक लोर्का के एक आत्मकथ्य की ओर ध्यान गया, जिसकी जन्मशती का साल अभी-अभी बीता है। यह आत्मकथ्य इस प्रकार है : ''बचपन में मुझे प्रकृति के बहुत निकट रहने का अवसर मिला।...हमारे आँगन में कुछ चिनार के पेड़ थे। एक दोपहर मुझे लगा कि वे गा रहे हैं। हवा जब शाखों से गुज़रती थी, उसकी स्वर-लहरियाँ बदल जाती थीं और मैंने जाना कि यह रंगीन है। एक दिन मुझे आश्चर्य हुआ कि कोई मेरा नाम लेकर पुकार रहा है...फे...मैंने आसपास देखा, वहाँ कोई नहीं था। फिर यह कौन आवाज़ दे रहा था।'' लोर्का की कविता के संगीत तत्त्व को पहचानना कठिन नहीं है। यह उद्धरण केवल संकेत करने के लिए कि प्रकृति के सम्पर्क से प्रेरणा लेने वाले सब कवियों की काव्यात्मक फलश्रुति एक-सी नहीं होती। छायावाद की रचनात्मक परिभूमि के निर्माण में प्रकृति संवेदना की भूमिका महत्त्वपूर्ण है पर छायावाद के सभी महत्त्वपूर्ण

कवियों का प्रकृति से रिश्ता एक जैसा नहीं है।

पंत की काव्य-यात्रा के पहले ही दौर में 'गुंजन' तक यह आभास होने लगता है कि पंत की कविता पर विचारों का दबाव बढ़ने ही वाला है। वे लिखने बैठेंगे 'नौका विहार', 'एक तारा' का प्रकृति-दृश्य। प्रकृति विषयक अनुभव। और अन्त में या अन्त से पहले ही एक विचार प्रधान दार्शनिक लगने जैसा समाहार या निष्कर्ष देने लग जाएँगे। विचारों को सूत्रबद्ध करने का प्रलोभन पंत में 'परिवर्तन' काल से ही था—''वही प्रज्ञा का सत्य स्वरूप/हृदय में बनता प्रणय अपार/लोचनों में लावण्य अनूप/लोक सेवा में शिव अविकार।'' 'नौका विहार' के प्रकृति चित्रों की शृंखला में अचानक यह सोचा-समझा तार्किक सुविचारित वक्तव्य आता है—

ज्यों ज्यों लगती है नाव पार
उर में आलोकित शत विचार
इस धारा-सा ही जग का क्रम, शाश्वत इस जीवन का उद्गम
शाश्वत है गति शाश्वत संगम

जब कहा गया था कि कविता शब्दों से बनती है, विचारों से नहीं, तो विचारात्मक अनुभव का निषेध करने के लिए नहीं, विचार और अनुभव की खास घुलावट का महत्त्व बताने के लिए जो कविता के लिए फलप्रद और उपयोगी है। इस घुलावट का अपना अंतर्नियम होता है जो हर महत्त्वपूर्ण कवि का अपना आविष्कार होता है।

कविता में विचारधारा के महत्त्व स्वीकार का दौर तो अभी आगे था। मार्क्सवाद का असर। वस्तु दर्शन या यथार्थ दर्शन की समझ। 'युगांत', 'युगवाणी', 'ग्राम्या' का यही समय है। यह एक तरह की नयी ताज़गी को प्रत्यक्ष करने वाले चरण के छायावाद और लगभग अन्तिम चरण के रूढ़ नव आध्यात्मिक प्रतीकों-अभिप्रायों वाले निष्प्राण छायावाद के बीच का समय है। देखें कि पंत ग्राम जीवन के तरह-तरह के चित्र तो उपस्थित करते हैं पर प्रायः इस इतिवृत्त की तरह। और स्वयं स्वीकार करते हैं—''इनमें पाठकों को ग्रामीणों के प्रति केवल बौद्धिक सहानुभूति ही मिल सकती है। ग्राम्य जीवन से मिलकर, उसके भीतर से, ये अवश्य नहीं लिखी गई है।'' (ग्राम्या) 'ग्राम दृष्टि' पंत की कविता है जिसमें यह पंक्ति आती है—''देख रहा हूँ आज विश्व को मैं ग्रामीण नयन से''। पर कविताएँ ही यह भेद खोल देती हैं कि ग्रामीण नयन से यह देखना भी ऊपरी तकाजे से ही है। जिन कविताओं पर ध्यान जाता भी है वे सब मिलकर स्थूल सामान्य इतिवृत्त, अर्थात् महज़ तथ्य कथन नज़र आती हैं। कविता कहीं विद्रोह का संदेश या उपदेश है—''द्रुत झरो जगत के जीर्ण पत्र' या 'गा कोकिल, बरसा पावक कण/नष्ट भ्रष्ट हो जीर्ण पुरातन/ध्वंस भ्रंश जग के जड़ बन्धन/पावन पग धर आवे नूतन/हो पल्लवित नवल मानवपन !'' कहीं नसीहत या चेतावनी जैसा बयान—''योनि नहीं रे नारी/वह भी मानवी प्रतिष्ठित/उसे पूर्ण स्वाधीन करने/वह रहे न नर पर अवसित/या ''आज मनुज को खोज निकालो/जाति वर्ण संस्कृति समाज से/मूल व्यक्ति को फिर से चालो।'' अपवाद रूप में कहीं वास्तविक स्थिति का कठोर मूर्त्त रूप है—जैसे 'वे आँखें' कविता

का यह मानव बिम्ब—"अंधकार की गुहा सरीखी/उन आँखों से डरता है मन।" पर ऐसे स्थिति-चित्र भी विरल हैं—शुद्ध रूप से अपवाद हैं। 'मजदूरनी के प्रति' पंत की कविता निराला की कविता 'वह तोड़ती पत्थर' के दो साल बाद की है। तुलना करने पर पंत का सपाट साधारण स्थूल इतिवृत्त जैसा बयान काफी सतही जान पड़ेगा। उधर निराला ने स्वयं 'तोड़ती पत्थर' की संरचना या संगठन की जो व्याख्या की है उससे उनका गहरा काव्य-विवेक प्रमाणित होता है। गरीबी के यथार्थ के प्रति पंत की सदाशयता या सहानुभूति से कविता नहीं बन पाती, बल्कि कवि की विफलता सीधे शब्दों में पाठक को निराश करने वाली है। अपनी चिन्ता के विज्ञापन के बावजूद पंत एक निरुद्विग्न कवि नज़र आते हैं। क्या पंत की अपनी ही बनायी सुरक्षात्मक दुनिया में कुछ भी ऐसा घटित नहीं होने जा रहा था कि वे आने वाले कवियों को कहीं से भी प्रभावित कर सकें। शायद सच यही हो।

पंत आगे, अतिचेतना या पराचेतना या अन्तश्चेतना के अनुभव-लोक में ऐसे फँसे कि सारा शब्दाडम्बर काव्यात्मकता की दृष्टि से बेजान, निरर्थक लगने लगता है। दूसरी ओर पंत का आस्था-कवच उन्हें लगातार आश्वस्त करता रहा। वे वक्तव्य को कविता कहने का कोई अवसर छोड़ नहीं रहे थे। आस्था का चरम निर्विकार सत्व उन्हें जिस नये संकट से घेर रहा था उसके प्रति वे असावधान, बेखबर थे। अपने चिरमोहित दर्पण में वे इस संकट की छाया भी नहीं देख पा रहे थे। जिस तरंगित शब्दाडम्बर में वे छायावाद की वापसी देख रहे थे, वह पहले के छायावाद की तलछट से अधिक न था। वे 'उत्तरा' में पहुँचकर एक सुदूर सुन्दरता में लगातार स्नान कर रहे थे और पहले की-सी ताज़गी उनसे कोसों दूर थी। 'कला और बूढ़ा चाँद' के लकदक चमकदार भास्वर बिम्बों को गौर से आलोचनात्मक दृष्टि से पढ़ा जाएगा तो उनका अर्थहीन शब्दातिरेक काफी खोखला दिखाई देगा। इसी तरह के बोझिल वातावरण में 'अतिमा' जैसे संग्रह में अगर एक सीधी सरल "आ : धरती कितना देती है" जैसी कविता दिख जाती है तो पाठक एक तरह की राहत महसूस करते हैं। इस कविता को बचाता है वही बचपन का-सा अबोध विस्मय ! सहज क्रीड़ा भाव। कविता में संदेश तो यहाँ भी है—पर कुछ इस तरह कि पाठक को लगे कि कविता में संदेश को ऐसे ही आना चाहिए।

मैंने छुटपन में छिपकर पैसे बोये थे
सोचा था पैसों के प्यारे पेड़ उगेंगे
पर बंजर धरती में एक न अंकुर फूटा...

"कला और बूढ़ा चाँद" में पाठकों को एक बार लगता है कि शायद पंत अपने काव्य-विन्यास में कुछ बदलना चाहते हैं। कभी-कभार कुछ नयेपन की चमक भी दिख जाती है पर जल्द ही पंत अपनी बोधवृत्ति और नवअध्यात्म से प्रेरित मूल्यों में अपनी अगाध आस्था का ऐसा बयान करने लगते हैं कि कविता 'सूक्ति विचार कोश' तो हो सकती है, कविता नहीं रह पाती। यह दुखद एहसास पहली ही कविता में होने लगता है—जहाँ "बूढ़ा चाँद/कला की गोरी बाँहों में/क्षण भर सोया है यह अमृत कला है/शोभा

असि/वह बूढ़ा प्रहरी/प्रेम की ढाल।'' अन्त में रह जाता है यह थका हुआ आत्म स्वीकार :

वही कला
राका शशि—
वही बूढ़ा चाँद,
छाया शशि है

कवि सुमित्रानंदन पंत के स्वभाव में एक चिरन्तन शैशव भी शायद जीवित था। खोये हुए बचपन की स्मृतियों में दुख या वेदना के कुछ अपने रहस्य भी छिपे होते हैं। यहीं से पंत शायद कुछ और नया कर सकते थे। जहाँ से विस्मय की कला को पुनर्जीवन मिलता हो। पर इन रहस्यों से पंत ने अधिक नहीं सीखा। कभी इनके अटपटे चित्रों में इसकी उम्मीद जगती थी :

मुझे अधूरा कम ही भाता
हृदय पूर्णता के प्रति जाता

तुम्हें प्यार करता मैं मन से
हृदय सखी तुम बड़ी बहन से...

अपरिभाषेय-अकल्पनीय पूर्णता के प्रति पंत की अविराम आस्था ने उनकी कविता के लिए शायद सबसे बड़ा संकट पैदा किया। एक दिन उनके अपने ही छायावाद से विस्मय की कला का लोप हो गया और उनका अपना ही उत्तरकालीन छायावाद अवधारणाओं, विचार-सूत्रों का संग्रह होकर रह गया। कहने की ज़रूरत नहीं कि योजनाबद्ध चिन्तन दार्शनिक का गुण हो सकता है, कवि और कविता के लिए घातक है।

पंत की पहली रचना 'हार' नाम से प्रकाशित उपन्यासिका कही जाती है। 'कृति' (मार्च 1960) में प्रकाशित 'हार' की समीक्षा में पंत की कविता के जाने-माने समीक्षक शांतिप्रिय द्विवेदी ने पंत के जीवन विकास और काव्य विकास के प्रायः सभी विचार-सूत्र 'हार' मे खोज लिए हैं। इससे क्या यह आशय ग्रहण किया जाए कि कवि के आरंभ में ही कवि का अन्त छिपा था। अमरों के यौवन का बखान पंत के यहाँ बहुत है—

ओ वन की परियो गाओ
यह अमरों का यौवन है

पर 'अमरों का यौवन' कविता के पुनर्जीवन के काम नहीं आता। बीसवीं शताब्दी के महत्त्वपूर्ण कवि सुमित्रानंदन पंत को उनके विस्मय की कला और आस्था के संकट के द्वंद्व में सहानुभूतिपूर्वक पढ़ने की ज़रूरत है। तभी उनके अंतर्विरोध खुलेंगे। शायद इसी कोशिश में हमारी अपनी काव्याभिरुचि की सीमाएँ भी प्रकट होंगी।

रोमांटिक भावुकता में रहकर पार जाने की कोशिश

चौवन वर्ष पहले प्रकाशित नई कविता की पहली आहट की तरह अज्ञेय का कविता संग्रह **'हरी घास पर क्षणभर'** प्रगतिशील प्रकाशन, नई दिल्ली से प्रकाशित हुआ। तब ब्लर्व पर यह टिप्पणी थी :

''अज्ञेय के इस नए संग्रह में एक नई ताजगी है। अनुभूति की कोमलता के साथ बुद्धि की **ललकार** भी :

छन्द है यह फूल पत्ती प्रास !

... ...

कौन सा वह अर्थ जिसकी अलंकृति कर
नहीं सकती
यही पैरों तले की घास ?

'हरी घास पर क्षणभर' के भावगीतों की प्रतिध्वनि बहुत देर तक पाठक के मन में गूँजती रहेगी।''...

''कविता से आप क्या चाहते हैं ? पुन : प्रत्यय, सह-संवेदन, सान्त्वना, कुछ क्षणों की आत्मविस्मृति या केवल किसी पहाड़ी झरने से आकंठ जल पीने का गहरा सन्तोष ?''

भूमिका में स्वयं अज्ञेय के शब्द हैं—'हरी घास पर क्षणभर' के उपशीर्ष में यद्यपि इन कविताओं को '1947-1949 की कविताएँ' कहा गया है, तथापि यह लेखक की उस काल की समस्त कविताओं का संग्रह नहीं, प्रत्युत **गीतात्मक** कविताओं का संकलन ही है।

'इत्यलम' संग्रह के नाम से आश्वस्त होकर जिन महानुभाव पाठकों ने चैन की साँस ली होगी, उन्हें इस संग्रह से निराश होगी; किन्तु मुझे यह आशंका सदैव रही है कि वे मेरी किसी भी रचना से निराशा ही होने के लिए कटिबद्ध—और कदाचित प्रतिज्ञाबद्ध भी हैं। अकारण लोगों को चिढ़ाता रहूँ—इतना अवकाश ही मुझे कभी नहीं मिला; पर संसार में उद्यानों की कमी के कारण जो जहाँ-तहाँ बची हरी घास की थिगलियों को भी उजाड़ फेंकना चाहे, उनके कुंठित अकरुण मन का शासन क्यों मान्य हो ?'' और

साभिप्राय है कि एक सादे पहले पृष्ठ पर **'अथर्ववेद'** की यह पंक्ति भी है :

तस्या रुपेणेमे वृक्षा हरिता हरित स्रजः

निराश उन्हें भी होना चाहिए जो ह्विटमैन के शीर्षक Leaves of Grass की अनुकृति-मानक शीर्षक को ही पराया ठहरा रहे होंगे।

'हरी घास पर क्षणभर' में संकलित पहली ही कविता **'कितनी शान्ति...कितनी शान्ति'** में किसी वीराने की शान्ति नहीं है—बल्कि गहरे तल में हृदय की **क्रान्ति** भी है जो प्रेम की विकृति में स्मृतियों से लगातार टकराता है—

तुम्हें मैंने आह ! संख्यातीत रूपों में किया है याद / सदा प्राणों में कहीं सुनता रहा हूँ तुम्हारा संवाद— / स्नेह से मृदुघाम से गतिमान रखता निविड़ मेरे साँस और उसाँस /

आलोचना की विडम्बना है कि कविता से लगभग विरोध के लिए प्रतिश्रुति आलोचकों के काम की यह तरल भावगीतात्मक अनुभूति न थी, बल्कि वे पद प्रत्यय थे जिनके बल पर एक उत्साह से भरे प्रयोगशील कवि को ख़ारिज किया जा सकता था—जैसे—

अहं ! अन्तर्गुहावासी ! स्वरति !

चालाकी से आगे की पंक्तियाँ छोड़ दी जाती हैं जो इसी कविता की और कवि की 'दूजी राह' हैं। **'क्या मैं चीन्हता कोई न दूजी राह।'** और बुद्धि की ललकार कोई शोर, कुहराम या हाहाकार नहीं है—

*'मुझ सरीखी **अगिन लीकों** से, मुझे यह सर्वदा है ध्यान,*
नई, पक्की, सुगम और प्रशस्त बनती है **युगों की राह** !' प्रेम की प्रत्यंचा—जैसे और कसी हुई—ज्ञात-अज्ञात, जान-पहचान के अनोखे तनाव में—कवि के शब्द हैं !

तुम जिसे मैंने किया है याद, जिससे बँधी मेरी प्रीत—
*कौन तुम ? **अज्ञात-वय-कुल-शील** मेरे मीत !*

अज्ञेय जिस काव्य आन्दोलन के प्रवर्तक के रूप में जाने गए, उसे आन्दोलन कहना भी कोई अर्थ नहीं रखता—जिस अर्थ में प्रगतिशील साहित्य को आन्दोलन सरीखी मान्यता मिली और उसी आन्दोलन के पचास साल पूरे होने पर कविता के जाने-माने आलोचक को प्रगतिशीलता, आधुनिकता, आधुनिकीकरण और उत्तर आधुनिकता की चर्चा करनी पड़ी। इस क्रम में नामवर सिंह के तीन व्याख्यान अपने आप में उत्तेजक जान पड़ते हैं। उनकी चर्चा फिर कभी। पहले तो यही महत्वपूर्ण लगता है कि यदि यहाँ कविता का 'टोन' **प्रगीतात्मक** हो तो इसे प्रेम अवसाद जैसे विषयों में जाते-रहने का अर्थभरा सादा आख्यान मान लेने में हानि नहीं है। प्राकृत अपभ्रंश की एक दोहा जैसी उक्ति मुकम्मल आख्यान जान पड़ती है। यहाँ हर्ष-विषाद, जय-पराजय, सुख-दुख परस्पर अभिन्न हो चले हैं।

भोर बेला नदी तट की घंटियों का नाद
चोट खाकर जग उठा सोया हुआ अवसाद

नहीं, मुझको नहीं अपने दर्द का अभिमान—
मानता हूँ मैं पराजय है तुम्हारी याद !

जहाँ छायावादियों में विरह, पीड़ा, वेदना में हमेशा डूबे रहने को ही कविता का सब कुछ नहीं, तो बहुत कुछ मान लिया गया हो और बाद के बच्चन, नरेन्द्र, अंचल ने मांसल प्रेम और उसी अनुपात में दुख के महिमामंडन में कामयाबी हासिल की हो वहाँ यहाँ प्रेम के विरुद्ध अप्रेम परिचय के विरुद्ध अपरिचय का स्वीकार है। यहीं अज्ञेय के आधुनिक और ग़ैर रोमांटिक निर्वैयक्तिक होने का मर्म प्रकट है।

जहाँ अज्ञेय 'वधू' की हँसी में तृप्ति, अनुरक्ति और आसक्ति देख रहे हैं वहाँ भी **विसंगति** या विरोध से छुटकारा नहीं है—

'सभी कुछ है
देखती है दीठ—
लता टूटी, कुरमुराता मूल में है सूक्ष्म भय का कीट !'

जहाँ अनुरक्ति है, हँसी है, विनोद है, वहाँ भी किरकिराता है—भय का कीट ही। यह एक सजग सचेत ज्ञापित प्रेम का नकार है। प्रिय का सम्बोधन 'बन्धु' जेन्डर और सेक्सुअलिटी के मौजूदा विमर्श में एक अलग तरह का प्रतिवाद है। प्रेयसी को बन्धु कहने में जो सहभाव है वह हर कहीं मौजूद है। 'तुम्हीं हो क्या **बन्धु** वह जो / हृदय में मेरे चिरन्तन जागता है। अन्यत्र, '**बन्धु** हैं नदियाँ' कविता में—'**बन्धु** हैं नदियाँ / प्रकृति भी **बन्धु** है !'' 'संगी' इसी की संज्ञा है और जहाँ **निस्संगता** के होने में कोई बाधा नहीं है। निजी और गोपन, प्रकट और सार्वजनिक का फ़र्क़ मिट गया है। यह आधुनिक बोध कुरोसावा और सत्यजित राय की फ़िल्मों में देखने की चीज़ है। 'कंचनजंघा' फिल्म में पूरी कथा सड़क के इस छोर से दूसरे छोर के बीच घटित होती है और अधिकतर स्थितियों में मौन ही भाषा है। अज्ञेय के यहाँ काव्य सबसे पहले **शब्द** है और यही कहना शेष रहता है कि अन्त में भी वह **शब्द** है। कुछ शब्द अपनी पूरी अर्थध्वनि में अचूक हैं—निर्विकल्प !

प्राप्ति का सुख प्रेय है, पर
समर्पण भी धर्म होता !
***स्वस्ति** ! गोपन भोर की पहली*
सुनहली किरण से अपने !
अरे वो खुलती आँख के सपने !

'चुम्बन' का एक विलक्षण सजीव ऐन्द्रिक बिम्ब अज्ञेय के गूढ़ 'प्रेमिक' स्वभाव को उद्घाटित करता है। रीतिकवियों के यहाँ यही सूक्ष्म गूढ़ता ग़ायब है। वहाँ चुम्बन-आलिंगन जुगुप्सा और विरक्ति जगाते हैं। इधर फिल्मों में अशालीन चुम्बनों की आवाज़ तक सुनाई देती है। अज्ञेय यहाँ नेरुदा, चेस्वाव मिवोश, चीनी कवि तू फू जैसे कवियो का-सा संयम और प्रगाढ़ राग सूचित करते हैं—निर्व्याख्य प्रसंग है—

दो पँखुरियाँ
झरीं लाल गुलाब की, तकतीं पियासी

पिया-से ऊपर मुझे उस फूल को।
ओठ ज्यों ओठों तले।
मुकुर में देखा गया हो दृश्य पानीदार आँखों के।

जिनकी आँख का पानी मर नहीं गया है वे 'जिस्म' जैसे दहकते 'फ़ैशनलिटी' वाले प्रदर्शन प्रिय दौर में इस कविता के अर्थात् और कविता के उत्तर-जीवन को कैसे समझेंगे, कहना कठिन है। यह सिर्फ़ **अतिशयोक्ति** या **'अन्दाज़े-बयाँ'** नहीं है जो फ़िराक़ के यहाँ है। **'उसका सरापा हमसे पूछो / चेहरा ही चेहरा, पाँव से सर तक !'** अज्ञेय के यहाँ उपर्युक्त बिम्ब में सिर्फ़ **'ओठ ज्यों ओठों तले !'**—इतना ही संकेत है। सरापा चेहरा नहीं—ओठ ! याद आता है कि 'ए रूम ऑफ वन्स वोन' में वर्जीनिया वुल्फ कहती है कि कुछेक सूक्ष्म पर्यवेक्षण ही ऐसे हैं जो अस्पष्टता के बावजूद अर्थवान बनते हैं। आखिर विलियम एम्पसन ने अस्पष्टता के सात रूप-प्रकारों की चर्चा की है। चाहें तो इसी एक बिम्ब में सातों अर्थ-पदों का सार-तत्त्व देख लें।

'सागर के किनारे' कविता में अज्ञेय खुद जैसे एम्पसन को अस्पष्टता सिद्धान्त का एक रचनात्मक साक्ष्य, एक पाठ (text) बना रहे हों—पहले पृष्ठभूमि में 'गीली दूब से मेदुर' का यह अक्स देखें :

न शायद चेत हो मैं नहीं हूँ वह डगर
गीली दूब से मेदुर,
मोड़ पर जिसके नदी का कूल है, जल है,
मोड़ के भीतर—घिरे हों बाँह में ज्यों—
गुच्छ लाल बुरुस के उत्फुल्ल।

अज्ञेय के अनुभव-साहचर्य में बुरूस का लाल फूल क्या चमत्कार पैदा करता है—पर्यटक के प्रेमानुभवों से छनकर जो रंग प्रकट होते है—कभी लाल, कभी हरा, कभी पीला ! वह सब यों ही नहीं है ! अब मुख्यार्थ तो यहाँ हैं जब याद न आने पर कुछ अनुगत-सा याद रह जाता है।

न आए याद मैं हूँ
*किसी **बीते** साल के **सीले** कलेंडर की*
एक बस तारीख़ जो हर साल आती है।
एक बस तारीख़—अंकों में लिखी ही जो न जावे
जिसे केवल चन्द्रमा का चिन्ह ही बस करे सूचित—
बंक—आधा—कालावृत्त
उलटा अंक—कलावृत्त
यथा पूनो—तीन तेरस—सप्तमी
निर्जला एकादशी—
या अमावस्या।

वक्र, बंक, बंकिम, अपांग, पार्श्वच्छवि। याद करें कि 'ध्वन्यालोक' में आनन्दवर्द्धन

ने इसी आशय से 'प्रतीयमान' की प्रतिष्ठा की थी। प्रसाद अपने निबन्ध 'यथार्थवाद और छायावाद' में इसी दृष्टि से कह रहे थे—''समीप के शब्द भी उस शब्द-विशेष का नवीन अर्थ द्योतन करने में सहायक होते हैं। भाषा के निर्माण में (कहें कि काव्यभाषा के विधान या विन्यास में) इस व्यवहार का बहुत हाथ होता है !'' प्रसाद बताते हैं कि यही ध्वनि, वाक्य, पद और वर्ण में दीप्त होती है। यही छायामयी वक्रता कहलाती है। अज्ञेय यहाँ शास्त्र से नहीं खुद अपने सौन्दर्यबोध से, अपने सहज पर्युत्सुक विवेक से 'चन्द्रमा के चिह्न' की एक नई पहचान निर्मित कर रहे हैं।

'दूर्वाचल' कविता तो दरीदा के लिए चुनौती है, जो कहते हैं कि पाठ के बाहर कुछ नहीं है। यहाँ भी कविता शुरू ही होती है 'पार्श्व' की भंगिमा से। नई समीक्षा का 'Jesture' अपर्याप्त है इस अर्थव्याप्ति के संकेत के लिए। ध्वनिकार ने प्रसिद्ध अवयव के अतिरिक्त ध्वनित होनेवाले लावण्य के लिए इतना सारा ढाँचा तैयार किया था।

'दूर्वाचल' कविता एक सम्पूर्ण पाठ है—

*पार्श्व गिरि का **नम्र, चीड़ों में***
***डगर** चढ़ती **उमंगों-सी**।*
*बिछी पैरों में नदी **ज्यों दर्द की रेखा**।*
विहग-शिशु मौन नीड़ों में।
मैंने आँख भर देखा।
दिया मन को दिलासा—पुनः आऊँगा।
*(भले ही **बरसदिन**—अनगिन युगों के बाद !)*

'परस्पर स्पर्द्धी चारुता' की व्याख्या को याद करें और देखें कविता की अन्तिम पंक्तियाँ—

'क्षितिज ने पलक-सी खोली,
तमक कर दामिनी बोली—
'अरे यायावर ! रहेगा याद ?'

पहली ही पंक्ति का वाक्यपाठ सीधा नहीं है—प्रस्तुत-अप्रस्तुत से अधिक विशेषण 'नम्र' महत्त्वपूर्ण है। 'पार्श्वगिरि का नम्र / चीड़ों में / डगर चढ़ती / उमंगों-सी।' क्या व्यंग्य है—नम्र गिरि का पार्श्व ! जिसके बरक्स दूसरा दृश्य बिम्ब है—'डगर चढ़ती उमंगों' का ! चढ़ाई ऊर्ध्व की ओर ! फिर एक निम्नाभिमुख बिम्ब—दूर नीचे बहती नदी ! कैसी क्या ! क्षीणतन ! दर्द की रेखा-जैसी बिछी। नदी के लिए अप्रस्तुत—दर्द की रेखा।

याद आता है, विजयदेव नारायण साही ने कहा था इन्हीं पंक्तियों की बनावट की व्याख्या करते हुए कि—भाषा का अवमूल्यन इसी फ़िल्मी ढंग के वाक्यांश से हो जाना चाहिए। 'दर्द की रेखा' चालू बम्बइया फ़िल्म का नाम हो सकता था पर है यहाँ तत्सम-देशज के तनाव में काव्योत्कर्ष का कारक तत्त्व। उधर मौन निश्शब्द नीड़ों में झाँकते विहग-शिशु—पर्यटक प्रेमी युगल के स्नेह के लिए उत्सुक ! पर इतना वक्त होता ही कहाँ पर्यटक के पास ! आँख-भर देख लिया—यही बहुत है ! प्रेमियों का भविष्य भी

तो हो सकते हैं गर्भ-कोटर से झाँकते विहग ! शिशु ! पर्यटक यही कह सकता है—फिर मिलेंगे ! अगली बार ! अगले सफ़र में। जो कभी नहीं संभव होता। क्योंकि काल से अधिक क्षण या मुहूर्त महत्त्वपूर्ण है। यों दुःख पर्यटक को भी होता है और उस जगह को भी जिसे वह छोड़कर आगे की ओर बढ़ जाता है। सम्बन्धों की दुनिया में स्टेशनों का भाग्य कौन जानता है ! कहाँ उतरेंगे पहाड़ से चले पर्यटक ! किस होटल, किस कमरे में रुकेंगे !

जार्जियन कविता के साथ आए बिम्ब सजग कवियों की तरह अज्ञेय जागरूक है कि कवि-कर्म की सार्थकता है—'भाषा की क्रमशः संकुचित होती हुई सार्थकता की केंचुल फाड़कर उसमें नया, अधिक व्यापक अर्थ भरना।' इसमें कैमरे की आँख ! रोशनी का फ़ोकस ! सब महत्त्वपूर्ण है। यहाँ 'दामिनी' और 'यायावर' आमने-सामने हैं। प्रश्न है और प्रश्नविद्ध पर्यटक, चिरन्तन यायावर, यानी कवि। इसके बाद 'अरे यायावर ! रहेगा याद !' झूठ को पकड़नेवाला तीखा बिम्ब है—जिसके लिए व्याख्या ज़रूरी नहीं। 'रूपाम्बरा' की प्रस्तावना में अज्ञेय के शब्द हैं—'छायावादी कवि का आग्रह रूप-सौष्ठव पर था। नई कविता में रूप का आग्रह कम नहीं है पर उसने सौष्ठव वाले पक्ष को छोड़ दिया है।' यह वाक्य वक्रता, नाटकीयता, विखंडन और तनाव, संवाद की तमक ! यह सब शब्दों के अकेलेपन में विन्यास का आकर्षण जगाने के लिए। यहाँ दूर्वाचल में 'दर्द की रेखा' और पहले उल्लिखित भोर बेला—नदी तट वाले चित्र में 'दर्द का अभिमान !' कवि को ऐसे भी पढ़ना चाहिए। उसके फ्री-असोसिएशंस में, मुक्त अनुषंगों में। तब और भी जब **शेखर, नदी के द्वीप** जैसे उपन्यासों के लेखक की कविता विचारणीय हो ! संभव है कविता का अर्थ कहानी में या उपन्यास में खुले। यह सब अज्ञेय के यहाँ वैयक्तिक-निर्वैयक्तिक के तनाव में ही संभव हुआ है। आर्थिक और दार्शनिक पांडुलिपि में मार्क्स तक मानते हैं कि कोई भी उत्पादन (जैसे कृति भी) वैयक्तिकता का ही सम्मूर्तन है।

'हरी घास पर क्षण भर' की कविताएँ पढ़ते हुए हम अक्सर शब्द, भाषा, बिम्ब, विचार के जटिल सम्बन्ध से टकराते हैं। रिचर्ड्स ने 'फ़िलॉसफी आफ द लिरिक' में इस विलुप्त सन्दर्भ लोक की ओर सीधे इशारा किया है जिससे छनकर कोई शब्द काव्यार्थ को गहरा बनाता है। अज्ञेय के यहाँ 'बन्धु' जैसी संज्ञा है—सखा। जरूरी नहीं कि संकेत पुरुषवाचक ही हो।

'इन्द्रियाँ सब जागती हैं / और भूली हुई हैं खेल में / जिसमें तुम्हारा मैं सखा हूँ' / 'इसलिए तुम प्यार लो मेरा—कि वह तो है। / प्यार है—निधि।...प्यार लो मेरा—उसी में चाँदनी है।'

और तो और ! कवि की प्रेमातुरता में विगलित चित्त का उद्दाम प्रेम ही मुख्य अभिप्रेत है। अज्ञेय 'अकेली न जैयो राधे जमुना के तीर' कविता में कहते जरूर हैं—'क्या ज़रूरी है दिखाना तुम्हें वह जो दर्द / मेरे पास हैं।' पर कई बार अतिकथन भी उनके लिए अधिक भरोसे की चीज़ हो जाता है। ध्वनि की औचक पर अचूक

पहचान अज्ञेय की कविता को अद्वितीय बनाती है। यहाँ वे इन्हीं गुणों के लिए छायावादी पन्त को बहुत पीछे छोड़ गए हैं।

'पावस-प्रात, शिलंग' कविता में यही **ध्वनि, स्पर्श, दृष्टि** के साथ आते हैं। *'भोर बेला। सिंची छत से ओस की तिप्-तिप् ! / पहाड़ी काक / की विजन को पकड़ती-सी क्लान्त बेसुर डाक– / हाक् ! हाक् ! हाक् !'* 'कतकी पूनो' कविता छन्द में है, बल्कि लोकछन्द में है ! और गति या प्रवाह ऐसा कि नृत्य की झंकृति का-सा आभास मिले। 'कलगी और सजाव ले / कास हुए हैं बावले / पकी ज्वार से निकल शशों की जोड़ी गई फलाँगती / सन्नाटे में। बॉक नदी की जमी चमक कर झाँकतीं ! अकल्पनीय है गुरु गम्भीर अज्ञेय का व्यंग्य : 'एक आटोग्राफ'–वह उन्हीं के आतंक को नष्ट करता है।

'अल्ला रे अल्ला / होता न मनुष्य मैं / होता करम कल्ला।' सहज 'कविजनोचित' न सही, आत्मव्यंग्य ही क्या काफी नहीं है ! अयाचित और मारक ! वासना 'कामरुपिणी' हो जाती है तो दुराव-छिपाव क्यों !

अज्ञेय जैसे विचार-भाषा और भाषा-संवेदना के सजग कवि के बारे में जॉक मारिताँ का यह कथन ध्यान में रखें–'कवि अपने को एक ही शर्त पर जानता है कि दुनिया की उद्दाम या शान्त चीज़ें उसके लिए तभी अर्थ रखती हैं जब वे कवि के मन में एक निजी गूँज पैदा करें। इसलिए भी वैयक्तिकता ही वह चीज़ है जो निर्व्यैक्तिक होने के लिए स्पेस बनाती है। एमिली की बात मानें, तो जिन अनुभवों को जानने में सदियाँ बीत जाती है उन्हें 'काव्यानुभव' बनने के लिए क्षण से भी कम अवधि का इन्तज़ार रहता है। जैसे प्रेम और दुःख अक्सर कविता में अविभाज्य जान पड़ते हैं। वे जुड़वाँ बहनों की तरह हैं और ऐसी कि कवि त्यूत्येव के शब्दों में कहें, एक में दूसरे को पूर्णता मिलती है। 'दुःख' आता है तो अज्ञेय के यहाँ आत्मपरिष्कार के लिए। यही प्रेम-दुःख की नैतिकता है। **'पहला दौंगरा'** कविता में ये पंक्तियाँ अज्ञेय के साथ ऐसे जुड़ गई हैं कि आलोचक भी अपनी-अपनी व्याख्या के लिए स्वतन्त्रता लेने लगे हैं।

दुःख सबको माँजता है
और
चाहे स्वयं सबको मुक्ति देना वह न जाने, किन्तु
जिनको माँजता है
उन्हें यह सीख देता है कि सबको मुक्त रखें।

याद करें तो शायद नामवर सिंह ने इस अतिरिक्त नैतिक सलाह पर व्यंग्य भी किया–कि दुःख सबको तो माँजता है–अज्ञेय को तो वह साफ़ कर देता है।

'दौंगरा' अवधी का ठेठ देशज शब्द है–जायसी के यहाँ इस तरह आता है–'बिहरत हिया करहु पिय टेका / दिष्टि-दवँगरा मेरवहु एका !' दृष्टि-रूपी दवँगरा ! अज्ञेय की कविता है–'पहला दौंगरा !

अज्ञेय का ज़ोर शब्द के असंख्य अर्थों, अर्थच्छटाओं और अभिप्रायों पर है। एक निबन्ध में उनके लिए शब्द अज्ञात् जगत का द्वार खोलनेवाले हैं। 'हरी घास पर क्षण

भर' अज्ञेय का महत्त्वपूर्ण संग्रह है और इस शीर्षक से लिखी कविता भी संग्रह की सबसे महत्त्वपूर्ण कविता है। आश्चर्य है कि अज्ञेय के अपने ही बनाए विशिष्ट काव्य चयन में यह कविता ग़ायब है। यह अकारण हो सकता है; पर कविता में कोई ऐसी याद भी छिपी हो सकती है, जिसका सामना करने का नैतिक साहस स्वयं कवि में न हो ! बहरहाल, अभी तो इसी कविता के उस अंश को लें—जिसमें विराम चिह्नों और अन्य संकेतों का महत्त्व आँका जा सके।

चलो, उठें अब;
अब तक हम थे बन्धु
सैर को आए—
(देखे हैं क्या कभी घास पर लोट-पोट होत सतभैये शोर मचाते)
और रहे बैठे तो
लोग कहेंगे
धुँधले में दुबके प्रेमी बैठे हैं।

वह हों भी
तो यह हरी घास ही जानें।

अज्ञेय अपने ही एक कथन की याद दिलाते हैं—"कविता शब्दों में उतनी नहीं होती जितनी शब्दों के बीच के विरामों में होती है।" सप्तकों की भूमिकाओं में भी अज्ञेय ने इन्हीं **'नीरवताओं, मुद्रणजन्य चिह्नों-संकेतों'** के उपयोग का काव्य तर्क बताया है।

'हरी घास पर क्षण भर' लम्बी कविता है और कवि को समझने का एक जरूरी साक्ष्य भी है। संलाप इस काव्यविधान का ज़रूरी पक्ष है। जैसे— *'आओ बैठो ! / क्षणभर तुम्हें निहारूँ।' / 'अपनी जानी एक-एक रेखा पहचानूँ' / 'चेहरे की / आँखों की / अन्तर्मन की / और हमारी साझे की अनगिनत स्मृतियों की': / 'तुम्हें निहारूँ / झिझक न हो कि निरखना / दबी वासना की विकृति है !'* याद करें कि **'टेम्पेस्ट'** में **मिरांडा** जितना ही अपना प्यार छिपाना चाहती है उतना ही वह प्रकट होता जाता है। **'हरी घास पर क्षण भर'** कविता में वर्जनाएँ जितनी हों, भाषा सूक्ष्मता में भी सघन स्वीकार की भाषा खोज लेती है। यीट्स के शब्द हैं :

The best lack all conviction, while the worst
Are full of passionate intensity.

'ऑर्स पोएटिका' में मैक्लीश कहते ही हैं—कविता होती है—और बस—उसका अर्थ जानना जरूरी नहीं। दुनिया की तमाम बड़ी कविता अर्थ के लिए नहीं बल्कि उस दूसरे-तीसरे अर्थ के लिए पढ़ी जाती हैं जो अन्ततः कवि का वांछित होता है।

'नदी के द्वीप', 'यह दीप अकेला' जैसी कविताएँ अवधारणात्मक हैं और वे जिस हद तक परिभाषित उक्तियाँ कहती हैं उससे तनिक भी अलग नहीं कह पाती। 'घास' एक बार फिर अन्तिम कविता में है—

यहाँ भी शुरू की चार पंक्तियों में कविता है—शेष काव्याभास है। कविता है तो यहाँ :

छन्द है यह फूल, पत्ती प्रास।
सभी कुछ में है नियम की साँस।
कौन सा वह अर्थ जिसकी अलंकृति कर नहीं सकती
यही पैरों तले की घास !

अवधारणात्मकता 'कलगी बाजरे की' कविता में भी है—बल्कि जो पंक्तियाँ एक समय नई कविता का अपना शास्त्र बनाती जान पड़ती हैं—यहीं हैं—

'अगर मैं तुमको / ललाती साँझ के नभ की अकेली तारिका / अब नहीं कहता / या शरद के भोर की नीहार-नहायी कुँईं / टटकी कली चम्पे की / वगैरह, तो / नहीं कारण कि मेरा हृदय उथला या कि सूना है / या कि मेरा प्यार मैला है। /

बल्कि केवल यही : / ये उपमान मैले हो गए हैं। देवता इन प्रतीकों से कर गए हैं कूच / कभी वासन अधिक घिसने से मुलम्मा छूट जाता है।'

रामस्वरूप चतुर्वेदी से असहमत होते हुए कहा जा सकता है कि अज्ञेय ने रोमांटिसिज़्म को भले छोड़ना चाहा हो, खुद रोमांटिसिज़्म ने उन्हें नहीं छोड़ा। और अन्त में, अज्ञेय में शान्ति की फ़िक्र थोड़ी कम होती, एक भिन्न प्रकार का जोखिम उठाने का साहस होता तो असुरक्षा में भी महान कविता सम्भव थी। अभी तो युगान्तकारी होकर भी वह केवल काव्यास्वाद के लिए दार्शनिक विचार और कविता के बीच कहीं संभव है। उस बड़ी कविता की प्रतीक्षा में, जिसके क्लासिक होने की सम्भावना के पहले ही, नए काव्योन्मेष का अभाव विचलित करता है।

त्रासद विडम्बना से अधिक

कवि हमेशा संसार का देनदार रहता है
व्यथाओं में ब्याज और जुरमाने अदा करता हुआ
मैं देनदार हूँ
राजपथ की रोशनियों का
बगदाद के आसमानों का
लाल फौज का
जापान के चेरी वृक्षों का

और उन सबका
जिनके बारे में मैं लिख नहीं सका

पर यह काव्यात्मक पक्षपात क्यों
कि तुकें लक्ष्य हों
और लयें विशृंखल हो जाएँ
कवि के शब्द तुम्हारा पुनर्जीवन हैं

—मायकोव्स्की

क्या **'काल और अवधि के दरमियान'** नाम के नये संग्रह तक आते-आते **विष्णु खरे** जैसे अधिक सजग, चौकन्ने और बहुपठित कवि का सबसे बड़ा संकट यही नहीं है कि वे एक साथ सरल किस्सागोई और जटिल विचारमग्नता को साधने की हिकमत में लगे रहते हैं और जब-तब विचार-चिन्ता के बेहद्दी मैदान में अपने को अकेला असहाय पाते हैं। पत्रकार, समीक्षक और फिल्म-सहित अनेक कलाओं के विशेषज्ञ विष्णु खरे की बेशक पहली चिन्ता **कविता** है। वही उनके लिए कठिनतम दौर में प्रतिरोध का सबसे ज्यादा कारगर माध्यम भी है--क्योंकि वह उस स्थिति में एक साथ **कविता** से **अधिक** क्या नहीं है !—कहानी, उपन्यास, फिल्म, पटकथा, ज्ञापन या मसविदा ! **विष्णु खरे** इस महत्त्वाकांक्षा से भी मुक्त न होंगे, कि उन्हें एक सीमित अर्थ में महत्त्वपूर्ण ही सही, अधिकतर दयनीय दिखती हिन्दी कविता में **निराला, मुक्तिबोध, नागार्जुन** और **रघुवीर सहाय** की काव्य परम्परा को अकल्पनीय ऊँचाई तक ले जाना है। इसलिए शुरू में ही इस बात को फिर रेखांकित करें कि आज उत्तरोत्तर विकट होते साम्प्रदायिक फासीवाद

के दौर में विष्णु खरे अनिवार्य **प्रतिरोध** के कवि हैं और आने वाले दिनों में भी शायद इसी एक बात का शिद्दत से एहसास किया जाएगा।

2

जहाँ तक इस नये संग्रह **'काल और अवधि के दरमियान'** की कविताओं का सवाल है, पहले वे ही कविताएँ ध्यान में आएँगी जो गुजरात के बर्बर और सत्ता प्रायोजित नरसंहार के दिनों में तीखी प्रतिक्रिया की तरह लिखी गयी होंगी। पहली ही कविता **'शिविर में शिशु'** पर शायद पहले ध्यान जाएगा। दहशत से भर देने वाली कविता—जो इस विडम्बना के बग़ैर कुछ न होती, कि जन्म लेते बच्चों को जाति, मज़हब, नस्ल के आधार पर किस रूप में अपनाएँ और किस रूप में न अपनाएँ ! यह तब और भयानक और अश्लील हो उठेगा, जब साम्प्रदायिक उन्माद से उफनते-लहलहाते हुजूम भ्रूण तक को जीवित नहीं छोड़ना चाहेंगे। जमीन-जायदाद पर कब्जा करते, झंडा गाड़ते तसल्ली न हो, तो कोख की हत्या के बाद झंडा सीधे वहीं गड़ना चाहिए। इस बीच विष्णु खरे की कविता **'शिविर में शिशु'** के कई-कई पाठ हुए। अचानक **येव्तुशेंको** की एक कविता के आरंभ की ओर ध्यान गया और आश्चर्य के साथ खुशी भी हुई कि **दहशत** और **उम्मीद** का एक ही पल कैसे संस्कृति, समय, परिस्थिति और भाषा के भेद के बावजूद ऐसे ही आता है।

बाकू के
एक प्रसूतिगृह के दरवाजे पर
एक बूढ़ी आया ने
दंगाइयों को धमकाते हुए कहा—

हटो, पीछे हटो,
मैं हमेशा ही रला-मिला देती थी
शिशुओं के हाथों पर बँधे टैग
अब यह जानना बेहद कठिन है
कि तुममें कौन है अरमेनियाई
और कौन अजर बैजानी

येव्तुशेंको की यह कविता याद आते ही वही त्रासद विडम्बना याद आयी जिसके, हमारे यहाँ एक महत्त्वपूर्ण कवि विष्णु खरे भी हैं। तुलना न सही, साथ-साथ दोनों कविताएँ पढ़ते हुए दो बातें खुलीं—एक तो येव्तुशेंको की कविता की **सुगठित** निर्मिति में अधिक सघन और अर्थ समृद्ध जान पड़ने वाली विडम्बना, और दूसरे उससे सर्वथा अलग खरे के अपने **स्फीत विन्यास** में लुका-छिपी खेलने वाली विडम्बना। यह अनुकृति न हो, निर्मिति और बनावट के फ़र्क़ के बावजूद गहरी समानता ध्वनित करने वाली

कविताएँ हैं। इस तरह देखें, तो कोई **पराया** काव्यानुभव भी जब किसी खास कवि का अपना बनता है तो वह, जैसा **मायकोव्स्की** भी कहते हैं, हमेशा उधार लिया या चुराया या गठन जैसा नहीं होता। उनके अनुसार तो वह ''मनुष्य की पाताल स्पर्शी गहराइयों में से एक उपयुक्त या मूल्यवान शब्द पाने के लिए भी'' एक काव्य-युक्ति भी हो सकता है।

3

विष्णु खरे के नये संग्रह से कुछ और कविताएँ चुनें, तो अलग-अलग संदर्भों की अनेक कविताएँ ध्यान आकृष्ट करेंगी। जैसे **स्वर्ण जयंती वर्ष में एक स्मृति, नेहरू-गांधी परिवार के साथ मेरे रिश्ते, पृथक छत्तीसगढ़ राज्य, अपने आप और बेकार, गुंगमहल, वृन्दावन की विधवाएँ, वाक्यपदीय, आवाजाही** और **चुप्पी।** अंतर्वस्तु और रूप की विविधता में भी यह लक्ष्य किया जाएगा कि शायद **गुस्सा** और **करुणा** विष्णु खरे की कविता के भी बीज तत्त्व होंगे। गुस्सा नागार्जुन से अलग ढंग का होगा, तो करुणा रघुवीर सहाय से हटकर। इसके साथ **तर्क और अतर्क्य** का विसंयोजन, **दुस्साहसिक कल्पना** और उसकी पौराणिक या मिथकीय स्रोत-छवियों तक को खँगालने की बेचैनी भी खरे के काव्य मुहावरे में नज़र आएगी। कई-कई **'प्रस्तारों-समुच्चयों'** में घूमती-भटकती विष्णु खरे की कविताओं में कूटपदत्व या कूट-उक्ति का आकर्षण या आतंक कम नहीं है। जैसे **'वाक्यपदीय'** ! जब से दरीदा का आतंक मीमांसा के इलाके में बढ़ा है, भर्तृहरि के 'वाक्यपदीय' के व्याख्याकार भी जादुई और अतिरिक्त हुनरमंद दिखने लगे हैं। कविता स्वतः स्फूर्त हो, न हो, यह अपने आप में कोई समस्या नहीं है। मुश्किल है तो यह कि कविता इतनी तैयारी या कूट-वैविध्य या विपुल वैदग्ध्य के साथ लिखी गयी जान पड़ती है कि एक बार कविता का प्रभाव या जादू ही खत्म होने लगता है। कविता फिर **आस्वाद** का विषय नहीं रहती, **आतंक** की रणनीति बन जाती है। पूछना चाहिए, ऐसा क्यों ! क्या यह सारा उपद्रव कलाओं के कुहराम में रमने का इसलिए है कि कवि अपने समय के अल्प महत्त्वपूर्ण कवियों—**मंगलेश, राजेश, अरुण कमल, ऋतुराज** या **वीरेन डंगवाल** से इस हद तक **अलग** दिखे कि कविता के आलोचक अक्सर उपयुक्त प्रतिमानीकरण (Canonization) के अभाव में लाचार नजर आएँ। उसके साथ ही अनजान युवा या युवतर कवियों के प्रति अतिरिक्त उदार दिखने में शायद ही विष्णु खरे का दूसरा कोई सानी नज़र आये। इसमें शक नहीं कि विष्णु खरे के नितांत सच्चे मन में प्रदर्शनप्रियता को कभी अतिरिक्त गुण नहीं माना गया है। उनका काव्य-वैदुष्य निर्विवाद है। उनके रूपक जटिल और इतनी दूर तक चलने वाले, इतने सांग-संपूर्ण हैं कि प्रायः विखंडित करते हुए भी अर्थ या निष्कर्ष निकाल लेने की छूट नहीं देते।

इसलिए विष्णु खरे को किसी एक कारण से न पसंद किया जा सकता है, न नापसंद। उनका कूटपदत्व सटीक यथार्थ से हटने के इरादे से प्रेरित न होगा, न उसे

होना चाहिए। **वाक्य, प्रत्यय, अव्यय, ध्वनि, विस्फोट** जैसी पारिभाषिकताएँ हमारे कैसे भी काव्यविन्यास के ऊलजलूल घालमेल को समर्थन देती जान पड़ें, यह जरूर चिन्तित करने वाला प्रसंग है। इसके लिए जतन हो भी, वह **छिपाने** की चीज है, **प्रकट** करने की नहीं।

—*'एक बहुत लम्बा वाक्य होगा वह/और वह चाहता था कि केवल ब्रह्माण्ड को ही न जोड़े/वह प्रत्येक जीवित और दिवंगत के बीच से भी गुजरे/*

*अगणित स्थावर-जंगम की गतियों और स्थिरताओं में से/बहता बदलता वह एक **विचित्र वाक्य** होगा। सृष्टि के हर बिन्दु से उसके अंश सुनाई देंगे उभरते मद्धिम पड़ते/कुछ शब्द कुछ टुकड़े कुछ विराम/किसी के हिस्से सिर्फ बीच की चुप्पियाँ/*

*वह चाहता था वह वाक्य सारी **कायनात** की लुग़त-जैसा लगे/जिसमें सारे समानार्थी-विरुद्धार्थी तो हों ही/*

*सभी धातु रूप **विभक्ति योग** हों समस्त **प्रस्तार-समुच्चयों** में/सृष्टि की **अष्टाध्यायी** हो वह सारे सूत्रों-अपवादों सहित/सब कुछ पार्थिव तो उसमें आ ही जाए/*

वे विचार और अवधारणाएँ भी हों/
जो अभी तक सोचे नहीं गये हैं या नहीं जा सकेंगे...'

देखा-देखी इधर बहुतों के यहाँ 'सहायक क्रिया' 'अन्वय' जैसे व्याकरणिक पद दिखाई देने लगे हैं। अगर यही विष्णु खरे का भी अपना काव्यादर्श हो (जो शायद न हो) तो वह कविता के पाठक को तो डराने या उबाने वाला ही सिद्ध होगा। आखिर आस्वाद का विरोधी पद उबाना या उदासीन करना तो नहीं है।

यह भ्रम न हो कि विष्णु खरे सर्वत्र ऐसे ही हैं या कि यही उनकी पहचान है। वे जहाँ नितांत **खरे-सच्चे-पारदर्शी** हैं वहाँ कविता प्रायः एक **मंद्र-मंथर आत्मवृत्त** जान पड़ेगी। जैसे **'1991 के एक दिन'** कविता का यह अंश :

—*'दूसरी तरफ मैं इससे भी लज्जित हूँ/कि सत्ताईसवें बरस में जब मैंने विवाह किया/तो मुझे 1946 में गुजरी अपनी सत्ताईस वर्षीया माँ का स्मरण तो रहा/लेकिन उससे बड़ा होने का एहसास क्यों नहीं हुआ/क्या इसलिए कि मैं उसकी मृत्यु पर छह बरस का ही था/*

> ***माँ की मौत** मुझे इतनी दूर क्यों लगती है कि समय से परे हो/*
> ***पिता की मृत्यु** अभी कल हुई घटना की तरह क्यों दिखती है...'*

4

विष्णु खरे बरसों से **साम्प्रदायिक फासीवाद** के विरुद्ध संघर्ष करते रहे हैं। वे धर्मनिरपेक्ष (सेकुलर) होंगे, तो उसी नेहरू-युग वाले अर्थ में। कुछ आश्चर्य नहीं कि **जवाहरलाल नेहरू** के महास्वप्न या यूटोपिया से वे आज तक नास्टैल्जिक लगाव महसूस करते हैं। इस दृष्टि से **'नेहरू-गांधी परिवार के साथ मेरे रिश्ते'** एक अलग तरह की लम्बी कविता है—नेहरू युग की एक ऐसी दास्तान—जिसे इस तरह के वैयक्तिक-निर्वैयक्तिक लगाव से काव्यानुभव में ले आना, न सिर्फ साहसपूर्ण ईमानदारी का साक्ष्य है, बल्कि इस कौशल का भी, कि यहाँ-वहाँ के तार्किक और अतर्क्य ब्यौरे एक इतिवृत्त में इस तरह समा सकें। संयोग कि इधर ही मैंने **नेहरू** की किताब **'विश्व इतिहास की झलक'** के पहले ही खंड की भूमिका का यह आरंभिक अंश पढ़ा—और अनजाने ही एक विरल आसक्ति से विष्णु खरे की कविता पढ़ी जो चकित करने वाला प्रसंग है, कि एक बात कहाँ से शुरू होकर कहाँ पहुँचती है ! नेहरू के शब्द हैं—''क्या-क्या सबक यह पुराना इतिहास हमें सिखाता है ! क्या रोशनी आजकल के अँधेरे में डालता है ! क्या यह सब कोई सिलसिला है, कोई माने रखता है, या यह एक बेमानी खेल है, जिसमें कोई कायदा-कानून नहीं, कोई मतलब नहीं, और सब बातें यों ही इत्तफाक से होती हैं !''

आजादी के महानायक नेहरू के लिए कविता के आरंभ में ही वह टिप्पणी है, जो विष्णु खरे की काव्यानुभूति की बनावट को देखते हुए तनिक भी अटपटा नहीं लगता : *'जात-पाँत और धर्म से परे* ***नेहरू*** *का तब क्या असर था/इसे अब दूसरों को क्या अपने को भी बतलाना कठिन है/उनका समाजवाद जो बरसों बाद समझ में आया कई किस्तों में/*

'सैकड़ों डाक्यूमेंट्रियों में सक्रिय दिखते थे वे ***आजादी के महानायक****/जिनमें उनकी मुस्कराहट देखकर देखने वालों के चेहरों पर/मुस्कराहट आ जाती थी सिनेमा हॉल के नीम-अँधेरे में...'।*

कहना न होगा कि पीढ़ी-दर-पीढ़ी विरासत के अर्थ भी बदलते हैं और जैसी यह कविता है, कवि का टोन भी एक-सा नहीं है।

5

याद आता है, जर्मन आलोचक **वाल्टर बेंजामिन** ने साहित्य मात्र की **सार्थकता** को **दो रूपों** में देखा है—एक तो साहित्य अगर सार्थक है तो **दृष्टि** या **संदेश** के लिए, दूसरे **अंतरंग कोमल स्पर्श** की अनुभूति के लिए। खरे की कविताओं में इन दो तरह की कविताओं को अलगाना मुश्किल तो नहीं, पर ध्यान इस ओर भी जाना चाहिए कि कई

बार हम निराश नहीं होंगे और शायद एक ही कविता में दोनों भिन्न प्रकार के सहज-असहज अनुभवों को खोज निकालेंगे। 'समीप' और 'चुनौती' जैसी दो तरह की कविताओं पर विचार करने के लिए उन्हें अलग-अलग ही पढ़ना होगा। इनमें 'समीप' कविता कोमल एहसासों की एक विलक्षण कविता है जिसमें एक अकथित प्रेम-कथा चुप-चुप घटित हो रही है, जिसकी औरों को कानों-कान खबर नहीं। अन्ततः ऐसी कविता को धीमे-धीमे एक साथ पढ़ना होगा। भले ही हम यहाँ एक-दो स्थलों को ही पढ़ें या सुनें–

'वे कभी मेरे इतने पास नहीं आतीं कि मुझे कोई असुविधा हो/मुझसे तो क्या वे आपस में भी नहीं बोलतीं इंगित नहीं करतीं/अपने कंधों के पीछे तक महसूस नहीं करता मैं उनकी मौजूदगी/वे मेरे सामने नहीं पड़तीं...'

'मेरे पास छा जाती हैं हल्की खुशबुएँ...'

'खुली आँखों खेली गई आँख मिचौली है यह/ऐसी छिपम-छिपाई जिसमें खोजे हुए को भी लगातार ढूँढ़ना पड़ता है/...'

'चुनौती' कविता का व्यंग्य जितना मुखर है उतना ही विस्फोटक। इधर क्या कस्बों और क्या महानगरों में एक साम्प्रदायिकता के बहाने दूसरी उद्दाम वर्चस्व प्राप्त सत्ता पोषित साम्प्रदायिकता को हर आयुवर्ग का प्रोत्साहन प्राप्त है। 'जै श्री राम' के साथ अब 'हरिओम' जैसे अभिवादन-पद को अनचाहे गाली या गोली की तरह सुना जा सकेगा। कवि का इतना इशारा ही काफी था–"और मैं कुछ चौंक कर पहचानता हूँ कि यह जो मध्यवर्गीय सवर्ण हरिओम बोला जाता है। वह नमाज के वजन पर है बरक्स...।" शायद कवि को **संक्षिप्तता** पर भरोसा हमेशा के लिए छोड़ नहीं देना चाहिए। आखिर कविता में काट-छाँट हमेशा शिल्पधर्मिता के दायरे में नहीं आती। **'हिटलर की वापसी'** कविता जैसे इसी का विस्तार है।

जहाँ हम **विष्णु खरे** की अनेक अकल्पनीय अजाने विषय क्षेत्रों की कविताएँ पढ़ रहे होंगे–जैसे **'जर्मनी में एक भारतीय कम्प्युटर विशेषज्ञ की हत्या पर...'** या **'गुंगमहल'** या **अग्निरथोवाच'**–वहीं हमें अचानक अनुभव होगा कि **'स्त्री विमर्श'** में बहुत कुछ अप्रत्याशित जोड़ने वाली उनकी कविताएँ तो चर्चा के बाहर ही रह गयी हैं। इस आकस्मिक पुनरावलोकन में **'साक्षात्कार'** का अप्रैल 2003 का वह अंक सहायक हुआ, जिसमें युवा कवयित्री **नीलेश रघुवंशी** की एक कविता **'स्त्री विमर्श'** शीर्षक से भी प्रकाशित है। वह क्यों महत्त्वपूर्ण है, इस पर विचार कभी फिर। यहाँ हम विष्णु खरे की दो अलग तरह की कविताओं को इस अर्थ में विचारणीय मान सकते हैं कि स्त्रीत्व है ही ऐसा प्रसंग, जिसमें जितना **'अनकहा'** रह जाता है, उतना ही **चीत्कार** या अदृश्य **हाहाकार** भी छिपा रहता है। संयोग से इनमें एक का शीर्षक ही है **'अनकहा'**। दूसरी **'वृन्दावन की विधवाएँ'**–जिस पर बहुतों का ध्यान जाएगा। प्रसंगवश, **'रोने के बारे में दो कविताएँ'** कविता से यह अर्थवान वाक्य याद रखें–'मर्दों के रोने में औरतों के आँसू मिले हुए हैं'। विष्णु खरे को पता है कि क्यों जब से औरतों के विलाप में मर्दों का

शौक आ मिला है, हैरत का विषय है तभी से पौरुष की लाक्षणिकता बदली भी है और नृशंसताएँ बढ़ती भी गयी हैं। इस बीच सविता सिंह की कविता (अनामिका संपादित) चयन **'कहती हैं औरतें'** में शामिल हैं—**'बैठी हैं औरतें विलाप में'**।

'समीप' से हटकर **'अनकहा'** को पढ़ें तो चकित होंगे कि 'दाम्पत्य' भी काव्य मर्म से स्थायी तौर पर बहिष्कृत विषय नहीं है। क्या कविताएँ अतिवाचालता के इस दौर में इतने सलीके से, 'अंडरटोन' में या चुपचाप लिखी जा रही होंगी। **'अनकहा'** को दसियों बार पढ़ सकते हैं और इस अनकहे प्रेम पर स्तब्ध रह सकते हैं—जैसे कोई भी भाष्य इस चुप्पी को पवित्रता को विचलित कर जाएगा। व्याख्या तो कविता के आरंभ की भी मुमकिन नहीं है—

'मैं उसे छिपकर देखता हूँ कभी-कभी/अपने निहायत रोज़मर्रा के कामों में तल्लीन/जब उसकी मौजूदगी की पुरसुकून चुप्पी छाई रहती है/उसकी हल्की से हल्की हरकत संयुक्त/ऐसा एक उम्र भर के अभ्यास से आता है...।' क्या **वाल्टर बेंजामिन** इसी **कोमल एहसास** को एक तरह का काव्यगुण बता रहे थे। कहना कठिन है कि **'मिथकीय'** और **'समकालीन'** कब विष्णु खरे के यहाँ एक और अभिन्न हो उठेंगे ! फिर कौन जानता है कि **वृन्दावन की पहली विधवाएँ** कौन थीं और जब वैधव्य इस तरह आम हैं तो क्या पता कि **अन्तिम विधवाएँ** कौन होंगी। यह न काल जानता है न देश ! जिसे 'वृन्दावन' कहते ही रानियों, चेरियों, गिरास्तिनों, नगर वधुओं के साथ बरसाने की गूजरियों का आना अनिवार्य है। कृष्ण कब किस रूप में अवतरित हों (राम जैसे मर्यादा पुरुषोत्तम तो वे होने से रहे) और किस अनजान स्त्री के मित्र या सखा हो उठें, यह भी कहना कठिन है। 'स्त्री विमर्श' पर अकारण ढेरों कविताएँ लिखने वाले याद रखें—कि स्त्री केवल **फंतासी** नहीं है, वह ऐसी सच्चाई है, जो अमरीकी कवयित्री **ऐन सेक्सटन** की तरह विनोदपूर्ण और त्रासद के विलय का मर्म जानती है।

हमारे समय में कविता की सार्थकता जाँचने का एक पैमाना यह भी है कि वह अपने समय और संदर्भ से उलझे-टकराए और बहुत सारी कविताओं की याद दिलाए। जैसे विष्णु खरे की 'अनकही' कविता पढ़कर रघुवीर सहाय की 'संगिनी' कविता याद आए—जिसमें यह काव्यांश विचलित करने वाला है—'वह मेरी संगिनी। मेरा अकेलापन न जानते हुए भी अकेली है।' (एक समय था) खरे की कविता **'चमगादड़ें'** **शिम्बोर्स्का** की **'तिलचट्टे की मौत'** पर लिखी कविता की याद दिलाती है। शिम्बोर्स्का की कविता ही संकेत है कि ऐसे विरल जीव-जंतु मनुष्य जाति की अपनी त्रासद विडम्बना की झलक देते हैं। यहाँ 'जीव जंतु' प्रयोग की अन्यथा ध्वनि भी अनुमान से परे न होगी—

'जीव जन्तु हमेशा ऐसी ही ओछी मौत मरते हैं/ताकि हमारे मन की शान्ति भंग न हो/वे स्वर्गवासी नहीं होते सिर्फ मर जाते हैं...।'

फिर यही कविताएँ **राजनीतिक** अर्थ देने लगती है—अब जबकि एक पूरा दौर ही नृशंस हत्याकांडों का प्रचंड साक्ष्य है और उसे कोई सांस्कृतिक नाम दे पाना कठिन है। दूसरी दृष्टि से देखें, तो खरे से अधिक **राजनीतिक कविताएँ** किसने लिखी होंगी—

काव्यात्मकता की क्षति का भी मुक्त जोखिम उठाकर। प्रसंगवश पोलिश कवयित्री **शिम्बोर्स्का** कविता में ही कविता और राजनीति के रिश्तों का सवाल उठाती हैं और इशारा करती हैं कि मुखरता ही राजनीतिक बयान नहीं है, खामोशी भी ऐसा ही बयान हो सकती है। विष्णु खरे के लिए तो ऐसी खामोशी किसी तिलिस्म से कम नहीं।

6

इसी क्रम में विष्णु खरे की कुछ और कविताएँ—यहाँ-वहाँ ! उदाहरण देना ज़रूरी न हो, पर खरे के काव्यशिल्प के अनोखेपन की ओर इशारा जरूरी है। **'अपने आप और बेकार'** कविता में अज्ञेय-रघुवीर सहाय के बीच का वह **तनाव** है, जो जाने-सुने सम्बन्धों के इतिहास में अनदेखा चला गया है। अज्ञेय पर कोई प्रकट व्यंग्य नहीं है, पर उनकी कूटनीतिक सहिष्णुता या शालीन चुप्पी (याद करें **एम्पसन** की सात अस्पष्टताओं (ambiguities) का लम्बा विवेचन) पर तीखी भर्त्सना है। शब्दों में, शब्दों से अधिक। ठीक इसके बरक्स रघुवीर सहाय की प्रकृत करुणा और सामाजिक कल्पना के लिए कविता में ही मौजूद टिप्पणी—'अचानक पहचानी होगी फिर से/रघुवीर सहाय ने अपनी ही कविता इस समाज में/अपने मानव होने का एक और अर्थ/और वह दर्पहीन लड़ने की एक अलग तरह की उदास करुणा बनकर/आया होगा उनमें।' (पृष्ठ 39)

अकारण नहीं कि विष्णु खरे की एक कविता का शीर्षक ही है—"**एक प्रकरण : दो प्रस्तावित कविता-प्रारूप।**" अब कहने की जरूरत नहीं रहती कि कविता को पूर्ण संरचना या निर्मिति या उत्पाद बनाने की जगह रफ-रफ कविता, प्रारूप छोड़ जाना कहीं सार्थक लगता है। हम उन्हें कविता न मानें तो प्रारूप ही मानें। इससे हटकर **'पृथक छत्तीसगढ़ राज्य'** कविता में छत्तीसगढ़ राज्य की इतिहास, भूगोल, संस्कृति, राजनीति की छानबीन है और यह सब यात्रा-वृत्तांत के भीतर जाकर है, बाहर भी है। अचानक लम्बी कविता के इतिवृत्त प्रधान शिल्प में एक **काव्यबिम्ब** पर ध्यान गया, तो तुरंत उसके समानान्तर **केदारनाथ सिंह** की कविता **'शहर बदल'** के एक अनोखे बिम्ब की याद आयी—यहाँ दोनों के स्थापत्य की ओर ध्यान जाना स्वाभाविक है—

*'जब कि **सरगुजा** का वह **ऊपरी कोना***
*जो किसी सिग्नल या **समुद्री घोड़े** के मुँह की तरह है'*

—विष्णु खरे

*'चल दिया **पडरौना**—उसी शहर में*
जिसके नाम का उच्चारण
*एक लड़की को लगता था **ऊँट के कोहान** की तरह'*

—केदारनाथ सिंह

देखें कि इस तरह के विश्लेषण प्रधान लेख से पहले मायकोव्स्की की कविता को यदि याद किया गया है तो इस अर्थगर्भित वाक्य के लिए—'कवि हमेशा संसार का **देनदार**

रहता है।' **'देनदार'** जैसे शब्द पर कुछ साल पहले प्रकाशित **मार्था वुडमान्सी** और **मार्क ओस्टीन** द्वारा संपादित पुस्तक **'द न्यू इकॉनमिक क्रिटिसिज्म'** (नई आर्थिक समीक्षा) में 'देनदार' जैसा बहुलार्थी अर्थशास्त्रीय पद आता है कि नहीं, कहना कठिन है। वहाँ पूरा विवेचन ही **साहित्य** और **अर्थशास्त्र** के बीच में **'मिथश्छेद'** (Intersection) पर केन्द्रित है, इसलिए ऐसा हो, तो कुछ आश्चर्य नहीं। यह इस ओर भी इशारा है कि **'पराये** और **'मौलिक'** के रिश्ते आज के काव्यालोचन में बहुत-बहुत बदल जाएँगे। तब देखना दिलचस्प होगा, और साथ ही अर्थवान, कि **केदारनाथ सिंह-विष्णु खरे** में, **विष्णु खरे-येव्तुशेंको** में कौन किससे क्या लेन-देन करता है—क्या और कितना सीखता है और कमतर होने की जगह **समृद्ध** होता है। कहना मुश्किल है कि खरे जैसे कवि को उन्हीं की पसंद के अपेक्षाकृत नये युवा कवि **कुमार अम्बुज-आशुतोष दुबे** कितना कुछ दे रहे होंगे और किस हद तक खुद सीख रहे होंगे।

विषयांतर नहीं होगा, अगर मैं यहीं विष्णु खरे के कवि-कर्म पर सोचते हुए यकायक **चद्रकांत देवताले** को याद करना चाहूँ जो एक बातचीत में आज की कविता को समझने के लिए सूत्र भी देते हैं—जैसे—

"कई कवियों की कविताएँ हैं जो कई लोगों के कब-कब काम आती हैं, उन्हें जीवन में सहारा देती है, इसका कोई हिसाब नहीं।"

या

"बहुत-सी चीजें ऐसी हैं जिसे आदमी बता नहीं सकता, वह तो आइसबर्ग जैसा है। बहुत-सा छिपा रह जाता है। बहुत-सा ऐसा भी होगा जिसे कहा नहीं जा सकता।"

तो विष्णु खरे और देवताले के बीच के **लेन-देन** का मामला भी कम जटिल न होगा। आखिर क्या वजह है कि देवताले पूरी ताकत से खरे का काव्य-पक्ष प्रस्तुत करते हैं वहाँ भी, जहाँ बातचीत खरे से नहीं देवताले से की जा रही है। पूछने पर कि खरे की गद्य कविता को **काव्य-कथा** क्यों नहीं कह सकते, देवताले की टिप्पणी है : "हाँ। **कथा** ही होती है। हमारे बड़े महाकाव्य हैं—वे सब कथा-आख्यान ही हैं। **कथा** ही जीवन का केन्द्र होती है। उसी में हम तमाम चीजों को बनते-बिगड़ते देख सकते हैं। **कथा** में ही उन चीजों के वास्ते संघर्ष कर सकते हैं जिनको हम चाहते हैं।"

7

विष्णु खरे यदि विशेष परिप्रेक्ष्य में **काव्य कथा** के कवि हैं तो उस **कथा** तत्त्व का **फिल्म** जैसी विधा की नयी-पुरानी, क्लासिक-अवॉगार्द तकनीक से क्या रिश्ता है ? खरे की महत्त्वपूर्ण फिल्म समीक्षाएँ हम पढ़ते ही आये हैं। उनमें कवि दृष्टि और फिल्म समीक्षा दृष्टि अभिन्न हो उठती है और एक दूसरे को अतिव्याप्त कर जाती है। इधर फिल्म-तकनीक में आधुनिक उत्तर आधुनिक के अनेक सोपानों को लाँघकर नये कुहराम के संग में **कॉमिक ट्रैजिक** के **मिश्रण** की आहटें हैं। **'ला होल्वे बीता'** एकदम छंद, संगीत,

कथा और ट्रैजिक अवसाद के घालमेल में अविस्मरणीय कविता है, जिसे दुस्सहता (Ambiguity) कह कर नजर अंदाज करना कठिन है। **'द बर्थ ऑफ ट्रैजेडी' में नीत्शे** बताते हैं कि **ग्रीक ट्रैजेडी** का जन्म ही **संगीत** से हुआ। विष्णु खरे का संगीत-प्रेम और फिल्म सम्बन्धी उनकी जानकारियाँ हैरत में डालने वाली होंगी। संगीत सिर्फ कोमल पदविन्यास नहीं है जिसके लिए हम जयदेव (**गीत गोविंद**) को पढ़ते हैं। वह तो लयकारी भर है। यही **संगीत** लम्बे **विलाप** में बदल सकता है, जो एक पूरे युग में हादसे पर मीमांसा (क्रिटीक) भी हो। यहाँ **'संगीतिक'** के साथ **'ऐन्द्रजालिक'** और **त्रासद** का बहुतत्त्वीय संयोजन (multiplex) असंभव नहीं है पर गहरे काव्यविवेक के बगैर यह सारा असाध्यसाधन संभव न होगा। **बोर्ख़ेज** को याद करें—"यदि दिक् अपरिमित है तो हम दिक् के किसी भी बिन्दु पर हो सकते हैं। यदि काल अनंत है तो हम काल के किसी भी क्षण में हो सकते हैं।" और अब अपने से पूछें कि 'शिशिर की शर्वरी/हिंस्र पशुओं भरी' जैसा निराला का एक काव्यबिम्ब किस देश और किस काल का है !

विष्णु खरे के **'काल और अवधि के दरमियान'** संग्रह में **'होनहार'** और **'प्रतिसंसार' गद्य कविताएँ** हैं। कई-कई पृष्ठों की ऐसी गद्य कविता में कोई अर्द्धविराम या पूर्णविराम नहीं है। यह किस्सागोई के बहाने अतर्क्य आत्मप्रलाप में डूबने-बहने का क्षण है। जैसे कोई स्वचालित काव्य-प्रतिक्रिया जो कई-कई पन्नों के एक महावाक्य पर निर्भर है। **'एक दैत्याकार समय का महावाक्य'** पद विष्णु खरे का ही है, किसी और का नहीं। कहना न होगा कि व्यक्त-अव्यक्त, गोचर-अगोचर का मामला अब **रामचंद्र शुक्ल** के आलोचनाशास्त्र तक सीमित नहीं रहा, बल्कि उसे हास्यास्पद मानकर छोड़ देने की घड़ी आ पहुँची है। अगर हिन्दी के आचार्य शुक्ल जी के भरोसे आज तक यही मानकर चल रहे हैं कि आत्मा से केवल **सूक्ष्म साँचे** ही निकला करते हैं जो बाह्य जगत से प्राप्त मूर्त्त द्रव्य के भराव के बिना व्यक्त ही नहीं हो सकते—तो उन्हें शुक्ल जी की स्थापना में किंचित् सार देखने के बाद भी इसे विचारणीय मान लेना चाहिए कि **'साँचा'** या **'कैनन'** या **'कैटेगरी'** देखते-न-देखते एक हद तक निरर्थक पद हो चले हैं।

आख्यान या कथा का ही प्रसंग हो तो क्यों **गीतांजलि श्री** के उपन्यास **'तिरोहित'** को **कथा** के विरुद्ध **कथा-विनोद** कहा जा रहा है, या फिर दूधनाथ सिंह के इधर के उपन्यास **'आखिरी कलाम'** को **उपन्यास** के विरुद्ध एक **उपन्यास** कहने का अर्थ ही क्या है ! **'तिरोहित'** में कौन-सी आवाजें मानवीय रंगत लिए होगी और कौन सरसराहटें गुमनाम, कहना कठिन है। विष्णु खरे की हड़बड़ी में लिखी जान पड़ती कविता को हड़बड़ी में पढ़ना न संभव है, न सार्थक। **'आवाजाही'** कविता से एक अकेला उदाहरण चुनना न मुमकिन है, न मुनासिब। सार संक्षेप का दंभ तो मूर्खता की श्रेणी में गिना जाएगा। गीतांजलि श्री के 'तिरोहित' वाले विरल औपन्यासिक अनुभव के बरक्स जिस हिस्से की याद दिलाना जरूरी लग रहा है वह खरे के यहाँ इस तरह है—

'फिर रात में एक **उल्लू** सुनाई पड़ता है ! जो एक-डेढ़ बजे तक बिजली के खंभों के पास से चला जाता है/कभी-कभी ढाई बजे रात **टिटहरी** की पुकार आती है/और

उसके कुछ बाद दो बगुले/**स्निग्ध समीपता** में दिहाड़ी पर जाते **दम्पति** की तरह/आपस में बहुत **अन्तरंग** मन्द गेंक-गेंक करते हुए/एक पुरसुकून गति में पुश्ते की तरफ उड़ जाते हैं/यहाँ दाना-पानी और पेड़ कितने कम हैं/फिर भी यह होता रहता है...।'

विष्णु खरे में इसकी अचूक पहचान है कि कविता में एक **शब्द** या एक **वाक्य** क्या विशेष **ध्वनि** या गूँज पैदा करता है। कभी-कभी वाक्य या वाक्यांश भी अपनी भंगिमा में एक अनोखी आवाज पैदा करता है। इस तरह देखें तो **'हर शहर में एक बदनाम औरत होती है'**—जैसी कविता (पृ. 73) क्या अंतर्वस्तु और क्या रूप दोनों दृष्टियों से बहुतात्त्विक या अर्थबहुल जान पड़ेगी। जिस समय में 'सेक्सवर्कर' उभयलिंगी शब्द या पद प्रचलित हो चला हो, उसमें स्त्री-पुरुष सम्बन्धों की सुरंग में धँसने का दुस्साहस खरे ही इस तरह कर सकते हैं। यहाँ भी उदाहरण व्यर्थ है क्योंकि पूरी कविता अपनी सीमा के बाद भी महाआख्यान हो सकती है।

*'जबकि सच तो यह है/कि जो वह वाकई होती है उसके लिए/**सुंदर या खूबसूरत** जैसे शब्द नाकाफी पड़ते हैं'*

या

*'उस बदनाम औरत के विषय में अक्सर इतने लोग बातें करते हैं/...उसे इतनी जगहों पर **उत्कंठा** और **उम्मीद** से बुलाया जाता है/कि यह निष्कर्ष अपरिहार्य है कि उसका **वजूद** और **मौजूदगी**/किसी अजीब ख़ला को भरने के लिए दुर्निवार हैं।'*

कोई **शमशेर** जैसा सौन्दर्य सजग कवि-चित्रकार ही बता सकता है कि **'सुन्दर'** के साथ **'खूबसूरत'** क्यों अनिवार्य है और महज पुनरूक्ति नहीं है—जिससे कठिन कवियों के प्रेत केशवदास भी कभी डरते रहे होंगे। इसी तरह भाषा की क्रासिंग को पढ़ने वाले **'उत्कंठा'** और **'उम्मीद'** या **'वजूद'** और **मौजूदगी'** में कैसे फ़र्क़ करेंगे। वे पर्याय भर तो होने से रहे।

8

'काल और अवधि के दरमियान' जैसे विष्णु खरे के संग्रह को दुरूहता का आतंक या उबाऊ-ऊलजलूल मानकर पढ़ना न कवि के साथ न्याय होगा, न हमारे अपने काव्य-विवेक के साथ। अंत में **'कालावधि'** और **'अनंतता'** के इस बहुलार्थी खेल में न भूलें कि संग्रह जर्मन साहित्य मर्मज्ञ **लोठार लुत्से** को उनके 76 वें वर्ष में प्रवेश करने पर सम्मानार्थ समर्पित है। क्या नये और क्या पुराने साहित्य-रस के गहरे आस्वादक के रूप में **लोठार लुत्से** हिन्दी पाठकों के लिए अपने हो सकते हैं। ऐसी ही उनकी पहचान भी है। जिन खूबियों की ओर मैंने अब तक संकेत नहीं किया है, उसकी क्षतिपूर्ति के लिए बहुत पीछे जाकर **प्राकृत** की एक **गाथा** का उल्लेख इस अर्थ में ज़रूरी और काफ़ी हो सकता है कि **सुंदर** और **कोमल, कठोर** और **भयानक** काव्यात्मक विज़न के संदर्भ में परस्पर विरोधी पद नहीं है। क्या पता कि जिसे हम दुर्गम भव्यता में खोज

रहे हों, वह किस सुनसान और अजाने प्रिय के अकेलेपन में ही ठौर चाहता हो। कम से कम गाथा तो यही कह रही है :

जो पुच्छइ बड्डाइ घर सो बड्डा घर ओइ
विब्भल-जण-अब्भुद्धरण कन्त कुडीरइ जोइ

अर्थात् क्यों पूछती हो, किस बड़े घर वाला है मेरा प्रिय ! नहीं, नहीं बड़ा घर या बड़ी हवेली नहीं है वह ! वह तो बस एक छोटी-सी जगह है जिसमें दुखी या प्रताड़ित जनों के लिए जूझने वाला प्रिय राह देखता है कि कब शुरू होगा—नया मोर्चा ! संघर्ष का ! कब ! विष्णु खरे **राजनीतिक** कविता लिख रहे होंगे, तो सीमित अर्थ में नहीं। **स्मरण** और **प्रेम** भी राजनीतिक प्रतिरोध के दायरे में बृहत्तर अर्थ प्राप्त करते हैं। जिस क्रूर-हिंस्र बर्बर समय में आज की कविता लिखी जा रही है, उसमें खुद कविता ही क्या **प्रतिरोध** का एक **सम्पूर्ण मोर्चा** नहीं है !

वियांतर न होगा अगर यहीं विष्णु खरे के प्रिय कवि चन्द्रकांत देवताले के नए संग्रह 'उजाड़ में संग्रहालय' को याद किया जाए, जिन्हें पढ़ते हुए मुझे चर्यापदों के उस 'सीसा काल' या समय-दर्पण की याद आई जिसका आख्यान आधी रात और आखेटक चूहों के अन्तहीन खेल-सा दिखता है। मेरा इशारा बीहड़पन के उस कवि स्वभाव की तरफ है जो फंतासी और कौतुक के बग़ैर खुद अपना निजी मुहावरा पाने से वंचित रहता है। विष्णु खरे ने इस बीहड़पन में भी अपना एक निजी मुहावरा अर्जित किया है।

विडम्बना का काव्यादर्श

एक समय था कि अमरीकी नई समीक्षा में तनाव, भंगिमा, अस्पष्टता, विडम्बना जैसे पद अपने आप में काव्यमूल्य मान लिए गए थे मूल्य विचार की अवधारणा के विरुद्ध। आज 'विडम्बना' बहुलार्थी है और एक नितान्त बर्बर समय ने उसे एक त्रासद अभिप्राय भी दे रखा है। आज अभी-अभी जो समय बीता है या नहीं भी बीता है, उसमें **कुमार अम्बुज** के चौथे और एकदम नये संग्रह 'अतिक्रमण' में इसी शीर्षक से लिखी उनकी कविता सबसे पहले ध्यान में आती है :

अतिक्रमण के समाज में जीवित रहने के लिए
सबसे पहले दूसरे के हिस्से की जगह चाहिए
फिर दूसरे के हिस्से की स्वतंत्रता
अनंत है अतिक्रमण के विचार की परिधि
इसलिए फिर दूसरे के हिस्से का जीवन भी चाहिए
वासनाएँ नए क्षेत्रों में करती हैं घुसपैठ
सिद्धान्त और सुभाषित बदलने लगते हैं हथियारों में

और ठीक इन पंक्तियों के बाद दृश्य यह बनना चाहता है कि समय ही ऐसा है–प्रचंड लालसा और उन्माद का समय–कि समुद्र की तरफ या अन्तरिक्ष की तरफ या पाताल की तरफ या दसों दिशाओं में लालसाएँ ही हिंस्र हो उठती हैं, आक्रामक हो उठती हैं और तेवर ऐसे,–कि 'मारती हैं झपट्टा' ! और फिर कुमार अम्बुज कहते हैं :

फिर मारने की चीज के बारे में लम्बे प्रचार के बाद
तय कर दिया जाता है कि वह बचाने की चीज है
जैसे जिसके पास बंदूक है, वही अमर है !

यहाँ कविता ही बताती है कि किस तरह आज आसक्ति की चाशनी में पगे हुए लोग ही सुरक्षित होते हैं और एक ऐसा नया संसार बनाने लगते हैं, जिसमें मानवीय दिखता हर उपक्रम किसी भी नयी वस्तु को ले सकने की सामर्थ्य बताता है। अभी दो दिन पहले ही 'कविता कैसे पढ़ें' और 'कविता कैसे पढ़ाएँ' की व्याख्या में मैं कह रहा था कि कविता उतनी ही नहीं होती, जितनी मुद्रित पृष्ठ पर होती है, वह पृष्ठ के बाहर भी जैसे अचानक चली जाती है और अपना देश-काल एक बार फिर देखकर वापस चली आती है। वह एक समय में लिखी जाकर कई समय में होने लगती है। 'अतिक्रमण'

की ही आखिरी पंक्तियाँ हैं :

कितना दबाया हुआ है दूसरे के जीवन का रक़बा
और पृष्ठभूमि में से झाँकती हैं कितनी वस्तुएँ
इन बातों से ही फिर बनने लगती है
दुनिया में किसी की भी आदरणीय पहचान

प्रकट है कि कविता के लिए यह एकरूप हिंस्र बर्बर समय है जिसमें एक क्रूर अवांछित अतिक्रमण से ही बनती है—किसी आदरणीय की पहचान ! जिसमें मनुष्य की, मनुष्यता की, प्रकृति और पर्यावरण की अपनी पहचान खो-सी जाती है ! जबकि कवि की 'अपेक्षा' कुछ और होती है। वह 'कुछ और' ताकतवर लोगों की भीड़ में, हो-हल्ले में, ताक़त का विज्ञापन करते गड्डमड्ड शोर में, जयकारे में गुम होता जाता है। इस हड़बड़ी वाले दौर में किसे एक और तरह की 'अपेक्षा' पर ध्यान देने का धैर्य है, याकि गरज़ है। (इतने विरूप बर्बर आक्रामक प्रदर्शन के तामझाम में गुम होती जाती है—यह 'अपेक्षा') जो कवि की एक अकेली निजी पहचान भी बनती है और शेष समाज से जुड़ने का ज़रिया भी।

मैं हर सुबह एक फूल से अपेक्षा करता हूँ
फूल ने अपेक्षा की है अपने भीतर बसे रंगों से
एक स्त्री दिनचर्या की मारकाट से निकलने के बाद
खिड़की से दिख रहे अनाम तारे से अपेक्षा करती है

कुमार अम्बुज को जैसे अचानक अपने 'प्रिय कवि' की याद आती है जिसने कभी हकलाते हुए शुरू किया अपना कविता-पाठ, जिसमें एक हिचकिचाहट सुनाई दी—"एक हिचकिचाहट/जो इस वक्त में दुनिया से बात करते हुए/किसी भी संवेदनशील आदमी की हो सकती है"। वही कवि की 'अपेक्षा' फिर इसी कविता में आती है : कुछ और तरह से :

कभी-कभी एक सुख
दुख से भी करता है अपेक्षा
और ऐसा करते हुए वह दाँव पर लगा देता है अपना जीवन
यह एक रात आते हुए दिन से अपेक्षा करती हुई
धीरे से बीत जाती है

कवि को लगता है कि ऐसी अपेक्षाओं या प्रतीक्षाओं से भी बनता है यह समाज जिसमें वह अनादि काल से जीवित रहता है। दूसरी ओर तात्कालिक लाभ उठाने को आतुर बाज़ार है, जिसमें इसी समय तत्काल बन जाना है किसी 'तानाशाह' का संग्रहालय, जातियाँ अपने बर्बर उन्माद और उपद्रव में मनुष्यता को प्रतिस्थापित कर देना चाहती हैं और हर कबाड़ पर लगा देती हैं 'कीमत' की चमचमाती 'पर्ची'। यह तत्काल हो जाना है। इसके लिए कोई इन्तजार नहीं। बाज़ार से मुक्ति नहीं। बाज़ार में उपभोग के लिए अकूत सामान है, चीजें हैं, जिनमें भेद है। सब एक-सी हैं—दुकानें और दुकानदार, ग्राहक

और सामान। कोई आपको 'मुक्ति' का मार्ग बता रहा है, कोई कर रहा है युद्ध के लिए तैयार। यही बाज़ार का चलन है। एक-सी आवाजें हैं, उत्तेजना के एकल संस्करण से उपजे एक-से गाने, एक-सी रोशनियाँ, एक-सा धोखा, एक जैसा अश्वमेध, जलती बस्तियों के बीच आग पर नचाती हुई एक-सी सम्मोहक धुन। लोकतन्त्र और तानाशाही में एक सरीखा आदेश आता है, जिसे अमल में लाने के लिए सक्रिय होता है एक-जैसा प्रशासन। कुमार अम्बुज की कविता ही जैसे कवि से सवाल करना चाहती है—क्या उसे अभी भी 'मुहब्बत' पर भरोसा है : उस पर : जो—

स्मृति के सबसे पुराने तार पर
अटकी हुई है एक पीली पतंग
उस पतंग का रंग फीका पड़ता है
फट जाता है उसका पतला झीना-सा कागज
टूट जाती है उसकी कमान

लेकिन वह अलग नहीं हो पाती है
उस पुराने जंग खाए हुए
जर्जर तार से

प्रसंगवश याद कर लें कि कुमार अम्बुज के तीन संग्रहों—'किवाड़' (1992), 'क्रूरता' (1996) और 'अनंतिम' (1998) के बाद यह चौथा संग्रह 'अतिक्रमण' (2002) वीरेन डंगवाल के महत्त्वपूर्ण संग्रह 'दुष्चक्र में स्रष्टा' के साथ-साथ छपकर आया है और इस ओर इशारा है कि '90 के बाद का समय कविता के लिए एक व्यग्र-बेचैन समय रहा है। कोई सुकून का समय नहीं रहा है। पर कविता अपने समय के संकट का सामना एक ही तरह से नहीं करती है। कहीं सघन विमर्श दिखता है तो कहीं सार्थक बेपरवाही दिखती है। कभी-कभी अचानक ध्यान इस ओर जाता है कि कुमार अम्बुज के 'अतिक्रमण' संग्रह की दो कविताएँ यों ही साथ-साथ नहीं हैं। एक के लिए व्याख्यापरक शीर्षक है—'आदर्शविहीन समय में', तो दूसरे के लिए शीर्षक है—'कि'। यानी कविता यों भी शुरू हो सकती है—

कि मैं प्रायः अकेला और हास्यास्पद हुआ
लेकिन तब तक मेरे पास
बहुत विकल्प न बचे थे
कि घनी आबादी के इस अविकसित देश में
विकसित हो चुके लोगों का साम्राज्य था
उधर होनी ही थी गरीबी सनातन
कि धर्म हो चुका था सनातन

उधर 'आदर्श विहीन समय में' बचपन में जीवनियों से प्राप्त भोलेपन और रूमानियत वाला आदर्श था, जो अब एकतरफा प्रेम की तरह अकारथ हो चुका था। कुछ आदर्श मिलते

भी तो इधर-उधर गलियों में—जो "मिलते ही रो पड़ते"। फिर मनुष्येतर प्राणियों के आदर्शों का चलन हुआ और उनमें भी मिलावट होती रही। आखिर, आया वह 'सबसे निर्बल असहाय और निर्धन व्यक्ति का आदर्श'—जो एक ऐसी 'सुविधाजनक आदर्श' सिद्ध हुआ जिसमें कोई भी रंग भरा जा सकता था। न स्मृतियाँ काम आयीं, न स्वप्न, न कलाएँ। इसमें सन्देह नहीं कि कुमार अम्बुज कविता में और कविता के बाहर जाकर अपने समय से जिरह करते हैं और अक्सर एक पूरी बहस चलाते हैं। कभी-कभी इस ढंग से कविता के एक जादुई तत्त्व को क्षति पहुँचती है। कवि अधिक से अधिक चीज़ों का, सूचनाओं का, विमर्श और ज्ञान का जानकार नज़र आता है और अपनी ही कविता की एक बेमालूम-सी अबोधता खोने लगता है। कवि कई बार समय का पीछा करता है—कितने ही दृश्यों और महादृश्यों का—देखता है कि संकल्प की कृशकाया किसी नामालूम खाई की तरह लिए चली जाती है। अचानक लगता है—

विचार मेरे पास श्रेष्ठ है
परन्तु पराजित होता हुआ
रोज रोज वह अल्पसंख्यक होता जाता है
सोचता हूँ उसे रखना होगा जीवित

(शायद मुक्तिबोध मदद करते हों, कि अकेले में मुक्ति नहीं मिलती)—कवि लिखता है—"परन्तु हम सबको मिलकर ही/जो धीरे-धीरे अब बहुत अकेले हैं।" कविता यह करती है कि 'पाठ' के साथ ही स्मृति में और-और कविताएँ याद आने लगती हैं—आगे-पीछे की कविताएँ—यद्यपि समय कितना बदल जाता है—विमर्श में विषयों की सूची कितनी लम्बी होती जाती है। 1941 की शमशेर की कविता क्यों कुमार अम्बुज के पाठ के साथ-साथ स्मृति में आने लगती है :

मैं समाज तो नहीं; न मैं कुल जीवन;
कण-समूह में हूँ मैं केवल
एक कण।
—कौन सहारा !

'पगडंडी' से 'पर्यटन' तक कुमार अम्बुज के काव्यबोध और संवेदन के विस्तार का अनुमान किया जा सकता है। एक ओर यह बुनियादी भरोसा 'पगडंडी' पर चलने का, जो नये दृश्य में प्रवेश कर रही हो और कवि के रहस्यों को, ललक और साहस को एक यात्रा का-सा रूप देती हो। दूसरी ओर 'पर्यटन' में कवि का जा पहुँचना है—'पृथ्वी के वायुमंडल में सैर करते-करते'—'सौरमंडल के हाई-वे' पर—जा पहुँचना है—'मंगल ग्रह' पर जहाँ दो चंद्रमा स्वागत की मुद्रा में मिलें। इस रहस्यलोक में चमत्कार ही चमत्कार है—सगे-सम्बन्धियों में कौन नहीं ! नीहारिकाएँ, सूर्य, नक्षत्रों का महारास। कुमार अम्बुज को हर छलाँग के बाद लौटना तो है उसी रोज-रोज की सीमित दिनचर्या में—जहाँ अपना घर था, स्कूल के लिए साइकिल निकालता बेटा, नल पर चलता सनातन झगड़ा या खटराग, जहाँ पत्नी मशग़ूल हो चाय बनाने में और काल सिमट गया हो, चाय

की प्याली में। अनश्वर और नश्वर, क्षणिक और अविराम, क्षुद्र और उदात्त, कालबद्ध और कालातीत। एक महत्त्वाकांक्षी कवि के लिए कविता समय में रहकर समय के पार जाती है। वह हर बार नयी खोज होती है, नया अनुभव। रघुवीर सहाय जैसे कवि ऐसे किसी काव्यविधान को, जो परिपक्व, मुकम्मल और सिद्ध लगने लगे, अचानक तोड़ देते हैं और सजग-सचेत होकर बचते भी हैं कि कला कला ही न रह जाए, जीवन का साधारण प्रत्यक्ष भी दिखे और साधारण में ही महान जान पड़े। यह एक और तरह की कोशिश है—एक बड़ी तैयारी—अपनी ही मूर्ति बनाने और तोड़ने की। इस दिशा में कुमार अम्बुज को अधिक साहस के साथ आगे आना होगा। एक कवि ही अपनी कविता के लिए नयी चुनौती पैदा करता है। जो 'ईश्वरीय संगठनों' का भेद खोलने में सक्षम हों, कि वे प्रार्थना से हटकर 'फिरौती' पर आ गये हैं और माँग रहे हैं 'बचे हुए मनुष्यों का पूरा जीवन;' वे आसानी से अपनी आत्मछवियाँ भी तोड़ सकते हैं और अपने को भी एक गहन आत्मसमीक्षा की स्थिति में ला सकते हैं। एक तरह का अतिक्रमण संकट है, जो दूसरे के हिस्से की स्वतंत्रता छीनता है; तो दूसरे तरह का अतिक्रमण कला का अपना चुनाव होता है, जो उसे मुक्त करता है। कविता की जिस मुक्ति की ओर कवि निराला इशारा कर रहे थे, उसके निहितार्थों पर अधिक विस्तार में जाकर विचार करना ज़रूरी है।

खतरे कुमार अम्बुज और आशुतोष जैसे कवियों के सामने भी होंगे—उन्हें ही अपने को जाँचना होगा कि जीवन कितना उनके यहाँ कविता के रास्ते से छनकर आ रहा है, कितना वास्तविक जीवन से। आगे और दूसरे कवियों की स्मृतिहीनता तो सतह पर दिख जानेवाली है। कहाँ तो सरहपा से कवि का संवाद था, और महादेवी थेर-थेरी गाथाओं से होकर लिख सकती थीं, कहाँ गली-मुहल्ले के कवियों से ही काम चल जानेवाला है। कविता का एक ही जीवन तुरत-फुरत पाठ में काफ़ी जान पड़े, तो कवि को अपने ही संकट का गहरा एहसास होना चाहिए। जीवनानन्द दास आज भी 'बिल्ली' और 'घास' जैसी कविताओं के लिए याद आएँगे, सिर्फ़ 'वनलता सेन' के लिए नहीं। 'घास' कविता में कवि के शब्द हैं—'मेरी इच्छा होती है / घास के भीतर / किसी निबिड़ घास-माँ की / देह के सुस्वाद अन्धकार से / घास के रूप में जन्म लूँ।

काव्य विडम्बना पर एक पुनः पाठ

जब भूमंडलीकरण, बाज़ारवाद और सूचना तकनीकी के दौर में मानवीय संवेदनाओं पर कई-कई अजनबी संस्कृतियों का सीधा हमला है और वैश्वीकरण के कुहराम में पास-पड़ोस, गली-मुहल्ले खो गए हैं, नेहरू युग का नास्टेल्जिया भी कविता के काम आता है, जैसा 'काल और अवधि के दरम्यान' (विष्णु खरे) संग्रह में दिखाई देता है पर इसी समय नरेन्द्र जैन का संग्रह 'सराय में कुछ दिन' ठहर कर जीवन की शान्त, मद्धिम लय को याद करने की तरह है। यहाँ छोटी चीजें मामूलीपन में कविता का नया आविष्कार बनती हैं, पर यहीं कवि का अनुभव नास्टेल्जिया के रोमांस से दूर कभी तल्ख और कष्टप्रद भी जान पड़ता है। 'कालखंड' कविता में 'गमाखर' केवल स्थान नहीं है। ध्यान दें कि 'गमाखर' शीर्षक से भी एक कविता है जिसमें दूर से तो बहुत कुछ अच्छा लगता है जैसे—'मिमियाती हुई बकरी/चिलम फूँकता बूढ़ा/नंगधड़ंग बच्चे/पत्थरों पर कथरी कूटती स्त्रियाँ/ऊँची उड़ान पर कोई चील !' ये दूर से अच्छी लगनेवाली चीजें हैं, पर जब इनके सीधे सम्पर्क में आएँगे तो इनकी त्रासदी भी बेचैन करेगी। 'कालखंड' में 'गमाखर' के साथ यह ब्यौरा भी प्रायः शीर्षक में शामिल है—'जिला विदिशा, आबादी तकरीबन पाँच सौ, एक क्षयग्रस्त मुकाम !' कहना न होगा कि इस ब्यौरे में त्रासदी दूनी हो जाती है और स्मृति असहनीय। कवि के शब्द हैं : 'तपेदिक है पूरा कालखंड/जहाँ जिस्म ठंडे/और हड्डियाँ ज्वरग्रस्त हैं/.../गमाखर से लौटना/इस तरह/हादसे में तब्दील होना है।'

एक विदीर्ण कालखंड का नरेन्द्र जैन कोई कोलाज़ नहीं बनाते जिसमें बहुतेरे युवा कवियों की रुचि है। खुद खरे को कोलाज़ बनाने में महारत हासिल है। यहाँ तो एक ठेठ देशी स्थानीय या आंचलिक बिम्ब है जो कभी दृश्य है और कभी केवल संकेत ! 'माहोटी', 'भैरोगढ़', 'हैदरगढ़', 'चाईबासा' इनमें स्थानिक पर्यावरण भर नहीं है। इस भूगोल में इतिहास, नृतत्वशास्त्र, अर्थ, तन्त्र, निरक्षरता और गरीबी की कठोर यादें हैं। 'हैदरगढ़ में भूख' कविता नागार्जुन की 'अकाल' कविता की याद दिलानेवाली है : 'हैदरगढ़ में अभी/उबल रहे हैं हंडिया में चावल/एक ठहरे हुए वक्त में/गतिमान है भात/जिसकी प्रतीक्षा में बैठा है झूलती चारपाई पर।' यह नितान्त रोज़मर्रा के यथार्थ हैं पर ध्यान दें कि 'चावल' 'भात' दो शब्द हैं और भिन्न अर्थ देते हैं। 'भात' और झूलती चारपाई' के ऐसे ही सच्चे सादे बिम्ब संस्कृत की दूसरी परम्परा के योगेश्वर जैसे कवियों के यहाँ आते हैं। 'सदुक्ति कर्णामृत' और 'सुभाषित रत्न कोश' के आधार पर

कोसाम्बी ने कविता का समाजशास्त्र निर्मित किया। कमलेशदत्त त्रिपाठी और राधावल्लभ त्रिपाठी ने इनका काव्यानुवाद करते हुए नागार्जुन, त्रिलोचन को उसी दूसरी ठेठ देशज परम्परा से जोड़ा। आनन्दपुर, कालाहांडी, भैरोगढ़ और हैदरगढ़ यहाँ एक गाथा बनाते हैं। कम से कम शब्दों में कही गई यह गाथा एक नए प्रकार का शिल्प गढ़ती है जो शिल्प तो न्यूनतम अर्थों में है, जीवन का सादा सख़्त पर्यवेक्षण चकित करनेवाला है।

नरेन्द्र जैन की कविता का भूगोल ऐसा है कि जैसे आप किसी आदिवासी क्षेत्र की सैर पर निकले हों। 'चाईबासा' कविता में एक अचूक स्थानिकता है पर कविता में ही दो इतिवृत्त या दो कथाएँ हैं—एक ओर लड़की, जो बूथ पर अपने किसी अन्यतम को फ़ोन कर रही है और इस तरह हँसे जा रही है कि दूर बैठा प्रिय फ़ोन पर उसकी हँसी की छवि देख रहा है उधर एक ड्राइवर बात करने में विफल है और बूथ के मालिक का संकेत है कि अब 'संभव नहीं चाईबासा बात करना।' इसके बावजूद जीवनासक्ति को पाने की उम्मीद मिथकों से आज तक छनकर आती है। वे कुछ भी, कोई भी हो सकते है—संघमित्रा, अशोक, टीपू सुल्तान, हेलियोदोरस ! ये सिर्फ इतिहास नहीं हैं इनकी वर्तमानता अपने ही समय में स्पेस बनाती है।

यह वह समय है जब निजी क्षेत्र या एनजीओ के नाम पर अनेक स्वैच्छिक संगठन, यहाँ तक कि स्वास्थ्यकर्मी जानलेवा बीमारियाँ रोक रहे हैं या विदेशी कम्पनियों के लिए आत्मघाती फ़ायदे मुहैया कर रहे हैं, कहना कठिन है। अभी-अभी ग्रामीण स्त्रियाँ और यौनिकता विषय पर 'ओ उब्बीरी' नाम से प्रकाशित किताब में मृणाल पांडे ने विस्फोटक तथा त्रासद सूचनाएँ दी हैं और उनका सामाजिक आधार भी बताया है। नरेन्द्र जैन की कविता 'साक्ष्य' में यह हिस्सा देखें : 'हत्या/एक सार्वजनिक उपक्रम है/जैसे लगाए जाते नवजात शिशुओं को/रोग निरोधक टीके/लगभग ढूँढ़-ढूँढ़ कर हलाक किए जाते लोग/गोलीकांड हुआ था जहाँ/वहाँ अब भी उड़ रही धूल...।'

नरेन्द्र जैन के यहाँ त्रासद आख्यान में विनोद वृत्ति असंभव नहीं है। 'रामलीला' का व्यंग्य पढ़कर हरिशंकर परसाई याद आ सकते हैं। प्रेमचन्द में भी यह परिहास मारक है। नरेन्द्र जैन के यहाँ परिहास में भी करुणा है—'मैं/दुखी हुआ कि/मथुरा का वह फटेहाल बाशिन्दा/यहाँ कहाँ आ पहुँचा/उनके ठीक पीछे आए वे/जो बीती रात/अभिनय करते रहे जानकी का...।' अन्त में यह ग़ुस्सा भी प्रकट है : 'विश्व हिन्दू परिषद के/शर्मनाक दावों के मध्य/यह कैसा साक्षात्कार/फटेहाल राम/और दरिद्र जानकी से।'

पाब्लो नेरुदा को याद करें तो यह दौर अपने आप में एक पीला-काला इतिहास है। 'पीला' को हम अपने सन्दर्भ में 'भगवा' भी समझ सकते हैं। यहाँ कवि के अनुभव संसार का जो इंटीरियर (आभ्यन्तर) है वही उसका एक्सटीरियर (बहिरंग) भी है।

नरेन्द्र जैन के कुछ अटपटे काव्य विषय हैं—'हितकारिणी,' 'कहावतें,' 'रेवड़,' 'गिलहरी', 'मशक'। 'हितकारिणी' धर्मशाला में लगे पत्थर की इबारत पर है। उल्लेखनीय तथ्य यह कि 1910 में हितकारिणी धर्मशाला प. रामनारायण पुरोहित ने मरहूम दोस्त यार मोहम्मद द्वारा दानस्वरूप दी गई जमीन में बनवाई गई। इससे ज्यादा भारतीय समाज

के सेकुलर बहुलतावादी होने का प्रमाण क्या होगा ! कवि तो यही कहता है : 'मुसाफिरों यहाँ/रहो/और रहने दो हिन्दुस्तान को/हिन्दुस्तान की तरह।' 'कहावतें' कविता में विलक्षण प्रयोग हैं। बोलचाल के मुहावरे आदमी की तस्वीर सामने ला देते हैं। वह भी राजस्थान के मुहावरे जिनके लिए विजयदान देथा प्रसिद्ध हैं। नरेन्द्र जैन के शब्द हैं : 'कहावतें कहता यह शख़्स/भारी पड़ रहा कविता पर/कविता से नहीं उपजी अभी कोई कहावत/कविता कविता ही रही आई।'

नागार्जुन त्रिलोचन ने और क्या किया ! 'कविताई' को तोड़ा। खास काट या ढर्रे की काव्यात्मकता और सौन्दर्य अवधारणा को चुनौती दी। 'घर' कविता नरेन्द्र जैन ने त्रिलोचन के लिए लिखी है। त्रिलोचन एक पूरी परम्परा हैं, पर अरुण कमल के शब्दों में कहें कि उनकी 'अपनी धार' है। परम्परा में तो तुलसी, निराला के साथ मुक्तिबोध एज़रा पाउन्ड और नेरुदा भी हैं। यहाँ पाउन्ड पर ध्यान दें। उनकी आधुनिकता और जटिल आधुनिक बिम्ब व्यर्थ नहीं मान लिए गए हैं। भ्रम है कि अज्ञेय ने ही पाउन्ड से लिया, पाउन्ड ने भी तू फू जैसे प्राचीन चीनी कवियों से लिया। त्रिलोचन ने तुलसी, निराला से ही नहीं लिया, धूमिल से भी लिया। व्यक्तिगत कविताएँ या तो शमशेर ने लिखी हैं या नरेन्द्र जैन जैसे कवियों ने, जिनके संग्रह का एक खंड ही है : 'दोस्त अहबाब।' परमजीत सिंह, नरेश सक्सेना, विष्णु नागर, मंगलेश डबराल के लिए कविताएँ जितनी निजी हैं उतनी ही सामाजिक भी। यह गहरी मैत्रीपूर्ण सामाजिकता एक निश्छल सादा बयान है। 'शाम' की अन्तिम पंक्तियाँ हैं : 'छीलते हुए करारी मूँगफली/हाथ ठेले पर/विष्णु नागर दिल्ली से आकर/बरास्ते भोपाल शाजापुर जा रहे थे।' यहाँ कवि की भूमिका यह है कि वह भी चलते हुए पैदलः 'तय कर रहा था दूरी/भीतर ही भीतर।' नरेन्द्र जैन 'गिलहरी' पर लिखते हुए अनुभव करते हैं कि गिलहरी की ख़ामोशी विनोद कुमार शुक्ल की खामोशी से मिलती-जुलती है। यह उस दुनिया का बबूल आख्यान कहता है जिसे नरेन्द्र जैन सिर्फ सुनते हैं। जहाँ स्त्रियाँ 'धूप' की तरह तरल थीं। सरल थीं—जैसे जल ! पर न भूलें कि रोटी के लिए हाथ बढ़ाती पृथ्वी भी स्त्री है—वही बेलती तोड़ती सेंकती पकाती है। क्रियाएँ अधिकतर स्त्रियों के बारे में हैं। पुरुष वर्चस्ववाद को देखें तो ज़्यादातर पुरुष कौर तोड़ते हैं या पहाड़ों पर बीड़ी सुलगाते हैं। संगीत और चित्र—जैसी कलाएँ नरेन्द्र जैन के यहाँ एक समवाय बनाती हैं। संगीत यहाँ हमेशा धीमे कोमल स्पर्श की तरह बजता है। यहाँ पानी अपनी भाषा में बात करता है। रघुवीर सहाय इसी को पानी का संस्मरण कहते हैं। यह चित्र भी एकदम रघुवीर सहाय की याद दिलाता है : 'बरसों से/इस चित्र में/खड़ी है यह स्त्री/बरसों से उसकी गोद में एक बच्चा है।' यहाँ भाषा भी एक समूची आवाज है—कीड़े की आवाज, भूस्खलन की आवाज़, चट्टानों के टूटने की आवाज़ ! वही पत्ते के टूटकर गिरने के समय निःशब्द आवाज भी है। घनिष्ठ पर्यवेक्षण के लिए याद रहेंगी जो कविताएँ—उनमें 'अविस्मरणीय' भी हैं : 'बस की भागती गति के मध्य ठहरी/स्त्री की मुसकान भी अविस्मरणीय/सड़क के अवरोध पर उछलते पहियों के मध्य/उसकी नाभि का स्पन्दन भी अविस्मरणीय।'...

'बाँकपन' कविता में स्त्री और पृथ्वी अभिन्न हैं—दृष्टि ही जानती है इस मर्म को ! कोरी सैद्धान्तिकी नहीं। 'घास का बाँकपन देखो/देखो स्त्री की तरह/उम्मीद से' मुहावरा कविता के पाठक जानते हैं। आग और कालिख के बरक्स इस उम्मीद को जानना कविता को जानना है। उसके लिए अतिरिक्त काव्यात्मकता गैर जरूरी है।

विषयान्तर न होगा अगर हम याद कर लें कि एडवर्ड सईद ने मौन से आवाज के बहाने संगीत, साहित्य और इतिहास पर लिखा है। सईद ने संगीत को सर्वाधिक मुक्त फैंटेसी कहा है। उनके अनुसार संगीत को ही भाषा में छनकर भविष्य की श्रेष्ठ कलाकृति बनना है। नरेन्द्र जैन की 'अध्याय' शीर्षक कविता को भाषा में निहित पारदर्शी संगीत की तरह देखें।

कविता का जिक्र भी स्थगित करते हुए नरेन्द्र जैन के शब्द हैं—'यही समय है/कि देखें/ये रात/साँची पर किस तरह गिरती है।' वास्तु या स्थापत्य पर 'शिल्प' कविता सूर्यास्त की कच्ची झोपड़ी का चित्र है पर ज़ेहन में चार्ल्सकोरिया का चंडीगढ़ या भोपाल का भारत भवन आएगा हीः 'यहाँ भीत छापी जा रही/सानी जा रही मिट्टी भूसा मिलाकर/दीवारें पुख्ता हो रहीं लगातार/ठीक यहीं से उठेगा बिम्ब/और पहुँचेगा कला के व्याकरण में !'

गँवई-गाँव के स्मरणों में रोहिणी नक्षत्र का तपना और दूरदराज से आती स्त्रियों का सिर पर मिट्टी के घड़े लेकर चलना अभिन्न क्रियाएँ हैं। यह संकेत है कि जीवन का चलना एक निरन्तर घटना है जैसे घोर शीत-ताप में घड़ों में 'मटमैला जल' चलता है। निराला के प्रति-उपन्यास 'बिल्लेसुर बकरिहा' में बिल्लेसुर को चिड़ियों के नाम याद आते हैं। स्मृति के क्षरण या लोप के दौर में पास या दूर से अनेक पक्षी आते हैं—फाख़्ता, तीतर, कबूतर, मुर्गाबी थोड़ा-थोड़ा आते हैं पर जितना स्पेस चाहते हैं वहीं असंभव है या विरल। 'हंडिया' के आयतन में जीवन का स्वाद नहीं समा पा रहा है। जहाँ हिंसा ही हिंसा है, लोगबाग देगची में उबल रहे हैं। कवि ध्वस्त होती दुनिया के अन्तिम नागरिक से रूबरू होना चाहता है। जब तक जीवन को अन्न की तरह सहेजते लोग हैं : दुनिया बची रहेगी/कविता के अन्त के दौर में बची रहेगी कविता/कविता होकर भी कविताई' से बची रहेगी। संवेदना भी पूरी दुनिया के लिए ख़बर बन सकती है।

नीत्शे ने ज़रथुस्त्र के हवाले से कहा था कि अच्छा है हम हृदयों को ऊँचाई दें पर पैरों को न भूल जाएँ। नरेन्द्र जैन की 'हाथ' कविता पढ़कर इस कथन की याद आई : 'वही हाथ हैं जिन्होंने छुआ अनगिन हाथों को/उठाईं कीलें, आरी, कलम, पत्थर, कहानी, कविता, दृश्य और प्याले/जो तकरीबन ढल चुके हाथ की शक्ल में।' जटिल समय में नरेन्द्र जैन पूछना चाहते हैं : 'कौन होगा वहाँ अन्तिम मुहाने तक।' यह प्रश्न पूछना ग़ालिब से अब तक कविता का अनोखा ढंग है। इसीलिए हमारे उत्तरहीन समय में प्रश्न ही सार्थक हैं वह प्रश्न और उत्तर दोनों हैं।

कहा ज़रूर जा सकता है कि हर कविता के सामने उसका ढंग, मुहावरा और हुनर ही बाधा बना रहता है। पूछा जा सकता है कि अपना एक दूसरा-तीसरा जीवन,

चाहनेवाली कविता मुश्किलों से भरे समय में कब 'अन्तिम मुहाने' पर होगी; जब वह कोई आश्वासन न होगी—एक ईश्वरविहीन समय में वह केवल बेचैन चीख होगी। क्या इसके लिए कविता और छन्द के पूरे ढाँचे को तोड़ना होगा। अकेली कविता तथा अकेला नाटक यह करने में समर्थ न हो, इसलिए कविता के बाहर की लड़ाई भी कवि को लड़नी होगी। शायद हर दिन हमें कविता में और अधिक चौड़ी जमीन चाहिए। तब उसका संगीत भी सिम्फ़नी को भेद कर चीख़ में बदलता नजर आएगा।

कवि का पुनर्जन्म

'कविता का पुनर्जीवन ही कवि का पुनर्जन्म है'—कवि लीलाधर जगूड़ी के यह कहने का विशेष अर्थ होना चाहिए, जिसे हर महत्त्वपूर्ण कवि अपने ढंग से जानता और प्रमाणित करता है। इस कथन की एक और अर्थवत्ता उदय प्रकाश की इधर की ही एक टिप्पणी में निहित है कि कोई भी रचनाकार किसी व्यावहारिक परिभाषा में एकवचन नहीं होता, क्योंकि वह एक व्यक्ति नहीं होता। वह किसी विचार-दर्शन, राजनीति या शैली और विन्यास का उदाहरण नहीं होता। वह एक नहीं, अनेक व्यक्ति होता है। एक चलता-फिरता संग्रहालय। अपने भीतर चलती बहसें और घमासान से भरा हुआ एक संवाद, एक सम्प्रदायबहुल, बहुमतावलम्बी पंथ। अकेला भी और अपने आपमें एक समाज का भरापूरा सार्वभौम गणतंत्र भी। आश्चर्य नहीं कि यह कहते हुए उदयप्रकाश को प्रसिद्ध पुर्तगाली कवि फेरनांदो पेसोवा याद आते हैं जिनका कहना है कि हमारे भीतर एक झुंड निवास करता है, कि हमारी एक से अधिक आत्माएँ हैं।

यह सभी को पता है कि एक युवा कथाकार के रूप में अपनी अलग महत्त्वपूर्ण पहचान बना लेने वाले उदयप्रकाश की चर्चा इधर के लम्बे समय में कवि-रूप में नहीं हुई। और आश्चर्य नहीं कि 'सुनो कारीगर' (1980) और 'अबूतर-कबूतर' (1984) के चौदह-पंद्रह साल बाद के संग्रह 'रात में हारमोनियम' (1998) की भी खास चर्चा नहीं हुई। 'और अंत में प्रार्थना', 'वारेन हेस्टिंग्स का साँड़' कहानी संग्रह कथाविमर्श के केन्द्र में रहे। यह आलोचना की सुविधा, विडम्बना और राजनीति को एक साथ प्रकट करने वाली सचाई है। हम अक्सर एक कृति या कृतिकार को एक बने-बनाये साँचे में ढालकर ही अपने काम का बना पाते हैं जिससे साँचा या प्रतिमान तो एक तरह की वैधता प्राप्त कर लेता है पर कृतियाँ और उसके अंतर्बाह्य संगठन की विकल अद्वितीयता विमर्श का हिस्सा नहीं बन पाती। नेरूदा ने अपने एक आलोचक के इस नुस्खे पर टिप्पणी की है कि नेरुदा की कविता की ऊर्जा को उसकी खुशी ने ग्रस लिया। यानी दुख का रंग गाढ़ा होता तो नेरुदा बड़े कवि होते। नेरुदा का विनोदपूर्ण उत्तर था कि अगर ऐसा नुस्खा चले तो एक रोग से अच्छा गद्य बनना चाहिए और दूसरे रोग से बड़ी या उदात्त कविता—जबकि ऐसा होता नहीं है। ऐसे फ़तवे एक मूर्खतापूर्ण सरलीकरण से ज्यादा अर्थ नहीं रखते। यहाँ यह सब याद करने का प्रयोजन सिर्फ यह है कि क्यों ऐसा नहीं हुआ कि उदयप्रकाश की कविताओं में छिपे उनके कथाकार और कहानियों में छिपी कविता पर सतर्क पाठकों का ध्यान जाता और मूल्यांकन की कोई और नयी समावेशी पद्धति जन्म लेती !

'रात में हारमोनियम' संग्रह की कविताओं को वर्गीकृत करके न देखें तो यह आसानी से दिख जाएगा कि जिस जादुई यथार्थवाद के लिए उदयप्रकाश की कहानियाँ अनेकार्थी जान पड़ती हैं और एक से अधिक पाठ के लिए पाठकों को उत्सुक बनाती हैं उससे मिलती-जुलती अपरिचयीकरण (डि-फेमिलियराइज़ेशन) सरीखी काव्ययुक्ति का इस्तेमाल करके ही उनकी कविताएँ अधिक सार्थक बन सकी हैं। उनकी कविता के गहरे राजनीतिक आशय भी इसी युक्ति के भीतर खुलते हैं। इस दृष्टि से शुरू की कविताओं में 'अर्ज़ी' 'ढेला' और 'चंद्रमा' जैसी कविताएँ पढ़ी जा सकती हैं। 'ढेले' का वृत्तांत अपरिचयीकरण जैसी काव्ययुक्ति का सर्वोत्तम उदाहरण है—जिसमें बचपन की यादें, गंध, ध्वनियाँ और मुहावरे एक सघन अर्थसंरचना बनाते हैं। नगण्यता यहाँ प्रतीक भर नहीं है एक पूरा रूपक है जो एक पूरे जीवन वृत्तांत को ही अर्थव्याप्ति देता है।

वह था क्या एक ढेला था
कहीं दूर गाँव-देहात से फिंका चला आया था
दिल्ली की ओर
रोता था कड़कड़डूमा मंगोलपुरी पटपड़गंज में
खून के आँसू चुपचाप

कैसा दिखेगा इसका व्यवहार ! आचारसंहिताएँ इसका क्या करेंगी ! सभ्यता में क्या होगी इसकी कोई जगह ! क्या होगी इसकी विश्वसनीयता ! सत्ता वर्चस्व को चुनौती देती नगण्यता की यह अर्थछवि अपरिचयीकरण की ही कारगर युक्ति है जो सार्वजनिक वक्तव्य को एकालाप में, एकालाप को सार्वजनिक वक्तव्य में बदलती है। 'ढेले की स्मृति में सिर्फ बचपन की घास थी'/...'लोगबाग चौंके कि ये तो कैसा ढेला है कि रोता भी है आदमी लोगों की तरह'/...'एक दिन एक लड़की ने पढ़ी ढेले की कविता और फिर आया उसे खूब जोर का रोना'। कविता का अन्त ब्रेश्ट के से नाटकीय एलीनिएशन एफेक्ट में। कहाँ कवि का आत्मवक्तव्य जिसमें ढेले के साथ वह अंतर्भुक्त था, यहाँ वाचक या नैरेटर है ! कविता से दूर जाकर एक तटस्थ टिप्पणीकर्ता या नैरेटर !

आदमी लोगो, सुनो !
इस ढेले के भी हैं कुछ विचार
ढेले को भी करनी है बाज़ार में खरीददारी
इस कठिन समय में ढेले का सोचना है
उसको भी निभानी है कोई भूमिका

भाई, कोई है ?
कोई सुनेगा ढेले का मूल्यवान प्रवचन
कोई अखबार छापेगा
लोकतंत्र और मनुष्यता के संकट पर
ढेले के विचार

इसी काव्ययुक्ति से संभव है 'अर्ज़ी' जैसी कविता, जिसमें एक 'मैं' में कई 'मैं' समाये हैं। यथार्थ में असंभव एक और यथार्थ। 'अर्ज़ी' यानी 'विनयपत्रिका' ! पर एक प्रतिरोध की-सी अर्थभंगिमा के साथ। शक्तिशाली सत्ता के नाम चिट्ठी ! निजी नहीं, सार्वजनिक। देखें तो एक युक्ति में कई युक्तियाँ ! जिनमें 'एकालाप' भी सार्वजनिक समूहगान हो सकता है। यह भाषा का छल नहीं, भाषा की ताकत है। 'मैं तो यों ही आपके शहर से गुज़रता/उन्नीसवीं सदी के उपन्यास का कोई पात्र हूँ/मेरी आँखें देखती हैं जिस तरह के दृश्य, बेफिक्र रहें/वे इस यथार्थ में नामुमकिन हैं।' उपभोग वृत्ति के चलन या बाज़ार में प्रचलित उपयोगितावाद पर एक सख़्त टिप्पणी ! एक ओर सत्ता के निर्णय के अनुसार अनुपयोगी, दूसरी ओर प्रतिवाद की-सी शैली में उपयोगिता का एक और तर्क। प्रतिरोध। प्रति-विमर्श।

मेरे जैसे लोग दरअसल संग्रहालयों के लायक भी नहीं हैं
कोई क्या करेगा आख़िर ऐसी वस्तु रखकर
जो वर्तमान में भी बहुतायत में पायी जाती है

वैसे हमारे जैसों की भी उपयोगिता है ज़माने में
रेत घड़ियों की तरह हम भी
बिल्कुल सही समय बताते थे
हमारा सेल ख़त्म नहीं होता था
पृथ्वी का गुरुत्वाकर्षण हमें चलाता था
हम बहुत कम खर्चीले थे
हवा, पानी, बालू आदि से चल जाते थे

अगर कोयला डाल दें हमारे पेट में
तो यकीन करें हम अब भी दौड़ सकते हैं।

भाषा के मर्म के प्रति सजग पाठक देख सकते हैं कि कविता गद्य से कितना काम लेती है और गद्य में कितनी कविता छिपी होती है। एक स्थायी अ-नागरिकता की ठेठ देसी भंगिमा भाषा के जादुई तत्त्व को नये ढंग से सम्प्रेषणीय बनाती है। यदि केदारनाथ सिंह जैसे कवि को लगता है कि उदयप्रकाश की कहानियों के जादुई संसार में प्रवेश करने की सबसे विश्वसनीय कुंजी उनकी कविताओं के पास है, तो न भूलें कि इसका विलोम भी उतना ही सच है। याद करें उदयप्रकाश की कहानियों के कुछ स्थल, तो इसका एहसास अधिक गहरा होगा :

"हमारे सबके भीतर एक-एक खाली खेत है। गेहूँ के कटे हुए ठूँठ हैं। सूखे हुए, पीले पुआल या भूसा। हवा आती है तो पुआल के तिनके उड़ते हैं और एक अवसाद कुछ गहरा हो जाता है।"

"रेवती के चारों ओर कपड़े और साबुन के झाग हैं। सफेद-सफेद फेन पर हजारों

बुलबुले। हर बुलबुले पर धूप सात रंगों में बँटकर चमकती है और उसमें सारा आकाश झलकता है। दोपहर की आँच और खामोशी में साबुन के बुलबुले एक-एक कर फूटते हैं। वहाँ ठंडक होगी, उनकी आवाज धूप पी जाती है। खेती की पीठ चमक रही है।" बहुत उदाहरण देना ज़रूरी नहीं हैं और खोजबीन करके यहाँ बताना भी मुनासिब नहीं है कि एक बीज तत्त्व या बीज अभिप्राय है जो सब कहीं उदयप्रकाश का एक बिम्ब बनाता है। महत्त्वपूर्ण यह है कि एक उदयप्रकाश में कई उदयप्रकाश हैं। एक 'मैं' में कई 'मैं'। इसी अर्थ में उनकी कविता कोई एक साँचा नहीं बनाती है, न ही एक प्रतिमान को मूल्यांकन के लिए पर्याप्त मानती है। उन्हीं की कविता 'दशहरी आम' की अर्थ-छवि है प्रकृति में जीवन-रस की अनूठी प्रतीति। यही है जीवन-राग। राग में स्पर्श, गंध और स्वाद। सघन-ऐन्द्रिक। "कन्ना दी और दित्ता बुआ के घड़े का/सबसे ठंडा पानी/चुराती हैं जड़ें जिसे/धरती के अँधेरे में रेंग कर/"..."दूर पहाड़ों के ऊपर बैठकर/मानसून ने देखा है पोसा है इसे/इसके भीतर अभी तक/एक अदृश्य बारिश हो रही है।"—"इसके भीतर/खाने लायक/पीला कपास है/मीठा।" यह अगर उदयप्रकाश के काव्यानुभव का एक रंग है तो दूसरा रघुवीर सहाय के निकट का 'ब्लैक ह्यूमर' वाला रंग। व्यंग्यविनोद। क्रीड़ा वृत्ति। फिर भी जहाँ अवसाद से मुक्ति संभव नहीं। लेखक का देहान्त। निगमबोध घाट की जगह पंजाबीबाग का चुनाव। निगमबोध का भ्रष्टाचार। पंजाबी बाग की सुविधा। मृत्यु और शोक। सब नेपथ्य में, ओट में चले जाते हैं। एक थके सज्जन से मिलने के बहाने स्मृति में मद्रास और मद्रास में कौवों का होना अर्थहीनता में अर्थवान, अवांतर में प्रमुख होने लगता है।

हमने बहुत बातें की उस दिन, दमे के बारे में, अपनी संतानों, प्रदूषण, मँहगाई,
अपराध और दिक्कतों के बारे में
और कौवों के भी बारे में जो अब खत्म होते जा रहे हैं लगातार
मद्रास में अभी भी काफी हैं उन्होंने बताया
पिछले साल मैं गया था, सच पूछिए तो मैं वहाँ
समुद्र नहीं, कौवों को ही देखता रहा

(अभी हिन्दी के एक स्वतंत्र लेखक की आर्थिक सक्षमता के बहाने अकादमी, संस्कृति सचिव और मानव संसाधन मंत्रालय के आगे गिड़गिड़ाने की स्थिति का व्यंग्य वृत्तांत बाकी है इस आखिरी टिप्पणी के पहले—)

जहाँ इतना सारा पतन हो रहा है
वहाँ एक स्वतंत्र लेखक का कौवों के लिए
यह पतन क्या आप क्षमा नहीं करेंगे ?

विखंडन और विपर्यास की इस पद्धति में रघुवीर सहाय की कला में नया जोड़ने वाला कोई करिश्मा नहीं है, रघुवीर सहाय की 'मरघट' प्रसंग पर लिखी कविता के आगे नया कुछ नहीं है, फिर भी उदयप्रकाश जैसे कवि के लिए एक दूसरे ढंग या एक दूसरे

माध्यम की खोज क्यों ज़रूरी है और इस साहस से वे क्या अर्जित करते हैं, इस पर एक टिप्पणी ज़रूर है। एक नतीजे तक पहुँचना कठिन है कि 'कौए, और लेखक का दिल्ली में देहांत' कविता मुख्यतः क्या बताना चाहती है—मृत्यु और शोक के प्रति संवेदनहीनता या सांस्कृतिक प्रतिष्ठानों में फैला भ्रष्टाचार। इसी के साथ एक और कविता 'बसंत की धूप में महिला, मूँगफली और कुछ लोग' पढ़ सकते हैं। यथार्थ और अयथार्थ, त्रासदी और खेल। सब एक दूसरे में गड्डमड्ड। कविता एक तरह का कथाविनोद है—कथानक रहित हास्यप्रधान नाटक ! पर अचानक जहाँ कविता ख़त्म हो रही है, प्रच्छन्न, अयथार्थ और अर्थहीन में स्पेस बनाता कथानक उभर आता है और हम तय नहीं कर पाते कि हँसें या कि रोएँ !

दोपहर का एक बज चुका था
धूप तेज़ हो चुकी थी और
वहाँ पर सिर्फ मूँगफलियों के छिलके पड़े हुए थे
और एक महिला बैठी थी अकेली
मूँगफली का आखिरी दाना चबाते हुए
अपने बीमार पति और अमीर प्रेमी के बीच
उसने अचानक जाना कि वह भी है एक मूँगफली ही अन्ततः

देखो,
देखो, वसंत की धूप में
मूँगफली के छिलकों के बीच रोती हुई
एक अकेली असफल महिला
कितनी दारुण होती है

क्या कहेंगे इसे ! एक मूर्खतापूर्ण मानवीय स्थिति के अन्तर्विरोधों को प्रकट करती विडम्बना ! या कवि-वक्तव्य को अतर्क्य और गूढ़ बनाता एक विडम्बनामूलक मुखौटा ! जो अक्सर यथार्थ को धुँधला बनाता है और अयथार्थ को तीखा और चमकीला बनाता है। ज़रूरी नहीं कि यह हुनर हमेशा कविता के काम आये। कभी कवि को उठा सकता है और वह एक संत की-सी कबीरी भंगिमा और दृढ़ता पर कहीं ज्यादा भरोसा कर सकता है। इस अर्थ में संग्रह की अंतिम कविता 'हम हैं ताना...हम हैं बाना' तमाम फंतासियों पर भारी पड़ती है और पद-शैली के-से लहजे को अधिक काव्यात्मक अधिक विश्वसनीय ठहराती है।

हम हैं ताना, हम हैं बाना।
हमीं चदरिया, हमीं जुलाहा, हमीं गजी, हम थाना।

नाम पता, ना ठौर ठिकाना, जात धरम ना कोई
मुलक-खलक, राजा-परजा हम, हम बेलन, हम लोई।
हम ही दुलहा, हमीं बराती, हम फूंका, हम छाना।।

जब सांस्कृतिक राष्ट्रवाद के छद्‌म के साथ बर्बर किस्म का नया फासीवाद संस्थाओं से व्यक्तियों तक 'असली' 'मूल' 'प्राक्-ऐतिहासिक' 'आर्य' के नाम पर अपनी मनमानी आचार संहिताएँ (पाठ्‌यक्रम-परिधान-संस्कृति सम्बन्धी) आतंकपूर्ण वातावरण में लागू करने पर आमादा है तो उसका प्रतिवाद या प्रतिरोध हमारे समय की कविता का ज़रूरी मुद्दा है। ऐसे प्रतिरोध के लिए उदयप्रकाश हर बार एक नया मुहावरा खोजते हैं। 'तीली' और 'ईलू ईलू' कविताओं को एक दूसरे के साथ पढ़ें। जहाँ 'तीली' में सीधे 'बाबरी मस्जिद कांड' की ओर इशारा है—'एक रुपये का चाकू बीस पैसे की ब्लेड, दो पैसे की तीली/या किसी अपराधी का मामूली-सा पराक्रम/ज़रूरत से कुछ ज्यादा ही है/मोनालिसा की रहस्यपूर्ण उस हँसी की हत्या के लिए' के ठीक बाद का प्रसंग है—

डेढ़ किलो का मटिया लोहे का एक घन
स्थापत्य के इतिहास में संगमरमर के
सबसे ज़हीन और सबसे अद्‌भुत गुम्बद को मलबे में बदलने के लिए
एक अँधेरा कोना
एक जरा-सी फुर्ती

वहीं यह टिप्पणी भी कविता का ही ज़रूरी हिस्सा है : 'सबसे संक्षिप्त और सबसे सरल है/सबसे लंबी और जटिल प्रक्रिया में बनी/चीज़ों को ख़त्म करना'। यद्यपि जिनका मकसद विध्वंस है उनसे लड़ने के लिए कोई निष्कर्ष मूलक कथन निरर्थक ही होगा। प्रतिवाद या प्रतिरोध को विचार में बदलने के लिए 'ईलू-ईलू' का व्यंग्यविनोद कहीं ज्यादा कारगर है। यहाँ जिस आतंकवाद को कुलीन सत्तावाद का प्रकट या प्रच्छन्न समर्थन हो उसे मखौल भर मानने की लापरवाही या बेफिक्री नहीं है। यह व्यंग्य बेधक है, विचलित करता है, हर दिन के सत्तापक्ष के झूठ को नंगा करने वाला है।

जिनके बारे में यह भी संदेह है
कि वे कभी पैदा भी हुए थे
एक दिन अचानक वही तय करने लगेंगे
कि कैसी रखनी चाहिए पुरुषों को अपनी मूँछें
भले नागरिकों को नहीं खानी चाहिए
कौन-कौन सी सब्जियाँ

स्त्रियों को साड़ी कहाँ से बाँधनी चाहिए
अपनी देह और पति की दौलत पर
कितना होना चाहिए उनका हक

उदयप्रकाश संयमी-सुसंस्कृत-शालीन कवि-भर नहीं हैं, जिनका काव्यादर्श इतना अनिंद्य इतना पारदर्शी हो—कि सच्चे कवि-कर्म को इस अचूक ढंग से परिभाषित कर सके : "कि वही है सच्चा कवि, जिसका शरीर रात में चमकता है/चंद्रमा की तरह/जो जानता है समुद्र के बुखार के बारे में/बजाता है संसार के सारे घंटाघरों को

नियमपूर्वक/जीवन भर/लगातार।'' यों इसी अचूक जान पड़ती परिभाषा में समय की सबसे बुरी खबरें देने का जोखिम उठाने का दुस्साहस भी व्यंजित है। स्त्री-यातना के विस्तृत वृत्तांत इन्हीं कविताओं में हैं। ताकतवरों का बर्बर वर्चस्व इन्हीं प्रसंगों में है। आत्मदया आत्मव्यंग्य के तमाम ढंग भी इसी जटिल रहस्य को भेदने के हथियार हैं। कविता में कई जगह वक्रोक्ति नहीं, विस्फोट है। चीख़ है। हाहाकार है। निजी से सामूहिक। सामूहिक से निजी। स्त्रीवाद अगर पुरुषसत्तात्मक वर्चस्व के विरुद्ध प्रतिरोधात्मक कार्रवाई है तो इसे महज मनोशारीरिक लाक्षणिकताओं में सीमित करना मुश्किल है। 'औरतें' कविता का अंत ब्यौरों में जाकर ही इस रूप में संभव है। अतिकथन को अनिवार्य बनाकर ही कविता यहाँ सार्थक है :

हजारों-लाखों छुपती हैं गर्भ के अँधेरे में
इस दुनिया में जन्म लेने से इंकार करती हुई
वहाँ भी खोज लेती हैं उन्हें भेदिया ध्वनि तरंगें
वहाँ भी, भ्रूण में उतरती है हत्यारी कटार

स्त्री-विमर्श के दायरे में ही 'पंचनामे में जो दर्ज नहीं है'—जैसी लम्बी कविता एक दहशत पैदा करने वाला बयान या मसविदा है। यथार्थ यहाँ फंतासी से अधिक भयावह, अधिक क्रूर, अधिक जटिल है जिसके ब्यौरे इतिहास से, स्मृति से, धर्मशास्त्र और परिवारों से, संश्लिष्ट और न्यायकारी कही जाने वाली संस्थाओं से चुने गये हैं। जरूरी नहीं कि उनमें क्रम हो। क्रमहीन होना, असंगत होना, दर्ज न होना उनकी नियति है।

यह तथ्य पंचनामे में पुलिस दर्ज नहीं करती
लेकिन हर कोई इसे देख सकता है
कि ठीक मृत्यु के बाद
एक बहुत सघन
एक बहुत स्वतंत्र-सी हँसी उनके होंठों पर आती है

उनके शव के इर्द-गिर्द और उनके शरीर पर पाई गई
चीज़ों और चोटों की सूची में इस हँसी का
ब्यौरा अक्सर छूट जाता है

कविता के मसविदे में यातनाएँ ही यातनाएँ हैं—उत्पीड़न के असंख्य रूप—'हँसी' कहीं नहीं है—जैसे वह एक अवांतर प्रसंग है। पर कुछ है, कि इसी अवांतर को कविता में अधिक अर्थवान बनाता है। अपनी एक टिप्पणी में उदयप्रकाश समय के सूचना विस्फोट के बारे में कहते हैं—''ज्ञान, सूचना, संप्रेषण के इस विराट पूँजीवादी उद्योग ने महाशोर का ऐसा साम्राज्य निर्मित कर डाला है जिसमें सारा समाज विमूढ़, दिग्भ्रमित, बहरा, गूँगा और अंधा हो गया है। वह सिर्फ वही सुन रहा है जो उसे सुनाया जा रहा है। वही देख रहा है, जो उसे दिखाया जा रहा है।'' (ईश्वर की आँख, पृष्ठ 29) कहने की ज़रूरत नहीं कि उपर्युक्त प्रसंग में 'हँसी' को झेल पाना ज्यादा मुश्किल है इसलिए

देखकर भी उसे नहीं देखा जा रहा है। वह अवांतर प्रसंग है। हिंसा ब्यौरों में है, तफसील में है और इस संवेदनहीन समाज में बहुतों के लिए मनोरंजन है। पर 'हँसी' न समझ में आने वाली है, न सहनीय है।

'रात में हारमोनियम' की कविताओं में करुणा और क्रोध, हताशा और उम्मीद, हिंसा और प्रेम, हत्या और विलोप के साथ चीजों को बचाने के अनेक अनुभव हैं जो उदयप्रकाश के काव्यफलक को विरल वैविध्य देते हैं। उनके जरूरी पाठ के लिए वर्गीकरण-सरीखी आलोचनात्मक युक्ति से इनकार जरूरी है। क्योंकि कई बार एक ही कविता के अनेक रंग हैं। उन्हें एक-सी संरचना में देखना तक कठिन है। जहाँ स्त्रियाँ तन्दूर में जलायी जा रही हैं, वहीं वे सिल रही हैं, पका रही हैं, रच रही हैं और लगातार बनाने के उपक्रम में खट रही हैं। विडम्बना यह है कि वे हर हाल में अनुत्पादक मान ली गयी हैं। उनका सजना-सँवरना तो दिख रहा है, रात-दिन खटना नहीं दिख रहा है। वास्तविकता यह है कि जो चमकीले बिम्बों में प्रकट है, दृश्य है वह सच नहीं है। सच वह है जो परदे के पीछे है, दृश्य नहीं है। 'परदा' कविता के शुरू की ही पंक्तियाँ हैं—"परदे के बाहर कभी भी नहीं गिरेंगे/उस स्त्री के आँसू/उसके लिए इतने और ऐसे असह्य/दुख लिखे हैं/किसी अत्याचारी पुरुष ने।" और अन्त में स्तब्धता और शोक से परे यह दृश्य—"फिर एक विराट स्त्री/विटामिन के साबुन से नहायेगी/सबकी आँखों के सामने साक्षात्/और हँसती रहेगी पानी के नीचे...।" जहाँ इतनी कविता दिखाई जा रही है कि जीवन दिखाई नहीं दे रहा है, जहाँ इतनी हिंसा दिखाई जा रही है कि प्रेम दिख नहीं रहा है, जहाँ सत्तात्मक झूठ का विराट समुच्चय है कि सच का होना महज अफवाह है, जहाँ सब कुछ खत्म हो रहा है वहाँ 'बचाने' का कोई भी प्रयत्न या मुहावरा नास्टेल्जिया कहकर नकार दिया जा सकता है। पर यहीं उदय प्रकाश हैं कि नास्टेल्जिक होने का खतरा उठाते हैं और कविता में लिख सकते हैं—

बचाना ही हो तो बचाये जाने चाहिए
गाँव में खेत, जंगल में पेड़, शहर में हवा,
पेड़ों में घोंसले, अखबारों में सच्चाई, राजनीति में
नैतिकता, प्रशासन में मनुष्यता, दाल में हल्दी

क्या यह सरल अबोध आशावाद-भर है या कवि के कवि होने के दंभ पर निर्भर शाब्दिक महत्त्वाकांक्षा-जैसा ही अन्दाज़े-बयाँ ! या कि नाउम्मीदी के विरुद्ध कड़ियल उम्मीद !

सरदार जी, आप तो बचाइये अपनी पगड़ी
और पंजाब का टप्पा
मुल्ला जी, उर्दू के बाद आप फिक्र करें कोरमे के शोरबे का
ज़ायका बचाने की
इधर मैं एक बार फिर करता हूँ प्रयत्न
कि बच सके तो बच जाये हिंदी में समकालीन कविता

यों, न भूलें कि यह कविता अग्रज कवि ज्ञानेन्द्रपति के लिए लिखी गयी है जो ठेठ जातीय हिन्दी की लुप्त होती ध्वनियों और क्षरणशील शब्द-सम्पदा को बचाने के प्रयत्न के साथ हिन्दी की समकालीन कविता को और और हिकमतों से बचाने का प्रयत्न कर रहे हैं। उनके काव्यप्रयत्नों पर अलग से विचार करने की जरूरत होगी। यहाँ 'बचाना' उदयप्रकाश का अपना अर्थपद है जिसे 'उजाला' और 'परछाईं' जैसी कविताओं के साथ पढ़ा जाना चाहिए। 'हम होंगे हवा अपने शरीर में भरकर तुम्हारी साँस/किसी डाल को जोर-जोर से हिलायेंगे/कि मन बँटे तुम्हारा/घर में बटलोई में स्वाद होकर उबलेंगे हम/धुआँ बनकर चढ़ेंगे मुंडेरों पर/रास्ते में पोखर का ठण्डा-मीठा पानी होकर/मेटेंगे तुम्हारी प्यास !'

उत्तर आधुनिक समय के जादुई यथार्थ और फंतासी और अतियथार्थवाद (सुर्रियलिज़्म) की कला के साथ उदयप्रकाश इस सीधे सरल ठेठ देशज रंग को भी बचाये हुए हैं। इसी मर्म से परिचित होकर हम देख पाते हैं कि 'एक' कवि में 'कई' कवि हैं। एक उदयप्रकाश में कई उदयप्रकाश। याद करें, उनकी टिप्पणी : 'एक देह, अनेक आत्माएँ' ! अभी इतना ही।

गद्य का छंद और कविता का गद्य

"गद्य-वद्य कुछ लिखा करो। कविता में क्या है।
आलोचना जगेगी। आलोचक का दर्जा—
मानो शेर जंगली सन्नाटे में गर्जा
ऐसा कुछ है।..."

—त्रिलोचन
(उस जनपद का कवि हूँ)

अगर **त्रिलोचन** जैसे कवि से व्यंग्यपूर्वक कभी ऐसा कुछ कहा भी गया होगा, तो यह भूलकर नहीं, कि त्रिलोचन की **कविता** में आने वाला **गद्य** कुछ यों ही नहीं है। संभव है पहले किसी ने यह अनुमान न किया हो कि त्रिलोचन की कविता में आने वाला **गद्य** प्रभाव में इस हद तक **विस्फोटक** होने वाला है कि **आने वाली पीढ़ियाँ** उन्हीं के बहाने गद्य की नयी ताकत या नयी संभावना पहचान सकेंगी। इतिहास में जब-तब ऐसा होता है कि जहाँ **पहले के कवि** बाद के कवियों को रास्ता दिखाते हैं, वहीं **बाद के कवियों** की पहचान बनने के साथ पहले के कवि पहचाने जाते हैं और खोज कर पढ़े जाते हैं। यह हमारे सामने ही हुआ है, जब अज्ञेय के रास्ते पर आधुनिकतावाद का बेहद कृत्रिम बौद्धिक मुहावरा बनाने वाले कवियों ने कुछ समय के लिए **नागार्जुन** और **त्रिलोचन** जैसे कवियों को गुमनामी के अँधेरे में ठेल दिया और वे ही कवि तब न सिर्फ पहचाने गये, बल्कि केन्द्र में आये, जब **अरुण कमल, राजेश जोशी** की युवा कवि-पीढ़ी सामने आयी और उसने कविता में जीवनधर्मी आवेगों के साथ सादगी की नयी अर्थवत्ता भी प्रमाणित की। इसी को **परम्परा** कहते हैं—परम्परा से **अलग** होने के लिए भी परम्परा में **होना** जरूरी है। यह **रचनात्मकता** का अनिवार्य **अन्तर्विरोध** है। अगर **त्रिलोचन** गद्य का छंद पहचानते हैं और कविता में गद्य की उपस्थिति को अधिक अर्थवान बनाते हैं तो उनकी परम्परा में होकर और उन्हें एक अर्थ में कवि-गुरु मानकर भी **केदारनाथ सिंह** गद्य की ताकत और भंगिमा और तरह से पहचानते हैं।

मैंने शक नहीं किया
हो लिया उनके साथ
तब से कितना समय बीता
हम अब भी चल रहे हैं

आगे आगे कवि त्रिलोचन
पीछे-पीछे मैं

—केदारनाथ सिंह (बाघ)

केदारनाथ सिंह का अपना व्याकरण और अपना काव्य-तर्क है—"मैं **बोलता** हूँ इसलिए **लिखता** हूँ। मनुष्य के इतिहास में लिखना बोलने का अनुवर्ती है—लगभग यही बात रचना-प्रक्रिया पर भी लागू होती है। मुझे लगता है कि जब मैं **लिख रहा हूँ** तो असल में मैं **बोल रहा** हूँ।" उन्हीं के तर्क के अनुसार चलें, तो बाहर भीतर का एक मूक संताप भी **गद्य का** छंद रचता है। गद्य ही कविता को एक तरह का **स्पेस** देता है, जिसके भीतर भाषा की अनेक **गतिविधियाँ** रूप लेती हैं। हर महत्त्वपूर्ण कवि इन्हें अपने ढंग से पहचानता है। **रघुवीर सहाय** कविता में **'सुंदर सुगठित गद्य'** का भी पक्ष लेते हों, तो इससे उनकी अपेक्षाएँ और हैं। यहाँ भाषा का **परिष्कार** ही सब कुछ नहीं है—भाषा की **जीवंतता** और **सक्रियता** कहीं अधिक महत्त्वपूर्ण है :

सुंदर सुगठित गद्य, *सहृदय के हाथों लिखा*
पढ़ते-पढ़ते चित्र, यात्राएँ करने लगा
स्मृतियों का इहलोक, किसी और ने था रचा
भूले बिसरे मित्र, किन्तु मुझे मिलने लगे
उनका अपना कथ्य, ***वही गद्य कहने लगा***

—रघुवीर सहाय (गद्य)

2

'छंद' शब्द अपने आपमें एकार्थवाची नहीं है पर आरंभिक रूप में कह सकते हैं कि **छंद** अगर **प्रगीतात्मक** रचनाओं का **नियामक** है और प्रयोक्ता अर्थात् कवि को रास्ता दिखाता है, तो **मुक्तछंद** के विन्यास में **नये ढंग** की कविताओं का **नियामक गद्य** है। कह सकते हैं कि **अच्छी कविता** का नियामक **अच्छा गद्य** है। यहाँ अच्छा गद्य कहने का विशेष अर्थ है—यानी गद्य के रूप में जो कुछ उपलब्ध है, सबका सब अच्छा गद्य नहीं है। अच्छा गद्य अच्छा गद्य क्यों है, कहना कठिन है। जैसे अच्छी कविता को परिभाषित करना कठिन है। आधुनिक बोध की कविता संभव ही हुई है—**गद्य** की **नयी पहचान** के साथ। आधुनिकता की पहली आहट पहचानने वाले कवि **रवीन्द्रनाथ** ने गद्य में भी कविताएँ लिखी हैं और गद्य में लिखी कविता पर विचार भी किया है। 1939 के **'गद्य काव्य'** नामक व्याख्यान में उन्हीं के शब्द हैं—"तर्क यह चल रहा है कि गद्य का रूप लेकर काव्य आत्मरक्षा कर सकता है कि नहीं। इतने दिन तक काव्य को जिस रूप में देखा गया है और उसे देखने के साथ आनंद का जो सम्बन्ध है, गद्य-काव्य में उसका व्यतिक्रम होता है। केवल प्रधान का व्यतिक्रम नहीं, उसके स्वरूप में भी व्याघात हो रहा है। इस समय तर्क का विषय है कि काव्य का स्वरूप एकांत भाव से **छंद बद्ध**

सज्जा के ऊपर निर्भर करता है या नहीं। कुछ लोग सोचते हैं कि करता है, मैं सोचता हूँ कि नहीं करता।''

इसी क्रम में रवीन्द्रनाथ आगे कहते हैं–''**काव्यभाषा** का एक वजन होता है, समय होता है, उसी को **छंद** कहते हैं। गद्य को ऐसी कोई चिन्ता नहीं होती, वह छाती फुलाकर चलता है।'' गद्य की इस मुक्ति का भी अपना कोई **अन्तर्नियम** या अनुशासन होता जरूर है। यह मुक्ति सार्थक नहीं है। इसीलिए काव्यानुभव की गुणवत्ता के साथ कविता के गद्य का जितना महत्त्व है, उतना ही गद्य के छंद का भी है। रवीन्द्रनाथ न केवल अलंकृत पदक्षेप से सुघर चलने वाली किसी तरुणी की चाल में संतुलन की रक्षा का एक स्वाभाविक नियम देखते हैं, उसमें उन्हें **'अशिक्षित छंद'** दिखाई देता है जो उसके **रक्त** में होता है। गद्य-काव्य की चाल भी ऐसी ही है–अनियमित उच्छृंखल गति नहीं **संयत** पदक्षेप। यहाँ रवीन्द्रनाथ मानते हैं कि गद्य काव्य क्या है, इसे परिभाषित कर पाना कठिन है, पर यह भी मानते हैं कि उसका काव्य-रस ऐसा है जो युक्ति देकर प्रमाणित करने की चीज नहीं। यहाँ इस काव्य-रस को लक्षणबद्ध न करना ही अच्छा !

निराला यदि **मुक्त छंद** के पक्ष में कविता की मुक्ति का सवाल उठाते हैं तो सहज ही अनुमान किया जा सकता है कि इसके पीछे उनका एक तरह का अन्तःसंवाद **रवीन्द्रनाथ** से स्थगित नहीं रहा होगा। यह सही है कि निराला **रवीन्द्रनाथ** से एक तरह का **द्वन्द्वात्मक** सम्बन्ध बनाते हैं। जिस दशा में उनका विकास हुआ, वह **स्वीकार अस्वीकार** दोनों का सूचक है। आखिर उन्होंने रवीन्द्रनाथ की कविता की पैरोडी भी लिखी ? पर जहाँ तक छंद और कविता की मुक्ति या कविता में गद्य की-सी उन्मुक्तता का सवाल है, **निराला** के शब्द हैं : ''**मुक्त काव्य** कभी साहित्य के लिए अनर्थकारी नहीं होता, प्रत्युत उससे साहित्य में एक प्रकार की **स्वाधीन चेतना** फैलती है, जो साहित्य के कल्याण की ही मूल होती है। जैसे बाग की बँधी और वन की खुली हुई प्रकृति दोनों ही सुंदर हैं, पर दोनों के आनंद तथा दृश्य दूसरे-दूसरे हैं। जैसे **आलाप** और **ताल** की रागिनी।...पर इसमें संदेह नहीं कि **आलाप** वन्य प्रकृति तथा मुक्त काव्य-स्वभाव के अधिक अनुकूल है।'' आश्चर्य नहीं कि **त्रिलोचन** जैसे कवि को अपना काव्यविधान या काव्यरूप चुनते हुए अगर **'सानेट'** को चुनना पड़ा तो यह 'विजातीय' छंद बनकर नहीं आया, निराला जैसे कवि की विषम काव्य-भूमि और कविता में स्वच्छन्द विचरण की क्षमता के प्रभाव से ही आया। आज जब कविता में गद्य की प्रतिष्ठा का नया मर्म ग्रहण करते हुए कविता में अँटने वाले **आख्यान**-रूपों तक विचार जारी है, देखें कि क्या त्रिलोचन के सानेट रास्ता चौड़ा न होते हुए भी आत्मकथा या आत्मआख्यान बनकर नहीं आते। **गद्य का छंद** और **कविता का गद्य** दोनों की **संश्लिष्टता** देखने के लिए किसी **'सानेट'** का चुनाव त्रिलोचन की बुनियादी काव्य प्रकृति को समझने के लिए किया जा सकता है।

वही त्रिलोचन है, वह–जिसके तन पर गन्दे
कपड़े हैं। कपड़े भी कैसे–फटे लटे हैं

यह भी फ़ैशन है, फ़ैशन से कटे कटे हैं।
चलना तो देखो इसका–
उठा हुआ सिर, चौड़ी छाती, लम्बी बाँहें,
सधे कदम, तेजी, वे टेढ़ी मेढ़ी राहें
मानो डर से सिकुड़ रही हैं...

इससे भी अधिक सार्थक हो सकता है, **'सानेट'** जैसे त्रिलोचन के अपने आजमाए छंद के अन्तर्निहित क्लासिकी संगठन के बरबस **'नगई महरा'** जैसे वृत्तांत का पाठ। यह भी त्रिलोचन के काव्य स्वभाव और कविता में गद्य के महत्त्व को ठीक-ठीक समझने के लिए। याद करें **नामवर सिंह** ने *आलोचना : 82* (जुलाई-सितम्बर 87) में संपादकीय के रूप में त्रिलोचन के लिए **नये काव्यशास्त्र की माँग** करते हुए एक लेख लिखा था जिसमें **'चम्पा काले काले अच्छर नहीं चीन्हती'** और **'नगई महरा'** जैसी कविताओं की व्याख्या वाक्यविन्यास में गद्य और बोलचाल के लहजे का महत्त्व बताने के लिए की थी। उनका ध्यान इस ओर विशेष रूप से गया कि **"वाक्य-विन्यास गद्य** का है लेकिन उसमें एक **अन्तर्निहित लय** है–**वर्णन** में भी और **संलाप** में भी।" 'नगई महरा' को त्रिलोचन की प्रौढ़ कृति मानते हुए फिर इसी पक्ष पर बल था: **"गद्यात्मक** पर भी जोर ज्यादा। सायास किन्तु बातचीत का लहजा और भी स्वाभाविक। लय भी सुरक्षित, सन्तुलित।" ध्यान दें, तो लय बहुत सुरक्षित या संतुलित न भी हो, तो गद्य ही कविता का ठाठ रचने में समर्थ है। **गद्यात्मकता** भी सहज ही, अर्थात् **बातचीत की लय** के अनुरूप !

मैं बाहर निकला तो सोचता हुआ निकला
आज जो हुआ वह केवल आज ही हुआ है
और मैंने आज के उड़ंछू शब्दों को
पकड़ पाने के लिए अपने मन को
उद्धत कर दिया
ऐसा कम होता है बहुत कम
जब शब्द किसी समय जी से बतियाने लगें...

3

निराला के प्रभाव से अछूते नहीं हैं–**त्रिलोचन** की तरह **रघुवीर सहाय** भी। दोनों मैथिलीशरण गुप्त की खड़ी बोली के विन्यास को महज ऐतिहासिक महत्त्व नहीं देते। दोनों कविता में गद्य के महत्त्व को और इसीलिए वाक्य के महत्त्व को स्वीकार करते हैं। **'नये पत्ते'** की कविताएँ पढ़ते हुए अक्सर **रघुवीर सहाय** की ओर ध्यान जाता है। कभी-कभी गद्य के ही विन्यास के कारण **विष्णु खरे** की ओर। पर गद्य का लहजा है सबका अपना !

अर्थात् अपना ही छंद ! अपनी ही आवाज से चालित। गूँज पैदा करने में सक्षम। पर जरूरी नहीं कि हर बार सुनाई दे। '**चुप** की भी तो अपनी भूमिका होती है आवाज में। देख सकते हैं कि कवियों की दुनिया में जितनी **आवाज** की पहचान है उतनी ही **चुप** की पहचान भी है। दोनों गद्य की-सी बनावट में ही संभव है। छंद ही क्यों, गद्य भी अप्रत्याशित का कारण है। अपनी **बनावट** में अस्तव्यस्त पर **अचूक**। छंद से परे गद्य ही है, पर **बोले जाने** से ही कविता का रूप लेता है। **'काव्यात्मक'** का **निषेध** करके भी कविता :

"मेरा सर्जनात्मक सुख यह जानने में है कि मैंने अपने को कहाँ तोड़कर एक नई बस्ती बसाई है और यदि यह भी कमोबेश देख सकूँ कि वह नई सृष्टि मेरी पुरानी बस्ती को उजाड़कर बनी है तो क्या कहने।"

(रघुवीर सहाय : घुटन के बाहर)

इसे क्या कहेंगे—**सपाटबयानी !**

कभी कविता की आलोचना में **काव्य बिम्ब** के विरुद्ध **सपाटबयानी** का महत्त्व बताया जा रहा था। **धूमिल** जैसे कवियों के संदर्भ में उसकी सार्थकता हो सकती थी। बाद में **रघुवीर सहाय** जैसे कवि को पढ़ते हुए जहाँ उनके गद्य और गद्य में भी **वाक्य** का महत्त्व कहीं अधिक सार्थक और मूल्यवान जान पड़ा, वहीं इस विशेषता पर भी ध्यान गया कि यहाँ तो **बिम्ब** के **विरुद्ध** नहीं, **बिम्ब के साथ,** बिम्ब के **समानान्तर** वाक्य की क्षमता पहचानी जा सकती है।

जब उसको गोली मारी गयी
फोटो से जाना क्या पकता था चूल्हे पर
बेटे ने बैठकर अपना मुँह दिखलाया
लाश का ढँका था मुँह।

(कुछ पते कुछ चिट्ठियाँ/पृष्ठ 76)

रघुवीर सहाय के यहाँ **वाक्य-गति** की भिन्नताएँ तो पहचानी ही जा सकती हैं—'सीढ़ियों पर धूप में' से 'कुछ पते कुछ चिट्ठियाँ' तक पर उनके यहाँ **कथा तत्त्व** या **नाटकीयता** सब कहीं एक-सी नहीं है। **राजेश जोशी** ने रघुवीर सहाय के गद्य की भंगिमाओं पर विचार करते हुए अनुभव किया है कि **कथा तत्त्व** की जगह एक तरह की **निबन्धात्मकता** भी उन्हें कवि-कर्म का जरूरी हिस्सा जान पड़ी है जहाँ **ब्यौरों** से ही नहीं, **विश्लेषण** से भी इनकार नहीं है। **'दयावती का कुनबा'** में दोनों तत्त्व हैं—**कथा** भी (यह एक लम्बी कहानी है/वहाँ से शुरू करें/जब इस सदी के आरंभ में/दयावती घर से विदा हुई...), **ब्यौरे** भी (प्राकृतिक इलाज इस गरीबी में असंभव था—महँगी दवाओं के विष से वह मारा गया), और **विश्लेषण** भी (यह सब संक्षेप में मैंने बताया है/क्योंकि दयावती की कहानी बहुत लम्बी है...)। यह भी जरूरी नहीं कि हम एक ही तरह से इन कविताओं को पढ़ें। इस पाठ-भेद में गद्य और बातचीत का लहजा ही हमारी मदद करता है।

4

यहाँ कविता में **गद्य** की **ताकत** कहाँ है, यह देखने के लिए फिलहाल तीन **कविता संग्रहों** पर विचार कर सकते हैं, क्योंकि ये विशेष रूप से **गद्य** के काव्यात्मक इस्तेमाल की **विभिन्नताएँ** समझने में भी सहायक हो सकते हैं। त्रिलोचन जैसे कवि की परम्परा की पहचान में भी शायद इनसे मदद मिल सकती है—यह मान कर भी, कि **परम्परा** अपने आपमें कोई सर्वानुमोदित शब्द नहीं है—परम्परा **तोड़कर** भी बनायी जाती है—एक कोई दूसरी या तीसरी परम्परा। एक कवि भी अपनी बनायी परम्परा को तोड़ता है। संग्रह हैं—**'दो पंक्तियों के बीच'** (राजेश जोशी), **'रात में हारमोनियम'** (उदय प्रकाश), **'यह मुखौटा किसका है'** (विमल कुमार)।

राजेश जोशी के संग्रह 'दो पंक्तियों के बीच' में **'सहायक क्रिया'** कविता को देखें और फिर संग्रह के बाहर जाकर अभी-अभी 'शब्द' (सं. केदारनाथ सिंह) : एक में उनकी कविता **'अनुस्वार'** पढ़ें, तो सबसे पहले ध्यान इस ओर ही जाएगा कि एक कवि किस तरह भाषा की थाह लेता है, भाषा के मर्म में प्रवेश करता है, और व्याकरणिक इकाइयों तक को सजीव मानकर उन्हें सावधानी से बरतना चाहता है। देखने की चीज यह भी है कि अक्सर कविता का गद्य ही इस जादू या तिलिस्म को जानने और पढ़ने का जरिया है। अपील, सम्बोधन, वक्तव्य या नाट्य जैसी भाषा के जाने-पहचाने रेटॉरिक का सफल इस्तेमाल करने वाले कवि को—(जिस युक्ति ने उसे अपने ढंग की लोकप्रियता भी दी होगी)—अब जरूरी लगता है कि भाषा की 'बनक' को और गहरे उतरकर देखें। **'सहायक क्रिया'** कविता में भाषा की पहचान कहीं भाषा से अधिक की पहचान भी है।

हमारी भाषा की कुछ बनक ही ऐसी है
कि बिना सहायक क्रिया के उसका काम लगभग नहीं चलता

वाक्य में वह अपने आप तलाश लेती है अपनी जगह
उसकी जगह में बहुत ज्यादा हेरफेर संभव नहीं

अक्षरों और मात्राओं के हिसाब से वह एक बहुत छोटी इकाई है
बहुत छोटी है उसकी आवाज
लेकिन फिर भी सुनाई देती है वह सबसे ज्यादा

कविता यह भी बताती है कि एक समय गीत और प्रगीत लिखने वाले बड़े-बड़े दिग्गज (याद करें तो छायावादियों में श्रेष्ठ सुमित्रानंदन पंत !) उसे भाषा से बाहर करने पर आमादा थे। पर ''जीवन के व्यापक गद्य' में उसकी उपस्थिति अनिवार्य ही बनी रही। अन्त में कवि के शब्द हैं :

*उसके आने से पूरे पद में एक अजब **ठसक**-सी पैदा हो जाती है*

वह जितनी चुप चुप सी लगती है उतनी ही ज़िद्दी भी है
*वह चाहे तो गड़बड़ा सकती है **पूरे वाक्य** को*
***अकेले** ! !*

आश्चर्य नहीं, कि भाषायी व्यवहार या बर्ताव से आगे जाकर भी कविता अपना अर्थ खोलती है। इसी दृष्टि से **'अनुस्वार'** कविता में अनुस्वार को एक नगण्य चिह्न की तरह नहीं पढ़ा जा सकता।

वह स्वर का अनुसरण करता हुआ आता है
और कभी-कभी एक वचन को बहुवचन में बदल देता है

या कभी-कभी दिखाई देता है वह ओस की एक बूँद की तरह
जो अटकी रह गयी है द्वितीया के चाँद के बीचोबीच

वह शब्द के पीछे खड़ा हो या शब्द और व्यंजन के बीच
उसकी अनुगूँज बनी रहती है शब्द के बाद भी
कई बार तो उसकी अनुपस्थिति में भी...

'उसकी गृहस्थी' कविता जैसे हर दिनचर्या का चलता-फिरता **नाटक** है। यह और तरह का **गद्य** है जिसमें **संवाद** हैं और **खामोशी** है, **प्रतिरोध** है और **स्वीकार** है, **प्रश्न** है और **उत्तर** जरूरी नहीं है। **बोलचाल** का और **लिखित** गद्य जहाँ एक हो जाता है, वहाँ अवकाश (स्पेस) और तरह का होता है। **बोला हुआ** कितना है और **खामोशी** कितनी है, इसका अनुपात ठीक-ठीक पता नहीं चलता। गद्य की ताकत इतनी प्रकट है कि तुक की अधीनता कहीं नहीं है—जो गद्य को भी गेय बना डालने में सक्षम है। गद्य की इन भंगिमाओं को देखें—जिन्हें छोड़कर कुछ भी ऐसा नहीं बनता कि 'काव्यार्थ' कह सकें—

*मैं कहता हूँ, **'बैठो, तुम, आज मैं चाय बनाता हूँ !'***
मेरी आवाज़ की नोक मुझी को चुभती है
गैस जलाकर चाय का पानी चढ़ाता हूँ
दूसरे ही पल आवाज़ लगाता हूँ
सुनो शक्कर किस डब्बे में रखी है
***और चाय की पत्ती कहाँ है** ?*

गद्य तो वही है, जैसा छपे हुए पृष्ठ पर दिखता है, पर **बोले जाने** वाले इस गद्य में **आवाज** की **ऊँचाई नीचाई** का जो भेद है वह उसे एक और ही चमक दे पाता है। ध्वनिहीनता की-सी दुनिया में जहाँ सुनना, आधा-अधूरा सुनना और गलत सुनना के बीच

फ़र्क़ करना कठिन है, वहाँ इस भाषा-संवेदना का अर्थ और है।

राजेश जोशी की कई कविताओं में **बतकही, बातूनीपन, संलाप, एकालाप** की अनेक अर्थ छवियाँ हैं, जो अक्सर हर बार किसी **काव्य विडम्बना** को सामने लाती हैं। **'प्रतिध्वनि', 'रेस्त्राँ में इंतज़ार', 'चाँद के बारे में कुछ पंक्तियाँ'** और संग्रह की आखिरी लम्बी कविता **'क्यों रोई वो इतनी बरस बाद'** —ये कविताएँ एक ही तरह की नहीं हैं। कहीं फुर्सत का **विनोद** है—अपने ढंग का कौतुक या खिलंदड़ापन जैसे :

एक ही शातिर चीज़ हैं आप भी चाँद मियाँ
कब तक खेलते रहेंगे लोगों से यह बिना बिसात की शतरंज

कहते हैं एक समुद्र से ही जन्म लिया था आपने
तो घर से भागे हुए बदमाश बच्चे तो नहीं हैं आप ?

यह लहजा एकदम अलग है। बतकही है तो अनोखी। खेल है तो अजूबा। और कहीं इसकी तुलना में **'रेस्त्राँ में इंतज़ार'**—जैसी कविता का चुप-चुप और न सुनाई देनेवाला विलाप :

वो सुनती है कहीं अपने अंदर बहुत धीमी
*किसी चीज़ के **दरकने** की आवाज़ !*

'क्यों रोई वो इतने बरस बाद'—इस लम्बी कविता का सारा ढाँचा वृत्तांत का है जिसमें झूठ और सच, गोपन और प्रकट के बीच फ़र्क़ करना कठिन है पर अन्त यहाँ भी **चीख** से कम नहीं, जो दबाने की हजार कोशिशों के बाद भी फूट पड़ती है। कविता में कहानी। कहानी में फिल्म। कविता जैसे एक पूरी **पटकथा** है जिसमें गद्य की अनेक भंगिमाएँ खुलती हैं।

उदय प्रकाश—जैसे कवि, जिन्होंने कहानियाँ भी लिखी हैं और याद दिलाने की जरूरत नहीं कि उनमें कई प्रमुखता से चर्चा में रही हैं, गद्य से एक भाषिक माध्यम भर का काम नहीं लेते, उसे एक संरचना की-सी व्याप्ति दे पाते हैं। कहना न होगा कि इस संरचना के स्रोत अनेक हैं। उदय प्रकाश की चकित करनेवाली कविता-कथा है 'बिरजित खान' जिसके साथ कवि की टिप्पणी (ज्ञानोदय, जून 2003) है : ''बिरजित ख़ान उस गड़रिए का नाम था जो अफ़गानिस्तान में अमरीकी बमबारी के दौरान अपनी भेड़ों के साथ घायल हुआ था। उस हाल में भी वह अपने लिए नहीं मेमनों और भेड़ों के लिए चीख़ रहा था।'' उदय प्रकाश के भाषायी भूगोल में इस चीख का गद्य कितना गद्य की तरह पढ़ा जाएगा कितना कविता की तरह, कहना कठिन है—'अपनी ही भाषा के भूगोल में / बिरजित ख़ान कन्धार के मैदान में / ...अचानक / रात आकाश में टूट उल्काओं की तरह आते हैं / पश्चिम में बमबार / बिजलियों की तरह गरजते / लहूलुहान सा था, टूटी हुई बाँह, चिथड़ी हुई आत्मा / अब सिर्फ एक बेचैन कबन्ध भर है।

उदयप्रकाश के यहाँ एक **सीधा सरल वाक्य** भी एक ही अर्थध्वनि नहीं देता। भाषा है कि सोद्देश्य या काल्पनिक द्वन्द्व से घिरी है। शब्द हैं कि व्यक्त करने के लिए नहीं,

छिपाने के लिए हैं। **'घर'** कविता में **'मैं घर जाना चाहता हूँ'**—जैसा सीधा सरल वाक्य भी ऐसा है कि 'सारे हिज्जे अनिश्चयवाचक हैं'। वे 'वह अर्थ भी नहीं दे रहे हैं' जो वांछित है। काव्यानुभव की गुणवत्ता के बाहर का प्रश्न नहीं है भाषा का गद्य या वाक्यविन्यास का प्रश्न। उदय प्रकाश के संदर्भ में इसीलिए कहा गया कि महत्त्वपूर्ण है एक पूरी संरचना, जो भाषा के भीतर अपना तर्क या अतर्क्य सीधे विकसित करती है। शैली की लय का फायदा त्रिलोचन ही नहीं उठाते हैं, उदयप्रकाश भी उठाते हैं जिनके भाषायी खेल में यथार्थ अयथार्थ का अंतः संक्रमण भी वर्जित नहीं है।

क्या **विमल कुमार रघुवीर सहाय** की परम्परा के कवि हैं ! शायद। यह एक अलग बात है कि न उन्होंने **'शराब के बाद का सबेरा'**—जैसी अटपटी कविता लिखी, न **'हँसो हँसो जल्दी हँसो'**—जैसी बहुध्वन्यात्मक सरलता वाली कविता लिखी। पर कुछ है कि रघुवीर सहाय विमल कुमार को पसंद हैं और भावुकता रहित विषाद में उन्हें अक्सर याद आते हैं। एक पत्रकार और कवि के रूप में रघुवीर सहाय के सरोकार शायद वही हों, जो विमल कुमार के। विमल कुमार के संग्रह **'यह मुखौटा किसका है'** की अन्तिम कविता **'सूत्रधार'** को शायद विमलकुमार का इधर का मुख्य स्वर माना जाए जो व्यंग्य और विडम्बना के मिश्रण या सह-संयोजन से बना है। इस नाटकीय गद्य को मंच से अलग करके पढ़ना कठिन है :

मैं इन दिनों खेले जा रहे
एक अजीबोगरीब नाटक का ***सूत्रधार*** *हूँ*
अभी ***नेपथ्य*** *से ही बोल रहा हूँ*
कि लोकतंत्र में किसी बात पर बहस हो सकती है
इस बात पर भी बहस हो सकती है
कि हत्या करना कितना जरूरी है एक आदमी की
मानवता की रक्षा के लिए
कि बलात्कार से महिलाएँ कितनी जागरूक होती हैं
अपने अधिकारों के प्रति

यों कविता के गद्य में शब्द-क्रम का कोई नियम नहीं है—व्यतिक्रम के लिए अपार छूट है पर जब-तब गद्य का स्वभाव ही कवि को व्यतिक्रम से बचने के लिए सावधान करता है। यहाँ संकेत ही काफी है। 'मुखौटा' छोटी कविता है पर उसे ही उलटपुलट कर पढ़ेंगे तो भाषा का भेद अपने आप ही खुल जाएगा। क्रोध, ग्लानि और पछतावा—ये सब **'दुःस्वप्न'** में एक साथ उतर सकते हैं और उसी व्यंग्य विडम्बना को, जिसकी ओर इशारा **'सूत्रधार'** के संदर्भ में किया गया है, अधिक सार्थक **फंतासी** में बदल सकते हैं। यहाँ गद्य बहुत **इकहरा** भी नहीं है पर तमाम उथलपुथल को विलक्षण तर्क से सँभाले हुए है। इसलिए कहना जरूरी नहीं कि कविता में गद्य एक ही तरह से नहीं आता। इसे **त्रिलोचन** के सानेट भी प्रमाणित करते हैं और **रघुवीर सहाय** की कविताएँ भी प्रकट करती हैं। **'दुःस्वप्न'** की शुरुआत ही ऐसी है—

मैं कल रात दौड़ता हुआ सड़क पर निकल आया था
*मुझे किसी **औरत** ने पुकारा—बचाओ ! मैं **लुट रही** हूँ*
मैं सड़क पर लम्बे-लम्बे डग भर रहा था
हवा तेज़ थी काफी, पृथ्वी के भीतर आग जल रही थी
मुझे कहीं जाना था इसलिए, पसीने से तर-बतर हो गया था
***पत्नी** खिड़की के पीछे से आवाज दे रही थी—*
*—**लौट आओ** ! तुम्हें अपना पुराना **कोट** लाना है धुलाकर आज ही*
ठंड बढ़ गयी है

'दंत कथा', 'सभ्यता', 'नदी में हाथी', 'एक नन्ही-सी लड़की की डायरी'—इन कविताओं के रूप और कथ्य में तो फ़र्क़ है ही, गद्य की छवियाँ भी अलग-अलग हैं। **'एक नन्ही-सी लड़की की डायरी'** में गद्य की ही सही, लय की गति तेज है और हर वाक्य की गूँज अधिक घनी होती जाती है—कि अनुगूँजें भी हवा में कायम रहें और पूरी-पूरी सुनी जाएँ। "पापा ! अब मैं एक नीला आकाश हूँ/तुम क्या हो पापा ?/... चाँद जिधर जा रहा है/मैं **वहीं** जा रही हूँ पापा !/हवा जिधर बह रही है/मैं **वहीं** से आ रही हूँ, पापा !/बादल जिधर झुक कर बरस रहे हैं/मैं **वहीं** नहा रही हूँ पापा !" न कविता सीधी सपाट है न अर्थध्वनि उतनी ही है, जितनी सम्प्रेषित हो पा रही है। और यह सब कविता के **गद्य** के भीतर ही हो रहा है, गद्य के अपने **छंद** के दायरे में ही। यहाँ भ्रम न हो, कि रेटारिक अच्छी कविता या अच्छे गद्य के काम आता है।

याद करें **देवीप्रसाद मिश्र** की कविता *'जो पीवे नीर नैना का'* जहाँ गुजरात त्रासदी का सारा आख्यान लगभग औपन्यासिक है जिसमें इतिहास, त्रासदी, काव्यलय एक दूसरे में अन्तर्भुक्त हैं। "मैं चीनी पीर / मैं वली दकनी / मैं वली औरंगाबादी / मैं वली गुजराती / तीन सौ साल बाद जलावतन।" और अन्त में यह ठंडा सपाट गद्य; 'मैं कहूँ किससे कहूँ कि क्या यही गुजरात है / साधु से ही पूछते हो क्या तुम्हारी जात है।' लूकाच पर यकीन करें तो रचनात्मकता के नियम के भीतर वह नियति (destiny) भी शामिल है जो रूप (Form) का निर्धारण करती है। नियति का एक क्षण वह भी जब चीजें ही रूप या फ़ार्म हो जाती हैं।

5

अन्त में एक बार फिर, पहले का सवाल : अगर **अच्छा** गद्य ही **अच्छी कविता** का नियामक है, तो **अच्छा गद्य** क्या है ! माना, कि अपरिभाषेय है, अनुमान या अनुभव का विषय है, व्याख्या से परे है और बताना कठिन है, पर क्या यह सच नहीं कि **अच्छा** गद्य वह है जिसे हम **बोलकर** पढ़ना चाहें और दूसरी ओर जिसे **सुनने** के लिए कान लगे हों, बल्कि सब इन्द्रियाँ उत्सुक हों। पूरे शरीर से सुनना और क्या है ! जब अच्छे गद्य का हाल यह है तो **अच्छी कविता** को परिभाषित करना ही क्या आसान रह जाएगा।

कहा गया है कि कविता की भाषा का भविष्य भी उसकी **'वाचकता'** में ही निहित है। यहाँ 'वाचकता' के भी गहरे निहितार्थ होंगे। **पास्तरनाक** को याद करें : ''लिखने में या बोलने में शब्द का संगीत कभी भी केवल **एक ध्वनि** तक सीमित नहीं है। यह सिर्फ स्वरों व्यंजनों के संयोजन की ही खासियत नहीं है। यह वाक् और अर्थ के रिश्ते पर निर्भर है।'' **पास्तरनाक** ने ही कविता और कवियों की **अलग-अलग आवाज** की चर्चा की है। यह भी कविता को पढ़ने का ढंग है। एक विशेष ढंग। इस **ध्वनिग्राहकता** का मर्म **त्रिलोचन** से अधिक जानेगा भी कौन ! जिन्हें बोली-ढोली, लाग-लपेट, टेक, मुहावरा, भाव आचरण सबके सूक्ष्म भेदों का पता है।

ध्वनि ग्राहक हूँ मैं। समाज में उठने वाली
ध्वनियाँ पकड़ लिया करता हूँ...

लड़ता हुआ समाज, नई आशा अभिलाषा
नये चित्र के साथ नई देता हूँ भाषा

सादगी की मुश्किलें

कभी **शब्द-अर्थ** के बीच की **परस्पर स्पर्धी** चारुता को कविता का **वक्रोक्तिजीवित** कहा गया है, अब जब शब्द अधिकतर उसका एकमात्र और अन्तिम अर्थ जान पड़ें, तो **सादगी** कविता में कई बार **सरलीकरण** और इस तरह संदिग्ध हो सकती है। अगर सादगी या सरलता का कोई सौन्दर्यशास्त्र या काव्यगत उत्कृष्टता, गुणवत्ता या महानता का 'कैनन' या प्रतिमान बनाने चलेंगे तो कई मुश्किलें आएँगी। सबसे पहले तो यही कि सरलता और सरलता के दूसरे रूप-प्रकारों में फ़र्क़ कैसे किया जाए ! शमशेर जैसे कवि की गूढ़तर सरलता, त्रिलोचन की जब-तब की क्लासिकी सरलता, नागार्जुन की प्रखर उत्तेजना या अनायास—संभव सरलता, रघुवीर सहाय की भ्रामक विडम्बनापूर्ण सरलता के बीच फ़र्क़ करना बने-बनाये शास्त्र की भी मुश्किल हो सकती है और सहज स्वतः स्फूर्त काव्यानुमान की भी। भगवत रावत की चुनी हुई कविताओं के एक विशिष्ट चयन 'हमने उनके घर देखे' को पढ़ते हुए ये तमाम सवाल उठेंगे। विशेष रूप से इसलिए भी कि भगवत रावत की कविताएँ सघन अर्थ में उनके स्वभाव, व्यक्तित्व और विचारधारा से इतनी अभिन्न हैं कि प्रकट रूप में उनकी सरलता या सादगी को सदाशय स्वभाव और काव्यमानस की उपज कहकर नज़रअन्दाज किया जा सकता है। जो इतना सरल है, जानबूझकर उसकी सरलता को रूप प्रकार की मुश्किलों में क्यों डाला जाए ! यही करते-करते हम भगवत रावत की कविता को पूर्वनिश्चित या अनुमान-सिद्ध मान लेते हैं और उनकी शब्दावली, उनके वाक्यविधान, काव्यगत पैटर्न रूप या शिल्प को 'अविचारित रमणीय' मान लेते हैं। जैसे यहाँ कोई जोखिम नहीं है—न लिखने में, न पाठक द्वारा पढ़े जाने में। इसलिए विश्लेषण भी क्यों !

सदाशयता का भी एक न्यूनतम सरल आयाम हो सकता है जैसे व्याख्या निरपेक्ष मनुष्यता और अपवाद रूप में तल के पीछे छिपी हुई एक राजनीतिक अर्थध्वनि भी हो सकती है। क्या शब्दावली इस सदाशयता को जाँचने की कसौटी है—या शब्दभंगिमाएँ या वाक्यविन्यास याकि समूची संरचना या बनावट। देखें तो भगवत रावत के यहाँ बनावट है ही नहीं, बल्कि एक अर्थ में कला होने से भी इनकार है। कला है तो ऐसी, जैसी लोककाव्य लोकवार्ता में हो सकता है। भगवत रावत की नागर चिन्ता में भी कोई 'ईसुरी'—जैसा लोककवि बैठा हुआ है जिसका ठाठ अलग है, जिसकी बतकही अलग है, ताक़त अलग है। और एक ऐसा आत्मसहचर तो भगवत रावत के यहाँ निरन्तर है जिससे 'बतकही' ही कविता का कुल सरोकार जान पड़ता है। चतुर सुजान कह सकते

हैं कि यह एक तरह की आत्मतुष्टि है और अगर है तो कविता के लिए घातक है। कठिनाई यह है कि भगवत रावत जैसे कवि की कविता से इतने सरल निष्कर्ष निकाले नहीं जा सकते। वह महज सरलीकरण होगा।

जिन झूठे-सच्चे नये-नये दुखों से अक्सर 'कविताई' बनती है उन्हें लेकर भगवत रावत के मन में कोई अच्छी राय नहीं। ये कलावंतों के शगल हो सकते हैं।...''अब तो दुख/बाज़ार में भी बिकता है/दुख के खरीदार भी बहुत हो गये/आजकल।'' ''आजकल शब्दों में/ऐसे दुख का चलन बहुत है/जिसे देखकर लगे/हाय/यह/हमें क्यों नहीं हुआ।'' इनके बरक्स कैसा था भगवत रावत का अपना दुख जिसने एक सीधा-सच्चा मनुष्य बनाया और कवि भी—''वह था अपना दुख/कुंजड़े दर्जी नाई का दुख/धोबी का दुख/मिट्टी के बरतन वालों का/खपरैलों की छत वालों का/गोबर-लिपे घरों का/अपना दुख था''। वृत्तांत में भगवत रावत की रुचि है—आत्मवृत्तान्त में भी—जिसमें दूसरों की दुनिया भी शामिल है। भगवत की कविता उन दूसरों तक जाने की कोशिश है। भगवत रावत की काव्य-प्रतिज्ञा भी है तो यही कि ''कविताओं से हटकर/सीधा/आदमी पर आना चाहता हूँ''। पर कैसे आदमी पर ! जिसमें ''समाहित हैं/फूल पत्तियाँ दरख्त पहाड़ नदियाँ/यहाँ तक कि/धमनियों शिराओं में/बहते रक्त की तरह/फैली हैं कविताएँ''। प्रेम ही गहरी मनुष्यता का सारतत्त्व है। इसे कविता असमर्थता के बयान में भी जान सकती है। ''यह सच है/मुझसे बनी नहीं कोई प्रेम कविता पर असल में/मैं एक अच्छी प्रेम कविता ही तो/लिखना चाहता था/जिसे पाने के लिए अब तक क्या-क्या नहीं लिखा/भागते-भागते, हाँफते-हाँफते।'' सहज, सरल, स्वतः स्फूर्त मनुष्यता के (जरूरी नहीं कि काव्यात्मक) साक्ष्य के रूप में कई अनुभव बार-बार कविताएँ इस तरह हाल-चाल, कुशलक्षेम के रूप में बता जाती हैं कि आश्यर्च होता है। जैसे गिरस्तिन या घरेलू स्त्री का कामकाज में फँसा थकान भरा यह दिन ! (कहाँ तो कवि सुमित्रानंदन पंत सलीके से कह सकते थे : आज रहने दो यह गृहराज ! और कहाँ भगवत रावत कहीं गहरे प्रेम में फँसे हुए यही कह सकते हैं कि ''इतनी थक चुकी है वह/प्यार उसके बस का नहीं रहा !'' दिनचर्या के इस सहज अनगढ़ बयान पर ध्यान दें : ''रोटी बेलते वक्त अक्सर वह/बटन टाँक रही होती है/और कपड़े फींचते वक्त/सुखा रही होती है धूप में/अधपके बाल/फिरकी-सी फिरती रहती है। पगलायी वह/बच्चों को डाँटती-फटकारती/और बिना बच्चों के सूने घर में/बेहद घबरा जाती है।'' सदाशयता इतने रूपों में, इतनी व्यग्रता के साथ प्रकट है कि काव्यतत्त्व की किसी भी तरह की क्षति की चिन्ता छोड़कर भगवत रावत याद रखते हैं कि कब अपनी परिचित दिनचर्या में क्या-क्या करना है—''फैलाना है/गीले कपड़ों को तार पर/सीली हुई माचिस को/धूप में/सुखाना है/खोलना है रसोई का दरवाजा/औंधे पड़े मटके में/पानी भरना है/आग जलानी है/बहुत कुछ बनाना है।'' दिनचर्या की इसी परिचित थकान में भगवत रावत की कविता जीवित रहती है और अपनी प्राणशक्ति बचाकर रखती है। कहना कठिन है कि सरलतम आशयों के कवि भगवत रावत को कविता के पकने का रहस्य नहीं मालूम है। 'गहरी थकान में' वे कह

सकते हैं—

"गहरी थकान की/भरपूर आँच में/नस-नस/चटकती देह/किसी फल की तरह/पक रही होती है/रच रही होती है/अन्दर ही अन्दर/एक संसार/जो जादू की तरह/फैलता है/धीरे-धीरे/सिर से पैर तक/उतरता है/खामोश शब्दों की तरह/अभी कुछ मत बोलो/चुप रहो थोड़ी देर/यह कविता है/देह में रहने का समय है।"

सरल भावुकता के गहनतर रूपों में एक अबोधता या विस्मय है जिसके बगैर कविता कविता नहीं बनती और बड़ी कविता तो बनती ही नहीं। अबोधता को भी विडम्बना की शक्ल में काफी गूढ़ बनाकर पेश करने वाले कवि कम न होंगे। इस कला का चरमोत्कर्ष लीलाधर जगूड़ी के यहाँ है। कभी यह भी लग सकता है कि ज्ञानेन्द्रपति और जगूड़ी एक दूसरे के विलोम हैं। जगूड़ी के शब्द हैं : 'तकनीक ने छीना चरखा / काल ने छीना माँ / सभ्यता ले गई रस्सी, थाली और धोती ! पर जगूड़ी की अपनी तकनीक है। वाक्यविन्यास के बाहर अतर्क्य स्फीति क्या सादगी के सौन्दर्यशास्त्र का विकल्प है ! पर भगवत रावत चार बरस की बिटिया के साथ हो लेते हैं जिसने माँ से हाथ फैलाते हुए कहा—"दीदी की किताब में/इत्ता बड़ा समुद्र है !" माँ ने आश्चर्य से कहा—"अच्छा !" और अब जो बिटिया ने कहा—वह शब्दों से परे अभिव्यक्ति से परे बड़ी कविता थी—महान कविता—जिसके लिए हमारे काव्यशास्त्र में कोई 'कैनन' नहीं है—

हाँ
बिटिया ने कहा
देखो मैंने उसमें उँगली डाली
तो भीग गई

यह है कम से कम शब्दों में कविता—जिसमें बड़ी अकथित कविता छिपी रहती है, जिसे सूर जैसा कोई अंधा कहा जाने वाला बड़ा कवि ही उद्घाटित या आविष्कृत कर पाता है। 'काव्याभास' के नाम पर ऐसा निपट सादा सामान्य अनुभव भी भगवत रावत की कविता में दर्ज है : "कोई लम्बी कहानी ही/बयान कर सके शायद/उसकी थकान/जो मुझसे/दो बच्चे की दूरी पर/न जाने कब से/क्या-क्या सिलते-सिलते सो गई है !" बताना जरूरी समझा गया है—"हाथों में सुई धागा लिए हुए ही"। दाम्पत्य। गृहस्थी का खटराग। और प्रेम। कविता बिना कविता हुए भी बताती है। कवि का इशारा है कि वह चाहता तो यही थकान बताने के लिए लम्बी कहानी कहता। अमरकांत की 'दोपहर का भोजन' जैसी कहानियाँ और हैं क्या ?

कविता में जीवन ही जीवन दिखे और वह भी इतना कि कविता अलग से दिखे ही नहीं, या कविता में इतनी कविता दिखे कि जीवन का होना ही नामुकिन हो जाए ! ये दोनों स्थितियाँ अक्सर कविता-जैसी विधा में जब भी दिखती हैं, मुश्किल में डालती हैं। ऐसे कवि कम न होंगे—छोटे कस्बों में, शहरों तक बेशुमार होंगे, जो विफलता या व्यर्थता छिपाने के लिए सरलता को ओट मानकर चलते हों। भगवत रावत उनमें नहीं

हैं। प्रसाद जी के शब्दों में लघुता के प्रति सम्मान ही यथार्थवाद के मूल में है। इस लघुता का काव्यहेतु और है—यह क्षुद्रता या तुच्छता या निरर्थकता से अलग है। इस लघुता साधारणता के बयान का साहस अगर भगवत रावत में है, तो वह नागार्जुन जैसे कवि के यहाँ विरल ऊँचाइयाँ प्राप्त कर सका है। बनावट से भिन्न भगवत रावत की कलाहीनता के मर्म को समझना जरूरी है। कभी ठेठ देशज सामान्य बतकही ही उनकी कला है। बल्कि अक्सर।

भगवत रावत की चर्चा इधर की बीस वर्षों की कविता में तथाकथित मुख्यधारा के कवियों से कुछ हटकर हुई है। वह अपनी प्रकृति में आज भी इतनी सरल ठेठ देशज या देसी हैं कि काव्यात्मक तनाव और काव्य-विडम्बना के गहरे परीक्षण में लगी आलोचना एक बार निरीह, अप्रासंगिक या असहाय लग सकती है। यह चुनौती आलोचना को भगवत ने ही दी हो, ऐसा नहीं है। उनसे पहले प्रगतिशील काव्यधारा के नागार्जुन, त्रिलोचन, केदारनाथ अग्रवाल जैसे कवि ऐसी चुनौती देते ही आये हैं। आख़िर एक दिन संस्कृत की दूसरी परम्परा के योगेश्वर जैसे लघुता या साधारणता के अन्यतम कवियों के साथ उनकी कविता का मर्म आलोचकों ने जाना और समझा। भगवत रावत की सरलता को स्वतः सिद्ध मानकर चलने से अच्छा है, उसकी प्रकृति के अपने रहस्यों को पढ़ते, समझते हुए चलना। कहने की ज़रूरत नहीं कि भगवत जैसा कवि अपनी स्मृतियों में जीता है, नास्टेल्जिया में जीता है, भावुकता से जतनपूर्वक मुक्त नहीं होना चाहता। उसकी सहृदयता बड़ी है। किसी से 'कमतर' होने की शर्म नहीं है, विफलता का दारुण गान नहीं है। सीधा सरल बयान बतकही या इतिवृत्त में है—कविता। और कोई ज़िद नहीं कि आपके काव्यशास्त्र में उसके लिए जगह हो ही। वह खिन्न, हताश, कुंठित, आत्ममुग्ध, बड़बोलेपन में विपन्न या विचारदरिद्र कवियों में नहीं है। इसलिए उसकी एक ठोस निजी जगह है। अपनी पहचान। हर पल दूसरों के साथ। पर दूसरों में नहीं। अपनी सादगी, अपनी सदाशयता में निरन्तर समृद्ध। भगवत रावत की कविताएँ सीधी सहज स्वतः स्फूर्त हो सकती हैं, पर उसकी कोई विवशता नहीं है कि 'कोई कवि बन जाए सहज संभाव्य है', वाली शैली में कविताई करता फिरे। भगवत रावत अपनी शर्तों पर कवि हैं। इसलिए जहाँ उन जैसी अनुभव-पूँजी और एक-सी अभिव्यक्ति के साथ बहुतेरे कंगाल नजर आएँगे, हमें भगवत रावत में एक अनोखी निश्छल आत्मसमृद्धि मिलती है। उनकी सहजता अर्थगर्भित जान पड़ती है। यहाँ भावबोध, संवदेना, इंद्रियबोध, विचारधारा सबका एक संश्लिष्ट रचाव है जो यत्नसाध्य या कारीगरी जैसा न होकर भी बहुतों के लिए अपने बहुत निकट आसपास रखने की चीज है। भगवत का विकास दिनेश कुमार शुक्ल में है। आश्चर्य नहीं कि मुख्यधारा के बाहर वे भी हैं।

मुख्यधारा से अलग होने के अपने फायदे भी हैं और नुकसान भी। फ़ायदा यों कि आप अपना एक निजी मुहावरा या सच बचाकर रख पाते हैं। आप तुरन्त 'लोर्का' होने से बचते हैं। नुकसान यह कि भगवत रावत जैसे कवि की सरलता की हदें पहले ही सुनिश्चित मान ली जाती हैं जैसे उनके यहाँ भावबोध एकदम तय हो चुका हो, स्थिर

हो चुका हो और उसमें सलवटें पड़ती ही न हों। भगवत रावत की ही कविता 'इन दिनों सब कुछ खुल गया है' इस तरह के सरलीकरणों का प्रत्याख्यान है। ''इन दिनों जब सब कुछ खुल गया है/खुल गये सारे के सारे भेद/सारे तट-बन्ध/सारे क्रिया-व्यापार/तब यह कौन किसको जड़ों की ओर लिए जा रहा है/यह जानते हुए कि सबने अपने-अपने कपड़े उतार दिए हैं/तब यह कौन किसके लिए लाज से मरा जा रहा है/जब सबके पास अपने-अपने आईने हैं/तब यह कौन किसकी आत्मा के दर्पण दिखा रहा है।'' उपभोक्ता समय, बाज़ारवाद का आक्रामक हाहाकार जब सब ओर प्रकट है दुनिया में किस चीज की कमी पड़ रही है—क्या करुणा की ! भगवत रावत चकित हैं कि जो भी जगहें खुली-खुली दिखती थीं उनमें खुल गई हैं कोई न कोई दूकान ! आप दोस्त के घर जाते हैं और चकित हैं कि घर की जगह दूकान है। ''सोचा नहीं था कभी इतना कुछ बिकने को है/हाथ मिलाती हथेलियों के बीच की खाली जगह/से लेकर पृथ्वी के चारों ओर फैले अन्तरिक्ष तक/क्या सचमुच/इतना कुछ बिकने को है ?''

भगवत रावत के लिए कविता की दुनिया में कोई होड़ या प्रतिद्वन्द्विता नहीं है क्योंकि कविता अगर कोई करतब, हुनर या खेल या प्रदर्शन है तो उसे पता है कि उसे तो 'खेलना' ही नहीं आता—''लेकिन मैंने न कोई मानक बनाया न तोड़ा/मैं न योद्धा हूँ/न खिलाड़ी/मैं न जीता हूँ न हारा।...कितने सारे काम पड़े हैं करने को/इन्हीं करते-करते जो कुछ हो जाएगा/वही मेरे साथ जाएगा/केवल कुछ करने के लिए अलग से/कविता भी नहीं करूँगा।'' भगवत रावत के भीतर एक वह 'कवि' भी मौजूद है जो हड़बड़ी में कोई नयी परीक्षा भी देने के मूड में नहीं है। वह सभागार से बाहर जाना चाहता है। इस बहिगर्मन के निहितार्थ अनेक हैं। जैसा क्रूर दहशत भरा समय है 'बहिर्गमन' किसी भी सच्चे कवि की नियति है। ''क्या इसीलिए धारण की थी यह देह/कि देहों को काटता हुआ देखूँ/...क्या इसीलिए जलाई थी आग/कि धुआँ उठता हुआ देखूँ।'' एक सीधा-सा सवाल कवि को भीतर तक बेचैन रखता है। कहाँ तो दिन-भर की थकान के बाद घर लौटता आदमी भला लगता है और कहाँ धर्म और इतिहास की ओर अपना मूल घर मानकर लौटते लोग धर्म और इतिहास के हत्यारे नजर आते हैं। इतिहास-चिन्ता की कविताएँ पढ़कर प्रेमचन्द के निबन्ध (1919) : 'पुराना जमाना नया जमाना' की ये पंक्तियाँ याद आती हैं :

''इसकी क्या जमानत है कि आपके पंजे में आकर उनकी हालत और भी बुरी न हो जायेगी ? आपने अब तक इसका कोई सबूत नहीं दिया कि आप उनकी भलाई चाहने वाले हैं। अगर कोई सबूत दिया है तो उनकी बुराई चाहने का, स्वार्थ का, लोभ का, कमीनेपन था। आप स्वराज्य की कल्पना का मजा लेकर खूब फूलें और गालें बजायें मगर अधिकारों के साथ-साथ कर्तव्यों का ध्यान रखना भी ज़रूरी है।''

देखें कि इस इतिहास-यात्रा के दौर में भगवत रावत की कविता क्या कहती है ! ''हमने उनके घर देखे/घर के भीतर घर देखे/घर के भी तलघर देखे/हमने उनके डर देखे।''

भाषा में इतिहास बनाते और भाषा का इतिहास बनाते एक पूरा युग बीत गया और कवि को 1994 में भाषा की यह बदहाली नजर आयी : ''सारी उम्र बच्चों को पढ़ायी भाषा/और विदा करते समय उन्हें/पास में नहीं था एक ऐसा शब्द/जिसे देकर कह सकता कि लो/इसे सँभाल कर रखना/यह संकट के समय काम आयेगा/या कि यह तुम्हें शर्मिन्दगी से बचायेगा/या कि यह तुम्हें गिरने से रोकेगा/यानि तुम इसके सहारे किसी भी नीचता का सामना कर सकोगे।'' जो संस्थानों में हैं और भाषा बना रहे हैं, जो इतिहास के नये पाठ बना रहे हैं, जो अनेक माध्यम हैं और भाषा बना रहे हैं, जो बाहुबली या माफिया हैं और भाषा बना रहे हैं वे क्या जानेंगे कि एक भाषा गांधी जैसे विचारक की भी रही होगी जिसने भाषा में मुक्ति का सपना देखा होगा ! भगवत रावत की कविता जैसे रघुवीर सहाय की याद दिलाती है : ''तीस थे श्रोता/पर कितने अकेले में मैंने कविता पढ़ी/वह मेरी बिखरी टूटी कविता/एक नहीं कर सकी तीस श्रोताओं को/मुझे एक कर गई/और यह बता गई/कि एक मैं कितना अधूरा है।'' इन दिनों एक कविता से दूसरी कविता याद आए तो अंतर्पाठीयता का मुद्दा बनता है, पर यहाँ इसके अर्थ 'पाठ' के बाहर ही जाकर खुलेंगे। रेणु की प्रसिद्ध कहानी 'तीसरी कसम' भगवत रावत की एक काव्य श्रृंखला 'सुनो हिरामन' के मूल में है। कहानी का कविता में पुनर्पाठ एक अलग अध्ययन का विषय हो सकता है पर कविता ही संकेत है कि हिरामन के दुख के लिए भगवत रावत को रेणु की कहानी में नहीं, बल्कि अपने भीतर प्रवेश करना है—जो उन्होंने किया है।

''पर सच बात यह है/कि किसी के पास नहीं है/हीरा बाई/सारी कम्पनियाँ उसी की तलाश में हैं/अब उन्हें कौन समझाये/कि हिरामन के दिल में छिपी है/हीराबाई।''

''चालीस बरस तक आते-आते/पहली बार समझा है हिरामन/कि क्या होता है तब/जब हीराबाई के दिल में होती है गुदगुदी।''

''तुम जो दिखे दूर से आते/पर फिर गायब कहाँ हो गये/ऐसे निर्णायक मौके पर/मुझे छोड़कर निपट अकेला इस हालत में/ऐसा भी कोई करता है।''

सरलता या सादगी अगर भगवत रावत की कविता का गुण है तो इस अर्थ में कि वह प्रायः एक विलक्षण नैतिक साहस के साथ है, जो स्मृति, इतिहास या नास्टेल्जिया में खो नहीं जाता, खुद कवि को एक अविराम आत्मपरीक्षण की दिशा में ले जाता है। इसलिए जहाँ बहुतों के लिए सरलता आत्मसम्मोहन या आत्ममुग्धता की तरह है, भगवत रावत के लिए आत्मसाक्षात् का ही एक और ढंग है। आज एकान्त, बद्रीनारायण जैसे इसी धारा के कवियों ने एकदम नई दिशाएँ खोजी हैं। संजय कुंदन भी इसी के लिए याद किए जाएँगे कि सादगी को उन्होंने एक नई हिकमत में तब्दील किया। हेमन्त कुकरेती 'चाँद पर नाव' लिखकर वक्रता और विस्मय का जो रास्ता पा सके हैं वह एकदम दूसरा छोर है। वसन्त त्रिपाठी उन्हीं के साथ दिखेंगे। जैसे सर्वेन्द्र विक्रम और आशुतोष दुबे। वरिष्ठ कवियों में स्वप्निल। एक दृश्य से फूटती हैं अनेक राहें। आश्चर्य नहीं कि आशुतोष अशोक वाजपेयी की राह पर चलनेवाले हैं। यहाँ ज्ञानेन्द्रपति की

सरलता क्लासिक और समकालीन के बीच एक विलक्षण रिश्ता बनाती है। ठेठ देशज और सांस्कृतिक तत्समता के बीच ज्ञानेन्द्रपति एक अनोखा रिश्ता बनाते हैं। इधर उनकी छोटी कविताएँ वर्णन या बयान से अधिक उम्मीद जगाने वाली हैं। 'उड़ा ले गई हवा' कविता में 'शब्द' या 'भारी भरकम शब्द' अकारण नहीं हैं—"उड़ा ले गई हवा / मेरे कुछ **शब्द** / एक **पंक्ति** जो बन रही थी जेहन में—**अर्धयायी** / ऐसी बही हवा कि जी जुड़ा गया / क्या पर्वा क्या उड़ा गया / और हवा है कि खेल खेल में / ओसाती है अनाज उड़ा ले जाती है भूसी / और हल्के-फुल्के ही नहीं, भारी भरकम शब्द भी।" कहना न होगा कि कविता की सरलता भी नितांत एकार्थवाची नहीं है।

असहमत कविता का ठाठ

क्या यह महज़ संयोग है कि जब सारी दुनिया में कबीर की छह सौवीं जयन्ती मनायी जा रही है और कबीर की असहमत विद्रोही कविता के मर्म की खोज स्थगित नहीं है, **अष्टभुजा शुक्ल** के **पद-कुपद** पाठकों के सामने हैं। कबीर बेहद्दी मैदान में रमने वाले ऐसे फक्कड़ संत कवि हैं जिनकी आध्यात्मिकता भी इस वास्तविक दुनिया के त्रासद हाहाकार को, दुःख और दाह को छिपाती नहीं है। कबीर के यहाँ भी बाज़ार का छल और फरेब है, दुनिया जल रही है। पर साथ ही किसी परोक्ष सत्ता का आश्वासन भी है—उसके विलक्षण प्रेम का मद भी छाया हुआ है। अष्टभुजा के पास यह किसी और दुनिया का आश्वासन नहीं है—क्रोध, घृणा, विक्षोभ, धिक्कार, भर्त्सना और सब मिलाकर आक्रामकता की झलक देने वाली निर्भय उद्दंड सामाजिक आलोचना है। निर्मम हास्य व्यंग्य भी इसी बेलौस सभ्यता-समीक्षा का हिस्सा है। भाषा को अजब अड़बंग में साधकर अष्टभुजा ने संतों-सी निश्छलता प्रमाणित की है। यह सीधी आक्रामकता कुटिल चतुर कलावाद की हिकमत से असंभव है। जब गीत-ग़ज़ल के नाम पर लिखा बहुत-सा अम्बार आज की कविता नहीं है, अष्टभुजा के **पद-कुपद** आज की कविता में धूमिल से आगे का एक सार्थक नया प्रस्थान हैं। **पद-कुपद** भी कबीर की परम्परा का अनुकरण-भर नहीं है। वे परम्परा से एकदम नया रिश्ता बनाते हुए एक विधा की पुनर्रचना या नयी खोज हैं। अष्टभुजा की ताक़त महज छंद और पारम्परिक छंद की वापसी नहीं है।

यह भ्रम न हो कि अष्टभुजा भदेस के कवि हैं और आधुनिक समय की जटिलताओं से अनभिज्ञ या बेख़बर हैं। अपनी स्पिरिट में वे भदेस के विन्यास में आधुनिक कवि हैं। प्रखर बौद्धिक मुठभेड़ से बचकर अमूर्त भाववाद या अनुभववाद के कवि नहीं हैं। बोली (भोजपुरी-अवधी की शब्द सम्पदा पर लोक मुहावरों पर, भाषा की कूट भंगिमा पर उनका अचूक अधिकार है। ठेठ देशज या तद्भव शब्दावली का संस्कृत मूल शब्दों के साथ जैसा उपयोग वे करते हैं, विलक्षण है वह, असाध्यसाधन-जैसा लगता है। आज के कवियों में ऐसी विपुल शब्द सम्पदा वाले लोकरंग के कवि उँगलियों पर गिने जाएँगें। उनमें हैं अष्टभुजा शुक्ल ! और ढंग-कुढंग अपनाने में एकदम अकेले। एक अर्थ में नागार्जुन-सरीखे अड़बंग पर भाषा-विदग्ध कवि का एक नयी प्रतिमा में पुनः अवतरण जैसा अनुभव हो सकता है।

अष्टभुजा लम्बे अर्से से छप रहे हैं। छोटी-बड़ी सभी पत्रिकाओं में विशेष रूप से ! जैसा इधर की कविता और कविता की आलोचना का ढर्रा बना हुआ है, मुख्यधारा से

अलग ही उनकी पहचान है। कुछ आलोचक शायद उन्हें प्रगतिशील जनवादी ढंग का कवि मानकर उन पर ध्यान न दे पा रहे हों। असलियत यह है कि अष्टभुजा शुक्ल विचारधारा के बारे में बहुत साफ़ हैं। अपने समय की भद्रजनोचित चतुराई से अलग 'अमराई' यानी सुविधा, यश, सम्मान, पुरस्कार खोज रहे कवियों को चेतावनी देते फिरते हैं।

कवि जन खोज रहे अमराई
जनता मरे, मिटे या डूबे, इसने ख्याति कमाई

दुनिया के बाज़ार में बदलते जाने का पता है—अष्टभुजा को। पता है कि यह पूँजी की दुनिया है। यह एक **'पण्यशाला'** है जिसमें सबका 'नार गड़ा है।' यहाँ सम्बन्धों का कोई मतलब नहीं है। प्रेम का कोई मूल्य नहीं। बस बेचने-ख़रीदने का रिश्ता है। ''गाहक है भगवान यहाँ का, भक्त यहाँ विक्रेता/कलियुग बीता, यह उत्तर-आधुनिक काल का त्रेता।'' इस बाज़ार-सरीखी दुनिया में अपना स्वत्व, अपना मूल्य, अपना गाँव बचाना मुश्किल है। यह एक 'दुर्दान्त काल' है। पूँछ हिलाने वाले बहुत हैं पर इक्का-दुक्का सहने से इनकार करने वाले भी हैं। महत्त्वपूर्ण यह कि उनमें स्त्रियाँ भी हैं। वे चेतावनी हैं कि यह पुरुष प्रभुत्व के बल पर टिका दुर्ग जलने वाला है, नष्ट होने वाला है। फ़िलहाल लूट-पाट की संस्कृति का प्रभुत्व है। उन्हीं में मठ और तीर्थ हैं, पंडित-पुरोहित हैं, शास्त्र और मिथ्याचार हैं। पर यह सब चलने वाला नहीं है।

अष्टभुजा शब्द-निर्माण में ख़ासी छूट लेते हैं। शब्द में वांछित व्यंजना और ध्वनि के लिए गुंजाइश बनाते हैं। **संक्षिप्तता** लोकभाषा की ताकत है। 'फूँकन, देश फूँकि के जइहैं' ! या 'लूटन लूट रहे संसारा !' 'फूँकन' यानी फूँकनेवाले। 'लूटन—यानी लूटने वाले ! अष्टभुजा किसानी संवेदना के कवि हैं। दोमट, रेतीली या मटियार—मिट्टी का फ़र्क जानते हैं। **हाँ** तो **हाँ** और **ना** तो **ना** ! यही **टेक** है, **ज़िद** है, अष्टभुजा की। व्याकरण साथ दे, तो दे ! न दे, तो न दे ! अष्टभुजा का काम कविता में व्याकरण के लिए, छंद या भाषायी परिष्कार के लिए रुका नहीं रहा है। भाषा की कोमल संवेदना (हूँ अपनी हिरनी का हिरना), भाषा में निहित विषाद (यहीं कहीं अपना घर था) से अच्छी तरह परिचित होकर भी अक्सर हमलावर की तरह भाषा से पेश आते हैं। भाषा यानी बोली का तेवर और तीखापन उनका हथियार है। यहाँ तक कि गाली भी विशेष संदर्भ में वर्जित नहीं है। कबीर का ही ढंग है यह—'तुम पाजी तो हम अति पाजी।' जब सहनशक्ति ही चुक जाए तो कैसी मर्यादा और किसकी मर्यादा। भाषा का कूट-मुहावरा इस दुनिया की पोल खोलने वाला है—'जैसी माई, वैसी धीया/छिनरों की इस जाट पुरी में सभी दिखाते दीया।' मुद्रादासों से भरी है दुनिया। साम्प्रदायिकता पाखंड, अनाचार देहभोग। यह धर्म-ढोंगियों का राजयोग है। एक नास्तिक अष्टभुजा की इन्हीं से ठनी है। वह तो सरलता का मर्म जानने और बखानने वाला एक कवि है—यह चाहत लिए हुए कि ''खुली हुई पुस्तक-सा सबके सम्मुख बाँचा जाऊँ। पर किताबी दुनिया में अर्थगर्भित सूक्ष्म गहन दुर्गम दुस्सह का वर्चस्व है। फिर अष्टभुजा को क्या करना होगा।

अपनी दुनिया में बने रहना होगा या चोला बदल लेना होगा ! अष्टभुजा सादगी में छिपा मर्म जानते और बताते रहते हैं। दाम्पत्य जीवन के सहज गृहस्थ राग को अष्टभुजा बड़ी पूँजी मानते हैं—कवि केदारनाथ अग्रवाल की तरह। यह प्रेम जैसा भी है, कहा-अनकहा, सब सुखों से ऊपर है। यहाँ अष्टभुजा की सूक्ष्मता और कलात्मकता का राज़ खुलता है। यह आयाम अनुपस्थित होता तो सारे क्रोध, आक्रोश, घृणा का समाँ बाँधे अष्टभुजा 'इकहरे' कवि होते। जीवन पूर्णता को यह प्रबल शरीरी-अशरीरी राग नयी ऊँचाई देता है—ऐसी ऐन्द्रिकता, ऐसी विह्वल बेचैनी, राग समृद्धि कम कवियों के यहाँ है। 'बोली' की अर्थव्यंजकता सूक्ष्म काव्यत्व में बाधक नहीं है।

हूँ अपनी हिरनी का हिरना।
उसके लुरियाने में पाया, बिना बाहु के घिरना।

बोले तो सर रे गा मा प, दरे तो झरे प्रपात।
आए तो मलयानिल जैसे, जाए तो निर्वात॥

मुझमें हिरनी मैं हिरनी में, फिर क्यों इतनी दूरी।
अष्टभुजा की साँस-साँस में महक रही कस्तूरी॥

और एक यह विलक्षण विषाद। उसके अनुरूप यादों की आवाजाही। भवानी प्रसाद मिश्र याद आ सकते हैं। 'कुछ लोग यहाँ थे अब वे यहाँ नहीं हैं।' यह महज़ कविता का मामला नहीं है। शताब्दी की ऐसी बाढ़-त्रासदी पूर्वांचल में बता कर नहीं आयी थी। शासन-प्रशासन, मंत्री-संतरी, सिंचाई विभाग और बाढ़-सुरक्षा तंत्र सब दृश्य से ग़ायब थे। अब सबके चिकने चमकते चेहरे झूठे दिलासों के साथ छोटे पर्दे पर रोज़ मौजूद रहे हैं। इसका हिसाब लगाना कठिन है कि कितने सब कुछ गाँव, घर, स्वजन, सम्बन्धी, पशु-पखेरू गँवा कर सोच रहे हैं—'यहीं कहीं अपना घर था। जिसमें कहीं न छत छप्पर थी, सोता खाता, बाहर था।' यह एक अकेली कविता नहीं है। यह शताब्दी के अवसान की विषाद गाथा है जिसकी व्याख्या में जाएँ तो कविता का अर्थ और संदर्भ बदल जाएगा। पर प्रसंग ऐसा है कि यहीं चुप हो जाना चाहिए। इतना ही याद रखें, कि यह मैथिलीशरण गुप्त की कविता नहीं है, अष्टभुजा शुक्ल की कविता है। अष्टभुजा से दूर का सम्बन्ध सही, जब **प्रेमरंजन अनिमेष** जैसे कवि *मेहतरानी का पान* जैसी अलग ठाट की कविता लिखते हैं, तो वे कुलीन भद्र वर्ग की सौन्दर्याभिरुचि पर चोट कर रहे होते हैं। *'मेहतरानी के पास होगा / एक छोटा पनडब्बा / जिसके दम से / जूझती वह दुनिया भर की गन्दगी से।'* आख़िर *हामिद का चिमटा* अनिमेष की ही कविता है। रूप-सजग कवि भी काव्यवस्तु की अनदेखी नहीं कर सकते।

कविता में वे जो हाशिए पर हैं

'संशय खुसरो की बातों में/खुसरों की आँखों में डर है/इसी रात में अपना घर है'—वीरेन डंगवाल के दूसरे और नये संग्रह 'दुष्चक्र में स्रष्टा' की यही आखिरी पंक्तियाँ हैं जो कवि के अपने समकालीन मंगलेश को एक चिट्ठी के रूप में लिखी 'रात-गाड़ी' कविता को एक नया अर्थ देती हैं और खुसरों की और तरह से याद भी दिलाती हैं—'चल खुसरो घर आपने रैन भई चहुँ देस'। क्या विडम्बना है कि अपने दिल्ली-प्रवास में यह कविता ठीक छब्बीस जनवरी के पहले पढ़ रहा हूँ। कविता न सिर्फ अपना समय बताती है बल्कि अपने उन तमाम लोगों का हाल-चाल भी बताती है, जो केन्द्र में नहीं हैं हाशिए पर हैं, इतिहास में नहीं हैं, इतिहास के बाहर हैं—क्योंकि इतिहास को महिमामंडित करने वाली और और चीज़ें हैं। अयोध्या है, काशी है, मथुरा है, राजधानी और शताब्दी एक्सप्रेस-जैसी गाड़ियाँ हैं। यह रात-गाड़ी उनमें नहीं है। शायद नक्शे में ही नहीं है, बाहर है और कोई सिरफिरा कवि ही कह सकता है :

आत्मग्रस्त छिछलापन ही जैसे रह आया जीवन में शेष
प्यारे मंगलेश
अपने लोग फँसे रहे चीं-चीं-चीं-टुट-पुट में जीवन की
भीषणतम मुश्किल में दीन और देश

इसी कविता में 'बेगाने हुए स्वजन' आते हैं, शाम रुलाई फूटने से ठीक पहले का लम्बा पल आता है, विभोर नाचता 'विश्वबैंक' का कार्याधिकारी आता है, बेघर बेदाना बेपानी अपने लोग आते हैं, चिंदियों की तरह उड़े चले जा रहे हैं—परदेस होते अपने देस में—फिर 'अश्रव्य' ही सही, उनका 'क्षुब्ध हाहाकार' याद आता है और विकट होती जाती प्रागैतिहासिक रात के बीतने का इन्तजार आता है—जो नहीं बीतती, तो नहीं बीतती। क्या विडम्बना है कि संग्रह के 78वें पृष्ठ पर होकर भी पहले यही कविता ध्यान में आती है—क्योंकि यही है वीरेन डंगवाल की अलग पहचान, एक अलग मुहावरा।

अपने पहले कविता संग्रह 'इसी दुनिया में' (1991) के माध्यम से वीरेन डंगवाल साधारण, मामूली और क्षुद्र समझी जाने वाली जिन चीजों के कवि के रूप में पहचाने गये वह नये संग्रह 'दुष्चक्र में स्रष्टा' (2002) तक आते-आते साधारण की यह गाथा लिखने में अधिक समर्थ जान पड़ते हैं। इसलिए भी कोई जानी-पहचानी रीति नहीं है जिसमें उन्हें सीमित किया जा सके और छंद में लिखकर और छंद के बाहर जाकर अगर नागार्जुन जैसे किसी बीहड़ कवि की याद दिलाते हैं तो यह उनके अपने ही

कवि-व्यक्तित्व की एक सर्वथा नयी खोज है। उन्हें जितना समय के आतंक, त्रास, भौंडे प्रदर्शन और तेजी से होते मूल्य-क्षय का पता है उतना ही मामूली लोगों की साधारणता में छिपी कड़ियल जिजीविषा पर भरोसा बना हुआ है। उन्हें जहाँ इस भयावह सचाई का पता है : कि, 'एक मक्खी का जीवन-क्रम पूरा हुआ/कई शिशु पैदा हुए और उनमें से/कई तो मारे भी गये/दंगे आगजनी और बमबारी में'—वहीं यह उम्मीद भी बनी हुई है कि लोग हमेशा चुप नहीं रहेंगे। बोलेंगे और इनकार करेंगे। यह सरल आशावाद नहीं है। वीरेन डंगवाल देख तो रहे हैं कि लोग कहने से कतराते हैं क्योंकि दुनिया विकास के नक्शे में दौड़ती-हाँफती भी दिखाई देती है और अक्सर चारों ओर इतना अमन-चैन दिखाया जाता है—दिखाया जाता है कि 'कोई खतरा नहीं बचा। फिर वे सवाल क्यों पूछेंगे और क्यों उनकी चीख सुनाई देगी। फिर भी उम्मीद बची है कि लोग आसपास खतरे ही खतरे देख लेंगे और चुप नहीं रहेंगे। व्यंग्य कौतुक ही नहीं गुस्सा भी दिखाता है और यह कहने के लिए साहस भी जुटाता है—

पर हमने यह कैसा समाज रच डाला है
इसमें जो दमक रहा शर्तिया काला है
आटे की थैली काली है
हर साँस विषैली काली है

यह छंद की वापसी के बहाने रेटारिक की वापसी नहीं है। इसमें एक ही गूँज नहीं है, गूँजें हैं, ब्यौरे भर नहीं हैं आजादी के बाद बने देश का एक सम्पूर्ण वृत्तांत है जिसे कविता में कहने से सलीके वाले कतराते हैं। गूँजें इसलिए हैं कि स्मृतियाँ भी हैं और हड़बड़ी में गुम नहीं हो गयी हैं। जो याद नहीं है, वह भी रह-रह बजता है : "ज्यों काँसे की गागर पर बजती हों बूँदें।" स्मृति भी प्रतिरोध है। जो आज बहुत पीछे जाकर जिन स्मृतियों को सत्ता में होने के नाते लाना चाहते हैं वह बहुत निकट की स्मृतियों को धो-पोंछकर मिटा देने की चालाकी है। कविता सीधे बहस नहीं कर सकती पर 'उम्मीद' में निहित प्रतिरोध को प्रकट कर सकती है—'हर दौर कभी तो ख़त्म हुआ ही करता है/हर कठिनाई कुछ राह दिखा ही देती है/...आयेंगे, उजले दिन ज़रूर आयेंगे।' यह प्रार्थना नहीं, प्रतिरोध है। जिनसे प्रार्थना की जाती है उन्हीं के प्रति यह सात्विक क्रोध भी प्रकट हो सकता है, यह घृणा भी व्यक्त हो सकती है—'कौन-सा है आखिर वह सातवाँ आसमान ! हे, अरे, अबे, ओ करुणानिधान'। हमारी परम्परा में ही जो भक्त कवि दैन्य के लिए जाने जाते हैं ग़ुस्से के लिए भी जाने जाते हैं। यह 'गिड़गिड़ाने' वाले सूर का ही सच नहीं है, विलक्षण क्लासिक ऊँचाइयाँ और बेढंगी अकल्पनीय नीचाइयाँ एक साथ साधने वाले ग़ालिब का भी सच है। हमारे समय में ही नागार्जुन ने 'मंत्र' कविता लिखी है। व्यंग्य केवल व्यंग्य नहीं है क्रीड़ाविनोद या खिलन्दड़ापन भर नहीं है। लू शुन ने कहा है कि "व्यंग्य की जिन्दगी है सच्चाई। यह सच्चाई जरूरी नहीं कि यथार्थ घटनाओं पर ही आधारित हो, बल्कि संभावित पर भी आधरित हो सकती है।"

वीरेन डंगवाल के यहाँ अगर व्यंग्य विडम्बना प्रहसन या विनोद वृत्ति कारगर तत्त्व

हैं तो इसलिए कि उनकी कविताएँ आज के कठोर और एक साथ हास्यास्पद और त्रासद समय के तीखे साक्षात् से बनी हैं। सूखा, अकाल, बेरोजगारी और युद्ध सब स्रष्टा के ही कारनामे हैं। इन कारनामों की सूची में ही 'स्रष्टा' से यह सवाल पूछा जा सकता है—कि 'फिर क्यों बन्द कर दिया तुमने/अपना इतना कामयाब कारखाना !'—'नहीं निकली नदी कोई पिछले चार-पाँच सौ साल से/न बना कोई पहाड़ अथवा समुद्र/...बाढ़ें तो आयीं खैर भरपूर, काफी भूकम्प, तूफान/खून से लबालब हत्याकांड अलबत्ता हुए खूब/...लगभग एक सी फौजी वर्दियों जैसे/मनुष्य मात्र की एकता प्रमाणित करने के लिए/एक जैसी हुंकार, हाहाकार... ।' 'फैजाबाद-अयोध्या' जैसी कविता पढ़ें, तो 'फिर फिर निराला को' शीर्षक के साथ लगी टिप्पणी का मर्म समझ में आएगा। यह 'अंतर्पाठीयता' महज सैद्धान्तिकी का विषय नहीं है, अपने समय की त्रासद पहचान का हिस्सा है।

वीरेन डंगवाल की कविता की अपनी ऊँचाइयाँ-नीचाइयाँ हैं। सब कुछ श्रेष्ठ और महान नहीं, साधारण भी, दुहराव भी, अटपटापन भी—पर इसी विविधता में सजीव है कवि का भाषायी तेवर, बेढंगापन ! 'चूना' का तुक हो सकता है—'कीन्हा'—

जहाँ भी पड़ा, वहीं पर खिल गया चूना
रोनी दीवार पर आहा क्या जगर-मगर कीन्हा

और भी—'बना सगुन ब्याह-सादी में/नाली तक के गुन गाये/भोले डिजाइनों में भोली आत्माओं के करतब दिखलाये/चमकाया/अंधकार रह न गया सूना' । 'रात की रानी' की सघन ऐन्द्रियता का बखान ऐसे भी—

एक सुरीली घंटी के साथ
जैसे एकदम खिल पड़ती है रात
एक भीनी महक जो बनी रहती है चौबीसों घंटे
जैसे एक चोर नशा
जैसे प्रेम सदा सा गोपनीय

पर इसी कविता के अन्त में छिप नहीं पायी हैं—'पास की नयी कॉलोनियों की तरफ/एक उदास फुर्ती से लपकती/बर्तन माँजने वाली स्त्रियाँ' । कहीं 'नींद' है तो ऐसी कि अनेक रूप प्रकारों के साथ ! एक वह ''जो एक अजीब हल्के गरू उतार में/धप से उतरती है'' । और दूसरी वह जो ''कहीं समुद्री हवाओं के आर्द्र परदे में/पालदार नाव का मस्तूल थामे/इधर को दौड़ी चली आती/इकलौती/मस्त अधेड़ मछेरिन'' ।

प्रतिबद्धता की भी एक अपनी काव्यरूढ़ि हो सकती है। वीरेन डंगवाल प्रतिबद्ध हैं तो अनेकार्थता में, गहन विविध पर्यवेक्षण में, साथ ही बेशक, सकारात्मक प्रतिरोध में। उनकी कविता 'जहाँ मैं हूँ'—जैसा अनुभव इकहरा सीमित और बन्द पाठ हो ही नहीं सकता। वह अपने संकेतों, आशयों बिम्बों, में एक मुक्त पाठ है। दृश्य न सिर्फ़ बदलते हैं बल्कि एक गाथा-समुच्चय रचते हैं। ''जहाँ नशा टूटता है कवड़ी की तरह/जहाँ रात अपना सबसे डरावना बैंड बजाती है/सबसे मद्धिम सुरों में/एक स्त्री जहाँ करती है प्रेम का सुदूर इशारा/जहाँ मछली का ताजा पंजर चबाता है ऊदबिलाव/जहाँ भ्रष्टाचार

का सौन्दर्यशास्त्र रचते हैं/नीच शासक/जहाँ कोई युवा विधवा अकेले में रोती है चुपचाप–/चौतरफा बोझ है संसार/जहाँ कौड़ा तापते अब भी अडिग साथी/मशगूल हैं किले को भेदने की/नयी तरकीब खोजने में।'' इन अनेक स्थितियों का एक अंतर्गुम्फन अपने समाज की चुप्पी और चीख़ का, अथाह प्रतीक्षा और व्यग्र प्रतिवाद या विद्रोह का संकेत बनता है। वीरेन डंगवाल ऐसे कवि भी हैं जिनके यहाँ सब कुछ सतर्क चौकस समग्र सुगठित नहीं है। अनजाने में आती है कविता, अनजाने में आते हैं विचार, अनजाने में विक्षोभ, अनजाने में करुणा (जो दयनीयता से भिन्न है) ! 'अधेड़ नैनीताल उधेड़बुन' कविता में कई पार्श्व छवियाँ हैं–सधे हाथों–फिर भी औचक या अनजाने !–

'ओठों में एक खुश्की
झरना किसी शानदार द्वार से
रंग की एक कत्थई पतली परत का

यह भी प्रेम है शायद
इस सबको देख पाना'

पर यह केवल मोह या नास्टेल्जिया नहीं है। ''अपने ऊपर ढहते अपने घर'' का जिक्र कविता में पहले ही आ चुका है। स्मृति भी सक्रिय जिजीविषा या जीने की तड़प का हिस्सा है। एक फक्कड़ कवि का बयान कविता में कुछ ऐसे ही दर्ज हो सकता है–

घुटने दुखते हैं चढ़ान में
मन लेकिन काकड़--हिरण–हृष्ट-पुष्ट नीलगाय
झकझोर मीठी जलेबी खायी तो तुम्हें याद किया

और तो और तुम्हें देखा तो भी तुम्हें याद किया

यहाँ इस संग्रह की कुछ कविताओं का उल्लेख इसलिए ज़रूरी है कि उनसे कवि के अनुभव-संचय का पता लगता है। जिसे गाहेबगाहे देख लिया गया है वह भी एक बड़े वृत्तांत का हिस्सा है और साधारण की गाथा या साधारण के महत्त्व का संकेत है। नागार्जुन की कविता 'मादा सुअर' याद करें जो छौनों के साथ लेटी है तो ऐसी कि 'मादरेहिन्द की बेटी है।' और वीरेन डंगवाल की कविता 'सूअर का बच्चा' की यह शुरुआत :

बारिश जमकर हुई धुल गया सूअर का बच्चा
धुल पूँछ कर अँगरेज बन गया सूअर का बच्चा

स्मृति में ले आएँ निराला को (जो यों भी वीरेन डंगवाल के प्रिय कवि हैं)–बहुत दिनों बाद खुला आसमान–और 'सूअर का बच्चा' की अन्तिम पंक्तियाँ पढ़ें :

पहले पहले दृश्य दीखते हैं इतने अलबेले
आँखों ने पहले पहले अपनी उजास देखी है

ठंडक पहुँची सीझ हृदय में अद्भुत मोद भरा है
इससे इतनी अकड़ भरा है सूअर का बच्चा

'घिघ्घी' 'पिद्दी का शोरबा' 'पोदीने की महक' अलग रंगों की कविताएँ हैं। जहाँ ज़रूरी है वहाँ वे राजनीतिक विमर्श से बचती नहीं हैं, कतराती नहीं है, ऐसे विषयों या प्रसंगों को काव्यबाह्य नहीं मानती हैं। यों भी वीरेन डंगवाल किसी भी तरह के शुद्धतावाद के विरुद्ध हैं। 'पोदीने की महक' में यह प्रसंग दूर तक इशारा करने वाला है—"उन खुशबुओं से कोई एतराज नहीं मुझे/जो वैश्वीकरण के इन दिनों इतनी भरपूर है/कि ठसाठस भरी बसों में भी/गला दबोच लेती हैं/झूठ क्यों बोलूँ उनमें तो काफी मनभावन भी हैं/सौम्य पाश्चात्य संगीत की तरह/लेकिन पोदीने की बात इस सबसे जरा अलग है/जिसे ये हिन्दुत्ववादी तो हरगिज़ नहीं समझ पायेंगे।"

देखें, कि 'दुष्चक्र में स्रष्टा' संग्रह की सिर्फ़ एक और अन्तिम कविता 'लकड़हारे की अधूरी कविता' के नीचे समय दर्ज है : 1975—जिसकी अलग से व्याख्या की ज़रूरत नहीं : इस अन्तिम कविता की भी आखिरी पंक्तियाँ हैं—

लेकिन हमारे रोपे वे वृक्ष ढहते गये
क्योंकि उनकी जड़ें जमीन की सिर्फ पपड़ी पर थी
और धरती कम से कम दो मील गहरी होती है

अतिकथन से अल्पकथन तक, साधारण से उदात्त तक, हास्यास्पद से करुण या त्रासद तक, विचार से परिहास या विनोद तक अनेक ढंग-कुढंग अपनाने वाले कवि वीरेन डंगवाल ने छंद से गद्य तक जो विन्यास रचा है वह इधर की कविता की एक अलग और विरल पहचान है। प्रायः कविताएँ कविताओं से बनती दिखाई देती हैं। अनुकरण या दुहराव कहीं अधिक प्रचलन में है। जो इस बने-बनाये ढाँचे को तोड़ेगा और इसके लिए कभी-कभार कम समझे जाने या न समझे जाने का जोखिम उठाएगा वही सच्चे अर्थों में आज की कविता को आगे ले जा सकेगा। 'गहराई' के सवाल पर ब्रेष्ट से बहस करते हुए जर्मन विचारक वाल्टर बेंजामिन ने कुछ यों ही नहीं कहा होगा—"गहराई में घुसने के मेरे इसी तरीके से मैं परस्पर विपरीत ध्रुवों तक सफर करता हूँ।" कविता इसी अर्थ में विपरीत अकल्पनीय ध्रुवों तक जाने की कोशिश है। इसी दृष्टि से वह एक अर्थ में 'औपन्यासिक' भी है।

सन्नाटे में आवाज़ की तरह

जिस समय युवा कविता का एक खास रंग या तो सरल आशावाद की ओर झुका हुआ है और दूसरा, सावधान पाठकों को एक तरह की अति परिचित हताशा में जंगल का विलाप लग सकता है, साठ पार के कवि नरेश सक्सेना के पहले ही प्रकाशित संग्रह **'समुद्र पर हो रही है बारिश'** की कविताएँ एक सकारात्मक और सख़्त जिजीविषा से स्फूर्त जान पड़ती हैं। इसी संग्रह पर कवि को वर्ष 2000 के 'पहल सम्मान' से सम्मानित किया गया है और इस दृष्टि से भी यह संग्रह अलग पहचानने और पढ़ने योग्य है। जो नरेश सक्सेना को एक लम्बे समय से जानते हैं, उन्हें इस बात पर अचरज नहीं होगा कि यह कवि का पहला ही संग्रह इतनी देर से क्यों आ रहा है ! अपनी बेपरवाही अव्यवस्था और अराजकता को लेकर भी वे चर्चा में रहे हैं, जैसे कविता के प्रति अपने लगभग कार्यकर्ता जैसे—प्रेम को लेकर भी। और सभी को आश्वस्ति है कि पेशे से इंजीनियर होना उनके 'मानवीय और प्रतिबद्ध सृजन कर्म' में सहायक और प्रेरक ही रहा है। उनके लिए बाधक कभी नहीं। 'सरल रेखाओं में चलकर' भी जो 'उतनी सरल होती नहीं'—अर्थात् 'रोशनी' जैसे नरेश को रास्ता दिखाती है और जीवन, प्रकृति, पर्यावरण और सामाजिकता के अर्थ उनके लिए कहीं ज़्यादा गहरे हो उठते हैं। 'रोशनी' शीर्षक कविता के बीच में आती हैं ये पंक्तियाँ :

उसकी रफ़्तार के बारे में तो सुना ही होगा आपने
अपनी तेज़ी के बावजूद
टकराकर धक्का नहीं देती
दबे पाँव बेवज़न और बेआवाज़ उतर सकती है चीज़ों पर
अदृश्य रहकर खुफिया ढंग से
जा सकती है आर-पार
और हड्डियों में छिपा सारा भेद बाहर ला सकती है

जैसे यह एक कविता ही कवि के लिए कला के रहस्यों जो उद्घाटित कर जाती हो। इसी कविता की आखिरी पंक्तियाँ हैं—

चीज़ों को जितना करती है उजागर
उससे ज़्यादा छिपाती है
रोशनी में चीज़ों को देखने से पहले
ज़रूरी है रोशनी को देखना

ज़रूरी है याद करना
कि कोयला भी उसका एक प्रिय घर है
ज़रूरी है अपने शरीर में बसे कोयले की याद

'हिस्सा', 'रोशनी', 'धातुएँ', 'लोहे की रेलिंग' और **'ईंटें'** जैसे अपने आपमें एक कविता शृंखला हों या विचार शृंखला, क्योंकि सचेत रूप में नरेश सक्सेना की कविताएँ कविता और विचार की ऐसी सघन बुनावट से परिचित कराती हैं जो महज 'रोमांटिक' के विरुद्ध अपना पक्ष चुनने से संभव नहीं होती। आश्चर्य नहीं कि नरेश को भूमिका में ही यह कहना ज़रूरी लगा कि "ये सारी कविताएँ मेरे प्रेम की कविताएँ हैं।" प्रेम और जीवन, जीवन और संघर्ष, सृजन और कर्म, राग और विचार, शब्द और संगीत यहाँ एक दूसरे से इस तरह अभिन्न हैं जैसे एक के होने में ही दूसरे का होना भी है। यह एक अर्थ में नरेश की कविता का व्याकरण या अनुशासन है और दूसरे अर्थ में कविता की मुक्ति। संघर्ष एक रोमैंटिक काल्पनिक विचार भर नहीं है–जूझना है–अपने लिए भी और दूसरों के लिए भी। जो कह सकता हो कि 'दुनिया के नमक और लोहे में हमारा भी हिस्सा है' वही यह भी कह सकता है–'फिर दुनिया भर में बहते हुए खून और पसीने में हमारा भी हिस्सा होना चाहिए।' जीवन के प्रति गहरी आसक्ति नरेश सक्सेना की कविता का मुख्य अभिप्राय है। यह जीवन जितना हमारा निजी और व्यक्तिगत है, उतना ही प्रकृति के संदर्भ में व्यापक, वृहत्तर और सामजिक भी। नरेश की कविताएँ इसी अर्थ में जीवन-मर्म के बारे में कुछ अनोखी और अद्वितीय टिप्पणियाँ हैं। काव्यविडम्बना भी अपने-आपमें कवि के लिए एक मार्मिक प्रत्यक्ष है।

2

नरेश सक्सेना को पता है कि जीवन में और कविता में भी धातुओं की भूमिका कितनी बड़ी है। धातु-युग से पहले भी रहा होगा धातु-युग और धातु-युग के बाद भी मानवीय भूगोल में किसी धातु-युग को होना ही चाहिए। उन्हें पता है कि धातुएँ फलती-फूलती भी हैं–पानी के बाद फलों और फूलों में वे सबसे ज्यादा मिलती भी हैं। मछलियों और पक्षियों में होती हुई। आकाश-पाताल एक करती हुई। कविता में ही है कवि की यह टिप्पणी–"चिन्तित हैं धातुविज्ञानी/कि असन्तुलित हो रहे हैं धरती पर धातु के भंडार/कि वे उनके जिगर में, गुर्दों में, नाखूनों में/त्वचा में, बालों की जड़ों में जमती जा रही हैं/अभी वे विचारों में फैल रही हैं लेकिन/एक दिन वे बैठी मिलेंगी/हमारी आत्मा में"। और ये अन्तिम पंक्तियाँ हैं या कवि का अन्दाज़े-बयाँ !

मुझसे तो कई बार पूछ चुके हैं मेरे दोस्त
कि यार नरेश
तुम किस धातु के बने हो।

याद करें अष्टभुजा शुक्ल की कविता का यह अंश : *यदि केवल मैं ढोता रहूँ/*

तो सारी खदानों का कोयला मेरा है / यदि मैं दहन भट्टी पर खड़े-खड़े न सुलगूँ / तो कारखानों का सारा लोहा मेरा है।

यह नहीं कि नरेश सक्सेना को 'घृणा और हिंसा से भरे इस समय' का पता नहीं है या ध्वंस की स्मृतियाँ नहीं हैं उनके अनुभवों में; खतरे और नाउम्मीदी का अहसास भी है उनके यहाँ, और यह बोध भी, कि—'मृत्यु सिर्फ जीवित चीजों के पास आती है'। पर सबके बावजूद—उस साहस की कामना भी है जिसके साथ मिट्टी में ब़ीज की तरह प्रवेश किया जा सके। कठोर व्यंग्य के लिए नरेश को किसी **अतिकथन** या **'ओवरटोन'** का सहारा नहीं लेना पड़ता। 'छह दिसम्बर' का दुखान्त इस तरह भी कहा जा सकता है—

इतिहास के बहुत से भ्रमों में से
एक यह भी है
कि महमूद गजनवी लौट गया था

लौटा नहीं था वह
यहीं था

सैंकड़ों बरस बाद अचानक
वह प्रकट हुआ अयोध्या में

सोमनाथ में उसने किया था
अल्लाह का काम तमाम

इस बार उसका नारा था
जय श्री राम

यह कोई विनोदपूर्ण विपर्यास भर नहीं, ज़ेहन में यह बिठाने की एक सोची-समझी रणनीति है कि **साम्प्रदायिकता** का कोई **एक नाम** या रूप या शक्ल नहीं होती, उसकी अनेक **शक्लें** होती हैं। वह इतिहास के स्मरण-विस्मरण में पाठ-कुपाठ में सब कहीं सक्रिय है। और यह समय जब ये कविताएँ पढ़ी जा रही हैं व्याख्या और अप-व्याख्या के एक सिलसिले की झलक देने वाला है। इन सबके बावजूद कवि की निगाह उस **'शिशु'** की ओर है जो शब्द नहीं, संगीत समझता है। अभी वह 'अर्थ' समझता है। इसके बाद सीखेगा 'भाषा'। आश्चर्य हो सकता है कि एक शिशु सुलभ जिज्ञासा और कभी अबोध कभी अधीर किस्म की सक्रियता नरेश सक्सेना के कवि-स्वभाव में है और विज्ञान और तकनीकी के सचेत सम्पर्क में भी इस कल्पनाशीलता पर उसकी पकड़ ढीली नहीं हुई है। यों ही नहीं है कि विलोप और क्षरण के दृश्य नरेश के यहाँ विरल हैं। **चींटियों का अन्न-जल, दरार का भरना, अँखुए का फूटना, घास का उगना** जैसे **प्रतिरोधात्मक** कार्य-व्यापार के लक्षण हैं। घास—जो घोड़े की नसों में खून बनकर दौड़ती है और गाय के थनों में दूध बनकर फूटती है और जो धरती पर बिछी रहती है और फिर भी कुचली जाती है लगातार—वही अचानक किसी एक दिन—

महल की मीनारों और किले की दीवारों पर
शान से खड़ी हो जाती है
उन्हें ध्वस्त करने की शुरुआत करती हुई

3

शुरू में ही कहा गया है कि नरेश सक्सेना का कविता के लिए प्रेम एक कार्यकर्ता या ऐक्टिविस्ट की तरह रहा है। जो नरेश को लम्बे समय से जानते हैं उन्हें पता होगा कि नरेश अपने सामाजिक सरोकारों में भी एक ऐक्टिविस्ट की तरह सक्रिय दिखते रहे हैं। ज़रूरी मुद्दों पर अपनी पक्षधरता जताने में उन्होंने कोताही नहीं की। नरेश का जो लहजा है—कहने का उनका ढंग--इससे अप्रभावित नहीं है। वे कविता को उस परिपक्व विचार और परिणति तक भी ले जाते हैं जहाँ जाने में कविता की चाहे थोड़ी कलात्मक क्षति भी हो, लक्ष्य तक उसे जाना ही चाहिए। ज़रूरी नहीं कि जानकर ही नरेश ऐसा करते हों, अनजाने भी कर सकते हैं। इस सकारात्मक टोन में ही गद्य की वह ताकत भी छिपी है जिसे निराला ने 'जीवन संग्राम की भाषा' कहा होगा पर जिसका महत्त्व कविता को एक सार्थक काव्य-वक्तव्य बनाने में भी कम नहीं है। इस विन्यास नें गद्य की ताकत छिपी नहीं है—

जैसे चिड़ियों की उड़ान में शामिल होते हैं पेड़
मुसीबत के वक्त कौन-सी कविताएँ होंगी हमारे साथ
लड़ाई के लिए उठे हाथों में
कौन से शब्द होंगे ?

यह ब्रेख्तियन लहजा एक दौर की कविता में चलन में रहा है और आज भी उसका असर ख़त्म नहीं हो गया है। यह केवल भाषायी बलाघात से मुमकिन नहीं। कविता में व्यक्त आवेग या मनोवेग से भी उसका गहरा रिश्ता है। इसी अर्थ में कहा गया है कि कविता महज सर्वोत्तम व्यवस्था के अन्तर्गत सर्वोत्तम शब्द-संयोजन नहीं है, वह हमारे वजूद से मिलकर ही सार्थक है, पूर्णतर है। भाषा में छिपी ध्वनि या संगीत से जो ताकत पैदा होती है वह केवल उपचार या लक्षण नहीं है। नरेश सक्सेना की कविता **'ईंटें'** में 'ईंट' की सुडौलता ही सब कुछ नहीं है—उसके पीछे का सामाजिक निहितार्थ भी कविता के बाहर का ब्यौरा नहीं है (जैसे, ''ईंटों के चट्टे की छाया में/तीन ईंटें थीं एक मजदूरनी का चूल्हा/दो उसके बच्चे की खुड्डी बनी थीं/एक उसके थके सिर के नीचे लगी थी/बाद में जो लगने से बच गयीं/उनको तो करने थे और बड़े काम...'') ! कविता बताती है कि ईंटों की सुडौलता ही सब कुछ नहीं, यही नहीं कि सतह हो समतल, धार-कोर पैनी, रंगत में सुर्ख, बोली में खनक—ईंटें कुछ और चाह सकती हैं—

ईंटें शायद चाहें कि वे बनायें जो घर
उसे जाना जाए थोड़े से प्रेम थोड़े से त्याग
थोड़े से साहस के लिए

पर कवि को इस मुश्किल का भी पता है कि अगर सचमुच ईंटें ऐसा चाहने लगें तो उनसे आँख मिला पाना कठिन हो जाए। ऐसा है समय और ऐसे हैं शहर। इसलिए सदाशयता के लिए ही नहीं, अपने कठिन समय की जटिल विडम्बनाओं से रू-ब-रू होने के लिए भी यह संग्रह पढ़ा जाएगा।

4

इसी संग्रह में अगर **'लालटेनें'** शीर्षक से दो कविताएँ हैं और **'कौवे'** शीर्षक से भी दो कविताएँ हैं तो वे समानान्तर पाठ की माँग करेंगी। यह कवि की परिचित युक्ति भी है। एक ओर अगर अंधे तहखानों और जहरीली गैसों से भरे मेनहोल में सिर्फ लालटेनें उतारी जाती हैं जो अक्सर वहाँ से बुझी और तड़की हुई लौटती हैं तो दूसरी ओर वे **'एक हाथ से दूसरी में जातीं/भरोसे की तरह/सोये हुए घरों में जागतीं/उम्मीद की तरह !'** **'कौए : एक'** में अगर कौवे 'सोने की चोंच मढ़ाने' की जगह सिर्फ शहर के सगुन के लिए मार दिये जाते हैं तो 'कौए : दो' में रंगभेद की यातनापूर्ण करुण स्थिति की ओर इशारा भी है—जिसका अर्थ उत्तर औपनिवेशिक समय में दूर तक जाता है—

मगर वे काले होते हैं
बस यहीं से उनके दुखों की शुरुआत होती है
गोरी जातियों से पराजित हमारा अतीत
कौवों का पीछा नहीं छोड़ता

यहीं शेष कविता बगैर कोई विषयान्तर किए कवि के अनुभवों में एक और प्रसंग, जीवट और धैर्य का एक और पाठ जोड़ जाती है। 'एक दिन एक मरे हुए कौवे को घेर कर/जब वे बैठ रहे/और अँधेरा होने तक काँव काँव करते रहे/तब समझ में आया कि यह तो उनके निरन्तर शोक की आवाज है/जिसे हम संगीत की तरह सुनना चाहते हैं।' मुख्य कथन अभी आगे है और उसी अटूट अनथक जिजीविषा और साहस के पक्ष में है—

निरन्तर धिक्कार और तिरस्कार के बावजूद
बस्तियाँ छोड़कर नहीं जाते
अपने भर्राये गलों से न जाने क्या कहते हैं

नरेश सक्सेना जानते हैं कि पृथ्वी अपने कोयलों को लगातार हीरों में बदलती हुई सिर्फ रत्नों के रहस्यों से नहीं भरी है, उसकी करुण गाथा मे यातना और अन्याय के दूर-दूर तक फैले प्रसंग भी हैं। स्थानीय और भूमंडलीय। यह ज़रूर है कि चीज़ें लौट लौट आती हैं—जैसे **बारिश में नदी, बसंत में नये पत्ते !** वैसे ही एक दिन लौट सकती है **'अन्याय से लड़ने की इच्छा** और **ताकत/इस शरीर में'**। यह पुनरावृत्ति के बावजूद नरेश की कविता का केन्द्रीय स्वर है—वही एक सख़्त कड़ियल उम्मीद—जो साठ पार के इस 'नये कवि' की सर्जनात्मक विकलता और प्रतिबद्धता का साक्ष्य भी है।

उत्तर समय में कविता

तुम्हारी जगह मैं चला जाऊँगा
(वैसे भी दमिश्क बहुत दूर है उस गुप्त होटल से...)
मैं पूछूँगा उसकी फ़ेहरिस्तों पर
मैं ऐलान करूँगा कि हम हैं इराक के आवाम
हम हैं इस धरती के पुरखों के ज़माने से खड़े दरख़्त
अपनी बाँस की मामूली छत के नीचे सिर उठाकर जीते हुए।

—सादी यूसुफ़

इससे क्या फ़र्क़ पड़ता है कि हम इराक की ओर से कविता लिख रहे हैं या रूस, चीन किरमिस्तान या हिन्दुस्तान से ! आज कविता जितनी **निजी** है उतनी ही **सार्वजनिक।** कविता को इसी समय गहरे अर्थों में अपने और वक्त के प्रति जवाबदेह होना है। **नरेन्द्र जैन, अरुण कमल, बद्रीनारायण** के नए कविता संग्रह इस बात के गवाह हैं कि कविता अपने समय में होकर भी समय के पार जाती है और अतीत में गुम नहीं होती। अरुण कमल के शब्दों में वह पुतली से संसार को देख पाती है। **'पुतली में संसार'** संग्रह की पहली कविता है जिसमें मछली की पुतली में घूमती और छवियाँ दिख जाती हैं :

'मुझे मछली की नदी की गन्ध लग रही है देव/मेरी देह में इतनी गुदगुदी/इतने घट्ठों इतने ठेलों भरी देह में यह कैसा कम्पन/मैं सारे मन्त्र भूल रहा हूँ/सारी सिद्धि निष्काम हो रही है/ढीली पड़ रही हैं उँगलियाँ/पसीने से मुट्ठी का कसाव कम/मेरे पाँव हिल रहे हैं/कंठ सूख रहा है/मुझे तो देखना था बस आँख का गोला/और मैं **इतना अधिक** सब कुछ क्यों देख रहा हूँ देव !' यह क्या केवल अल्पकथन में व्याप्ति भरने की कोशिश है या इस सूक्ष्मता के सामाजिक अर्थ कहीं दूसरी दिशा की ओर इशारा करते हैं। इसी क्रम में 'आत्मकथा' कविता को पढ़ें जहाँ कवि को उतना ही अवकाश प्राप्त है जितनी देर में **'भात'** सिंझनेवाला है। इस **देशज** ठाठ को यहाँ से वहाँ तक असीमित अर्थ देते देख सकेंगे। जानकारी और कुशलता से अलग यह कविता का वह चेहरा है जो उत्तर समय का आईना है। 'चलते-चलते डालनी चप्पल/गिरते हाँफते उठाना राग/खड़े मंच पर पात्र तैयार/शेष अभी लिखना संवाद/कैसे सिल पर घिसूँ जायफल/तेल ठोप भर ज़्यादा **गाद।'** **'उल्लंघन'** कविता में विचार और शिल्प के भेद को अपर्याप्त ठहराकर एक नया काव्य-संभव सामने है !

जो लोग बहुधा कला की बात करते हैं
उनसे मेरा कहना है कि हाथी बनाने से कहीं ज्यादा
बहुत ही ज्यादा मुश्किल है चींटी बनाना
वैसे यह भी सही है कि जिसके पास ढेर सारा शहद है
वह एक करोड़ चींटियाँ रचने के बजाय
एक अच्छा-सा हाथी क्यों नहीं बनाएगा, बल्कि निर्मित करेगा!

इधर की महत्त्वपूर्ण कविताएँ **निर्मिति** होने से **इनकार** करती हैं। वे आधी अधूरी अटपटी कविता कोलाज़ बनती-बनाती हैं। यथार्थ उनके लिए अपर्याप्त होता है। **फंतासी सादगी** में भी मुमकिन है। **ट्रैजिक कॉमिक** एक साथ हो सकते हैं। कविता **वृत्तान्त** हो सकती है, **मोनोलॉग** हो सकती है, **नाटक या उपन्यास** हो सकती है। **'दस बजे'** नागार्जुन की वर्णन-क्षमता के आसपास जान पड़ती है ! इतना सघन सूक्ष्म सटीक पर्यवेक्षण हड़बड़ी से अधिक धैर्य की अपेक्षा करता है।

'एकदम साँस अटकी पूरा शहर इस तरह अटका/कि एक बड़ा ही अशौच बिम्ब बार-बार याद आ रहा था/जो जहाँ था वहीं फँसा था/सिवाय एक चालू कुत्ते के जो कोटि-कोटि गाड़ियों के नीचे/अगल-बगल काटता हुचकता पहुँच गया पार कानी कुतिया के/पीछे/ठीक तभी एक सरकारी बस ने अपने निजीकरण की घोषणा/कर दी खड़े-खड़े !' वाक्य विन्यास में विस्तार और लघुता को एक साथ संभव करने की कला कवि-दृष्टि का ही साक्ष्य है—शब्द ज्ञान या भाषा कुशलता का नहीं। **'दस बजे'** कविता **तीन मिनट** की फ़िल्म है जिसके नज़दीकी और सुदूर बिम्ब विलक्षण हैं।

व्यक्तियों पर लिखी कविताएँ न सम्बन्ध-स्मरण के दायरे में सीमित होती हैं न मित्र-धर्म निभाने का व्यवहारवाद। **अरुणकमल** की कविता **'दोस्त'** क्यों मामूली कविता है और **मंगलेश डबराल** की **'मोहन थपलियाल'** किस अर्थ में बड़ी कविता है—इसे समझने के लिए कोई 'थियरी' या सैद्धान्तिकी ग़ैर जरूरी होगी। प्रसंगवश मंगलेश की कविता खुद आत्मा में धँसी एक चीख़ है जिसे कई कविताएँ भी मिलकर न कह पाएँगी। 'पहल'-75 में प्रकाशित इस कविता का आख़िरी हिस्सा है :

'तुम अस्पताल से लौटते हो अपने कलेजे का रक्त थामे हुए/देखते हो बच्चे कुछ और बड़े हो गए हैं/घर की मद्धिम रोशनी में पढ़ रहे हैं अपना पाठ/रसोई घर में खड़ी पत्नी पलभर देखती है/मुश्किल से जुटाया हुआ अपना छोटा-सा संसार/और तुम अपने कॉमरेड ब्रेष्ट की कविता पर झुके हुए/पूछते हो शायद अपना आख़िरी सवाल/अब कौन-सा है अगला विस्थापन/कहाँ है कूट भाषा के संकेतों का गंतव्य !' मंगलेश की व्यक्तियों पर लिखी कविताएँ शमशेर की याद दिलाती हैं।

अरुणकमल के संग्रह में एक कविता 'आत्मकथा' है, तो दूसरी कविता **'आत्मकथ्य'** ! **'हिंस्र पशुओं भरी'** बिम्ब **निराला** से, यानी एक पूरी परम्परा से ! पर किस तरह के विन्यास में ! अरुण कमल के लिए परम्परा का अर्थ कबीर, तुलसी से निराला, **मुक्तिबोध** तक फैला है। शुरू में ही 'विनयपत्रिका' का स्मरण है : 'हिये हेरि तुलसी

लिखी, सो सुभाय सही करि/बहुरि पूँछिये पाँचों !' आत्मकथ्य में क्या नहीं है—हाथ का उठा कौर, हींग की गन्ध, शरीर का ताप, बूढ़ी माँ, बेटी का ब्याह, हिलती लालटेन, खेतों की बर्बादी, दहकता पुल :

'दिन इतना छोटा रातें इतनी लम्बी हिंस्र पशुओं भरी/मेरी साँस टूटने के इन्तजार में वे आँखें चमक रहीं/आदमी के मांस में इतना नमक क्यों है/इतनी कम जगह इतना भार सिंह पर कि/कोई चल रहा कैसे...!' याद करें निराला की बेटी की मृत्यु पर लिखी कविता 'सरोज स्मृति' और माँ के निधन पर लिखी कविता 'माँ की स्मृति ! निजी सम्बन्ध क्या से क्या हो उठते हैं। याद करें **पास्तरनाक, अख्मातोवा, त्स्वेताएवा** की पर्सनल कविताएँ ! **शमशेर** की ऐसी ही कविताएँ जिनमें दुख कहाँ फट पड़ता है, कहाँ सूख जाता है पपड़ियाँ छोड़कर, कहना कठिन है ! अरुण कमल के संग्रह में एक आवारा कुत्ते की आत्मकथा के रूप में लिखी कविता **'उस रात'** प्रेम, प्रकृति, मांसलता, राग और रति के अनोखे रूप दिखाती है और संकेतों में बहुत कुछ कह जाती है जो शब्दों में संभव नहीं—

'मालती के गन्ध की रस्सी पकड़े वहाँ तक/उस चार दीवार तक जिसके अन्दर थी वह गन्ध...' 'उन दिनों एक औरत/जानवरों से अपने प्रेम के लिए प्रसिद्ध थी/और मैं एक सलोनी को दूर से देखता रहता/छुरी-सी तेज गन्ध मुझे चीरती...।' कहानी में प्रेमचन्द की पूस की रात भी आती है नीलगायों का झुंड भी आता है और भूख की भयावह याद भी लगातार पीछा करती है। यह सिर्फ़ मितव्यय का काव्यविवेक नहीं, **वर्णन** की कला भी है जो **प्रगीत** तक में संभव होती है। जैसे निराला का गीत—'बाँधो न नाव इस ठाँव बंधु/पूछेगा सारा गाँव बंधु !' यहीं अरुण कमल की **'सींग'** कविता में **'पुतली'** का प्रयोग दो बार है पर अलग-अलग ढंग से !

*लगातार बढ़ रहा है सींग/घूमता तेज़ नुकीला आँख पर अन्दर/धीरे-धीरे मेरा देखना कट रहा है/डिग रही है ठौर से **पुतली**...' आँख पर अंकुश दाबता कोआ घोंटता **पुतली**/मुझी से फूट मेरा सींग मुझी को बेधता।'*

संग्रह का एक पूरा खंड **'घर-बाहर'** चीन और इंग्लैंड के यात्रा प्रसंगों पर आधारित है। एक कविता 'अर्द्धविराम' शीर्षक से है जो वाक्य, विराम, पूर्ण विराम और अर्द्धविराम के महत्त्व को आँकती है। और 'तरीका' शीर्षक कविता यद्यपि चीनियों के खानपान के सलीक़े पर है पर उससे कम नहीं है—कविता के मर्म की ओर इशारा भी : *'दो सींकों से/चावल का एक एक दाना उठाना/या पूरा का पूरा सिंका हुआ बत्तख़/या सेवइयों के अनन्त लच्छे !'* कविता में शब्दों का चुनाव एक अज्ञात नियम या तन्त्र के अधीन है। **'बुद्ध मन्दिर में'** कविता **गगन गिल के 'अँधेरे में बुद्ध'** जैसे बिम्ब से सर्वथा अलग ! यहाँ आत्मिक या आध्यात्मिक से अलग अर्थशास्त्र का मुद्दा उभर कर सामने आता है। यहीं है भूमंडलीकरण, उदारीकरण और विश्वमंडी का पाठ !

'मेरे पास एक नया नोट है पाँच का
स्वीकार करोगे बुद्ध ? रुपया चलेगा चीन में ?

या केवल युवान ?
डॉलर तो हरगिज़ नहीं बुद्ध को !'

यहाँ **व्यंग्य** प्रधान या **विडम्बना** या डब्ल्यू.ओ.एच या वर्ल्ड बैंक की बेबसी कहना कठिन है। याद आते हैं अमर्त्यसेन जो गरीबी का अर्थशास्त्र बताते हैं और इस बहाने ग़रीबी का दर्शन भी, जो मार्क्स के 'क्रिटीक ऑन पोलिटिकल इकॉनॉमी' का भी जरूरी सन्दर्भ है। इस सीरीज की सभी कविताएँ शेष कविताओं से अधिक बहुलार्थमयी हैं—जैसे **'लू शुन की कोठरी'**, **'लन्दन की एक और रात'** और **'शेक्सपीयर का घर !'** 'शेक्सपीयर का घर' का अन्त इस तरह है—

'बताएगा कोई किधर है हैमलेट का घर/ओथेलो लियर डेस्डिमोना इयागो 'फॉल्सटाफ कैलिबन/अरे नहीं, तब तो बनानी पड़ेगी दुनिया फिर से/और फिर उतनी जगह कहाँ पृथ्वी पर !' क्या कवि-कर्म भी ट्रक, समुद्री गन्ध या समुद्री नशे की तरह है ! याद आता है एक गुजराती आख्यान जिसमें सम्भोग का चरम क्षण सहचर की मृत्यु का क्षण है ! क्या फ़र्क़ पड़ता है कि सम्भोग का लक्ष्य स्त्री है—स्त्री शरीर ! नशा टूटने से पहले और सघन या सांद्र हो उठता है। **'एक नशा** एक **नशे की खोज** का नशा/**सम्भोग के क्षण** के **अन्तिम प्रहार**/लाश उठने के साथ पछाड़।'

अरुणकमल का भरोसा **देशज** शब्दों के ठाठ पर बढ़ा है—जैसे **'गोटाया'**, **'गर'**, **'टुक'**, **'धाह'**, **'मेख'** ! कल्पना और भाषा का यह खेल दूर तक चलता है और **'आश्विन'**, **'देहगाथा'**, **'शाम'**, **'मेख'**, **'आतप'** कविताएँ एक दूसरे में गड्डमड्ड जान पड़ती हैं। 'जब इक साँवरी भार देती स्तनों पर खोल देगी पाट दोनों/खिड़कियों के/हिलेगा नाक का मीना'; 'ऐंठती मंजरों से भारी देह/बहुत दूर भीतर उठती है हूक/...कौन मुझे उठाता है धूल-सा'; 'सिंघाड़ों में उतरता है धरती का दूध/और मखानों के फूटते लावे हैं हवा में/धान का एक-एक दाना भरता है/और हरसिंगार खोलता है रात के भेद...।' अरुण कमल की कविता **'अनुभव'** सिर्फ़ 'इरोटिक' नहीं जीवनासक्ति के भेद खोलनेवाली कविता है—''और तुम इतना आहिस्ते मुझे **बाँधती** हो/जैसे तुम कोई इस्तरी हो और मैं भींगी **सलवटों भरी कमीज़**/तुम आहिस्ते-आहिस्ते मुझे **दबाती-सहला** रही हो/और भाप उठ रही है और **सलवटें** सुलट रही हैं/...तुम मुझमें कितनी **पुकारें** उठा रही हो/कितनी **वंशियाँ** डाल रही हो मेरे जल में।' **दरीदा** ने जब **पाठ** (text) को **स्वनिर्भर** बताया तब यह नहीं कहा कि **पाठ की सलवटें** नहीं होतीं। पाठ के भीतर पाठ होता है पर कहना कठिन है कि बाहर नहीं होता।

वाल्टर बेंजामिन मानते हैं कि इतिहास जरूर **इतिहासवाद** बनते-बनते टूटी हुई कड़ियों में तारतम्य की व्याख्या कर सकता है, पर एक ख़राब कविता ही आदि-मध्य-अन्त का ताना-बाना तय कर सकती है। **बड़ी कविता** वह है, जिसे एक अर्थ में सीमित करना कठिन है। यहाँ **एक ही कविता में कई कविताएँ** हो सकती हैं। कई पाठ, उपपाठ और अन्तर्पाठ। अगर कविता का उत्तर जीवन मुमकिन है, तो अर्थ की भी अनेक खिड़कियाँ इस उत्तर समय में खुल सकती हैं। यहाँ **नाज़िम हिकमत** और **पाब्लो**

नेरुदा आज के कवियों के भी **समकालीन** हो सकते हैं। जिस नेरुदा को गाब्रिएल गार्सिया मार्क्वेज़ ने बीसवीं सदी का और पूरी दुनिया का **महानतम** कवि कहा, उसे ही दूसरे आलोचकों ने **'ग्रेट बैड पोएट'** कहा। यानी एक साथ बुरा और बड़ा कवि !

काफ़्का की डायरी के शब्द हैं : "लक्ष्य है लेकिन रास्ता कोई नहीं है। जिसे हम **रास्ता** मानते हैं, सिर्फ़ **हिचकिचाहट** है।" यही है कविता—उत्तर समय में कठिन और अपने आपमें असमाप्त। अरुण कमल की कविता इशारा है कि **'पूर्णता'** सिर्फ़ मिथ या यूटोपिया है। यहाँ उन्हीं के शब्दों में—"नहीं, कोई तुम्हें कुछ नहीं दे सकता/सब कुछ पाने के बाद भी बेचैन रहोगे !" यह **दुविधा** या **दुचित्तापन** कवि का अपना चुनाव है। यह बेचैनी ही उसे **ग़ालिब** की-सी मानसिक स्थिति तक ले जाती है—यहाँ कविता क्या है चित्र-विचित्र आईना ! ग़ालिब इसे **'तिम्सालदार'** कहते हैं। और कवि का स्वभाव है कि वह जुनूँ में क्या-क्या कहता फिरता है :

बक रहा हूँ जुनूँ में क्या क्या कुछ
कुछ न समझे खुदा करे कोई

आत्मकथा कविता में कितनी बड़ी जगह बना सकती है, यह देखने के लिए **विष्णु खरे** की लम्बी कविता **'करना पड़ता'** है याद आ सकती है पर इस स्फीति में सिर्फ़ अकाव्यात्मकता का डर नहीं है, **आत्मश्लाघा** का भी ख़तरा है। खरे यह जतन करते रहे हैं, इसलिए कर सकते हैं पर यह आनेवाले कवियों के लिए चेतावनी भी है और वह भी पहले उद्धृत काफ़्का के ही शब्दों में : "जिसे हम रास्ता मानते हैं, वह सिर्फ़ हिचकिचाहट है।" इसे समझने के लिए केदारनाथ सिंह की **'बाघ'** से आगे की **'पांडुलिपियाँ'** जैसी कविता पढ़ी जा सकती है। यहाँ काफ़्काई **हिचकिचाहट** केदारनाथ सिंह की काव्यक्षमता में कुछ नया और विलक्षण भी जोड़ पाती है।

आश्चर्य है कि केदारनाथ सिंह के बाद अरुणकमल ने, और अरुणकमल के बाद बोधिसत्व ने **'कमलादासी की कविताएँ'** जैसी कविता शृंखला लिखकर **व्यक्तित्वान्तर** की नई चुनौती स्वीकार की है। क्या बोधिसत्व **'कमलादासी की कविताएँ'** अपने पुरुषोचित बोध के दायरे में लिख सकते हैं ! क्या उन्हें लिखते-लिखते **मिर्ज़ा हादी रुस्वा** की तरह खुद **कमलादासी** हो जाना है ! 'छाया', 'क्या करूँ', 'पूरब का माया, 'रात हुई', 'न कोई ठौर,' 'नाचती हूँ', 'यहाँ कोई नहीं', 'सारी आवाज़ें,' 'संध्याकाल' में—ये नौ कविताएँ एक कथाक्रम बनाती है पर सबसे अधिक एक सघन आत्मकथा।

कहना कठिन है कि वह **स्त्री-पुरुष-सख्य** सम्बन्ध प्रेम की किस कैटेगरी में गिना जाएगा। यदि इनके आगे-पीछे भी अज्ञात सम्बोधन के नाम किसी **कमलादासी** का सम्बोधन है तो उन पर एक अलग ही पाठ बन सकता है। अबोधता के चरम क्षण में ही कभी ऐसा प्रेम घटित हो सकता है जो शब्द और मौन की सम्मिलित विडम्बना का साक्ष्य बन सके। **'पूरब का माथा'** कविता के दायरे में जो कहा गया है वह कल्पित दाम्पत्य का अस्वीकृत वर्जित राग है जिसे कहना छिपाना दोनों कठिन है।

'भोर हो गया है/यह **किसका** मंडप है जिसमें बैठी हूँ मैं/कि कोई आए और

कहे/**कोहबर** में चलने को/बिखरा है सिन्दूर इतना/पूरब के माथे पर.../पूरब का माथा कब तक सुहागन रहेगा/ऐसे/...**मंडप** में बिखरा है **सिन्दूर,** बैठी हूँ मैं/माथा सुहागनों का/मुझे जीवित रखेगा कब तक !' याद करें शमशेर की कविता : ''बहुत **काली सिल** ज़रा-से **लाल केसर** से/कि जैसे धुल गई हो...।'' यह उषा की लाली का चित्र था। यहाँ तो मंडप सिन्दूरी हो रहा है। कहते हैं भारतीय उपन्यास के पहले युग निर्माता **बंकिमचन्द्र** ने अपने स्त्री चित्रांकन में **योगिनी, गृहिणी** और **प्रणयिनी** का संश्लिष्ट बिम्ब रचा था। कमलादासी को बोधिसत्व ने ठौरहीन बताया है—**'बेघर'** से **भिन्न** अर्थ में ! आँगन में रात ओढ़े, ठिठुरी, सुलगती, ठंड और कुहरे के बीच। पुरुष कौन है ! कैसा बन्दीगृह है ! ''क्या यह सचमुच हो सकता है/मैं निकल सकूँ/**मेरे पुरुष**/तुम्हारी **छाया के बाहर** !'' **प्रमोद कौंसवाल** की आँख से देखें तो यह **रुपिन-सूपिन** का-सा मामला है। यहाँ दिल्ली मुंबई का हाहाकार नहीं, पहाड़ की ख़ामोशी है—''रुपिन से होकर एक पुल गुज़रता है/सूपिन में बहता है ठंडे बांज-बुरांस का पानी/दोनों कभी नहीं सूखीं।''

उत्तर समय में लिखी जा रही कविता जितनी चुप दिखती है, उससे अधिक भी बोलती-बताती है। गुजरात त्रासदी पर देवी प्रसाद मिश्र और कात्यायनी ने लम्बी कविताएँ लिखी हैं—यद्यपि दोनों का ढंग एक दूसरे से अलग है। नरेन्द्र जैन इन्हीं स्थितियों के बीच वह 'कथा' (सराय में कुछ दिन) भी लिखते हैं जो गृहस्थी का तकलीफ़देह वृत्तान्त होकर भी धूप की तरह तरल और जल की तरह सरल स्त्रियों को गुमनामी में नहीं छोड़ता। शमशेर कहते हैं—'मुख्य चीज़ कलात्मक अनुभूति की सच्चाई है, शैली या विषय नहीं।' कमला दासी की कथा क्या ऐसी ही सच्ची कलात्मक अनुभूति है !

बद्रीनारायण जैसे कवि के लिए **'शब्दपदीयम'** भर्तृहरि के **'वाक्यपदीय'** की याद दिलाता है। इस बीच बद्रीनारायण ने न सिर्फ़ काव्यविन्यास बदला है, बल्कि दूसरे अनुशासनों के निरन्तर सम्पर्क में समाज में घट रहे तनाव और हादसे को अधिक बारीकी से देखा समझा है। आश्चर्य नहीं कि ऐसे कवि को **अपना** ही **रचा 'वाक्य' 'ब्रह्मफाँस'** नज़र आता है।'' **यह क्या किया तूने मेरे वाक्य**/अपनी मुक्ति के लिए मैंने रचा था तुम्हें/तुम बन गए मेरे लिए ही ब्रह्मफाँस/मेरे **प्रतीको** ये तूने क्या किया/जिनके लिए तुम्हें खोलने थे **सम्भावनाओं** के द्वार/उन्हीं के लिए तूने रच दिए **असीम अंधकार**/मेरे अर्थ लय, मेरी ध्वनियाँ/जिनकी सहायता में तुम्हें खड़ा होना था/उन्हीं के लिए तुम सिद्ध हुए दमनकारी/...!'' इस कविता के **निहितार्थ** को देखें तो यह डर उस समय पैदा हो रहा है, जब जो भी प्रतीक, शब्द, आशय मनुष्य के पक्ष में थे, उन्हें क्रूर फ़ासीवाद ने हड़प लिया है और उनका अर्थान्तरण कर डाला है। अब वे सदियों पहले जाने के हठीले तात्पर्य रचकर देखते-देखते प्रायोजित हत्याकांड रच रहे हैं। ऐसे में आज भी कहीं उम्मीद है तो उसी ठेठ देशज **लोक** से जो एक निजी क्रिया में भी सांस्कृतिक महोत्सव देख पाता है। **अरुण कमल** की कविता देखें कि एक **'दाना'** भी जो सूप से फटका जा रहा है एक कृषि संस्कृति के भीतर दृश्य भर नहीं है, जीवन के बचे रहने का संकेत है। 'वह **औरत फटक रही** है गेहूँ/दोनों हाथ सूप को उठाते गिराते/**हथेलियों की** थाप थाप्प/और

अन्न की झनकार/**स्तनों का उठना गिरना** लगातार/घुटनों तक साड़ी समेटे वह औरत/जो खुद एक दाना है गेहूँ का...।' **नेरुदा** के संस्मरण प्रसंग में **'दँवरी'** का एक अद्‌भुत प्रसंग है जिसमें पूरी प्रक्रिया सृजन के उत्सव की तरह है। नेरुदा की मांसलता भाषा में जैसा उद्दाम आवेग भरती है, वह मूर्तता में मूर्तता से अधिक है। 'निर्वसन' जैंसी कविताएँ नेरुदा के यहाँ अधिक हैं जो क्रान्ति और प्रेम की चरमता का साक्ष्य कही जा सकती हैं :—*'निर्वसन तुम उतनी ही सादा हो, जितने हाथ / चिकनी पृथ्वी की त्वचा जैसी / न्यूनतम, गोल, पारदर्शी / तुम्हारे पास 'चन्द्र रेखाएँ, सेब के रास्ते / निर्वसन उतनी ही कोमल, जितना गेहूँ विवस्त्र।' भाषा की यह न्यूनतम नग्नता भी फूहड़ हिंस्र फासीवाद का प्रतिवाद है।*

कविता और समाज

हिन्दी कविता का नवाँ दशक एक अर्थ में कविता के दायरे में प्रचलित छद्‌म परजीवी आधुनिकतावाद या कलावाद के विरुद्ध सीधीसादी ठेठ देसी जीवनधर्मी, जीवन के प्रति एक सकारात्मक या स्वीकारमूलक दृष्टिकोण का प्रमाण देनेवाली कविता की पुनः प्रतिष्ठा का दशक था। 'पुनः प्रतिष्ठा का दशक'—इस अर्थ में कि इस प्रकार की कविता को अपनी व्यक्तिगत पहचान से मान्यता दिलाने वाले नये कवि प्रगतिशील यथार्थवादी काव्यधारा के **नागार्जुन, त्रिलोचन** सरीखे महत्त्वपूर्ण कवियों की परम्परा में ही अपने को देखना चाहते थे। कुछ आश्चर्य नहीं कि इधर के एक युवा कवि **बोधिसत्व** ने अपने पहले संग्रह **'सिर्फ़ कुछ नहीं'** के आरम्भ में निराला और नागार्जुन की परम्परा का स्मरण करना चाहा है—अपनी बोली की सहज ठनक के अनुसार 'सुमिरन' ! नागार्जुन के लिए लिखी कविता 'घुमन्ता फिरन्ता' के अन्त में बोधिसत्व का कहना है :

मिलना इसी जेठ-बैसाख
या अगले अगहन
देना हमें हड्डियों में
चिर संचित धातुगहन।

खास अर्थ में नयी प्रगतिशील जीवनधर्मी इस कविता को स्वीकृत ढर्रे की आधुनिकतावादी कलावादी कविता के विरुद्ध कविता की दूसरी परम्परा कहा गया। यों जिन नागार्जुन-त्रिलोचन की परम्परा से ये नये कवि अपना सम्बन्ध जोड़ना चाहते थे, उन्हें भी नये अर्थ में विचारणीय मानते हुए, दूसरी परम्परा का कवि ही कहा गया था जिनके मूल्यांकन के लिए एक नये काव्यशास्त्र की ज़रूरत हो सकती थी। क्योंकि प्रभुत्वशाली परम्परा तो उन आधुनिकतावादी कवियों की थी जो पश्चिमी ढर्रे के आधुनिक काव्योपकरणों (अमूर्त कल्पना, गूढ़ किस्म के अमूर्तन, नये ढंग की तकनीकी तैयारी) से गढ़ी कविता के लिए बाज़ार, प्रतिष्ठान या संचार साधनों द्वारा लगभग स्वीकृत हो चले थे। नामवर सिंह की महत्त्वपूर्ण पुस्तक 'कविता के नये प्रतिमान' में रघुवीर सहाय और श्रीकांत वर्मा के काव्य-संसार के परीक्षण पर अधिक बल दिया गया तो इसलिए कि आधुनिक जीवन की तीखी विसंगतियों की पहचान आधुनिक काव्य-मुहावरे में कराने वाले कवियों में वे ही अधिक महत्त्वपूर्ण दिखे। वहाँ काव्य प्रतिमानों के परीक्षण और पुनः अन्वेषण के केन्द्र में मुक्तिबोध हैं—यह एक अलग संदर्भ है। अपने नये रूप और तेवर के बावजूद, अस्वीकार और विद्रोह की नयी भंगिमाओं के बावजूद यह कविता

में प्रकट एक अपने ढंग का आधुनिकतावाद ही था जो अपनी मूल अंतर्वस्तु में क्रान्तिकारी भी हो सकता था। आगे चलकर उसे एक भिन्न अर्थ में धूमिल ने स्वीकार भी किया और दूसरे स्तर पर उसे चुनौती भी दी। आधुनिकतावाद का बुखार उतर जाने के बाद ही संभव हुआ कि नागार्जुन-त्रिलोचन को समकालीन कवियों के बीच नये अर्थ में विचारणीय माना गया और अधिक सीधे जीवन प्रत्यक्ष को काव्यानुभव का हिस्सा बनाने वाली कविता की नयी धार को बदले हुए समय की चुनौतियों के अनुरूप अधिक जरूरी, सार्थक और महत्त्वपूर्ण माना गया। कविता की इसी दूसरी परम्परा में केदारनाथ सिंह ने अपने काव्य-मुहावरे का पुनः संस्कार किया। 'अभी, बिल्कुल अभी' से 'अकाल में सारस' तक केदारनाथ सिंह का काव्य-संघर्ष ही महत्त्वपूर्ण नहीं है, उसकी दिशा भी महत्त्वपूर्ण है। देखते-देखते अज्ञेय अप्रासंगिक हो चले थे। मुक्तिबोध का आतंक था और उनके लिए प्रखर प्रबुद्ध पाठक वर्ग में सम्मान का भाव भी था पर मुक्तिबोध के ढंग पर लिखने वाले कवि न थे, जिनके आधार पर किसी परम्परा का निर्धारण किया जाता। शमशेर के प्रति सम्मान से अधिक कुतूहल या विस्मय कवियों या कविता के पाठकों में देखा जा सकता था पर दोनों को उनके काव्य-संसार के भीतरी रहस्यमय अनुशासन के निकट जाने में असुविधा हो सकती थी। रघुवीर सहाय का अपना ढंग या मुहावरा था—कविता में बातचीत के गद्य की आजादी का बहुत दूर तक इस्तेमाल करने का अनोखा साहस और कविता तथा समाज के रिश्तों की छानबीन की प्रक्रिया में कविता के ही ढाँचे में की गई तोड़फोड़ भी—यानी एक ऐसी उन्मुक्त प्रयोगशीलता—जो अंतर्वस्तु में प्रगतिशील जनवादी कविता के नजदीक थी पर रूप या शिल्प में आधुनिकतावाद की चुनौतियों को हर कीमत पर झेलने वाली ! ऐसे कवियों की परम्परा को अपनाने और आगे बढ़ाने वाले बिरले हठीले ही होते हैं। केदारनाथ सिंह एक लम्बे काव्यसंघर्ष के बाद जिस साधारण के सच तक पहुँचे थे, वह महज सरलता के कारण महत्त्वपूर्ण हो उठा मुहावरा न था। इस सरलता के पीछे भी अर्थ और अनुभव की तहें थीं। पर कुछ ऐसा बल इस सरलता में निहित जीवन-स्वीकृति पर उनके यहाँ ज़रूर था कि आगे आने वाले युवा कवि उनसे ऐसे ही जुड़े, जिस तरह परम्परा से जुड़ते हैं। अरुण कमल, स्वप्निल, एकांत श्रीवास्तव, बद्रीनारायण, बोधिसत्व, कुमार अम्बुज, निलय उपाध्याय की कविता में अपने निजी स्पर्श के बावजूद दूसरी कही जाने वाली इस परम्परा से ऐसा जुड़ाव है कि बहुतों को अब यही कविता प्रभुत्वशाली विचारधारा की जगह ले लेने वाली और अपनी ही ख़ास रूढ़ियों में फँसी हुई कविता जान पड़ने लगी है। यही वह समकालीन काव्य-परिदृश्य है जिसे ठीक-ठीक समझने के लिए रघुवीर सहाय जैसे महत्त्वपूर्ण कवियों का बार-बार स्मरण या पाठ ज़रूरी है। क्या रघुवीर सहाय के जीवनकाल में प्रकाशित उनका अन्तिम काव्य संग्रह 'कुछ पते कुछ चिट्ठियाँ' इस दिशा में हमारी कुछ मदद करता है !

2

रघुवीर सहाय की कविता पर पिछले वर्षों में जब भी विचार करने का अवसर आया है, मैं यह स्वीकार करता रहा हूँ कि वे हमारे बहुत कठिन समय के लिए एक बेहद ज़रूरी कवि हैं जिनकी सफलता और दुविधा आज के कवि-कर्म की मुश्किलों को समझने के लिए अनिवार्य रूप से ज़रूरी संदर्भ है। इसमें भी शक नहीं कि रघुवीर सहाय का हर नया संग्रह नयी अपेक्षाएँ जगाने वाला, एक नया प्रस्थान जान पड़ा है। शिल्प या रूप सम्बन्धी अपने ख़ास रुझान के चलते रघुवीर सहाय ने अपने कविता के लिए जो समस्याएँ पैदा कीं, उन्हें मैंने सहानुभूतिपूर्वक समझने की कोशिश की है और उनकी कठिनाइयाँ मुझे बहुत मूल्यवान जान पड़ी हैं। वे एक कवि के अपने रचनात्मक संकट का ही आभास नहीं करातीं, एक युग या समय के द्वन्द्व या संकट से भी परिचित कराती हैं। शायद यही कारण है कि रघुवीर सहाय की कविता हर बार अपने पाठक के सामने भी चुनौती उपस्थित करती है। जो बहुत परिचित और ज्ञात संदर्भ हैं, वे भी उनकी कविता में आकार ग्रहण करते हुए एकदम नयी कठिनाइयों, संघर्षों, चिन्ताओं के प्रारूप जान पड़ते हैं।

'शुद्ध साहित्य' की अवधारणा से रघुवीर सहाय असहमत थे। वे सरलता को लेकर भी आश्वस्त न थे। कभी उन्हें लगता कि यह सरलता ही समकालीन कवियों के सीधे पाठ में बाधा बनेगी। क्योंकि वह एक तरह की सहमति को जन्म देगी। सहमति के चलते ही एक कवि और दूसरे कवि का फ़र्क़ समझ पाना मुश्किल होगा। एक तरह के यथार्थवाद को लेकर उनके मन में संदेह था कि वह एक उथले क़िस्म के रोमान में ले जाएगा। कविता के दायरे में राजनीतिक प्रतिबद्धता की माँग को वे एक तरह की अधूरी कोशिश मानते थे। साथ ही संगठित राजनीति की अपनी कल्पना के जरिए समाज को बदलने या बदलते रहने की चुनौती भी अनुभव करते थे। कृत्रिम शब्दाडम्बर या काव्य-चमत्कार के विरुद्ध तो वे थे ही, सरलता के अपने दुरूह रूपों के प्रति भी वे शंकालु थे। अनुमान किया जा सकता था कि उनकी आपत्ति का आधार किस तरह की कविता थी। "बेहद सरल भाषा है और बेहद अमूर्त अर्थ। सामान्यतया जहाँ से भाषा के स्रोत फूटते हैं, जहाँ से हम उनको आत्मसात् करते हैं, फिर उनको बनाकर दे देते हैं, उन स्रोतों से लेन-देन की जो यात्रा है, वह इनकी भाषा में बीच के रास्ते से नहीं, गली से एक सरल भाषा घुस आयी है।" (अंतर्दृष्टि, जून 1988) क्या रघुवीर सहाय की कविताओं को पढ़ते हुए उनकी इन मान्यताओं पर पुनर्विचार की कोई बाध्यता हम अनुभव करते हैं। क्या रघुवीर सहाय के कुछ कठोर पूर्वग्रह भी हैं जो उनकी कविता को एक नये क़िस्म की दुरूहता में फँसाते हैं !

3

रघुवीर सहाय की दृष्टि में "कवि का हर समय सार्थक अभिज्ञान यही है कि संघर्ष का

आधार नये मानवीय रिश्ते की खोज होना चाहिए।'' इस खोज की काव्यात्मक फलश्रुति रघुवीर सहाय के यहाँ किस रूप में दिखाई देता है ! 'कुछ पते कुछ चिट्ठियाँ' संग्रह में ऐसी कविताएँ कम हैं जो तुरन्त ध्यान आकृष्ट करें और ज़बान पर आ जाएँ। 'हँसो हँसो जल्दी हँसो' में थीं ऐसी कविताएँ। 'आत्महत्या के विरुद्ध' में भी—चाहे टुकड़ों में ही सही। यहाँ आप विभिन्न वर्गों, आयुवर्गों के चरित्रों की तीखी मानवीय वास्तविकता से परिचित होते हैं। देखते-देखते यह वास्तविकता एक विचार में, विचार के अमूर्तन में ढलने लगती है और उक्ति की वक्रता न सही, अर्थ की वक्रता आपको उद्विग्न करने लगती है। खोज की ललक में रचनात्मक खिलवाड़ पर भरोसा करने वाले कवि ने पाठक को भी खोज में शामिल करने की कोशिश की है। यह खोज 'अन्तराल' या 'खाली जगहों' को भरने के लिए पाठक की हिस्सेदारी चाहती है।

पहले उस अभिव्यक्ति की सादगी का ध्यान जाता है जिससे लिपटी उदासी अपने आप स्मृतियों में ले जाती है—संघर्ष की स्मृतियों में। एक प्रौढ़ परिपक्व व्यक्ति के सामने जैसे अतीत के पन्ने खुलने लगे हों—वर्तमान का पछतावा, यातना और ग्लानि भी। क्या एक स्थिति की अवश स्थिरता भी अपने आपमें एक मुकम्मल विचार है—या महज़ ठहरी हुई स्थिति है—विचार हमारी माँग है या एक प्रकार का इच्छित विचार।

कस्बे में दिन ढले
युवती के चेहरे पर
लालटेन की आभा :
ऊब और कोहरे में
खोया हुआ आँगन
करती है पार उसे रोशनी लिए युवती

ऊब, स्थिरता, उदासी का मिलाजुला यह रूप (बिम्ब) अगर उस एकरसता की ही याद दिलाता है जो अज्ञेय की कहानी 'गैंग्रीन' में मालती के रूप से प्रकट है तो आज के पाठक के लिए सीमित आभिजात्य प्रकृति का अलंकरण ही जान पड़ेगा। पर अगर यह अपनी व्यंजना में 'काले कारनामे' (निराला) के उस गाँव के दहशत की याद दिलाने लगे जिसमें 'औरतें मसान-सी जागती हैं' या आज के पंजाब के किसी छोटे क़स्बे की त्रासद स्थिरता या जड़ता का आभास कराने लगे तो यह स्थिति से अधिक कठिन समय का भयावह सच जान पड़ेगा।

यथार्थ को बयान करने के लिए रघुवीर सहाय जो तथ्य देते हैं और तथ्यों के आसपास जो वातावरण बनाते हैं या स्पेस रचते हैं वहाँ जितनी वस्तुकेन्द्रित मूर्तता है उतना ही इच्छित विषयांतर भी है। 'अजीब गंध आती है सीले बरोठे की/फिर इस तस्वीर की चौखट के पार्श्व से टिकी हुई आधी-सी छाया'—। संदर्भ नहीं, संकेत ! छाया भी आधी-सी। रघुवीर सहाय जहाँ हमें 'पिछवाड़े की गली में ले जाते हैं' जहाँ एक पूरे दौर का बयान है जहाँ बहुत कुछ खत्म हो चुका है, जहाँ साथ और संवेदनशील होना चाहें तो भाषा कोई मदद नहीं करती, जहाँ क्षति का अनुभव (Sense of loss) भरपूर

है—यहाँ से वहाँ तक व्याप्त ! विडम्बना यह—कि 'मलबे का कोई भी ढेर कहीं नज़र नहीं आता है,—वहाँ भी छूटी हुई जगहें कम नहीं हैं। रघुवीर सहाय इतिवृत्त की कला जानते हैं : खास खड़ी बोली यहाँ उनकी मदद करती है पर वे इतिवृत्त में जगहें छोड़ देना भी चाहती हैं कि औसतपन या औसत सपाटबयानी से बच सकें। रघुवीर सहाय का प्रश्न भी कभी-कभी उत्तर है—

पूछो, सवाल है लोग कहाँ लोप हो गये हैं ?
टेसन से हाँककर उन्हें कहाँ तुमने बन्द कर दिया ?
जीवन से जूझते फेफड़ों के सबूत
जिनके दिखे थे अभी
यहाँ आते हुए ?
(रिजरफ़ रेल)

सपाटबयानी और बिम्बात्मकता के संयोग की कला उनका अपना सचेत शिल्प है। जगहें वहाँ भी छूटी हुई हैं—जहाँ आपको झुँझलाहट हो सकती है कि यह ज़रूरी सच भी अधूरा क्यों कहा गया। संभव है रघुवीर सहाय आपकी झुँझलाहट को ही जगाना चाहते हों।

व्यंग्य और पीड़ा का परिचित-अपरिचित तनाव जब कवि के अनुभव का स्वाभाविक हिस्सा बनकर आता है तो एक निष्कर्ष तक कविता सब कुछ कहती है और निष्कर्ष भी कविता का अपना हिस्सा जान पड़ता है—महज आरोपण नहीं। रघुवीर सहाय की कविता 'नवनिर्माण' या 'हम दोनों' विशेष रूप से इस अनुभव के लिए पढ़ी जा सकती है। कठिनाई वहाँ है जहाँ संघर्ष का न होना, संघर्ष का बीच राह स्थगित हो जाना, संघर्ष का स्थानांतरित होना एक नैतिक समस्या बनकर रह जाता है और संघर्ष का सकारात्मक रूप सामने नहीं आता। 'इंतज़ार' कविता इसी अधूरे बयान का उदाहरण है। रघुवीर सहाय के ही शब्दों में कहें—'कई बार कविताओं में सूचना है, पटकथा नहीं है और संवाद बस 'अन्तर में छिपे भाव की भंगिमा' के साथ सही-सही ब्यौरा देना चाहते हैं पात्र के अनुसार !' यही रघुवीर सहाय की कला है—ज़ाहिर है, अपनी शक्ति और सीमा के साथ।

रघुवीर सहाय के यहाँ सबसे अधिक आकृष्ट करता है—विषयों का वैविध्य। स्त्री विषयक कविताओं को ही देखें तो यह वैविध्य चकित करने वाला है। 'मेरी बेटी', 'औरतें', 'पागल औरत', 'गदराई लड़कियाँ', 'मित्र भाव'—कविताओं में स्त्री के अनेक रूप हैं और वे एक समय की विडम्बनाएँ भी प्रकट करती हैं। इधर आते-जाते पूछने की ज़रूरत है कि क्या कविता उत्तरोत्तर प्रश्नहीन, वैविध्यरहित चतुर उपभोक्तावाद के जबड़े में आ फँसी है ! मुक्ति है तो कहाँ ! छंद में या गद्य के पुनर्जन्म में ! या कविता की उस औपन्यासिकता में ! जिसके अकेले उदाहरण मुक्तिबोध हुए।

कविता में समय

इधर जो नये कवि समय की पहचान की निरन्तर कोशिश के साथ एक सार्थक जीवट, जिजीविषा और जीवन-दृष्टि के लिए पढ़े जाएँगे, उनमें हरीशचंद्र पाण्डे महत्त्वपूर्ण हैं। वे इतने नये नहीं हैं जितने पहले कविता संग्रह 'एक बुरुँश कहीं खिलता है' के काफी देर से छपने के कारण जान पड़ते हैं। वे लम्बे समय से लिख रहे हैं और प्रायः सभी महत्त्वपूर्ण पत्र-पत्रिकाओं में उनकी कविताएँ पाठकों की नज़र में हैं। उनकी कविताओं का एक चयन 'कुछ भी मिथ्या नहीं है' कविता पुस्तिका के रूप में 'कथ्य रूप' द्वारा पहले ही प्रकाशित हो चुका है। 'अभिप्राय' संपादक राजेन्द्र कुमार ने उन्हें ठीक ही पहचाना है कि हड़बड़ी में कवि होना हरीशचंद्र पाण्डे की फितरत में नहीं है। पर छोटी-छोटी, बहुत सामान्य, बहुत मामूली विषयों और वस्तुओं पर जिस धीरज और एकाग्रता के साथ लिखते हैं वह फुर्सत और इतमीनान में होने के कारण नहीं, सजग सक्रिय जीवनबोध के कारण ही संभव हुआ है। वे गहरे अर्थों में, अक्सर जोखिम उठाकर भी, प्रतिबद्ध कवि हैं। 'प्रतिबद्ध' शब्द काफी पुराना पड़ चुका है, उसे कभी नयी अर्थवत्ता मिलेगी तो हरीशचंद्र पाण्डे जैसे हलचल से थोड़ी दूर रहने वाले कवियों से ही मिलेगी।

संग्रह की पहली ही कविता 'अधूरा मकान' हरीशचंद्र पाण्डे की काव्यदृष्टि पर जैसे एक टिप्पणी हो। 'भव्य' 'मुकम्मल' 'आलीशान' के चमकीले संसार में उन्हें आकृष्ट करता है—'एक अधूरा मकान'—जो 'ताज़ा कटे बकरे की छटपटाती देह' है। अभाव और अधूरेपन की पीड़ा के बावजूद कविता एक सख़्त उम्मीद के साथ खत्म होती है। आखिर यही अधूरापन है जिसके भीतर कोई युवा फेफड़ा धड़क रहा है या कि 'एक पक्षी विपरीत हवा में तैर रहा है,' या 'जिससे एक खुशबू आ रही है, या जहाँ एक खुरदुरी ऊँचाई को लाँघ गई है लौकी की एक बेल' ! हरीशचंद्र पाण्डे कविता के अन्त में लिखते हैं :

हरे सपनों की झालर लिये यह मकान
इस बस्ती का सबसे खूबसूरत मकान है

इस घर का सबसे छोटा बच्चा अपनी कापी में
एक पूरा मकान बना रहा है

इस मकान में उसने कुछ पंख लगा दिये हैं

उन्हें आकृष्ट करते हैं 'लद्दू घोड़े'–जो मंथर गति से चलते रहे युगों तक–पीठ पर लादे स्तूप, शिलालेख, मूर्तियाँ, गुम्बद ! जिन पर लदकर आया पूरा गांधार ! जिन पर लद कर गई पूरी दिल्ली ! विडम्बना यह कि 'कहीं नहीं थे वे इतिहास में/जबकि किसी भी स्वर्ण युग की कल्पना/बिना ज़ख्मी पीठों के संभव नहीं !' यह संकेत है कि हरीशचंद्र पाण्डे के सरोकार क्या हैं ! उनका अपना पक्ष क्या है ! उनकी चिन्ता है 'झाडू लिये एक लड़का'–जो 'टाइम' पूछता है और सड़क का कूड़ा नाली की ओर समेटने में जुट जाता है और कवि को लगता है कि लड़का–'समय पहचानने की कोशिश में है।' जैसी स्थितियाँ हैं, उनमें इतना भी सकारात्मक हस्तक्षेप महत्त्वपूर्ण है। भावुकता हो तो हो, हरीशचंद्र पाण्डे 'अठारह की उम्र' को नई उम्मीद से देखते हैं। यही तो उम्र है, जब :

पंजे बेतरतीब फैलने लगते हैं और
जूतों की सीवन उधड़ने लगती है तड़ातड़
कंकरीट की सड़क पर बग़ैर नाल के घोड़े की तरह होती है
अठारह की उम्र
जैसे सिर उठाकर हिनहिनाता है घोड़ा मुँह में लगाम समेत
तर्क सिर उठाने लगते हैं

दुहराव और सपाटता का खतरा उठाकर भी हरीशचंद्र पाण्डेय लिखते हैं :

अठारह की उम्र में बहुत कुछ होता है चाहने के लिए
अठारह की उम्र में बहुत–कुछ है
बदलने के लिए

दुनिया को बदलने का सपना आज भी हरीशचन्द्र पाण्डे की सच्ची काव्यात्मक नैतिक ज़िद है।

अपने ही कुछ पहले के एक अभिप्राय-पद का हवाला देकर कहूँ कि हरीशचन्द्र पाण्डे जीवन की सरलता-सादगी के पक्ष में एक जीवनधर्मी कवि हैं। संग्रह की एक कविता ही है 'जीवन'। जीवन उनके लिए सिर्फ दिल्ली-बम्बई का मक्का-काशी में नहीं है–वह :

यहाँ इस जगह भी है जीवन
गन्ने के सूखे–छितरे छिक्कलों में
पिराई के बाद भी

एक छोकरा
सहेजकर ले जा रहा है इन्हें
गाते हुए

किसी घड़ी साज की चिमटी से
पकड़ लो इसे

जीवन के प्रति स्वीकृति का सहज बोध हरीशचन्द्र पाण्डे के लिए सबसे भरोसे की चीज़ है। यह स्वीकृति हर बार कविता में नये ढंग से दुहराई जाती है। जहाँ कविता में कई बार दुरूहता एक प्रदर्शनप्रिय कौशल या हुनर हो और आलोचना के मूल्यमान भी उसी में कवि-कर्म की सार्थकता जाँचने के अभ्यस्त हों, वहाँ हरीशचन्द्र पाण्डे का ही जीवट है कि वे बुनियादी सरलता से विमुख नहीं दिखते। "मुझे जोड़ती है यह सुई/चमकीले डायल के पीछे छुपे एक अन्तः संसार से/असंख्य नन्हे पुर्ज़े/धड़क रहे हैं जहाँ गुमनाम/ये टिक-टिक/इन्हीं नन्हे पुर्जों की जिजीविषा का कोरस है।" (दीवार घड़ी); "दूध का धैर्य दही/साँस खींचना धैर्य छोड़ने के पहले/पालक के मुँह पर छींटे मारना छप्प-छप्प/सुबह-सुबह टमाटरों को पोंछना अँगोछे से/मटर के ढेर पर देर रात/मोमबत्ती का जलना।" (धैर्य) "आ गया बुरूँश/पेड़ों में अलग जगा रहा है/उजास और पराक्रम के बीज बो रहा है/कोटरों में/" (एक बुरूँश कहीं खिलता है)

हरीशचन्द्र पाण्डे की कविता में अपना पहाड़, अपना जनपद, अपनी स्मृतियाँ, अपनी प्रकृति—सब आते हैं पर हमारी बहुलतावादी संस्कृति का सार-मर्म प्रकट करते हुए। 'भाषा' कविता भी कोई भाषायी समस्या पर लिखी कविता नहीं है, वह हमारी सांस्कृतिक बहुलता की, मिली-जुली साझी संस्कृति की अंतरंगता की पहचान कराती है और साथ ही कतिपय व्यवधानकारक लक्षणों को चिन्हित करना चाहती है।

जो डिब्रूगढ़ में दिखी थी पिछले माह
इस माह जबलपुर में दिखी

स्वेटर की वह बुनाई
चुपके से उतार ली एक औरत ने
अपने आदमी के लिए

ये कितने नंबर की सलाइयों पर चढ़ी है
भाषा हमारी
कि फैलती ही नहीं
कि मद्रास में किसी मछुआरे के सीने पर दिखे
इम्फाल में किसी स्कूल जाते बच्चे के
दस्तानों पर।

यह महज़ विचार या वक्तव्य नहीं, वक्तव्य या विचार में कविता है या कविता में वक्तव्य या विचार ! कविता अपना अर्थ दूर तक फेंकती है। गर्दिश के दिनों की चिट्ठियाँ जितना बताती हैं, सफलता या समृद्धि की नितांत कामकाजी दुनिया की चिट्ठियाँ, उतना कभी नहीं बताती। क्या है जो गर्दिश के दिनों की चिट्ठियाँ हमारे लिए दस्तावेज बनती हैं ! यह पुराने से मोह महज़ नास्टेल्जिया भी हो सकता था, पर हरीशचन्द्र पाण्डेय अपनी मध्यवर्गीय ग्रामांचल संस्कृति के लगाव पर एक आलोचनात्मक निगाह भी रखते हैं। इसलिए ऐसे कथनों में रुग्ण नास्टेल्जिया की जगह सच को देखने, जानने, स्वीकार

करने का साहस दिखता है।

चिट्ठी को आज पढ़ो अभी
फिर पढ़ो थोड़ी देर बाद
बीस वर्ष बाद फिर पढ़ो
गर्दिश के दिनों की चिट्ठी है तो
चालीस साल बाद पढ़ो
समय चिट्ठियों में गुलाब जल छिड़कता है
दस्तावेज़ हो जाती है
चिट्ठियाँ

'नृत्यांगना' कविता की कुल संरचना में नृत्य-रूप, भंगिमाएँ, श्रम और सौन्दर्य की छवियाँ शिल्पी की तरह कवि द्वारा चुनी गयी हैं और उन्हें अनोखी मूर्तता दी गयी है। 'कुंतल से पायल तक अनंत झरने/सुर गति लय/अनगिन मुद्राएँ/असंख्य भावबोध/अभिव्यक्ति की कई कई मेहराबें/बनाती है नृत्यांगना/एक लम्बी पहाड़—रात को खोदती है अनथक श्रम-सी/गहरे अँधेरे के सीने में/शरद के काँस-सी लहराती है/नृत्यांगना।' श्रम में सौन्दर्य के अनेक रूपों का सघन पर्यवेक्षण हरीशचन्द्र पाण्डे की रुचि का विषय है। 'बिलासपुरी मजदूरों' पर कविता इस दृष्टि से एक ज़रूरी पाठ है। 'पहाड़ में औरत' ऐसे ही अनुभव का एक दूसरा रूप-प्रकार !

जमीन को दिन भर नमन करती कमर
शाम को चूल्हे से होते हुए
बिस्तर तक पहुँचती है जब
गीली लकड़ी की आग सी
धुआँ धुआँ हो जाती है
पृथ्वी की गोलाई समेटे
नथनी झूलती है
भविष्य-सा
कई जंगल हैं सोने में
मगर ढूँढ़ती है गीत
पूरी शिवालिक श्रृंखला का नाम है औरत
औरत पहाड़ का नाम है

याद करें, धूमिल की कविता 'मोचीराम'। 'शहर के नाभिकेन्द्र तक कविता में भी कवि का एक अपना, एक और मोचीराम है। 'जब छेदता है वह चमड़ा/तो काल के उस पार निकल जाती है सुई/ऐसी-तैसी ठंड की/लू की ऐसी तैसी !' जीवन है हड़बड़ी। भागमभाग। मशक्कत। पर जीवन-राग स्थगित नहीं है। शहर के नाभिकेन्द्र तक तद्‌भवता में जीवित राग। शहरी जीवन के कृत्रिम तनाव का विलोम। प्रतिरोध। ''एक गुलेल है उसके सामानों के बीच/जो चौंकाती है सबको/आज उसी गुलेल से उसने निशाना साधा

है/खाना देकर वापस आती अपनी बीबी का/एकदम हौले से.../ठीक दोपहर/कोई नहीं दूर तक/कुल्लू दार्जिलिंग हांगकांग में हो रहे प्रेमालापों का/यह तद्भव रूप था। तमाम तमाम तनावों के बीच/उसकी नायिका पलट कर हँस दी थी !" वह चकित है कि जीवन में तनाव इस तरह भी पिघलते हैं।

यह नहीं कि हरीशचन्द्र पाण्डे की निगाह समय की क्रूरताओं या बर्बरताओं पर नहीं है याकि बाज़ार की आक्रामकता पर नहीं है या शोषण के अन्य प्रकट या प्रच्छन्न रूपों पर नहीं है पर बेशक जीवन-राग की सहज स्वीकृति में लिखी गई कविताएँ अधिक हैं और अक्सर वे ही कवि की प्रमुख पहचान बनती हैं।

उन्होंने मरोड़ा है एक महान कृति के कथ्य को
वे आदि कवि को भी नहीं बख्शेंगे देखना
वे सच को बनायेंगे मनोरंजक
और आदमी की छाती पर बैठ जायेंगे।

यह बाज़ार और उसकी आक्रामकता पर टिप्पणी है। इसी की चरमता है—संग्रह की अन्तिम कविता में—'कसाईबाड़े की ओर'। यह उत्तर आधुनिक यथार्थ का आतंकप्रद रूपक (एलीगरी) है। 'सुन्दरता के अपने मायने हैं/कसाई छाँटता है सुन्दर बकरी/कसाई सब कुछ जानता है/बकरी कुछ भी नहीं जानती/बकरी के कान पर बैठती है मक्खी/बकरी संवेदनशील है/कसाई उससे भी अधिक संवेदनशील है।' कसाई भगाता है मक्खी/हल्के से मलता है कान/बकरी सोचती है/दुनिया का सबसे नेक आदमी मेरे पास है/कसाई अनजाने में भी सहलाता है कान/उसकी आँखें बकरी के कान पर हैं/उसका रिक्शा कसाईबाड़े की ओर जा रहा है।' यह है हमारा समय। वे जो प्रभुत्वशाली हैं, बाज़ार में या सत्ता में या राजनीति में या धर्म और मज़हब की राजनीति में—हत्या को हर पल सुन्दर दिखा रहे हैं और उसे जायज या वैध ठहरा रहे हैं। हरीशचन्द्र पाण्डे की कविताएँ समय को ऐसे भी देखती या पहचानती है।

कविता के सामने आज और बड़ी चुनौतियाँ है। जीवन-राग भी अब पहले की तरह सहज, स्वतःस्फूर्त या असंदिग्ध नहीं रह गया है। एक उत्तर-औपनिवेशिक समय में स्मृतियाँ भी महज रूढ़ि या काव्यरूढ़ि जान पड़ेंगी। जिनके पास नये मौलिक पर्यवेक्षण का साहस ही नहीं, उसे परिप्रेक्ष्य देने का आलोचनात्मक विवेक भी है, उन्हें कविता और जीवन की नई अज्ञात कठिनाइयों की भी थाह लेनी चाहिए। भूमण्डलीकरण या विश्वबाज़ार विस्फोटक सूचना क्रान्ति, नस्लवाद और नवफासीवाद का एक साथ संवेदन और संस्कृति पर हमला इतना प्रबल, आकस्मिक और भयानक है कि वनस्पतियों का पर्यावरण पर ही नहीं, स्मृति और भाषा पर भी लुप्त होने या नष्ट होने का खतरा मँडरा रहा है। ऐसे में कवि ही तय करेंगे कि एक सहज भावनात्मक या बौद्धिक प्रतिक्रिया से आगे कविता को कहाँ होना चाहिए। याद करें नीलाभ की कविता 'मारा गया'—"मैंने जीवन से प्रेम किया/और मारा गया/मैंने मनुष्य से प्रेम किया/और मारा गया...। इधर जिन कवियों ने कविता का ग्राफ़ बदल डाला है उनमें हैं हरीशचन्द्र पाण्डे। अभी एक

बातचीत (आलोचना-14) में मंगलेश ने कविता के उपभोक्तावाद को ख़तरनाक माना है। हरीशचन्द्र पाण्डे लम्बे समय से इसी कविता के उपभोक्तावाद से लड़ते रहे हैं। वे यह भी जानते हैं कि गूढ़ता या सरलता अपने आपमें कविता के लिए आत्यंतिक गुण नहीं हैं। याद आते हैं निकोलाई जबोलोत्स्की—जिनके शब्द हैं : "गूढ़ कविता की धारा से अधिक पराया हमारे लिए कुछ नहीं है। हम दिमाग़ की हड्डियों तक वास्तविक और मूर्त हैं। साहित्यिक और रोज़मर्रा के छिलके से मुक्त ठोस वस्तु कला की निधि बन जाती है।" क्या हम कविता में उत्तरोत्तर बढ़ रहे 'उपभोक्तावाद' के ख़तरे इस हद तक नहीं देख रहे हैं कि तमाम युवा और युवतर कवियों के यहाँ 'रोज़मर्रा के छिलके' कविता का रास्ता घेर कर खड़े हैं। यहाँ तक कि कविता से संवेदना तो क्या, जानकारी में भी कोई बढ़ोत्तरी नहीं होती। क्या संकट से घिरे समय में हम एक सुखी समाज की कविता लिख रहे हैं !

विस्थापन के विरुद्ध

जब 'विस्थापन' को ही आधुनिक से आगे उत्तर-आधुनिक का लक्षण मान लिया गया हो, एक विस्थापित युवा कवि का विस्थापन से इनकार अधिक सहज और स्वतस्फूर्त जान पड़ता है। **एकान्त श्रीवास्तव** कभी-कभी नॉस्टेल्जिक होने या सरल अर्थ में आशावादी होने की कोशिश करते हैं। उनके यहाँ 'प्रकृति', 'जलपाखी', 'समुद्र', 'जलवायु', 'पर्यावरण' सिर्फ आत्ममुग्ध करनेवाले दृश्य नहीं हैं बल्कि जब-तब बेचैनी पैदा करनेवाले आत्मवृत्तांत का हिस्सा जान पड़ते हैं। 'अन्न हैं मेरे शब्द', 'मिट्टी से कहूँगा धन्यवाद' के बाद 'बीज से फूल तक' एकान्त का तीसरा कविता-संग्रह है और एक युवा कवि के परम्परा से, जीवन से और आत्म और समाज के द्वन्द्व से जुड़ने का साक्ष्य है। यह ऐसे युवा कवि का संग्रह है जो अधिक बौद्धिक और परिपक्व दिखने के लिए असमय बुढ़ाने का स्वाँग नहीं भरता, बल्कि प्रेम की आदिम आँच से आज भी तरोताजा जान पड़ता है।

एकान्त का युवापन उन बड़े कवियों (जैसे नेरुदा, लोर्का) से सीखने के लिए भी तत्पर जान पड़ता है जिन्होंने कई-कई युद्ध और तबाही झेलने के बाद भी उम्मीद नहीं छोड़ी, बल्कि क्लासिक-आधुनिक को एक साथ सम्भव करते हुए उम्मीद को कविता का पर्याय बना दिया। यह उम्मीद न काव्यरीति है, न खामखयाली, बल्कि संघर्ष में पस्त न होने और निरन्तर लगे रहने का उदाहरण है। कवि ने संग्रह को यों ही तीन खंडों में विभाजित नहीं किया है। अगर उनके तीनों संग्रहों में एक अर्थसाम्य है, तो तीन खंडों में भी एक विचार-लय है। 'पत्तों के हिलने की आवाज' अगर पूर्व खंड है और 'निर्जन में फूल' मध्यखंड, तो अन्तिम खंड का नाम है—'ऋतुएँ आती हैं'। दिलचस्प यह कि अन्तिम खंड में कुल एक लम्बी कविता है—'कन्हार'। डॉ. नामवर सिंह ने 'ब्लर्ब' लिखते हुए इसी 'कन्हार' को रेखांकित किया है। उनके शब्द हैं—'एकान्त वस्तुतः छत्तीसगढ़ की 'कन्हार' के कवि हैं। एकान्त की आंचलिकता सीमित है या वृहत्तर, इस पर विचार किया जा सकता है। पर इसमें शक नहीं कि 'कन्हार' लम्बी कविताएँ पढ़कर या कि ऐसी कविताओं की शिल्पविधि गुनकर या सोचकर नहीं लिखी गई है। वह न धूमिल की पटकथा है न रूसी कवि एव्तुशेंको का 'जिमा जंक्शन'। वह 'बाघ' (केदारनाथ सिंह) भी नहीं है। वह ऐसा आत्मवृत्तांत है जिसमें प्रगीतात्मक के भीतर ही कथातत्व और कथा के बीच सांगीतिक नाटक की-सी सम्भावना है। इस निरन्तर जीवन में खालीपन भी है, सूखा भी, और जब-तब उजाड़ भी। कविता शुरू होती है—हवाओं की आदिम महक से और 'मेघ' 'खाली घड़े लिए' वापस लौट जाते हैं, बीज कोख में ही जल जाते हैं, राउत

'बड़े फजर' दूध दुहकर ले जाते हैं तो बछड़ों का ही नहीं, अपने बच्चों के हिस्से का दूध भी थनों से निचोड़कर ले जाते हैं। देशज का ठाठ इस लम्बी कविता की ताकत है—निजी और आंचलिक मिथकों में शब्द भी एक नई ध्वनि पैदा करने वाले हैं—'पोई' 'चुनचुनिया', 'चरोटा' !

समुद्र को 'पानी का महाकाव्य' कहने वाले कवि एकान्त को समुद्र सिर्फ सुन्दर नहीं दिखाई देता। 'समुद्र पीछे खिसक रहा है', 'समुद्र तट पर सूर्योदय', 'भोर का समुद्र', 'दोपहर का समुद्र', 'शाम का समुद्र', 'रात का समुद्र' इन कविताओं में समुद्र एक-सा नहीं है। यहीं कम होती जा रही हैं उम्मीदें, आदमी पर आदमी का भरोसा कम होता जा रहा है, पृथ्वी डायनासोर के जबड़े में आ रही है, यहीं उद्विग्न हाहाकार भी है, दुस्वप्न भी हैं—पर सबसे ऊपर है 'पानी का महाकाव्य' और उसकी अनन्त ऊर्जा उसकी अक्षय जीवनी शक्ति ! इसी अर्थ में दोपहर का समुद्र बूढ़ा फकीर हो जाता है—पानी का महाकाव्य हो जाता है—आदिम धुनों में पानी की लकीरों पर लिखा हुआ। क्या विडम्बना कि 'आदिम' की छवि सिर्फ सम्मोहन नहीं है, अधिकारविहीन होने की यातना भी है। इसीलिए 'बधिरों का गीत' कविता बताती है कि 'वे बधिर हैं / एक आवाजहीन दुनिया में रहते हैं / और आवाजों को सबसे ज्यादा प्यार करते हैं।' यहाँ विच्छिन्न वर्तमान-सा कुछ नहीं है। जो सुन्दर है, होता आया है, जो त्रासद है वह भी जीवन में अनिवार्य है। मृत्यु भी अनिवार्य है पर कभी-कभी होना, न होना एक नाटकीय विडम्बना या विपर्यय में बदल जाता है।

मध्यखंड में छोटे भाई के आकस्मिक निधन पर लिखी तेरह कविताएँ एक कथा क्रम बन जाती हैं। जैसे उपस्थित-अनुपस्थित के बीच एक अधूरी कहानी का-सा विन्यास बन रहा हो। एक चरित्रगाथा जिसमें स्मृतियाँ ही हैं—काल्पनिक या काव्य-कौशल जैसा कुछ भी नहीं। याद करें, 'मृत्यु वाला घर'। 'मृत्यु वाला घर / अपनी बेजान उँगलियों से / रह-रहकर / खुद अपने को / छू-छूकर देखता है / कि वह है / और जीवित है।' इन्हीं कविताओं में 'पाँचवें की मौत' एक अलग तरह की कविता है, जो स्मरण-मात्र नहीं है। एक कहानी जैसे गाथा में बदल जाती हो और नितान्त निजी से वह दूरी भी हासिल कर लेती हो जिसे ब्रेष्ट नाटकीय भाषा में 'एलीनिएशन' कहते थे।

एकान्त ने दिवंगत भाई पर जो कविता श्रृंखला लिखी है उसमें 'पाँचवाँ' शब्द ही जैसे एक कथा-उपकथा का नायक हो। उपस्थिति अनुपस्थिति के बीच। इन पंक्तियों को अलग से पढ़ने की जरूरत होगी : ''रंगमंच पर हम सब खड़े हैं हतप्रभ / अपना-अपना संवाद भूलकर / पाँचवें के इंतजार में / मगर पाँचवाँ है एक ऐसा नायक / जो अपने कन्धों पर ढोता है सम्पूर्ण कथा-भार / पर किसी दृश्य में जो सामने नहीं आता।' (पाँचवें की याद), यहाँ 'पाँचवाँ' भी आखिर एक संख्यावाचक शब्द है, पर वह अस्तित्व-अनस्तित्व के बीच एक मार्मिक आख्यान भी है। एकान्त को पढ़ते हुए मेरा ध्यान इस ओर विशेष रूप से गया कि कई कविताएँ 'शब्द' से सम्बन्धित हैं जो शब्द-मर्म की व्याख्या के तौर पर लिखी गई हैं। पाब्लो नेरूदा की कविता 'शब्द' संकेत है कि शब्द खून से जन्म लेता है, शरीर में धड़कता है और होंठ और मुँह को छूते-छूते पार जाना चाहता है। एकान्त

की कविता 'शब्द रहते हैं' में शब्द की कई आहटें हैं—'जहाँ कोई नहीं रहता शब्द रहते हैं' / ...'उस नमक में जो आँसू और पसीने के सूख जाने से बनता है / शब्द रहते हैं !' एकान्त के देशज या आंचलिक शब्द 'धन बोहार', 'हर दुनिया', 'डूमर' शब्द से आगे की कथा कहते हैं। 'गुरुत्वाकर्षण' आखिर एक शब्द है—एक विज्ञान-पद ! और कविता का मुख्यार्थ इसी एक पंक्ति पर टिका या भाष्य जान पड़ता है—'करोड़ों करोड़ बूँदों का / एक बड़ा समाज है समुद्र'। यहीं अज्ञेय की कविता 'नदी के द्वीप' या 'यह दीप अकेला' से एकान्त अलग जा खड़े होते हैं और कविता शुद्ध अवधारणात्मक होने से बचती है। 'मूल्य' जैसी एकान्त की कविता अवधारणात्मक है। पर अधिकतर एकान्त कविता की सामाजिकता को बगैर परिभाषित किए चरितार्थ करते हैं।

नेरुदा ने जहाँ 'शब्द' पर कविता लिखी है, कविता पर भी कविता आती जरूर है कवि की खोज में, पर यह नहीं बताती कि कहाँ से आती है—किन चीजों से होकर आती है—शिशिर से या नदी से ! एकान्त की बात मानें तो वह अक्सर रात से होकर आती है। एकान्त के संग्रह में रात के कई स्मरण हैं—जैसे 'रात एक लम्बी चलती कहानी में दो पैराग्राफ के बीच थोड़ा-सा विराम है' या 'काली रातें हमारी विरासत हैं।' दो कविताएँ दो तरह से बाजार या उपभोक्ता समय पर टिप्पणी करती हैं। एक कविता 'बाजार' सीधी अभिधात्मक है—'चढ़ गई हैं कीमतें चीजों की आकाश में / गिर गया है आदमी का बाजार भाव'। यहाँ विक्रेता-क्रेता सम्बन्ध साफ है और कथित से आगे जानने को कुछ नहीं है। जबकि 'लड़की और आम' कविता साफ-साफ नहीं बताती कि क्रेता कौन है विक्रेता कौन। 'फल फल थे / उन्हें बिकना ही था / किसी न किसी बाजार में / लड़की मगर लड़की ही थी / हाड़-मांस की जीवित / उसकी इच्छाएँ थीं / कि उसे स्कूल जाना था / कि उसकी डोली उठनी थी / लड़की आम नहीं थी'। विडम्बना यह भी कि बाजार-समाज में वह चुनने के लिए स्वतन्त्र न थी।

एकान्त की दुनिया में विस्थापन के अनुभव न हों, यह असम्भव है। कोमाराजिम से विशाखपट्टनम तक उनकी कविता का ग्राफ भी बदला हुआ दिखाई देता है। एक समय कवि जैसे उम्मीद और रक्षात्मकता की हड़बड़ी में था, अब वह हताशा और उम्मीद के बीच है और हड़बड़ी में नहीं है। इधर की डायरी के जो पन्ने एकान्त ने प्रकाशित किए हैं वे इसे दिखा सकते हैं कि एकान्त को चीजें अब उतनी आसान नहीं दिखतीं, जितनी पहले दिख सकती थीं। इधर की चर्चित कविता 'नगाड़ा' में भरपूर आशावाद है, पर गहरे देखने पर 'साँस' के साथ 'सांसत' के क्षण भी नजर आते हैं। 'नगाड़ा' तो शब्दों में भी बज रहा है, थाप और लय में भी, पर यहाँ जो बज रहा है अधिक से अधिक संकल्प है—दुनिया के बेहतर होने का संकल्प। हिंसा, हादसे और कोहराम के बावजूद !

युद्ध में प्रलय में / भूख में अकाल में / बजता है अनवरत / पछाड़ता है मृत्यु को / ढम्म ढमा भइया यह साँस का नगाड़ा।

एकान्त की कविता में आकस्मिक कुछ नहीं है, जैसे विच्छिन्न वर्तमान कहीं नहीं

है—इसीलिए समुद्र डराता नहीं है, पानी का महाकाव्य जान पड़ता है और आश्वस्त करता है। तमाम 'डर' के बाद जीवन सिर्फ डरावनेपन का रूपक नहीं है। डर का स्वीकार भी है, विस्थापन का स्वीकार भी है, पर 'सगुन' से इनकार नहीं है। इसलिए हिमालय के झरनों से इनकार नहीं है, बाढ़गंगा की आवाज से इनकार नहीं है। 'हमारी देह और आत्मा को दीमक की तरह / खाता रहा डर / सुर्ख लाल खून को हरा करता हुआ'। यह 'डर' है और एकान्त कहते हैं—'जो कहता है वह नहीं डरता / वही सबसे अधिक डरता है'। इसके बरक्स 'सगुन' अपने आप में दिलासा है--आश्वस्ति है। समुद्र ही डराता है और वही ताकत देता है। 'पर जाने किस समुद्र में / डूबी पड़ी हैं हमारी नावें / और यात्रा का यह बिलकुल ठीक सगुन है'। कहने की आवश्यकता नहीं कि विस्थापित कवि का विस्थापन से इनकार वह महत्त्वपूर्ण अभिप्राय है जिस पर सन्देह करने का कोई कारण नहीं है।

कविता में स्त्री : एक

('बीजाक्षर' से 'अनुष्टुप' : अनामिका की कविताएँ)

"इस उत्तर-आधुनिक परिदृश्य में **कविता** की स्थिति **डाक में खोई** उस **चिट्ठी** की-सी है जो चाहती है कहीं पहुँचना, पर पहुँच नहीं पाती।" इस बेबसी-भरे स्वीकार में क्या कोई **प्रतिरोध** या **विद्रोह** छिपा है! क्या कविता तमाम पूर्वग्रहों और पूर्वानुमानों को, वस्तु-विषय या रूप सम्बन्धी बने-बनाये प्रतिमानों को ध्वस्त करती हुई एक स्त्री की **अँधेरी दुनिया** में अपने लिए एक **नई रोशनी** पाना चाहती है। हिन्दी कविता के समकालीन परिदृश्य में कुछ कवयित्रियों की उपस्थिति न सिर्फ़ महत्त्वपूर्ण है, बल्कि कविता के मूल्यांकन के लिए भी एक नई चुनौती है। **गगन गिल, अनामिका, तेजी ग्रोवर, कात्यायनी, निर्मला गर्ग, नीलेश रघुवंशी** की कविताएँ **स्त्री-अनुभव, स्त्री की दुनिया** को लेकर हमारे अब तक के ज्ञात तथा प्रकट **पूर्वानुमानों** को लगभग **ख़ारिज** करने वाली कविताएँ हैं। अपने **'गोपन'** या **'निजी'**, **'सामाजिक'** और **'सार्वजनिक'** पर्यवेक्षणों में ये कवयित्रियाँ किसी एक **'स्वर'** या **'मुहावरे'** में क़ैद नहीं हैं। जहाँ किसी के यहाँ असह्य **एक-स्वरता** है वहाँ भी सतह के नीचे **अनकहा प्रतिरोध या विद्रोह** संभव है। स्त्री की दुनिया का **स्मृति-बहुल** होना सहज और स्वाभाविक है पर यहाँ स्मृति के प्रति सबका रूख एक-सा नहीं है। कहीं **स्मृति** एक **अँधेरे कोने** की तरह है जहाँ एकांत राग या अवसाद की अपनी रहस्यमयता है और कहीं तमाम बंदिशों-रीतियों के बावजूद एक **अनोखी ताक़त, ऊर्जा** और **चमक** है। **'बीजाक्षर'** से **'अनुष्टुप'** तक अनामिका की कविताओं में स्मृतियाँ बहुत हैं जिनमें **यातना** के अनुभव-क्षण कम नहीं हैं, पर तमाम दुख को **विनोद** में उड़ा देने वाली **काव्य विडम्बना**—जैसी युक्तियाँ या हिकमतें भी कम नहीं हैं। अनामिका से ही शब्द लेकर कहें—"अँधेरे में रास्ता टटोलने के लिए जली दियासलाई।"

2

सबसे पहले इस ओर ध्यान जाता है कि एक कविता **'बीजाक्षर'** और **'अनुष्टप'** संग्रहों में जस की तस है। 'बीजाक्षर' में 'स्त्री' शीर्षक से और 'अनुष्टुप' में 'चौका' शीर्षक से। भ्रम न हो यह स्त्री की दुनिया को चूल्हे-चौके की दुनिया तक सीमित करने या बताने

की तरकीब है। कविता का महत्त्व यह है कि वह अपनी अन्तर्वस्तु और संदेश में **स्त्री** की **उपस्थिति** की **विराटता** का महत्त्वपूर्ण मार्मिक दस्तावेज़ है। **सृष्टि-रचना** के तमाम **गूढ़ अर्थ** और **अभिप्राय** जैसे स्त्री के सरोकारों में मूर्त हो उठे हैं।

*वह **रोटी बेलती है** जैसे **पृथ्वी**।*
***ज्वालामुखी** बेलते हैं **पहाड़**।*
***भूचाल** बेलते हैं **घर**।*
सन्नाटे शब्द बेलते हैं, भाटे समुंदर।
रोज सुबह सूरज में
एक नया उचकुन लगाकर,
*एक **नई धाह** फेंककर*
वह रोटी बेलती है जैसे पृथ्वी।

यही पंक्तियाँ जैसे कविता में आगे अधिक अर्थ-विस्तृत होती जाती हैं। '**पृथ्वी**—जो खुद एक **लोई** है—/**सूरज** के हाथों में—/रख दी गयी है/पूरी-की-पूरी ही सामने/कि लो, इसे बेलो, पकाओ/जैसे मधुमक्खियाँ अपने पंखों की छाँह में/पकाती हैं शहद/—।' और फिर कविता की आख़िरी पंक्तियाँ : 'और वह/अपने ही वजूद की आँच के आगे/**औचक हड़बड़ी में**/खुद को ही सानती/खुद को ही गूँथती हुई बार-बार/खुश है कि रोटी बेलती है जैसे पृथ्वी।' इसी **'औचक हड़बड़ी'** में फँसा है स्त्री का सब कुछ—देह, मन, घर, प्रसव, सारा दुख, सारा संघर्ष, सारा खटराग, अन्तर्जीवन और अन्तःसत्व। अनामिका की कविता इसी **ठोस वास्तविक** दुनिया में स्त्री के अनन्त दुखों की एक असमाप्त कथा है। "मेरा क्या होना था, कुछ नहीं हुआ/फेफड़ों में भर आईं नन्हीं **कंकड़ियाँ**—/कुछ दीं समुन्दर में फेंक/कुछ की मैं खेल गई गोटियाँ/कुछ ही हैं जो अब तक/**साँसों में गड़ती** हैं कभी-कभी !" (**कंकड़ियाँ**) "जैसे नई ईंट की धमक से/मारे खुशी के—भहर जाता है खँडहर/देखो यहाँ—बिल्कुल यहाँ—नाभि—/के बीचोबीच—/उठते और गिरते हथौड़ों के नीचे—/लगातार जैसे कुछ **ढल** रहा है—/**जल** रहा है—/लोहे के किसी पिंड-सा—/थोड़ा-सा ठोस, थोड़ा तरल—/कुछ **नया** और कुछ एकदम **प्राचीन**/पल रहा है 'मेरे भीतर।' (**अंतः सत्वा**), "मैं एक **दरवाजा** थी/मुझे जितना **पीटा** गया/मैं उतना ही **खुलती गयी**/...और अन्त में सब पर चल जाती है झाड़ू—/तारे बुहारती हुई,/बुहारती हुई पहाड़, वृक्ष, पत्थर—/सृष्टि के सब टूटे-बिखरे कतरे जो/एक टोकरी में जमा करती जाती है/मन में, कहीं **भीतर** !" (दरवाजा) "जो चुनी जा रही थीं—/सिर्फ **जुएँ** नहीं थीं—/घर के वे सारे **खटराग** थे/जिनसे भन्नाया पड़ा था उनका माथा !" (जुएँ); "**बस** कभी '**बस**' नहीं कहती/उसके धीरज का यह अक्षुण्ण कोटा/तय हो गया था उसके/**लिंग-निर्णय** के दिन ही !" (गंध) **'अंतः सत्वा'** कविता भी एक ही शीर्षक से दोनों संग्रहों में है। अनामिका के भीतर की स्त्री को यह कविता भी इस तरह उद्घाटित करती है कि हम उसके दुख और जीवन-राग को, पीड़ा और उल्लास को एक साथ जान सकें।

'अनुष्टुप' संग्रह की पहली कविता **'ईश्वर'** को अन्त के कविता रूपक

'बहिनाबाई : इक्कीसवीं सदी' से मिलाकर पढ़ें तो यह ईश्वर से एक नया सामना है। हर स्त्री के लिए 'ईश्वर' शायद अपना-अपना होता हो, दूसरों से अलग। बहिनाबाई की स्मृति के बहाने यह एक और तरह का अनुभव है ईश्वर के साथ होने का :

जब उसने पहले-पहल मुझे छुआ
दरक गई घटाओं की छाती।
हूक की तरह उठी पछिया
और मुझे सहेज कर समेटा उसने
जैसे आँधी में
*कपड़े **अँकवार** लिए जाते हैं*
अलगनी से खींचकर !

इस **'ईश्वर'** का **मिलना** अगर घटना है तो **बिछुड़ना** भी। वह एक दिन **'अभी आया'** कहकर चला जाता है, अपना थैला पकड़ाकर, जिसे स्त्री दिन-रात ढोती रहती है—सड़कों में, बसों में, पुलों पर। वह तो चला जाता है पर स्त्री की इस दुनिया में हर पल कुछ न कुछ **खोता** रहता है—कलम से **ढक्कन**, चाभी के **गुच्छे, बंदूकें, किताबें** और वह ख़ास **अपनापन** भी, जो कभी भी खुलकर कहीं भी गिर जाता है और एक बेचैनी छायी रहती है—'बेमतलब **धगरमच्छ** मचाती हुई'। जहाँ कुछ न कुछ खोता ही रहता है वहाँ **'ढूँढ़ना'** भी एक **जादुई प्रक्रिया** है—जैसे कि **रचना** भी एक जादुई प्रक्रिया है—चीज़ें खोती रहती हैं और मिलती रहती हैं—जैसे कि वह ख़ास **शब्द** जिसके लिए एक पूरी काव्य प्रक्रिया रुकी रहती है।

3

स्त्री जीवन में प्रकट और गोपन के खेल में अचानक **'प्रथम स्राव'** का वह क्षण आता है जो कुतूहल और दुख और आनन्द के संश्लिष्ट अनुभव के रूप में क्रमशः **स्त्री गाथा** बनता जाता है—स्त्री का **मिथक** और स्त्री का **यथार्थ** ! लड़कियाँ जब अपना वजूद पहचानती हैं तो अपनी **'आधी दुनिया'** के अलगाव का अर्थ भी जानती हैं। स्त्री भाषा के अर्थगर्भ संकेत यहाँ एक वर्जनायुक्त संरचना बनाते हैं। "उस माँद में झाँककर देखूँ तो/दीखती है एक कोई लड़की/कुण्डलिनी-सी जगी बैठी/पलंग पर/उसकी सफेद फ्राक/और जाँघिए पर/किस परी-माँ ने काट दिये हैं/**कत्थई गुलाब** रात-भर में/... **अनहद-सी** बज रही है **लड़की**/काँपती हुई/लगातार झंकृत हैं/उसकी जंघाओं में इकतारे !/चक्रों-सी नाच रही है वह/एक महीयसी मुद्रा में/गोद में छुपाये हुए/सृष्टि के प्रथम सूर्य-सा/**लाल-लाल तकिया** !"

स्त्री का दुख, स्त्री की यातना, स्त्री का संघर्ष—इन अनुभवों को एक और आयाम देता है—**स्त्री विनोद**। उसकी भंगिमाएँ अनेक हैं। जिन किशोरियों की अबोध निश्छल हँसी एक गंभीर सभा के खोखलेपन को जैसे अचानक व्यंग्यपूर्वक प्रकट कर देती हैं।

फिर वे रुक नहीं पातीं सभा में। भागकर ही निस्तार पाती हैं। उनकी अबोधता की ऐसी पहचान अज्ञात यौवनाओं के रीतिबद्ध नख-शिख बयान में असंभव है। "भीगने से उनको बचाया जा सकता नहीं/भीगी हुई ही पैदा होती हैं वे तो/(भीगी बिल्लियाँ नहीं, उस अर्थ में भींगी/जिस अर्थ में **भींगती** है **पत्ती बारिश** में।"..."खूब महीन ऊन से/घर में ही बुने गये उनके स्वेटर के नीचे/दो छोटे-छोटे कबूतर (पैरों में मुँहगाड़े)/गुटरू-गूँ आपस में बतिया रहे थे—धीरे-धीरे ! सभा बहुत गंभीर थी।" गंभीरता का भी ख़ासा रोचक व्यंग्य प्रेरित बिम्ब विधान। कि आया वह क्षण अचानक उनकी अबोध **हँसी** का। हँसी है कि पाखंड को ध्वस्त करती है। बहिनाबाई की लम्बी रूपक-कथा में "जाने कितनी सदियों से/न **नींद** आती है न **हँसी**।" "पहले तो दोनों/दिन भर में कई झोंक आ जाती थी !/अक्सर तो ऐसा होता था/कि एक गयी तो दूसरी आ गयी !/अब दोनों भूल गयी हैं रास्ता !" **'हँसी'** मिली भी कब—जब "वह शायद **नमक** खरीद रही थी/अपने बेरंग ब्लाउज़ के किसी कोने से/रुपये निकालकर !" उसे पता कि वह जहाँ रहती है—वहाँ :

ज़िद-सी ठनी केवल रहती है—
लगातार लड़ती हुई
खुद अपने खिलाफ
करती हुई इंतजार...

माधव से इस इक्कीसवीं सदी में बहिनाबाई का एक अजब **रिश्ता** बना है। 'माधव का **फोन** भी नहीं मिलता/उसके खाली घर में लगातार गूँजती है घंटी/और एक विपन्न **आर्त्तनाद**/दीवार से सिर टकराकर/पटकता है पाँव !' जहाँ ज़िन्दगी **'तन्मय एकान्तों का महारास'** है—वहाँ भी बहिनाबाई के लिए जीना एक अज्ञात यातना है—एक अन्तर्दाह !

4

'बीजाक्षर' से 'अनुष्टुप' तक अनामिका की कविताओं का एक अपना अनुभव-लोक जैसा दिखता है उसमें जहाँ 'तन्मय एकान्तों का महारास' है, वहीं 'तार-तार हुई मेरी ऊब मगर/दुनिया का यह सारा चिटचिट-सा लटर-पटर' भी है। जस का तस। 'चुप्पी के अदहन के नीचे'—पकता हुआ, बहुत कुछ—प्रिय, अप्रिय। बिन घर की घरनी—मनवीर कौर। चहे-चुनमुन। तिलचट्टे। छिपकलियाँ। चींटियाँ। चावल के घुन। कुहनियों पर झाँवा पत्थर घिसता—ईश्वर। तिथियों के नलकों से टप-टप लगातार खाली होती जीवन की टंकी। बेटी की गुलुर-मुलुर देह। सरसों का तेल—शू शू—पसीना। सब कुछ। खाली घर को भाँय-भाँय बजाता हारमोनियम। रात के कलेजे में बजता सन्नाटा। जहाँ एक औरत के पहले राजकीय प्रवास में—"राजकुमारी ही होती है हर औरत/सात गलीचों के भीतर भी/उसको चुभ जाता है/कोई मटरदाना आदिम स्मृतियों का !" 'सेफ्टीपिन', 'चुटपुटिया बटन' यहाँ महज़ कविता के विषय नहीं हैं। उनमें स्त्री का आत्मविनोद और

अन्तर्व्यथा सब कुछ मौजूद है। श्रीमती सावित्री पाठक की दुनिया में—

तकलीफें-उम्मीदें
आस्थाएँ और बगावतें
इसी बड़े से सेफ्टीपिन में गुँथी हुई
झूलती हैं उसके इजारबंद से धीरे धीरे
देती हुई दस्तक—

(सेफ्टीपिन)

और एक वह शहर है जिसमें **'चुटपुटिया जन'** और **'बटन'** एक सिरे से ग़ायब हैं।

सतपुतिया झिगुनी की तरह यहाँ एक सिरे से ग़ायब हैं
चुटपुटिया जन और बटन।
ब्लाउज़ में भी दर्जी देते हैं टाँक यहाँ हुक ही हुक
हर हुक के आगे विराजमान होता है फंदा।
फंदे में फँसे हुए आपस में कितना सटेंगे—
कितना भी कीजिए जतन, 'चुट' से 'पुट' नहीं बजेंगे।

5

'अनुष्टुप' में **'विस्मृति'** और **'मुक्ति'** ध्यान आकृष्ट करने वाली कविताएँ हैं। वे संकेत हैं कि एक नये कवि का अपनी परम्परा से ग्रहण और संवाद का क्या रिश्ता बनता है। 'विस्मृति' **अज्ञेय** की एक चर्चित कविता 'मैंने चिड़िया से कहा...' और उसी के छंद की याद दिलाती है। पर अपनी अन्तर्वस्तु में अपनी ख़ास निजी दुनिया के 'विस्मृति' 'मोह' 'कलह' 'छल' 'निर्लज्जता' 'थकमकाहट' जैसे अनुभवों की भीतरी तहें खोलती हुई-सी कविता है। ''विस्मृति मुझे तुम्हारा सिल चाहिए/धो-पोंछकर बराबर करने हैं/कुछ ऊबड़-खाबड़ हिसाब/**मोह,** जरा गोंद बढ़ाना/कई चिट्ठियाँ खुली पड़ी हैं/...**छल** मुझे अपनी छन्नी दे दो/बहुत घोल-मट्ठा हुआ/**निर्लज्जता**/मुझको धीरज दोगी अपना/...ऐ **थकमकाहट,** सुनो मुझे घर छोड़ दोगी जरा/शायद वहाँ खाली डिब्बों में/थोड़ी-सी बची पड़ी हूँ अब भी/मैं अपने पास/और उसी से मेरा चल जाए आगे भी काम।'' एक स्त्री की कविता में उपस्थिति ऐसी भी कि वह मुक्ति की खोज में यहाँ-वहाँ भटकती है—याद करती है, कि एक मुक्ति वह थी—सिंड्रेला की सुनहरी जूतियों में सितारे की तरह 'जड़ी' या—'रैपुन्जल के बालों में मोती की तरह गुँथी'—या वह—जो पद्मावती का हीरामन थी या शीरी की खीर की सुराही—इधर भी—उधर भी। और स्त्री का अपने से सवाल था—'तो, **मेरे पास** क्यों नहीं थी—/**मेरी मुक्ति**।'

जैसा कठिन समय है और उसमें हमारे समय की स्त्री का जैसा अनिवार्य हस्तक्षेप है, आश्चर्य नहीं कि कई कविताएँ कवि के **आत्म वक्तव्य** की तरह लगें। अनामिका

की कविताएँ शान्त निर्विकार निरुद्विग्न स्वभाव वाले कवि की कविताएँ नहीं हैं। वे एक ऐसे कवि की कविताएँ हैं जिसके अपने मंसूबों से 'उनके' इरादों तक लोहा—"रोज ही टहलता है सुबह-शाम !" जिससे बाबा ने घोड़े की नाल गढ़ ली थी और अम्मा ने गढ़ा ली थी नाल की अँगूठी—वही **लोहा** टहलता है रोज सुबह-शाम ! और इस स्त्री/या कवि को देर रात अपने ही अन्दर **ठक्-ठक्—ठक्-ठक्** सुनाई देती है।

'बीजाक्षर' से 'अनुष्टुप' तक अनामिका की कविताएँ स्त्री के दुख, त्रास, संघर्ष और साहस या जीवट की अनिवार्य बेचैन अभिव्यक्ति हैं। एक ठोस वास्तविक स्त्री की दुनिया यहाँ एक अविराम 'उपस्थिति' है। उधर गगन गिल की कविताएँ ख़ास अर्थ में 'अनुपस्थिति' की कविताएँ कही जा रही हैं। बेशक, वे दूसरे छोर पर हैं, जहाँ अथाह चुप्पियाँ हैं जहाँ सारा सफ़र भीतर से भीतर की ओर है, जहाँ बहुत कुछ आवेग रहित शान्त निर्विकार जान पड़ता है। यह नहीं कि **'स्त्री'** वहाँ नहीं है—वह है पर **एकांत के कुएँ** में एक **गूँज** की तरह जिसे नाम देना कठिन है। इस क्रम में आगे **गगन गिल** की कविताओं (एक दिन लौटेगी लड़की, अँधेरे में बुद्ध, यह आकांक्षा समय नहीं) पर विचार किया जाना है इसलिए, फ़िलहाल इतना ही।

कविता में स्त्री : दो

(गगन गिल की कविताएँ : कुछ आधे-अधूरे नोट्स)

"वह क्षण आता है तो कहीं नीचे पसलियों में साँस अटक जाती है, **अँधेरा** घिरने लगता है, आसपास की आवाज़ें कहीं और जाने लगती हैं। अक्का महादेवी के शब्दों में कहें तो जैसे **रेशम का कीड़ा** बुनता है अपना घर। कोरे काग़ज़ पर एक शब्द लिखा जाता है, कभी एक पूरी पंक्ति। उस सारी **शारीरिक-यातना** का **'निचोड़'**—सिर्फ़ यह। समूची कविता मालूम नहीं कब बनती है, कैसे बनती है। और जो कविता, अन्तिम ड्राफ्ट में छपने के लिए तैयार होती है, उसमें इस प्रथम **त्रासदायी** क्षण की स्मृति हो ही—यह ज़रूरी नहीं।"

"एक **स्त्री** के **लिए शब्द** ही वह **प्रति-संसार** है जिनमें वह स्वयं को प्रतिष्ठित कर सकती है। एक स्त्री के **प्रश्न** और **संशय** ही वह थोड़ी-सी ज़मीन हैं, जहाँ वह स्वतंत्र है।"

(देह की मुँडेर पर : गगन गिल, 'पूर्वग्रह' 104)

1

क्या **स्त्री कल्पना** एक निजी स्वायत्त अनुभव-संसार तक सीमित एक ऐसी सच्चाई है जिसका सामना पुरुष प्रभुत्व प्रधान भारतीय समाज में बहुत हद तक नहीं किया गया है। वास्तविक विडम्बना यह है कि प्रायः स्त्री-रचनात्मकता को **मुख्यधारा** में ही स्वीकार नहीं किया जाता है और कभी-कभार हाशिए पर ही उसके प्रसंगवश सामान्य उल्लेख भर से काम चला लिया जाता है। कई बार कवयित्रियों को इसलिए भी महत्त्व मिलने लगता है कि वे **पुरुष प्रभुत्व वाले समाज के मानकों** के अनुसार पुरुषोचित मुहावरे में लिखने का साहस या दुस्साहस जुटा पाती हैं। अकविता वाले दौर में यही हुआ। कई बार यह साहस से अधिक सुविधा का ही मामला बनता है। उस स्थिति में वह विचारणीय भी नहीं है। सवाल दरअसल यह है कि क्या **स्त्री कल्पना** का अपनी ही **गुमनाम अँधेरी** दुनिया में बार-बार जाना और अपने ही **गोपन एकान्त** को उधेड़-उधेड़ कर देखना सिर्फ़ एक तरह का शग़ल माना जाना चाहिए या **स्त्री यातना** के इस ढीले-ढाले अस्त-व्यस्त या कभी-कभार कठोर **आत्मालाप** में भी कविता की **काव्यगत**

सृजनशीलता में कोई नया आयाम जुड़ता हुआ दिखाई देता है ! क्या स्त्री कल्पना अपनी सीमाओं में इस तरह क़ैद है कि उसे अहसासों के प्रकट या प्रच्छन्न बयान से आगे जाने की छूट नहीं है !

2

'एक दिन लौटेगी लड़की' (1989) **'अँधेरे में बुद्ध'** (1996) **'यह आकांक्षा समय नहीं** (1998) संग्रहों में संकलित **गगन गिल** की कविताएँ उनकी ख़ास अपनी दुनिया को जानने-समझने का अवसर देती हैं। यह दुनिया उतनी सीधी सरल है नहीं, जितनी ऊपर-ऊपर दिखती है। उसके अपने **प्रश्न** हैं, अपने **संशय,** अपने **स्वप्न** और अपने **रहस्य** हैं। स्त्री निजता के अस्पष्ट रूपों से स्त्री-निजता के विज़न तक। कई बार **अधूरे अंतराल** और **छूटी हुई जगहें** इस दुनिया के प्रति महज़ उत्सुक बनाती हैं। सबसे पहले **'एक दिन लौटेगी लड़की'** संग्रह की कविताओं में जो चीज़ हैरान करती है वह है **युवापन** में **मृत्यु** का स्वाद। याद करें अमरीकी कवयित्री **एमिली डिकिन्सन** की दुनिया जिसमें मृत्यु बार-बार आती है—काया में और काया के बाहर। देह में, देह से परे। यहाँ पीड़ा और प्रसन्नता या उल्लास में फ़र्क़ करना कठिन है। मृत्यु का रंग और मृत्यु की गंध। उँगलियों की नींद से देह की नींद तक। कैसे-कैसे तनाव के क्षण आते हैं। ख़ास शब्द और अभिप्राय। **'बिस्तर' 'चौखट' 'इच्छा' 'शोक' 'सन्नाटा' 'जीवकोष' 'कब' 'अधनींद'**। सिर्फ़ कोमल अनुभवों और एहसासों की कविता नहीं है यह। गहनतर दुख। अबूझ यातना। अकल्पनीय त्रास। पहली बार ही **मृत्युबोध** की **मुखरता** या **वाचालता** विचलित करती है। ''उसमें क्या है/सपना है कि नींद कि उनींद कि ऊब/कि धीमे-धीमे फैलने वाली **मृत्यु** ?'' ''लेकिन चौखट पर क्यों ?/क्योंकि लड़की के भीतर एक **शोकमयी औरत** है/**औरत** जो **विधवा** है/है नहीं लेकिन/हो जाएगी जो/'' !; ''हो सकता है/**मृत्यु** आती हो/उसकी गहरी नींद में/धीरे-धीरे सुराख करती/उसकी आत्मा की माया में !''

स्त्री अन्तर्मुखता का **युवावस्था** में ही **मृत्यु** की ओर यह झुकाव वास्तविक जीवन से विच्छिन्नता के कारण है या जीवन के गहनतर पाठ की ओर प्रेरित करने वाली पारिवारिक पृष्ठभूमि में इस गहरे **तनाव** और **त्रास** के बीज मौजूद हैं, कहना कठिन है। **'गर्भ' 'बाँझपन' 'नाल' 'कोख' 'बिस्तर' 'रसोई'**—स्त्री-दुनिया के कुछ शब्दों के पीछे जो अर्थध्वनियाँ हैं वे भाषिक प्रतीकात्मकता की दृष्टि से शायद अधिक संयम की माँग करती हैं। शायद 'माँ', 'बहन', 'बेटी', 'बेटे', 'पति', 'प्रेमी', 'मित्र'—शब्दों के अभिधार्थ अपने आपमें काफ़ी नहीं हैं। **'बच्चे तुम अपने घर जाओ'** जैसी कविता में दुस्साहसिक स्त्रीवादी विमर्श-जैसी संकेत है। **स्त्री-नैतिकता** का अपना मानदंड विमर्श के केन्द्र में है। माँ-बेटी का रिश्ता भी सीधा नहीं। माँ को बेटी के **स्याह कोनों** का पता है। वह ख़यालों से बाहर 'आदमी' से टकराएगी—कहीं भी—फिर लगेगा कि वह अपने विलाप और अपनी हैरानी में, अपनी हँसी में और दुख में, अपने प्रेम और अपने शोक में कुछ कह

रही है और कुछ छिपा रही है। **वहशत** की हद तक **प्रेम**। चरम **लालसा** के क्षण में **विराग**। लड़की की उदासी में दो चीज़ें शामिल हैं—न भोगे प्रेम का पूर्वानुमान और रीत गये प्रेम में देह की स्मृति का डंक। आत्मा की घुप्प अँधेरी रात का-सा एहसास। सुख में दुख। **प्रेम में शोक**। जहाँ डर या दहशत के बेशुमार बिम्ब हैं, वहीं उसके प्रत्याख्यान के क्षण भी हैं। दादी की अदम्य **जिजीविषा** में पंजाब की हिंसा के जुनून का प्रत्याख्यान भी हैं। **चौबीस** लाशें। **चौबीस** आत्माएँ। **चौबीस** आवाज़ें। **चौबीस** इच्छाएँ। यह कोई रहस्यमय गणित नहीं। महज़ काव्य युक्ति है। जैसे **पाँचवाँ** आदमी, **पाँचवीं** जगह। **दादी-श्रृंखला** की तरह **दोस्त-श्रृंखला** की भी कुछ कविताएँ हैं। एक **'दोस्त'** वह भी जिसे **कबीर** सम्बोधित करते हैं। वहाँ भी 'अलेख' है बहुत कुछ। **एमिली डिकिन्सन** उसे या उसके साथ संवाद को **निजी** (Private matter) बताती हैं। **गगन** 'दोस्त' को विदा करती हैं फिर थोड़ा-सा बचा लेती हैं। ''गर्म गर्दन पर अलविदा का अधूरा रुआँसा चुम्बन।'' अब **'दोस्त'** को वे **'पाप'** की तरह चाहती हैं और **'पुण्य'** की तरह भी। यह कवयित्री के ही शब्दों में—''पहला-पहला प्रेम था/पहला-पहला दुख/बहुत सारी उनींद/और नींद की गोलियों के बीच/दोस्त पता नहीं कहाँ थे ?''

3

'अँधेरे में बुद्ध' कविता संकलन के खंड हैं—**'कुछ इस तरह मृत्यु'**, **'कंजिका : कुछ विलाप'**, **'छाया–बहनें'**, **'अँधेरे में बुद्ध'**। बेटी पिता के भीतर है। शोक की तरह। इसलिए विदा नहीं की गयी। फिर शोक ही पिता हो गया। बेटी का। क्योंकि वह छिपना चाहती थी अपने कंकाल में। अपने संताप में। आत्मा से छिपकर। कभी विक्षिप्तता देह और स्वप्न को क्षत-विक्षत कर रही होती है। देह में काँटे-सा अनुभव। मछली जिससे बचने के लिए तैरती है समुन्दर-समुन्दर। (याद आती है रूमी की मसनवी !) 'जल था देह थी' में अभिज्ञान शाकुन्तल-प्रसंग। देह में किसी का प्रारब्ध, देह में किसी की विस्मृति ! मृत्यु क्या आदि स्वप्न में लौटने की लालसा है ! **'आधे सिर का दर्द'**—पाँच कविताएँ। 'माइग्रेन' शीर्षक से और भी कविताएँ ध्यान में आ सकती हैं—**'रक्त की नदी** में हिलती **नौका'**। **'रक्त** की **नदी में उफान'**। 'स्थूल' और 'सूक्ष्म' के बीच का पुल जब टूट जाता है—तो बच जाता है 'आधे सिर का दर्द'। दुख में शूल। शूल में दुख। **'अवांतर–5'** में दुख के अनेक नामों में एक। बुद्ध। देवता हैं कि हमारे भीतर के प्राचीन दुख को जिला जाते हैं। मृत्यु का अनिवार्य बोध। **मृत्यु** की **निरन्तरता**—जो लगातार पीछा करती है। 'कब्र में नन्हें पाँव'। **अभाव** से संभव है मृत्यु। पर **जीने** की विकलता भी **अभाव** से संभव है। 'पड़ोसिन' के लिए लिखी कविताओं ('उस दिन' 'एक आवाज') में संकेत है कि जिसने आत्महत्या की, वह वस्तुतः जीना चाहती थी। **'कंजिका : कुछ विलाप'** में **काया** एक **जंजाल** है और मृत्यु **इच्छित स्वप्न**। बहुत-सी कविताएँ जैसे आधी-अधूरी टीपें हैं। सचेत रूप से कविता-शृंखलाओं में तारतम्य नहीं है। अपवाद हैं

'चींटियाँ' जैसी कुछ कविताएँ।
चींटियाँ अपने घर का रास्ता भूल गयी थीं।

हमारी नींद और हमारी देह के बीच वे कतार बनाकर चलतीं। उनकी स्मृति में बिखरा रहता उनका **आटा**, जो किसी दूसरे देश-काल ने बिखेरा था। उसे ढूँढ़ती वे चलती जातीं पृथ्वी के एक सिरे से दूसरे की ओर। वे अपने दाँत गड़ातीं हर **जीवित** व **मृत** वस्तु में। उनके चलने से पृथ्वी के दुख इतने हल्के होने लगते कि दिशाएँ घूमने लगतीं, भ्रमित हो। ध्रुव बदलने लगते अपनी जगह। चींटियों का **दुख** लेकिन कोई न जानता था। बहुत पहले शायद कभी वे स्त्रियाँ रही हों।

'अँधेरे में बुद्ध' कविता खंड में बुद्ध **'उद्विग्न'** हैं और **टहल** रहे हैं—अशान्त—क्योंकि—"कोई नहीं उत्सुक/उनकी बात सुनने को/कोई-कोई बुद्ध/एकदम/गुमसुम हो गये हैं/बची नहीं एक भी बात/बुद्धों के पास।"..."बुद्ध भी थक गये हैं। बुद्ध होते-होते।" **यहीं** कविता है। बुद्ध की **उद्विग्नता** में। बुद्ध की **हताशा** में। बुद्ध के **अकेले** छूट जाने में। बुद्धत्व में कविता नहीं है। दर्शन के लिए वहाँ चाहे जितनी संभावना हो। कविता **प्रश्न** में है, **संशय** में है, **अँधेरे** में कविता है। यहीं बचता है भिक्षुणियों के एकान्त के लिए—थोड़ा-सा ईश्वर। यहीं बचती है थोड़ी-सी कविता भी।

4

'अँधेरे में बुद्ध' संग्रह में यहाँ से वहाँ तक **असहनीय एकस्वरता** है। **'एक दिन लौटेगी लड़की'** में **मुखरता** और तरह की थी। वह उत्तेजित करती थी और थकाती नहीं थी। यहाँ अपेक्षया **संक्षेप** हैं **मौन** हैं **स्वल्प** शब्द हैं। कविता अक्सर **विश्रान्ति** में छोड़ती है और कुछ ही शब्दों में घूमने-फिरने से थकाती है। इसीलिए, ध्यान दें, तो **उद्विग्नता** में कविता है, **विश्रांति** में नहीं। हताशा और **अँधेरे** में कविता है। **मुक्ति** में नहीं। मृत्यु और जीवन के द्वन्द्व में है, मृत्यु में नहीं। इसका शायद अधिक तीखा बोध अगले संग्रह में है। **'यह आकांक्षा समय नहीं'**—और **'अँधेरे में बुद्ध'**—संग्रह की कविताओं के रचना-समय में कोई बहुत अन्तर नहीं है। 'यह आकांक्षा समय नहीं' में कुछ ऐसा ख़ास नहीं कि उसे एकदम नया **प्रस्थान** माना जा सके। आसपास की सब कविताओं को मिलाकर अगर कोई पाठक गगन गिल की कविता के **सार तत्त्व** (Essence) को रेखांकित करना चाहे तो कह सकता है—अस्तित्व में जीवित और अस्तित्व के पार। देह में जीवित और देह के भी पार। कविता में जीवित और कविता के पार। शब्द में जीवित और शब्द के भी पार। कभी छाया। कभी काया।—ऐसी है गगन गिल की कविता। पर ऐसे सार तत्त्व के निरूपण में भी शायद बहुत कुछ छूट जाने वाला है।

5

गगन गिल के अपने 'नोट्स' में कहीं यह विचार-सूत्र आता है–"एक **अनुपस्थिति** अपनी जगह स्वयं गढ़ती है। महीन ब्लेड से। धीरे-धीरे। बिना किसी के जाने।" इससे प्रेरणा लेकर अगर **'यह आकांक्षा समय नहीं'** की कविताओं को **अनुपस्थिति धर्मी** कहा जा रहा हो तो फिर एक आलोचनात्मक पूर्वग्रह का ही ख़तरा है। इस पूर्वग्रह की **काट** संग्रह की एक कविता में ही है :

*थोड़ी-सी **उम्मीद** चाहिए*

जैसे मिट्टी में चमकती किरण
सूर्य की

जैसे पानी में स्वाद
भीगे पत्थर का

जैसी भीगी हुई रेत पर
मछली में तड़पन

*थोड़ी-सी **उम्मीद** चाहिए*

यह एक अलग स्वर है। अपने ही अभ्यस्त स्वर से अलग ! और इसे रेखांकित किया जाना चाहिए। देखें कि **विराग** के अनुभवों और बिम्बों में यहाँ लगातार **राग** और **लालसा** सक्रिय है। मृत्यु में जीवन का हस्तक्षेप। अस्वीकार के विरुद्ध स्वीकार। ऊब के विरुद्ध आकर्षण। आगे की पंक्तियाँ हैं–"जैसे गूँगे के कंठ में/याद आया गीत/जैसे हल्की-सी साँस/सीने में अटकी/जैसे काँच से चिपटे कीट में **लालसा**/जैसे नदी की तह में/डूबी हुई प्यास/–थोड़ी-सी **उम्मीद** चाहिए।" यहाँ **ऐन्द्रिकता** वर्ज्य नहीं है कविता में–"याद रखा दिमाग़ ने/संदेश भेजना/शरीर को/आँखें करती रहीं/देखने का काम/लगे रहे कान/हर आहट/पकड़ने को/– ।" **(कौन था वह)** पहली ही कविता में यह गूढ़ कथन ध्यान देने की चीज़ है–"तुम नहीं होगे/तो हम नहीं होंगे/हम नहीं होंगे/तो **दुनिया** नहीं होगी/**दुनिया** नहीं होगी/तो भिक्षु **छोड़ेंगे** क्या !" **(तुम नहीं होगे तो)** दुनिया का **होना** ज़रूरी है दुनिया को **छोड़ने** के लिए–इस अर्थगर्भ संकेत को प्रकारान्तर से **जीवन** के प्रति **स्वीकार** के रूप में ग्रहण किया जा सकता है। इन कविताओं में यह संकेत छिपा नहीं है कि प्रेम अगर 'मरने की मोहलत' देता है तो 'जीने की' छूट भी देता है। एक स्त्री सारा स्वाभिमान छोड़कर प्रेम के लिए ही जीना चाहती है। **'प्रेम'** कहने भर से चीज़ें कुछ से कुछ हो जाती हैं।

तुम कहोगे, रात
और रात हो जायेगी

तुम कहोगे, दिन
और धुल जायेगा दिन

तुम कहोगे, रंग
और उड़ती चली आयेंगी
तितलियाँ पृथ्वी भर की

तुम सोचोगे, प्रेम
और दिगंत खोल देगा
एक इंद्रधनुष गुप्त...
(तुम कहोगे, रात)

6

गगन गिल की कविता की जो भी **समस्या** है, बल्कि जो भी **संकट** है, उनका अपना **चुनाव** है। वे अपने लिए **स्वतंत्रता** की ऐसी परिभाषा बनाती हैं जो कतिपय अमूर्त **अवधारणाओं** के **दुहराव** और **आतंक** में उन्हें सीमित करती है। फिर कविता की नियति यहीं से निर्धारित होने लगती है। वे खोजती हैं मुक्ति और अवधारणाओं से अवधारणाओं तक नये बंधन में फँसती जाती हैं। उन्हीं के शब्द हैं—"तब फिर एक स्त्री का **स्वतंत्रता-बोध** क्या हो ? घर, प्रेम और अपनी जाति से अलग उसकी ऐसी **कौन-सी ज़मीन** हो, जो **सिर्फ़ उसकी अपनी हो** ? क्या यह संभव है कि जिसे हम **'स्वतंत्रता'** समझते हैं, वह एक व्यक्ति के जीवन में **मूल्य** की तरह होती ही न हो ? वह केवल **उतने ही खण्ड** में घटित होती हो, जितने में उस व्यक्ति-विशेष का **रचना-कर्म** कि उसकी **रचना-प्रक्रिया** अपने लिए कविता के साथ-साथ **उतनी भर स्वतंत्रता** गढ़ लेती हो, जिसमें कविता साँस ले सके ?" याद आयेंगे **मुक्तिबोध !**—कि 'मुक्ति **अकेले** में **नहीं** मिलती' ! गगन गिल के यहाँ शायद यह एहसास भी है कि **'उतनी भर स्वतंत्रता'** से काम चलने वाला है नहीं—वह भी उन **परिस्थितियों** में जब "एक स्त्री के भाग्य में जो कुछ घटता है वह संसार भर की स्त्रियों के भीतरी संसार को प्रभावित करता है।"

कविता में स्त्री : तीन

(एक अजन्मे शिशु से संवाद)

कभी तो पढ़ेंगे बच्चे
अपनी पाठ्य-पुस्तकों में मेरा नाम
और करुणाजनक कहानी पढ़ने पर वे
मुस्कुरा देंगे तनिक चालाकी के साथ
बिना चैन बिना प्रेम
मुझे दे अजब एक कड़वी-सी ख्याति

—अन्ना अख्यातोवा

स्त्री विमर्श की सैद्धान्तिकी के बाहर जाकर समकालीन कवयित्रियों ने इधर अनुभवों की जो दुनिया रची है, वह न पितृसत्तात्मक समाज के दमन से आक्रान्त है, न 'पर्सनल' को 'पोलिटिकल' बनाने की अनिवार्यता; बल्कि वह उनके सर्वथा निजी हालचाल के भीतर से उभरता हुआ वह आख्यान है, जो करुणा के नाम पर भावुकता-पीड़ित न होकर, आत्मविनोद और किसी दूसरी सत्ता के विरुद्ध तीखे व्यंग्य से सजीव है। इसलिए कवयित्रियाँ **'स्त्री कविता'** पद से अगर इनकार कर रही हैं, तो उनकी बात में ख़ास दम है। आलोचना केवल चालाकी के तौर पर **'स्त्री कविता'** पद का इस्तेमाल करके कविता की **मुख्य धारा** में उन्हें न रखने के लिए स्वतन्त्र नहीं रह गई है। पर अभी-अभी प्रकाशित **नीलेश रघुवंशी**—जैसी युवा कवयित्री का दूसरा संग्रह **'पानी का स्वाद'** पढ़ते हुआ लगा, कि कविता के अर्थात् या उत्तर जीवन पर लिखने के लिए स्त्री की दुनिया के निजी अन्तरंग, अन्तर्वस्तु और मुहावरे को उपयुक्त शब्द देने के लिए जरूरी पर अलग दिखनेवाला कोना चुनना कहीं अधिक सार्थक हो सकता है। आश्चर्य है कि **नीत्शे** ने **'द बर्थ ऑफ़ ट्रैजेडी'** लिखते हुए जब यह कहा कि ट्रैजिडी को समझने और पसन्द करने के लिए नया सौन्दर्यबोध जरूरी है तो नए सम्भावित पाठक वर्ग में छात्रों-स्कूली लड़कों के साथ स्त्री को भी **'द मोस्ट हार्मलेस वूमनली क्रीचर'** के रूप में याद किया।

नीलेश रघुवंशी को यह स्वीकार करने में कोई हिचक नहीं है कि **दाम्पत्य-रस** उनके काव्यानुभवों को एक स्थानीय देशज चमक देता है और ''कोवलम'' समुद्र तट उनके लिए महज एक नाम नहीं जान पड़ता। नीलेश के लिए कविता सामाजिक होने की

घोषणा किए बग़ैर गहरी एकान्तिकता में भी एक पारिवारिक वृत्तान्त बन सकती है। अकेले में न सिर्फ़ वह लिखी जा सकती है, बल्कि अकेले में एक वृहत्तर स्पेस भी पा सकती है। वह अलग होकर भी सबके संग-साथ हो सकती है। नीलेश का संग्रह 'पानी का स्वाद' पढ़ते हुए इस ''हानिरहित स्त्री जाति'' की विडम्बनाओं की ओर भी ध्यान गया। क्या **नीलेश** की कविता नीत्शे जैसे विचारक की टिप्पणी का समर्थन करती है, जबकि **अनामिका** जोखिम उठाकर उसका समर्थन-भर नहीं करती, विरोध भी दर्ज कराती हैं। दूसरे छोर पर 'थपक थपक दिल' में गगन गिल आत्मा के अँधेरे में उतर जाती हैं और संताप की तलाश खोजती फिरती हैं।

नीलेश को पढ़ते हुए निस्सन्देह सबसे पहले **अनामिका** और **गगन गिल** याद आएँगी, जिनका काव्यसंसार एक-दूसरे का विलोम लग सकता है; पर दूसरी ओर उनमें एक अनोखा सहेलीपन नज़र आ सकता है। कभी **अनामिका–सविता सिंह** में यहाँ अधिक निकटता दिखाई देगी। अनामिका के अनुभवों की दुनिया अनगढ़ विस्तार में तमाम हदें लाँघ जाती है। कभी-कभी उनकी बीहड़ता चुभने से अधिक चिढ़ाती नज़र आती है–ख़ासकर पुरुष-सत्ता के वर्चस्व को वह सबसे अधिक चुनौती देती हैं। अनगढ़ता का विराट उपद्रव भी उनके लिए वर्ज्य नहीं है। **'जलेबा बुआ'** पर लिखते-लिखते अनामिका **'सेफ्टीपिन' 'चुटपुटिया' 'ङ'** जैसे विषयों पर भी लिख सकती हैं। **गगन गिल ने 'अँधेरे में बुद्ध'** को एक समय कविता का स्थायीभाव-सा बना लिया था। इसके बाद आकांक्षा और समय के बीच की कहा-सुनी सम्भव हुई। गगन गिल में एक शान्त 'उपरान्त' का-सा भाव भी दिख जाता है। **तेजी ग्रोवर** का अपना 'अन्दाज़े-बयाँ' है–एक पकापन लिए हुए, एक तल्ख़ कसैलापन भी यहाँ है–

नीचे उड़ती है
दूब में कुछ दब सी गई है ओस की मायावी धूप–
टापों से बौराई इस घाटी में
पानी का सच्चा भ्रम है
....
बकरियाँ पानी की ओर उड़ती हैं जो नाम का पानी है
प्रेयसियाँ सच में ढह रही हैं प्रेयसियों के स्वांग में

इस कविता में अनजाने लपट पकड़ लेने की इच्छा-शक्ति है और कविता के लिए अनुभव, कल्पना, विचार की-सी अवधारणात्मक लाचारी नहीं है।

सविता सिंह की कविता **'कृतज्ञ हूँ मेरी कविता'** जिन शब्दों में कुछ कहती है, उससे अधिक भी कहती है। इस कविता को विनम्र सलीकेपन से अलग पढ़ने की जरूरत है। 'इतनी नेकदिल हो तुम कि ले आती हो/दूसरों का प्रेम ही मुझ तक/छिपा लेती हो उनकी सारी वितृष्णा/डाल देती हो जाने कहाँ दूसरों की डाह और घृणा/मेरे सामने रहता है सदा तुम्हारा चमकता माथा ही/बार-बार इसलिए ही चाहती हूँ तुम्हें/अपने एकान्त के उल्लास में/कोई चाहे जैसे देह में घुमड़ती अपनी ही वासना !' स्त्रीवाद

के विचारकों के अनुसार, ऐसा कोई भी अनुभव संगठन सत्ता और व्यवहार के बीच का ऐतिहासिक तनाव है जिसे स्त्रियाँ अपनी समानता के दावे को मातृत्व के विरल कोमल अनुभवों के भीतर टूटते, क्षत-विक्षत होते देखती हैं। सविता सिंह के लिए यहाँ स्थूल यथार्थ भी तिलिस्म-सा है।

नीलेश के संग्रह की अन्तिम कविता एक अकेली कविता न होकर इक्कीस कविताओं का एक क्रम है। **'एक अजन्मे शिशु से संवाद'** शीर्षक उन्हीं की सघन अनुभूतियों, एहसासों और मनोजैविक हरकतों के कविता में मौजूद बयान से प्रेरित है। मातृत्व के अनुभव से गुज़रना भर ऐसी काव्य शृंखला लिखने के लिए काफ़ी नहीं है। नीलेश से पहले भी दुनिया की बड़ी कवयित्रियाँ बच्चे के जन्म को पृथ्वी की महान घटना बताती आई हैं। यहाँ एक-एक पल की अनुभवात्मक संवेदना एक नाटकीय बतकही का रूप लेती है। यह पूरी शृंखला जन्म का हस्ताक्षर अंकित करनेवाली **रुलाई पर डायरी-नुमा** वक्तव्य है। स्त्रीवादी महाकाव्य की-सी सम्भावना लिए। ऐसी कोशिश महत्त्वपूर्ण लम्बी कविताओं के बाद भी चलन में नहीं है। नीलेश मातृत्व की प्रगाढ़ अछूती पहली-पहली जैविक अनुभूति के चलते ही यह शृंखला **''पहली रुलाई तक की डायरी''** लिख सकी हैं। *पहला दिन, 11 अगस्त बुधवार, इतनी गहरी नींद, दूसरी बनती मैं, खुशी में बारिश, कोवलम के तट पर, दीवाली की रात, जन्म और यातना, बोतलों भरी रात, खाओ पियो और सो जाओ', इतनी शरारत...नसीहत भरा दिन, शाम के साथ नहाना, खतरों से भरी रात...छिपे रहो भीतर ही।* ये इक्कीस कविताओं में से कुछ के शीर्षक हैं जिनसे यह अनुमान किया जा सकता है कि पहले प्रसव की पूरी प्रक्रिया में जो खुशी-उत्सुकता-डर-कुतूहल का संसार घटित होता है सद्यःजात बच्चे की रुलाई तक नहीं थका पाता है उसे शब्द कितना व्यक्त कर सकते हैं, या कितना कुछ अनकहा छूट सकता है।

नीलेश की इस कविता शृंखला में जो चलनेवाला संवाद है वह महज आत्मालाप नहीं है; संवाद वह इस अर्थ में है कि गर्भ में बच्चे के हिलने-डोलने की भी एक सम्पूर्ण भाषा है। कई अर्थों में यह आंगिक बतकही मौन और भाषा के बीच पुल-सरीखी है। गर्भ में पूरे प्रशिक्षण की महाभारत कथा जानी पहचानी है। मिथक घटित भी होते हैं और इसी नितान्त लौकिक पार्थिव दिनचर्या में घटित होते हैं। नीलेश के यहाँ महाभारत गर्भ-गृह में खेलने-मचलने वाले बच्चे ने रचा है। यहाँ कवयित्री का दुहरा-तिहरा रोल है। पिता जो कि दूर हैं पर प्रसंगवश इस क्रीड़ा विनोद में शरीक हैं। कविता-क्रम की पहली ही कविता में सूर्यग्रहण से बचने और सन्तरे खाने की इच्छा के बीच का द्वन्द्व है। यहाँ रोमांच और खुशी ही नहीं है, डर भी है। संवाद है तो यों–

''मेरे बच्चे कितने अच्छे हो मेरी बनिस्बत तुम/कम से कम रोटी तो खाने देते हो मुझे/... !'' भीतर का अँधेरा भीतर की बारिश–ये अनुभव कविता से अधिक बयान करते हैं। अपना बदला रूप देखकर यह खिलंदड़ा बिम्ब नीलेश ही रच सकती हैं– अकुण्ठ, आत्मीय ! 'मोटी अम्मा बनाकर रख दिया तुमने'...या 'मैं लिख रही हूँ डायरी

और तुम बन्दर बने हुए हो/तुमने तो मेरे पेट को खेल का मैदान बना रखा है।' 'जितने मुँह उतनी बातें' एक और कविता—इस जानने की इच्छा के साथ कि बच्चे का लिंग (gender) क्या है—फिर लोक रीतियाँ क्या बताती हैं—जैसे 'नाभि के नीचे एक लकीर उभरती है/लकीर काली तो लड़का/कत्थई या मैरून तो लड़की...।'' एक कविता क्रम पर सविस्तार विचार इसलिए जरूरी लगा कि कम स्त्रियाँ इस खुलेपन मैत्रीपूर्ण ढंग से बयान कर पाती हैं।

नीलेश की कविता में ऐन्द्रिकता एक अर्थबहुल अनुभव है—जैसे **'पानी का स्वाद'** कविता—''खिड़की से बाहर फैले खेत झिलमिला रहे हैं दीये की तरह/खेतों में लगी ये आग बनाएगी ज़मीन को और उपजाऊ/जिएँगे इस जीवन को भी कौन-सा कितना खारा, मीठा कितना !' देखें कि यह पानी के स्वाद का बयान है जो बहुतों के लिए स्वाद ही नहीं है। याद करें निराला की कविता में कहीं विजयलक्ष्मी के रूप का संकेत—ऐसा रूप कि पानी गले में आ लगा हो ! 'छिपाकर' कविता में, बहन प्रेम के लिए घर की मर्यादा तोड़ गई। सम्बन्ध टूट चला है ! फिर क्या है यह पल—कि माँ बेटी के लिए छिपाकर लाती है 'अचार'—'दीये के संग' 'काँख में छिपाकर'।

—''घंटों बैठती है अब मन्दिर में माँ
कभी-कभार काँख में छिपाकर दीये के संग ले जाती है अचार
माँ छोटी बहन से मन्दिर में मिलती है''।

उधर **'उदासी'** के समान या नास्टेल्जिया के विरुद्ध नीलेश ही लिख सकती हैं—''उदासी उदासी उदासी **बस्स** बहुत हो गई...उदासी/पुराने पड़ गए कपड़ों की तरह उदासी को बेचकर/नए चमचमाते बर्तन ख़रीद लेने चाहिए।

जहाँ **नीलेश रघुवंशी** में एक मंद मंथर गति से चलता जीवन है—प्रेम एक सफ़र की तरह—वहाँ अनामिका में ठीक उलट जीवन, प्रेम, नींद, रात—सब संकट के दायरे में हैं। नीलेश 'सोलह बरस की उमर' का प्रेम भी सहज कह जाती हैं—'बाँसुरी' का बयान भी—'सिरहाने' के निहितार्थ भी ! **अनामिका** के लिए मुश्किलें भी बड़ी और कविता की मुश्किल भी बड़ी। अनामिका की **'एक पगलेट कथा'** में विष्णु खरे का-सा सैलानीपन है।

''यह एक ऐसी पगलेट कथा है/जिसमें घोड़े ने घास से ही दोस्ती की/उसने उसको वैसे सहलाकर छोड़ दिया/जैसे कि हिरणी की आँखें अपने खुर से/सहलाया करता है उसका हिरण/साँस रोके और आहिस्ता !'' आगे की पंक्तियाँ देखें, तो कालिदास की स्मृति से अलग जाकर ही कविता बता सकती है—

''...अब मुझको नहीं पता/दुनिया का सबसे सुखद दृश्य है क्या/उठता हुआ फावड़ा/जानबूझकर लक्ष्य से भटका तीर/या दोस्ती/घोड़े की घास से/और हिरण के खुर की हिरणी की आँख से !''

अनामिका का काव्यफलक स्त्री कविता में तो विस्तृत है ही, हिन्दी की इधर की मुख्य धारा की कविता में भी उनका वैविध्य उल्लेखनीय है। इधर अपने गद्य के लिए

चर्चित अनामिका 'बस मेरा नैहर है' कविता में 'तेल' का ज़िक्र भर लाती हैं, तो अमरीका की युद्ध नीति का भंडाफोड़ नज़र आता है। जिस 'तेल' के लिए अमरीका ने इराक पर बमबारी की और इसे निर्णायक युद्ध बताया गया वह अनामिका की कविता में एक मामूली शब्द भर है। अनामिका लिखती हैं—"पिछवाड़े के जल के नीचे **सिलबट्टा** है / उसमें भी जब तक पिस जाता है धनिया पुदीना / कभी नहीं संसार में रस की / संसार रस का खजाना / बालू की छाती पर पानी / सख्त और शिला की धमनियों में भी है तेल का ठिकाना।" यहाँ 'ठिकाना' शब्द एक राजनीतिक अर्थ दे पाता है। राजनीतिक कविता लिखने के लिए कात्यायनी की तरह 'एक्टिविस्ट' होना जरूरी नहीं है। कात्यायनी का जद्दोजहद या संघर्ष कविता में मुखर है और अब यही कात्यायनी की प्रमुख पहचान है। क्या अनामिका का स्त्रीवाद कविता में केवल शाब्दिक (verbal) है या उससे भिन्न, अनजाने ही आक्रामक !

"मैं कैसरोल की अन्तिम रोटी हूँ,
कैसरोल में ही मैं बन्द रही हूँ अब तक।"

घर-परिवार में अनामिका को "ख़ासे बड़े दिल की/कुछ शाहाना चींटियाँ" भी हैं जिन्हें वे अच्छी लगती हैं, वरना सचाई यह है कि अनामिका को अपने बारे में कोई भ्रम नहीं है। उन्हें पता है कि वे अधिक-से-अधिक एक "घर की दुछत्ती" हैं—और उनमें है पड़ी हुई—"एक टोकरी उथली/कूड़े कबाड़े की !" यह नहीं कि उन्हें पुराने दोस्तों का अता पता नहीं है—है पर इतना ही—कि "ऊनी कपड़ों में रहते हैं/नेपथ्थलीन की टिकिया बनकर !"

नीलेश की **"पहली रुलाई तक की डायरी"** कविता शृंखला से अलग अनामिका की 'होमवर्क' की कविता देखें—पहले बेटे के प्रस्ताव पर माँ का संकोच : "रिक्त स्थानों की पूर्ति/यह कैसे होती है, बेटा/यह एक ऐसी कला है/जो मैंने कभी नहीं साधी...।" पर अन्त में माँ का सन्देश कविता ख़त्म होते-होते गहराता जाता है—"खाली जगहों के ही दम से है, बेटे/इतना विशाल आसमान !/हम सबका खालीपन/धीरे-धीरे/मिट्टी से उठकर/बन जाता है नीला आसमान।" अनामिका के लिए 'ङ' भी कविता का विषय है ! यह न अबोधता है न नाटकीयता—एक वाक्यविनोद है पर कितना अर्थवान ! "चौखटे में नहीं अँटता/बेटे का 'क'/" और कविता ख़त्म होते ही एक अनोखे अर्थ से चमक जाती है—"माँ-बेटे सधते नहीं उससे/और उन्हें साधने की/अनवरत-सी साधना में/उसके आ जाते हैं आँसू।" आगे भी—"पहली विफलता पर छलके ये आँसू ही/हैं शायद प्रथमाक्षर/सृष्टि की विकास-कथा का।'

स्त्रीमुक्ति के हर तरह के शोर के बावजूद स्त्रियों के हिस्से में इतना विलाप क्यों है—यह सादा सवाल **सविता सिंह** की कविता का एजेंडा भर नहीं है—वह स्त्रियों की दुनिया की जटिलताओं, गुत्थियों को प्रकट करता है। रोती-विलाप करती स्त्रियाँ सविता सिंह के यहाँ बहुत हैं—वह सहानुभूति के लिए नहीं, एक अभिजात वर्ग पर चोट करने की-सी बेचैन कसमसाहट है।

"क्यों बाकी लोगों की तरह नींद में/सोती नहीं औरतें/वे रोती हैं/रात के अन्तिम पहर की नींद के गलियारे में/उनके लिए नींद नहीं होती, रुदन होता है।" **(नींद में रुदन)** दूसरी कविताओं में भी—ऐसे ही सन्दर्भ हैं—जिन्हें ख़बर बनने से पहले छिपा लिया जाता है। "रात में नींद है स्त्री/दिन में सौन्दर्य/नींद में जागती है रात/इस रात में देखती है स्त्री/आदिम अनुभूतियों पर थिरकते/अपने होने के कामुक स्वप्न।" इसी क्रम में आगे एक यह सामूहिक बिम्ब—विलाप करती स्त्रियों का—जो गठरी बनी बैठी हैं।

सविता सिंह के लिए स्त्री होने का संकट दूर से देखा जाने वाला दृश्य नहीं है—एक अनिवार्य साथीपन का एहसास है। स्त्री होने का संकट यहाँ आधुनिक होने का बोध नहीं है, न आदिम होने की विडम्बना, बल्कि एक संश्लिष्ट काव्यानुभव है। यहाँ 'विश्व स्त्रियों' के नाम संबोधन भी है—उनके जीवन की अँधेरी खोह में उतरने की कशिश भी और वहाँ तक जाने की पहल—जहाँ 'थोड़ी भी रोशनी' बची होगी तो उम्मीद व्यर्थ नहीं हो जाएगी। पूर्वजन्म में अपने को शेष स्त्रियों के साथ पाने-खोजने की बेचैनी सविता सिंह को कविता के दूसरे ठिकानों तक भी ले जाती है। 'नाच' पर दो कविताएँ **सविता सिंह** को वहाँ ले जाती हैं, जहाँ विश्व बाज़ार या मंडी का लीलाविनोद है। फैशन विज्ञापन मॉडलिंग की दुनिया में अँधाधुंध रोशनी बरस रही है। कहना कठिन है कि यहाँ गुम है तो क्या !

"हज़ारों रंगों में बदल सकती हैं लिपिस्टिक नेलपॉलिश बनकर/परफ़्यूम की गन्ध बन फैलती हैं/दसों दिशाओं में/अबाध हैं वे इन्हें कुछ भी नहीं बाँध सकता/विश्व बाज़ार में वही तो हैं सब कुछ अब/शायद बहुत पहले तय कर चुका था बाज़ार। इन लड़कियों की नियति।" यहाँ नाच रोचक या रंजक ही नहीं है क्रूर विनाश की-सी घड़ी की ख़बर भी है।

कात्यायनी, निर्मला गर्ग, अनीता वर्मा, वन्दना केंगरानी की दुनिया से अलग **गगन गिल** की दुनिया। उनसे भी अलग **तेजी ग्रोवर** की दुनिया। **अनीता वर्मा** की कविताओं में पूर्णता या निर्मिति चकित करनेवाली है पर वहीं शक भी पैदा करती है। न भूलें, कि हमारे कई वरिष्ठ कवि भी इस पूर्णता की ग्रन्थि के शिकार हैं। **कात्यायनी** जान-बूझकर अपने नए संग्रह को 'जादू नहीं, कविता' नाम देती है। कात्यायनी के यहाँ कविता रणक्षेत्र है तो **निर्मला गर्ग** के लिए अंशतः अवधारणात्मक या विचारप्रधान ! इनसे भिन्न **गगन गिल** का विषाद आध्यात्मिक न होकर भी, विराग में विषाद-प्रेम का-सा अनुभव जान पड़ता है। वह अबूझ और अगम्य है। इस रहस्याभास को महज़ काव्याभास कहना शायद ग़लत हो पर संभ्रम की-सी एकसूत्रता कवि-कर्म को कभी-कभी उबाऊ बना सकती है। **तेजी ग्रोवर** की काव्य पंक्ति एक हद तक रहस्यात्मक कविता को कुछ ऐसी पहचान दे सकती है कि हम कविता को एक क्षणभर का उपक्रम मानें और कहें : "यह दूरी कभी धुलकर श्वेत भी हो जाया करती थी/और हम उसे कुछ क्षण के लिए कविता कह लेते थे।" गगन गिल की कविता **'तुम कहोगी, रात'** रहस्यात्मकता के बाद भी एक गहरा आत्म संवाद है :

"तुम कहोगे, रात
और बनने लगेगा
आप-ही-आप
रेत में एक घर

तुम कहोगे, दिन
और उघड़ जाएगी यह देह
जरा की
कुतरी हुई"

गगन गिल ने **'परमगुरु'** को भी सम्बोधित किया है जिससे **नानक** की वाणी का भी तार जुड़ा है। शेख़ फ़रीद कहते हैं "तन न तपाइ **तनूर** जिउ, बालणु हड्ड न बाल/सिरि पैरी किआ फेड़िया अंदरि पिरी निहालि।" ध्वन्यार्थ यह कि असमय विराग आत्मदमन या आत्मदाह है। प्रिय को भीतर ही देखना हो तो मुक्ति के मार्ग कई हैं। विडम्बना यह है कि लेखिकाएँ कहानी उपन्यास में जितनी मुक्त हैं, कवयित्रियाँ कविता के अपने ही अनुशासन में क़ैद हैं।

नीलेश रघुवंशी कात्यायनी के साथ अकेली हैं जिन्हें गुजरात की त्रासदी चिन्तित करती है। 'खुली हवा में' कविता इस अर्थ में स्त्रीमुक्ति का घोषणापत्र है—एक ओर पाबन्दियाँ हैं और बर्बर सम्प्रदायवाद के फ़तवे :

लाल सेब और चेरी-सी सुर्ख़ लड़कियाँ
हुईं दहशतगर्द जेहादियों की गोलियों का शिकार
सरेआम की गई हवाले मौत के

दूसरी ओर इच्छाशक्ति और प्रतिरोध : "खुली हवा में साँस लेना चाहती थीं लड़कियाँ !" **'सुन्दरियो'** शीर्षक कविता में एक बदले हुए सौन्दर्यबोध के साथ संघर्ष में ही सौन्दर्य देखने की उद्दाम आकांक्षा :

सुन्दरियो
तुम ऐसा करके तो देखो
बदल जाएगी ये दुनिया सारी

'दिखते हैं अब' कविता सीधे गुजरात के दंगों के सन्दर्भ में लिखी गई कविता है। एक ओर हिन्दू भद्र वर्ग के ही दंगाई हैं—सईदा को पकड़ते, पेट फाड़कर उसमें जलते चीथड़े भरते, माथे पर 'ओइम' या 'ऊँ' अंकित करने, दूसरी ओर अघाते खाते-पीते मध्यवर्ग की खुशहाल औरतें हैं विध्वंस या सफ़ाए के बाद लूट का माल चुनते इकट्ठा करते ! 'शहर के संग जल रही थीं जब तुम'/आईं भले घर की स्त्रियाँ और जी भरकर लूटीं उन्होंने दुकानें/वे साड़ी और सिन्दूर में थीं और तुम बुरके में ! **मुक्तिबोध** की **सभ्यता-समीक्षा** में मध्यवर्ग में **'लुम्पेन'** और **'सुविधाभोगी'** होने के सब ख़तरे यों ही नहीं बताए गए हैं। वर्गान्तरण या व्यक्तित्वांतरण एक जटिल प्रक्रिया है। उसे साधने के लिए

क्रान्तिकारी तेवर ही काफ़ी नहीं है, प्रतिरोध का साहस और जीवट भी ज़रूरी है।

ब्राड्स्की ने रूसी कविता पर लिखते हुए उन कवियों को महत्त्वपूर्ण माना है जिनकी कविताएँ प्रायः एक विशेष ध्वनि से शुरू होती है—ऐसी ध्वनि जो कविता के व्याकरण विन्यास और शिल्प को तो प्रभावित करती है—सम्बोध्य को भी कविता में पूरी सजीवता में उपस्थित करती है। क्या हम ऐसा किसी अपने समय की कवयित्री के लिए कह सकते हैं। जैसे मीरा या सुभद्रा कुमारी चौहान के लिए सम्भव था ! यह सम्भावना शायद कवयित्रियों में प्रकृति भेद के लिए जाँच का विषय बन सकती है। एक और पहचान कविता में स्त्री की उपस्थिति जाँचने के लिए सहायक है—भाषा, भाषा का लचीलापन। इसी अर्थ में कहा गया है जैसे कपड़ों का इस्तेमाल करते हैं, वैसे ही भाषा का न करें। भाषा थोड़ी भी बनावट सह नहीं पाती है। नेरुदा जब अपने को **'अशुद्ध कविता'** का कवि कह रहे थे तो इसी बनावट या छद्म काव्यात्मकता के विरुद्ध ! वे सतह के नीचे पृथ्वी की त्वचा के कवि कहे गए हैं। अनामिका और नीलेश रघुवंशी के यहाँ कविता इसी 'बोलचाल' 'बतकही' 'आत्मसंवाद' 'कहासुनी' के निकट पहुँच पाती है। कविता का 'वाचिक' बड़ा महत्त्वपूर्ण है। वह 'मौन' को इतना 'मधुमय' तो न बनाए कि फिर कविता में संवाद के लिए गुंजाइश ही न रहे। बल्कि कविता तो इस दौर में ख़बर भी है। स्त्रियाँ पत्रकारिता के क्षेत्र में बड़ा काम कर रही हैं। वे खबरें दे रही हैं। कविता को भी इससे गुरेज़ क्यों। मराठी कवि दिलीप चित्रे से असहमत होते हुए **रघुवीर सहाय** ने लिखा था—''कविता लिखने में जरूरी है कि कवि खुद एक घटनाक्रम बनाए, असलियत को इस तरह घटते हुए देखे जिस तरह घटने से एक नई असलियत बनकर सामने आएगी। यह नई असलियत ही कविता है।'' कविता के क्षेत्र में असलियत लानेवाली कवयित्रियाँ एक नई भाषा बना सकेंगी—और रघुवीर सहाय के लिए अधूरे रहे विषयों पर भी लिख सकेंगी, ऐसी उम्मीद इसी स्त्री-कविता परिदृश्य को देखकर बन सकती है।

आज के काव्य-परिदृश्य में **स्त्री की उपस्थिति** दोनों रूपों में महत्त्वपूर्ण है—स्त्री—जिसके बारे में लिखा जा रहा है और स्त्री—जो लिख रही है ! अमरीकी कवयित्री ऐन सेक्सटन ने जब कहा होगा—**''औरतें समय को शरीर से जानती हैं, इस अर्थ में वे घड़ियाँ हैं !''** तो कितना स्वानुभव के चलते कहा होगा और कितना युवा कवि अनिल त्रिपाठी की तरह 'एक स्त्री का रोज़नामचा' कहा नहीं जा सकता। सच तो यह कि वे 'पिरान्डेलो' जैसा आत्मकथात्मक नाटक पढ़ रही थीं और अपनी भूमिका को बदल-बदलकर देख रही थीं। रिचर्ड्स को एक सानेट की व्याख्या करते टेलीविज़न पर ऐन सेक्सटन ने देखा था, तो ध्यान कविता के **वाक्य विन्यास** पर गया। तभी यह कहना भी जरूरी है—**कान आत्मा के क़रीब रखो और जैसे कवयित्री यही बता रही हो कि अच्छी कविता अपने को सुनने के धैर्य से बनती है'**—अतर्क्य और अतिरिक्त वाग्जाल से नहीं। कुछ कवयित्रियों के यहाँ भी अधिक कहने की हड़बड़ी ज़्यादा है। उनके यहाँ लम्बे वाक्यविन्यास में विराम (जो केवल चिह्न नहीं है) नहीं है।

युवा कवयित्री **कात्यायनी** के संग्रह **'इस पौरुषपूर्ण समय में'** में एक पूरी शृंखला 'सहिष्णु आदमी की कविता' 'बूढ़े आदमी की कविता', 'अनिद्रा के रोगी की कविता', 'आलोचक की कविता' लगभग निरर्थक हो गई है जबकि वहीं 'एक ढलती नदी का सच'—जैसी अधिक अर्थवान कविता है। आलोचक प्रासंगिक है—वह हो, न हो, कवि के पास एक आत्म-आलोचना स्वभाव ज़रूरी है। तब कविता के साथ जादू भी ग़ैरज़रूरी न होगा। **'नाउम्मीद हो जाना'** कविता की अर्थमयता के लिए कविता के बाहर कुछ भी जानना ज़रूरी नहीं है। यह भी कात्यायनी ही लिख पा रही हैं—"संगीत छन रहा हो/अँधेरे की जाली से/रोशनी के मानिन्द/राग तुम हो जाओ विराग/संगति को रहने दो निर्लिप्त/पोर-पोर से मैं जानना चाहता हूँ/जगाने का आनन्द !" **"एक भूतपूर्व नगरवधू की दुर्गपति से प्रार्थना'** विस्तार में भी एक अधिक मार्मिक आत्मगाथा है। वह जितनी दूसरों की है, हर स्त्री की अपनी भी है।

याद करें, **मारीना त्स्वेताएवा** आज से अस्सी-पचासी साल पहले अपना प्रेम अपना व्यतीत इस शब्दावली में लिख पा रही थीं—**"अब ईश्वर न ही पहले की तरह उदार/**न ही वे नदियाँ उन तटों पर/साँझ के विशाल द्वारों पर/चली आओ ओ ख़ूबसूरत फ़ाख़्ताओ/मैं ठंडी रेत पर लेटी/चल दूँगी बिना गिनती, बिना नाम के उस दिन.../जिस तरह पुरानी छोड़ देता है साँप केंचुल/मैं छोड़ आयी हूँ पीछे अपना यौवन !" ब्राड्स्की ने मारीना त्स्वेताएवा को ही गद्य-कविता का प्रतिमान बताया है। कम-से-कम शब्द—और सबके सब अचूक ! न्यूनतम !

भ्रम हो सकता है कि अभी-अभी प्रकाशित 'गगन गिल' के चौथे कविता संग्रह **'थपक थपक दिल थपक थपक'** में एक अपने ढंग के राग-विराग को लिखने वाली कवयित्री ने सिर्फ़ खेल या कौतुक रचा है—यह जताने के लिए कि कुछ भी कविता के रूप में चल सकता है, पर भूमिका में 'हेक' ओर 'हूक' देखकर और **छन्द-स्वच्छन्द** के खेल को **बाबा फ़रीद, बुल्लेशाह, सुल्तान बाहू, हरिभजन सिंह** से जोड़ने की अर्थात् भाषा की आँचलिकता की थाह लेने की भीतरी कोशिश ने कविता से स्त्री-निजता की असीमित छूट ली है, गगन के प्रिय काव्य-पद **'अँधेरे में बुद्ध'** को नई अनुगूँजों के रूप में पढ़ा जा सकता है। यह 'एलीट' का प्रदर्शन न होकर **स्त्रीपन** की वह **चीख़** है जिसे कबीर ही जानते थे—"सब रंग तंत रबाब-तन विरह बजावै नित्त/और न कोई सुनि सकै कै साईं कै चित्त"। जब भक्ति कविता ही 'नवजागरण' के रूप में पढ़ी जा रही हो और दूसरे नवजागरण को पुनर्जागरण कहा जा रहा हो, तो **अक्का महादेवी** और **बहिना बाई** से गगन गिल के अनोखे मायावी खेल को जोड़कर देखा जा सकता है। कवि के शब्द ही इस 'स्त्री प्रकृति' को उस बड़ी परम्परा से जोड़ सकते हैं जिसमें **अक्का महादेवी** और **बुल्लेशाह** को याद करना स्वाभाविक हो। अक्का महादेवी का नाम नहीं लिया गया पर मुझे अनजाने यहाँ **बहिना बाई जना बाई** को याद करना जरूरी लग रहा है। भूमिका में कहा गया है—"इस हेक और हूक ने मेरी पंजाबी मिट्टी को कुछ इस तरह से साना और गूँथा है, कि मैं अपनों की, अपने संस्कार के कवियों की डार में आन मिली

हूँ।...ये कविताएँ मेरा और मैं इनका आविष्कार हूँ। जैसे कभी मिट्टी बर्तन बन जाए और कभी मिट्टी। भाषा और छन्द में जीने में अब कोई बेगानापन नहीं रहा, कोई बेलागपन भी नहीं। जैसे एक भाषा से विदा की गई बेटी दूसरी भाषा के अपने घर में पहुँच गई हो।"

लिखियो जी सब सच लिखियो जी
...
भेजियो जी बिन पते भेजियो जी
लिखी पहुँचेगी जरूर एक दिन भेजियो जी

आखिर, एक सन्त कवयित्री ने ही अपने गुरु से कहा था, निर्वसन होकर—**कि फल पक जाने पर छिलके उतार देता है।** यहाँ भाषा निर्वसन है अपनी निरुपाय सादगी में। सम्भव है यहाँ गगन एकदम अकेली दिखें—परम्परा के रूप में पहचान **अनामिका, नीलेश रघुवंशी और सविता सिंह** की ही बने और उसका जुझारूपन ही उत्तर-गुजरात के समय में नई धार से हमें परिचित करा सके, और आगे एक लड़ती-खटती स्त्री का रोज़नामचा बन सके पर—पर कवि को यह अकेलापन और उसका जोखिम चुनने की छूट है। नीलेश की कविता श्रृंखला 'पहली रुलाई तक की डायरी' को ही, आज की स्त्री कविता का सच्चा, प्रामाणिक, अंतरंग और सामाजिक दस्तावेज़ माना जा सकता है। न भूलें कि स्त्री विमर्श की सबसे महत्त्वपूर्ण कविता किसी कवयित्री ने नहीं, आलोकधन्वा ने लिखी है और ये पंक्तियाँ भुलाई न जा सकेंगी : 'वे माताएँ थीं / उनके भी नौ महीने थे / किसी व्हेल के भीतर नहीं—पूरी दुनिया में / पूरी दुनिया के नौ महीने !' (दुनिया ऐसे ही बनती है : 'ब्रूनो की बेटियाँ' कविता से)।

अन्धधार्मिकता और बर्बर साम्प्रदायिक फासीवाद के इस दौर में याद आता है—ऐन सेक्सटन का अंतरंग अध्यात्म, जो उन्हें एक कवि से अधिक उपन्यास की भाषा देता है—कविता का ईश्वर और प्रेम अभिन्न हो उठते हैं। 'इन द डीप म्यूजियम' कविता में सेक्सटन उस अचेतन प्रक्रिया का बयान करती हैं जब एक विनम्र मरण प्रेम का पर्याय हो उठता है। मरियम के होंठ उनके होठों को छू रहे होते हैं और यह अनुभव महज दैहिक नहीं होता। आखिर कविता और स्त्री कविता को भी रोज़नामचे से कुछ अधिक होना है। टोनी मारीसन को पता है कि यौनिकता पर लिखना उतना ही कठिन और त्रासद है जितना विस्थापन पर। स्त्री कविता के परिप्रेक्ष्य में एक दिन थेर-थेरी गाथाओं के साथ महादेवी का पुनःपाठ जरूरी हो सकता है।

कुछ ज़माने की कहो

अभी चलते-चलते बड़ौदा से कूरियर के जरिए भेजा गया किन्हीं क्रान्ति का जो पैकेट मिला, वह उन्हीं का किया उन्नीसवीं शताब्दी की अपने ढंग की, अकेली अमेरिकी कवयित्री **एमिली डिकिन्सन** का हिन्दी अनुवाद था। और कविताएँ जैसे घर-पड़ोस की हों। उसी शाम दिल्ली के लिए निकल रहा था। एमिली के बारे में प्रसिद्ध है कि जीवनकाल में उनकी सिर्फ छह कविताएँ प्रकाशित हुईं। अब जबकि उनकी हजार-डेढ़ हजार से अधिक कविताएँ एक सम्पूर्ण संग्रह में हैं और उनसे अलग पत्रों-डायरियों के बड़े-बड़े खंड भी हैं, तो उनके अकेलेपन का लैण्डस्केप भी उतना इकहरा नहीं लगता, जितना कभी छह कविताओं के आधार पर लगा होगा। अब हिन्दी में एमिली की कविताओं के कई अनुवाद मौजूद हैं। **चन्द्रबली सिंह** का और **वंशी महेश्वरी** के सम्पादन में 'तनाव' का भी एक अंक एमिली पर ही केन्द्रित है। अजब है कि आज और अभी लिखी जा रही हिन्दी कविता के संकट पर विचार करने के लिए एमिली-प्रसंग का उल्लेख जरूरी लग रहा है। सिर्फ इसलिए कि बहुत सीमित लगने वाली एमिली की **अकेली** और उदास दुनिया में भी एक तरह का **वैविध्य** है, घरेलू जीवन की **खटरपटर** का भी एक भीतरी **उजास** है, जो जीवन के गहरे सान्निध्य के बगैर असम्भव है।

तब से हम एक शताब्दी से अधिक की कालावधि पार कर चुके हैं। इक्कीसवीं सदी के आरम्भ में हैं। हिन्दी कविता में ही **निराला, मुक्तिबोध, नागार्जुन, त्रिलोचन** हैं और पहले देखें तो **कबीर** और **मीरा** भी हैं जो आज तक नए पाठ और विमर्श के विषय बने हुए हैं। इस स्मृति के साथ अचानक हिन्दी में लिखी जा रही आज की कविता पर नजर डालें तो जैसे भविष्य की कल्पना कठिन है। आज दृश्य पर है, कल नहीं है। दशक से भी कम आयु वाली कविता। संकट यहाँ है। सबसे पहले अतिसामान्य एकरूपता का ही संकट है। युवाओं की पहचान को रेखांकित करने के लिए कुछ पत्रों ने विशेष अंक निकाले हैं। उन्हें प्रमाण न भी मानें तो उपन्यास के क्षेत्र में खोज के लिए उत्सुक और सजग जो साहसपूर्ण नवीनता दिखाई दे रही है, कविता में विरल है। **कविता में जैसे हड़बड़ी है**। आसान लगने वाला **दुहराव** है। वर्गान्तरण की लिप्सा या वर्ग के अंतिक्रमण की घोषणा जितनी भी हो, कामचलाऊ मध्यवर्गीय आसानी और काम चलाऊपन का **रूपवाद,** बल्कि **रीतिवाद** है। यों तो कुछेक वरिष्ठ कवियों के यहाँ भी हर साल आने वाले संग्रहों के बावजूद एक ही ढंग की **आत्ममुग्धता** से प्रेरित काव्यरीति है। वैसी ही जैसी युवाओं-किशोरों में होती है। **'स्वप्न'** और **'विस्मय'** बड़ी चीजें हैं पर उनकी भी **'रीति'** बनते देर नहीं लगती। वहाँ तो अपने

समय के 'हादसे' की भी परिणति सरल किस्म के दुहराए जाने वाले अभ्यास में है। **मंगलेश डबराल, विष्णुनागर, देवीप्रसाद मिश्र** की कविताओं को छोड़ दें, तो बहुतों के यहाँ सहानुभूति का भी ढंग दयनीय लगने वाला है। एक बड़े हादसे के बाद जीवन के जो चित्र छूट जाते हैं—**चूल्हा, धुआँ, पतीली, सिलाई की मशीन...**ये चीजें भी रात के अँधेरे में **चमकती हैं** और **दहशत** पैदा करती हैं। अखबारी कतरनों में जो सूचनाएँ बिखरी हैं, उनसे अलग भी त्रासद अनुभव का हिस्सा बनती हैं। अब अभ्यास की जड़ता ऐसी है, जैसे **'देखना'** ही सीमित हो गया है। **'सुनने'** का चलन ही नहीं है। तत्काल प्रकाशित होने की सुविधा है। लोकार्पण है। छोटे-बड़े पुरस्कार हैं। मित्र सम्वाददाता हैं। अँधेरे पर लिख रहे हैं और आसपास रोशनी ही रोशनी है।

अभी किसी ने इस यादगार काव्य पंक्तियों को याद किया है—'जीवन और मृत्यु' पर/एक ठण्डी निगाह डालो/और घुड़सवार/गुजर जाओ।' घुड़सवार की अर्थ व्यंजना कहाँ तक जाती है ! 'घोड़े' ही हैं जो हुसेन के चित्रों में हैं, पर सब क्या एक ही हैं ! अनुकृतियाँ/छायाभास/या ठोस, प्रत्यक्ष, सजीव, मांसल। यहाँ कविता भी अपनी प्रतिरोधी चेतना के साथ अन्ततः कलाकृति है। और इधर कविताएँ हैं कि इन्तज़ार नहीं करतीं और अपने को दुहरा रही हैं। छलाँग लगाने के लिए कविता कुछ लोकोत्तर की ओर ही नहीं जाती। **'टेबुल की यातना'** और **'झाडू की उदासी'** की ओर भी जाती है। याद करें **सुभाष मुखोपाध्याय** की **'जाता हूँ'** जैसी कविता। यह विस्तार स्फीति भर नहीं है। आसानी के लिए स्फीति नहीं। हमारे यहाँ स्वचालित लेखन की-सी आसानी है।

अन्त में इस समय लिखी जा रही **गद्य-सरीखी कविता** का **संकट** कहाँ है ! क्या मात्रिक छन्द की प्रकृति में, क्या कविता के गद्य होने में, क्या संगीत या गेयता से वंचित होने में ! **रघुवीर सहाय** की कविता उदाहरण है कि **कविता का संकट** गद्य होने में नहीं है, **खराब गद्य** होने में है। सच्चाई यह है कि अच्छा गद्य ही अच्छी कविता का नियामक है। काव्यतत्त्व इस न्याय से असम्भव नहीं कि कविता से अधिक उपन्यास में दिखे। 'तिरोहित' तो इधर का ही उपन्यास है और जीवन विनोद के लिए या एक तरह के काव्यविनोद के लिए नया स्पेस रचता है। दूसरी ओर इधर कविता में ऐसा साहसपूर्ण विनोद कम दिखाई देगा जो कोने-अँतरे में छिपी त्रासदी के चिन्ह भी दिखाए।

हमने शुरू में एमिली डिकिन्सन की कविता की प्रकृति की ओर इशारा किया है। सारे विन्यास और व्याकरण को तोड़कर एक वह प्रगीततत्त्व भी जन्म लेता है जो सम्पूर्णता में अकेलेपन की महागाथा बनता है। अकेलेपन की अन्धी सुरंग ही नहीं होती, उसका अपना धूसर आकाश भी होता है। उदासी और दुख भी गाथा या वृत्तांत बनाते हैं। आश्चर्य नहीं कि एमिली के एक अध्येता ने घरेलू अन्तरंगता की **'पॉलिटिक्स'** और **'पोएटिक्स'** को एक साथ विचारणीय बताया है। क्या यह हमारे समय की कविता के संकट को समझने में सहायक हो सकता है ? कवि की कार्यशाला में भी इन सवालों पर बहस या जिरह चलनी चाहिए। कभी अपने से भी, कभी दूसरों से भी। फ़िराक़ ने ऐसे ही क्षणों में कहा होगा—'कुछ 'फ़िराक़' अपनी सुनाओ, कुछ ज़माने की कहो।'

साहसपूर्ण कल्पना की क्षति

यह सिर्फ संयोग नहीं कि अपने समय की कविता पर विचार करते-करते मुझे जर्मन कवि-नाटककार **बर्तोल्त ब्रेख्त की डायरी** याद आई जिसके कुछ टुकड़े मेरी अपनी डायरी में आ गए हैं और गाहे-बगाहे मेरे लिए एक तरह की चेतावनी बनते हैं। जैसे : 'मेरे विचार सिर्फ़ मेरे दिमाग से निकलते हैं जबकि मुझे अपने हाथों का भी इस्तेमाल करना चाहिए'/'मैं महसूस करता हूँ कि क्रियाओं के इस्तेमाल में मैं सक्षम नहीं, जबकि क्रियाएँ नाटक की बुनियाद हैं'/'मेरे इर्द-गिर्द हवा की कोई साँस बाकी नहीं है—दाँत के दर्द से तकलीफ में हूँ और चौथी बार एक खराब नाटक लिख रहा हूँ'/**'बहुत सारी चीजें रूढ़ हो गई हैं, उनकी चमड़ी मोटी हो गई है** और **शब्द हैं कि उन पर सुरक्षाप्रियता का लेप चढ़ गया है'**/'शब्द लालची होते हैं—व्यर्थ, सज्जात्मक, कभी अपराजेय तो कभी अश्लील'/'सच तो यह है कि मैं बहुत सारी चीजों को लेकर कभी ठंडा कभी सनकी हो सकता हूँ। मैं बहुत सारी चीजों को धूल में खींच लेता हूँ और उनसे बड़ी-बड़ी अपेक्षाएँ करता हूँ'/या 'चीजें बहुत उलझ गई हैं, सब एक दूसरे से गुँथी गड्डमड्ड, वे साथ-साथ नहीं आतीं, बल्कि हर अनुमानित दिशा से भाग निकलती हैं।'

हमारे यहाँ विशेष रूप से विश्वविद्यालयों का माहौल पहली नजर में ही साहित्य विरोधी लगता है। उदासीनता के साथ क्रूर बेपरवाही लिए हुए। रचना, रचना-प्रक्रिया के प्रति उत्सुकताविहीन। अविनम्र। ऐसी दुनिया में कविता जिस तरह पढ़ाई जाती है उसे एक प्रकार की हिंसा मानना चाहिए। कुछ अपवाद जरूर हैं। पर विरल। शायद वे ही ऐसी हद तक विश्वविद्यालयों के भीतर और बाहर कविता और उसके पाठ की नई सम्भावना को एक हद तक बचाने के लिए प्रयत्नशील होते हैं। उन्हें छोड़ दें, तो यह एक ऐसी ठस दुनिया है जिसमें यह बता पाना भी मुश्किल है कि कविता महज गहनता या गम्भीरता से सम्भव नहीं होती, विस्फोट, तोड़फोड़, व्यंग्य-विनोद, क्रीड़ा भाव से भी अर्थवान बनती है। प्रसंगवश **रघुवीर सहाय** की कविता को देखें जिसमें **बनाना** उतना ही महत्त्वपूर्ण है जितना **तोड़ना**। **करुणा** का पक्ष उतना ही महत्त्वपूर्ण है, जितना **आत्मव्यंग्य** और **विडम्बना**। यहाँ क्षुद्र-उदात्त, असाधारण-साधारण, यथार्थ-अयथार्थ सब साथ हैं।

यह महज दिलचस्प नहीं है कि रघुवीर सहाय ने 'आत्महत्या के विरुद्ध' (1967) जैसे जोखिम भरे, वैविध्यपूर्ण और विस्फोटक संग्रह में **पत्रकारिता**.के-से **गद्य** का ही इस्तेमाल नहीं किया है, कविता में **संगीत** की भी खोज की है और **'साँस की लय'**-जैसा सवाल भी उठाया है और सबसे अधिक भद्रवर्गीय काव्याभिरुचि पर सीधी चोट की है। हमारे यहाँ

कभी **विष्णु खरे**, कभी **अष्टभुजा शुक्ल**, कभी **संजय चतुर्वेदी** जैसा कवि इस तरह का साहस करे तो करे, अन्यथा कविता एक ही रीति या पगडंडी पर चलने में आसानी का अनुभव करती है। रघुवीर सहाय सहित ये कवि छन्द की जानकारी से वंचित नहीं हैं, पर गद्य की ताकत भी खूब पहचानते हैं। जो सीधे-सीधे कविता से छन्द की माँग कर रहे हैं और छन्द की वापसी को पुराने अर्थ में ही एकमात्र विकल्प मान रहे हैं, उन्हें यह बात हैरत में डालेगी कि जिस कविता 'मैदान में' की स्वर लिपि भी 'आत्महत्या के विरुद्ध' संग्रह के आखिरी पृष्ठ पर दी गई है—कि वक्त जरूरत पढ़ी ही नहीं, गाई भी जा सके—वह कविता के रूप में अलग पढ़ने की चीज है—**'अँधेरा यहाँ/अँधेरा नहीं** है/एक खास तरह का चाँदना है/और न तू गोरी है/तू/एक/लुनाई है काले/सिर्फ तेरे केश हैं/सूने मैदान में हम नहीं हैं/सिर्फ एक दिशा है/और गति है/और जिसमें ठिठके खड़े थे हम वह क्षण था/इसके बाद रोशनियाँ शहर की दिखाई देंगी।' सीधे सरल पाठकों को कविता का यह संगीत भी थोड़ा अटपटा लगेगा। और जो अर्थ तक तुरन्त पहुँचना चाहते हैं, उन्हें भी मुश्किल होगी।

निराला ने जब कहा होगा कि **कविता से जो सीधे-सीधे अर्थ की माँग करता** है वह **बेवकूफ** है, तो उनका मकसद भिन्न न रहा होगा। 'बहुवचन' के तीन अंकों में क्रमशः प्रकाशित अपने लम्बे लेख में **मनोहरश्याम जोशी** ने लिखा है : 'यह सचमुच रघुवीर सहाय की धृष्टता ही थी कि वह हिन्दी में आधुनिक कविता के शुरुआती दौर में उत्तर आधुनिकों वाले खिलंदड़ तेवर अपना चुका होता। वह एक साथ **गम्भीर** और **खिलंदड़** दोनों हो सकता था—अपनी कृतियों में और अपने जीवन में।' जो सीधे सरल पाठक बदले हुए काव्य परिदृश्य से तालमेल नहीं बिठा पा रहे और भौंचक हैं या दम्भपूर्वक उदासीन, उनके लिए मनोहर श्याम जोशी का यह लम्बा लेख एक विचलित करनेवाला, पर जरूरी पाठ है। कहने को तो संस्मरण है पर जिस लगाव और तटस्थता से लिखा गया है वह रघुवीर सहाय का अब तक का सबसे महत्त्वपूर्ण मूल्यांकन है। जिस समय कभी सैद्धान्तिकी तो कभी आलोचना के नाम पर रागद्वेष प्रेरित हिसाब-किताब बराबर करनेवाले कुंठाग्रस्त लेखन का चलन है, उसी समय 'व्यक्तिगत' के दायरे में लिखा गया वह संस्मरण न सिर्फ आलोचना है बल्कि आलोचना को व्यक्तिगत स्पर्श के साथ नई ऊँचाई देने की कोशिश है। यह इस दृष्टि से भी महत्त्वपूर्ण और उल्लेखनीय है कि जीवनीपरक लेखन हमेशा चटखारे लेने के लिए नहीं होता, ज्यादा ठोस तरीके से कवि की दुनिया को समझने में सहायक होता है।

ब्रेख्त की डायरी से इस मूल्यांकन-प्रसंग को जोड़ें तो यह देखना सहज हो जाएगा कि हमारे समय का एक महत्त्वपूर्ण कवि सुरक्षाप्रिय शब्दों के विरुद्ध है, सलीके से इनकार करता है, आसानी से बचता है और प्रायः अनुभव कराता है कि चीजें उलझ गई हैं और अक्सर अनुमानित दिशा से भाग निकलती हैं। आज की कविता अगर एक जैसी पगडंडी पर चलती दिखाई देती है तो उसे यह भी दिखाई देना चाहिए कि क्यों यथास्थिति का निर्वाह या सलीका या परिष्कार भी कविता के रास्ते को अवरुद्ध या नई खोज से वंचित करनेवाला है। **साहसपूर्ण कल्पना** कविता के किसी भी दौर में नई सम्भावना है। कारण अनेक हैं कि ऐसी

कल्पना की क्षति हमारे समय की एक बड़ी दुर्घटना है। लगातार चर्चा में रहनेवाले कवियों को भी जाँचते रहना चाहिए कि मानवीय गरमाई का प्रमाण होने के अर्थ में हमारी कविता हाथ का काम है कि नहीं। कहीं वह एक तरह के यान्त्रिक रूपवाद या मैनरिज्म के अधीन तो नहीं होती जा रही है। **शमशेर** और **विनोद कुमार शुक्ल** को भी कभी साथ-साथ पढ़ेंगे तो ऐसे सवाल पूछते रहना जरूरी लगेगा। विनोद कुमार शुक्ल अगर छोटी सरल शिशुता के-से विस्मय से एक नया शिल्प विकसित कर रहे हैं, तो बेशक दीवार में एक नई खिड़की खुल रही है।

धूल से उठते हुए शब्द

एक कोई अदृश्य धागा जो एक विडम्बना-बहुल वृत्तान्त में अलग-अलग समय पर लिखी टिप्पणियों के बीच बचा रह गया है, मुझे सबसे अधिक चकित करनेवाला जान पड़ा, जब **केदारनाथ सिंह** की नई गद्य कृति **कब्रिस्तान में पंचायत** इस बार के दिल्ली प्रवास में मुझे पहले ही दिन देखने को मिली। उस दिन दिल्ली में इर्द-गिर्द धूल भरी आँधी थी—आसमान में छाये रेतीले कण—मौसम के इस रहस्य के बारे में अब विशेषज्ञ भी नहीं बताते। अजब है कि जब भी पडरौना-कुशीनगर से दिल्ली के अपने विस्थापन का जिक्र केदार इन टिप्पणियों में करते हैं तो वहाँ की धूल का जरूर ही एक विस्मय भरा बयान होता है। 'कब्रिस्तान में पंचायत' इसलिए भी पढ़ी जानी चाहिए कि यहाँ कवि का नया अनोखा गद्य ही विचारणीय नहीं है, वह मानसिक भूगोल भी दर्ज है, जो उनकी 'त्रिनिदाद' 'पाण्डुलिपियाँ' जैसी कितनी ही कविताओं का सुराग हमें दे सके। अखबार में अक्सर छपी टिप्पणियाँ भी ऐसा कर सकती हैं, यह किताब इस सम्भावना की ओर भी इशारा करती है।

'कब्रिस्तान में पंचायत' नाम ही कुशीनगर जैसे कस्बानुमा गाँव की एक घटना से सम्बन्धित है जब एक बार साम्प्रदायिक दंगे के बीच पंचायत के फैसले की जिम्मेदारी खुद लेखक पर आ पड़ी, क्योंकि कठिन तनाव की घड़ी में दो वर्गों या सम्प्रदायों ने जिसके फैसले पर पर्ची के जरिए यकीन जताया वह एक ही, अर्थात् लेखक का नाम था। दोनों का यकीन एक किसी नाम पर हो, यह एक अप्रत्याशित प्रसंग है। लेकिन इसके निहितार्थ गहरे हैं। सारे अविश्वास के बावजूद आखिर विश्वास का, उम्मीद और भरोसे का कोई अर्थ आज भी बचा रह गया है।

कॉलम-सरीखी टिप्पणी ही यह छूट देती है कि आप एक साथ ग्रीक कवि कबाफी, कचहरी में नीम तले बैठे वाक्यपदीयम् के भाष्यकार पंडित रघुनाथ शास्त्री, रूसी कवयित्री अन्ना अख्वातोमा, शिकागो और भदोही के कालीन व्यापार, कज्जाकों की दुनिया, कन्नड़ कवयित्री अक्का महोदवी, कन्नड़ के ही सन्त कवि अल्लामाप्रभु, विद्रोही कवि वसवन्ना, केरल के कुमारन आशान, तेलुगु के दलित कवि गुर्रम जाशुआ, धुर भोजपुरी क्षेत्र के लोक गायक और अभिनेता भिखारी ठाकुर, किसी अधूरे पुल के पूरे होने की अन्तहीन प्रतीक्षा, गन्ना किसानों के धीरज और जीवट, किन्हीं क्षेत्रों में उनकी आत्महत्याएँ, कविता की चुनौती, शब्द के बीच स्मृतियों की आवाजाही का वृत्तान्त बुन सकें। केदारनाथ सिंह ने 'कब्रिस्तान में पंचायत' में यही कर दिखाया है। कथा की तरह पढ़ें तो कथा, स्मृतिलेख की तरह पढ़ें तो संस्मरण, यानी वह सब यात्रा वृत्त, डायरी, गद्य में लिखी कविता—जो किसी

एक विधा में अँट न पाए।

प्रसंगवश यहाँ कितनी ही टिप्पणियों में कविताओं की ऐसी टीपें या स्मृति में अंकित हो जानेवाली उक्तियाँ हैं, जो पाठक को एक वृहत्तर अनुभव संसार में ले जाएँगी। जैसे, 'इस समय शहर में अगर कहीं कोई ताजगी है तो सिर्फ कब्रिस्तान की उस मिट्टी में जो अभी-अभी खोदी गई है' (अख्मातोवा) 'जबकि देह स्वयं एक भव्य मन्दिर है/जरूरत क्या है किसी दूसरे मन्दिर की' (अल्लामाप्रभु), 'हाय शिव ! आपने मुझे जन्म क्यों दिया/क्या आप मेरी जगह उगा नहीं सकते। कोई वृक्ष या झाड़ी' (वसवन्ना), 'मुझे बताओ क्या ब्राह्मण किसी लता के डंठल/या किसी बादल से जन्मा है/या जाति पाई जाती है किसी अस्थि मज्जा या रुधिर में/क्या बंध्या है किसी दलित स्त्री की देह/किसी ब्राह्मण के रेतस के प्रति ? (कुमारन आशान), 'इस देह के साथ/इस देश में जीना भयानक है/इन चांडाल देहों के लिए/एक चांडाल देश चाहिए।' (एक दलित कवि)। ऐसी अनेक पंक्तियाँ जहाँ आती हैं उनके आगे-पीछे अपने ढंग का एक अलग पाठ बनानेवाला विमर्श या वृत्तान्त होता है।

इसी 'कब्रिस्तान में पंचायत'-जैसी किताब में पुश्किन पर लिखते हुए राहुल को याद किया गया है, जिन्होंने भारतेन्दु और पुश्किन में समानता बताई थी। केदार पुश्किन की कविता 'वंशावली' का जिक्र करते हैं जिसमें अफ्रीकी और यूरोपीय रक्त की टक्कर है। पुश्किन की कविता में आए एक अनुभव—'उद्दण्डता हमारे रक्त में है/किसी के सामने झुकता नहीं हमारा माथा/पीटर के साथ बनती नहीं थी मेरे पितामह की/फाँसी पर लटकाया गया था उन्हें इसके लिए/स्वीकार की जाती थी कभी हमारे भी वजूद की सार्थकता/लेकिन मैं ! मैं तो हूँ टुटपुंजिया मामूली-सा'-का हवाला देते हुए केदार लिखते हैं—'यह टुटपुंजिया मामूली-सा वह युवक है जो हर चरण के अन्त में एक हल्के व्यंग्यात्मक घुमाव के साथ दुहराता जाता है और हर बार जैसे उससे एक नया अर्थ फूटता है।' इस कविता की बनावट से चलकर वे कविता के मर्म में प्रवेश करते हैं और 'हिन्दी के सुमनों के प्रति' शीर्षक निराला की कविता की इन पंक्तियों की याद दिलाते हैं—'ईर्ष्या कुछ नहीं मुझे यद्यपि मैं ही वसन्त का अग्रदूत/ब्राह्मण समाज में ज्यों अछूत/मैं रहा आज यदि पार्श्वच्छवि !' निराला की इस 'पार्श्वच्छवि' और पुश्किन के 'मामूली से टुटपुंजियापन' में केदार को एक रिश्ता जान पड़ता है।

यहीं सबसे अलग एक विशेष टिप्पणी बारहवीं सदी की महान कवयित्री अक्का महादेवी पर केन्द्रित है। इच्छा के विरुद्ध विवाह, राजमहल का परित्याग, पुरुष वर्चस्व को चुनौती—ऐसे प्रसंग हैं जो याद तो मीरा के जीवनवृत्त की भी दिला सकते हैं, पर अक्का का विद्रोह स्त्री विद्रोह की ऐसी दहला देने वाली घटना है—जिसका शायद ही कोई दूसरा उदाहरण इतिहास में दर्ज हो। कहते हैं, पुरुष-वर्चस्व को चुनौती देते हुए एक दिन अक्का महादेवी ने निर्वस्त्र रहने का विकल्प चुन लिया था। सम्भ्रान्त वर्ग की सुरुचि और शालीनता पर यह सीधी चोट थी। यहीं केदारनाथ सिंह जीवनीकारों के हवाले से अक्का और अल्लामा प्रभु के बीच के एक संवाद का उल्लेख करते हैं। यहाँ याद करें कि अक्का ने अपनी नग्नता को लम्बे-लम्बे केशों से छिपा लिया था। अल्लामा के प्रश्न—'तुम केश नामक वस्त्र से

अपनी देह की नग्नता छिपाकर आई हो, इससे देह का अपमान तो जाता नहीं !' पर अक्का का उत्तर था—'प्रभु फल पकने से पहले अपने छिलके को नहीं छोड़ता।' यहीं अक्का के 'केशाम्बरी' नाम की व्याख्या भी है कि यह एक तरह से अपनी देह को अपनी देह में छिपा लेने की कोशिश थी।

केदारनाथ सिंह बताते हैं कि कन्नड़ समाज में किस तरह वसवन्ना जैसे क्लासिक हो चुके कवि आज के कवियों-पाठकों को भी समकालीन जान पड़ते हैं। जैसे एक अर्थ में कबीर हमारे लिए। संकेत है कि कालजयी को भी इस अर्थ में समकालीनता प्रमाणित करनी पड़ती है। महान कृतियाँ इसका साक्ष्य होती हैं। कुमारन आशान की 'चांडाल भिक्षुणी' जैसी कविताएँ हमारे आज के समय में कहीं ज्यादा सार्थक जान पड़ेंगी। एक टिप्पणी 'सड़क पर घायल चिड़िया और भागती हुई भीड़' में केदार कविता या कला की चुनौती का जिक्र करते हैं। उनकी दृष्टि में कला के सामने सबसे बड़ी चुनौती यह है कि वह किसी तरह अपनी अन्तर्निहित लय को बचाए रखे और इस संवेदनशून्य समय की सारी त्वरा को अपने भीतर जज्ब भी कर ले। इसी तरह उनका मानना है कि शब्द मरते नहीं हैं, भूगोल के किसी सुदूर कोने में जाकर नया अर्थ, नया जन्म पाते हैं। मनुष्य का पुनर्जन्म होता हो या नहीं, शब्दों का जीवन चक्र ऐसे ही चलता है।

'कब्रिस्तान में पंचायत' की कई टिप्पणियाँ बताती हैं कि समय ही ऐसा है कि शहर तो शहर, हमारे गाँव भी सब कुछ भूलते जा रहे हैं—सुदूर अतीत ही नहीं, कल का पास-पड़ोस भी। जिस 'वाचिक' की समृद्ध परम्पराएँ थीं, वह 'वाचिक' भी जा रहा है और शोर, गहमागहमी, चमक-दमक के साथ इलैक्ट्रॉनिक मीडिया पूरे जीवन पर हावी है। कभी प्रेमचन्द, मैथिलीशरण गाँवों के स्मृतिलोक का हिस्सा रहे होंगे। आज गाँव और आज के लेखन के बीच जो ख़ौफनाक अन्तराल है, उसके लिए शायद दोनों ज़िम्मेदार होंगे। याद करें, रघुवीर सहाय की कविता 'लोग भूल गए हैं।' स्मृतियों का यह लोप किसी बड़े हादसे से कम नहीं है। इस कृति को पढ़ते हुए पाठक गहराई से अनुभव करेंगे कि शायद विस्थापन (डायस्पोरा) ही यहाँ मुख्य थीम है। दूसरे यह उस अर्थ में एक कवि का अनोखा गद्य है, जिसे ब्राड्स्की को याद करते हुए कह सकते हैं कि यही वह गद्य है जिसमें आसानी से पता नहीं चलता कि गद्य कविता से क्या लेता है और एक अच्छी कविता गद्य से क्या ताकत पाती है।

कोख से चिता तक यातना

ओ उब्बीरी कथाकार और संस्कृतिकर्मी मृणाल पाण्डे की अभी-अभी प्रकाशित महत्त्वपूर्ण पुस्तक है। आश्चर्य नहीं कि आरम्भ में उद्धृत ये पंक्तियाँ **थेरी गाथा** में संकलित बौद्ध भिक्षुणियों के मुक्तकों से चुनी गई हैं :

'ओ उब्बीरी, वन में कौन बिलख रहा है ?/ओ जीवा, प्यारी बेटी/होश में आ/इस कसाईघर में अनगिनत बेटियाँ/जो कभी तेरी ही तरह रूप यौवन सम्पन्न थीं, जलाई जा रही हैं/किस-किस के लिए बिलखेगी तू ?'

स्त्री-विमर्श के क्षेत्र में अपवाद-सरीखा यह स्त्री की यौनिकता के साथ लिपटे दुख-संघर्ष का ऐसा विचलित करनेवाला आख्यान है कि इसे लिखने के लिए एक दूसरी मृणाल पाण्डे को जन्म लेना पड़ा। रचना-प्रक्रिया अपने आप में एक ऐसी प्रजनन-प्रक्रिया है, जिसमें न अस्पताल आता है, न नर्स-डॉक्टर, न स्वैच्छिक संगठन। इसमें स्त्री-पुरुष और गर्भस्थ शिशु अर्थात् रचना एक ही अद्वितीय सृष्टि होती है।

इस कृति को एक ऐसे अनलिखे उपन्यास की तरह लिखा गया है जो आँकड़ों-तथ्यों के बावजूद यथार्थ से अधिक औपन्यासिक जान पड़ता है। जिन्होंने उनका उपन्यास 'अपनी गवाही' पढ़ा है, वे इसकी गवाही दे सकते हैं।

लोक संगीत, गवनहारिनों के गाये गीत इस दस्तावेज में ऐसे आते हैं कि वे हमारे अन्तस में उद्वेलन पैदा करें—एक टीस, एक अनकही पीड़ा, एक अशान्त कम्पन ! जैसे : 'धनिया जो तुम गोरी धना, पूत जनो/तुम्हें महलों में दूँगा बिठाय/वो तो मोहरे दूँगा लुटाय.../धनिया जो तुम गोरी धना, धीय जनो/तुम्हें महलों से दूँगा हटाय/तुम्हें पीहर दूँगा पहुँचाय !' परिवार है या नरकवास—कहना कठिन है। गौरतलब है कि सभी धर्म सन्तानोत्पत्ति का सकारात्मक सन्दर्भ हमेशा मातृत्व और पुत्रोत्पत्ति से ही जोड़ते हैं, स्त्री की सहज यौनेच्छा तथा पुत्रियों से नहीं।' और यौनेच्छा और सहवास का सुख भी पुरुषों के सन्दर्भ में ही रेखांकित किया जाता रहा है।' पारम्परिक साक्ष्य यह है कि पुरुष के 'वीर्य' की स्तुति में सैकड़ों स्तोत्र हैं जबकि हिन्दू धर्म में स्त्री के रजोधर्म को इन्द्र के शाप की दुखद उपज माना गया है।

मृणाल पाण्डे का यह अध्ययन नई दिल्ली, पश्चिम बंगाल, महाराष्ट्र, गुजरात, तमिलनाडु, मुम्बई, गढ़चिरौली और राजस्थान के स्वास्थ्य केन्द्रों और संगठनों के विस्तृत सर्वेक्षण पर आधारित है। मृणाल पाण्डे के अनुसार, 'जहाँ पूर्वजों ने 'कामसूत्र' और 'श्रृंगार लहरी' जैसे ग्रन्थ लिखे थे जो यौनेच्छा तथा यौनाचार का अकुंठ ब्यौरा देते हैं, उसी भारत

में यौन सम्बन्ध और लैंगिकता को लेकर स्त्री-पुरुषों से बात करना भी कठिन काम है। वे एक गन्दे काम के बारे में बात कैसे करें, वह भी विशेषज्ञों से। इस क्षेत्र में जो संस्कृतिकर्मी या स्वास्थ्यकर्मी साहस कर रहे हैं, उन पर अश्लील सामग्री को प्रकाशित करने का अभियोग अब भी कायम है। मालवा में देवी के सामने गाया जाने वाला गीत है—'ऐ माँ ! मैं तो सागर को दूर से निहारूँ/जाऊँ पास तो यह सूख जाये/गोद भरी सुहागन ताना मारे मुझको/तेरी छाया छुए सागर तो वह भी सूख जाये।'

इन दिनों भारत तेजी से एक औद्योगिक समाज का रूप ले रहा है। पच्चीस करोड़ लोगों का नया मध्यवर्ग स्वास्थ्य सेवाओं का सबसे बड़ा उपभोक्ता बन चुका है। गर्भनिरोधक नयी बीमारियों को जन्म दे रहे हैं और सूचना तकनीक कण्डोम को कामसूत्र बनाकर बेच रही हैं। ऐसे भी क्षेत्र हैं जहाँ नव-प्रसूता और प्रसव-पूर्व स्त्रियों की जाँच के लिए कक्षाएँ चलाई जा रही हैं और दूसरी ओर भ्रूण हत्या का सिलसिला लगातार जारी है। स्त्रियाँ जिन क्षेत्रों में आगे हैं, जैसे पुरुलिया, मालदह, उत्तरी दिनाजपुर, दक्षिण चौबीस परगना—वहाँ पुरुष यौन शिक्षा के लिए किशोर लड़कियों को भी भेज रहे हैं। पर यह अब भी अपवाद है। केरल, कर्नाटक, महाराष्ट्र में स्थितियाँ बदल रही हैं, पर पिछले दिनों पिछड़ों में भी पिछड़े उत्तर प्रदेश, उत्तरांचल, बिहार में स्त्री यातना का मानचित्र दहला देनेवाला है। यहाँ पुरुष अपने पुंसत्व की जाँच कराने में 'हेठी' समझते हैं। इसलिए सारी जाँच स्त्रियों की होती है। कॉपर टी, माला-डी के सारे प्रयोग औरतों पर किये जाते हैं। यौन संक्रामक रोगों की महामारी के लिए स्वास्थ्य मन्त्रालय की विश्वसनीयता पर कोई आँच नहीं आती।

एक अध्याय 'ईश्वर की ड्योढ़ी पर आह्लाद' में मराठी कवयित्री, चौदहवीं सदी की जना बाई के शब्द शुरू में दिए गए हैं—'जानी कहे/सुन मोरे स्वामी/तेरी ड्योढ़ी छूने को/बनी मैं कुलटा...।' लालबत्ती इलाके में मौजमस्ती के लिए जाने वाले पुरुष स्त्रियों को 'एड्स' जैसी बीमारी सौंपते हैं।

'देखो देखो इन कोखों का उजाड़' अध्याय एक तमिल कवयित्री की मार्मिक पंक्तियों से शुरू होता है—'पूछते हो तुम/कि कहाँ है तेरा बेटा ?/नहीं जानती मैं कहाँ होगा मेरा बेटा/पर जानती हूँ इतना कि वह कोख/ढोया था जिसने महीनों तक उसको/अब एक सूनी पथराई गुफा भर है/कभी रहता है जिसमें एक बाघ !' जिन गाँवों में सख्ती से नसबन्दी का अभियान चल रहा है उनमें स्त्रियाँ कहीं हँसती-खिलखिलाती मिलें तो भ्रम हो सकता है कि कहीं डायनों का बसेरा तो नहीं ! ये वे इलाके हैं जहाँ मादक द्रव्यों की लत है, शराबखोरी है और हिंसाचार आम बात है। वहाँ स्वास्थ्य और प्रजनन पर बात कैसे हो ! पुरुष हुकुम चलाते हैं, औरतें खटती हैं। ऐसे में 'संघम' का निर्माण ही एक परिघटना है। सड़कों पर बत्तियाँ नहीं। रात शुरू हो उससे पहले सो जाना है। पर जहाँ चिड़ियों का कोरस चल रहा हो, वहाँ उम्मीद तो की जा सकती है।

'ये है बाम्बे मेरी जां' अध्याय के शुरू में बॉलीवुड के ढंग पर फिल्मी गीत का टुकड़ा—'ऐ दिल, मुश्किल है/जीना यहाँ/जरा हटके जरा बचके/ये है बाम्बे मेरी जां !'' 'असंगतियाँ महानगर से कम नहीं है। अधिकतर चिकित्सक निजी क्षेत्रों में काम करते हैं।

हले नम्बर का फलता-फूलता व्यापार है—वह भी निजी, अनियन्त्रित। स्थ्य के मामले में धन की किल्लत बताई जा रही है। सीमित बजट में र्मियों को वेतन समय से मिले, यह गारंटी नहीं। उधर वेतन न सही, कर्मचारियों ज है और पैसा हड़प रही है। 'आरोग्य की राह पर' चलनेवाले 'सेहत' जैसे कार्यक्रम संगठन हैं। दहेज का चलन जानलेवा है। शराब की लत घरवालियों के पैसों पर निर्भर । न दें तो पिटें और अधमरी कर दी जाएँ। महिला आश्रम की संवासिनियाँ बलात्कार की शिकार हैं। उनका यौन उत्पीड़न संचालक और प्रबन्धक ही करते हैं। पर मुँह खोलें तो कहाँ जाएँ !

सन् 1981 में किन्हीं डॉक्टर बाँग की कलम से 'सर्च' शोध का आलेख प्रकाशित हुआ जिसमें पहली बार स्त्रियों में व्याप्त चिररुग्णता के बारे में छिपे पहाड़ जैसे तथ्य सामने आए। पता चला कि बानवे प्रतिशत ग्रामीण स्त्रियाँ प्रजनन सम्बन्धी गुमनाम रोगों से ग्रस्त हैं।

अन्त में 'करक करेजे माँह' उदयपुर के अर्थ संगठन से सम्बद्ध अध्याय है जिसके शुरू में मीराबाई के शब्द हैं :

'बैद बुलाया बैदगी आके पकड़ी बाँह
बौरा बैद न जानई करक करेजे माँह'

स्वास्थ्य संगठनों में भी बावले वैद कम न होंगे, पर धन्धा है, जो फल-फूल रहा है। सूखा, बाढ़ या भूकम्प बड़ी त्रासदियाँ हैं और केन्द्र सरकार सहित सहायता एजेंसियाँ, मीडिया के साथ दौड़ पड़ती हैं—पर आधी सदी बाद भी राजस्थान के जनजातीय क्षेत्र हमारे लिए अनजबी हैं। यहाँ मिशनरियों, नृतत्वशास्त्रियों और दान देनेवाली संस्थाओं की विहार-स्थली बन जाती है। मृणाल पाण्डे का दुख है कि आज भी एक आदिवासी औरत भूखी चिड़िया की तरह फड़फड़ा रही है और उड़ नहीं पा रही है।

कहने की जरूरत नहीं कि 'ओ उब्बीरी' बगैर किसी सैद्धान्तिकी के स्त्री स्वास्थ्य और प्रजनन या लैंगिक विमर्श के बहाने आजाद भारत की गुलामी की एक भयावह दास्तान है। वह बीहड़ क्षेत्रों की दुर्गम यात्रा है और उसका महत्त्व इतिहास और विमर्श होने से अधिक है। जब कविता में स्त्री विमर्श का इतना विस्तार है तो ऐसे समाजशास्त्रीय अध्ययन अप्रासंगिक नहीं रह गए हैं।

अँधेरे कुएँ से आवाज़

टहलने और फोन करने के बहाने घर से निकला, तो एक ठेले पर बिकने वाले अस्तव्यस्त सरोसामान के साथ जो गाना बजता जा रहा था, वह चौंका देनेवाला तो था ही, अन्तर्निहित विडम्बना में अज्ञात दहशत से भर देनेवाला भी था। 'ऐसे आए हैं मय्यत में मेरी/जैसे शादी में आए हुए हैं।' यह पंक्ति अपनी जगह, पर धुन तो ऐसी मानो अँधेरे कुएँ से कोई चीखती आवाज आ रही हो। पीसीओ पर बैठने से पहले एक पुर्जे पर पंक्ति टाँक ली और दिल्ली-कोलकाता-भोपाल फोन करके घर आ गया। जैसा अक्सर हर दिन एक बार होता है।

मन पता नहीं क्यों, इस एक हिला देनेवाली पंक्ति के आगे-पीछे के अभिप्राय की तलाश में बेचैन था। मैंने कथाकार मित्र बादशाह हुसैन रिजवी को फोन किया और पूछना चाहा कि इन दिनों चलने वाले बाले मियाँ के मेले के बारे में कोई ऐसा मिथक तो नहीं, जो इस पंक्ति से जुड़ता हो। उधर खबरों में दो घटनाएँ और उन्हें लेकर अगल-अलग बयान ! एक तो आसपास के किसी अजाने गाँव भिटनी के मदरसे पर पथराव या तोड़फोड़ को लेकर साम्प्रदायिक तनाव, जिसे हमारे एक समाजशास्त्री-विचारक आपराधिक घटना की तरह देखते हैं। दूसरे, विहिप या हिन्दू जागरण मंच के कार्यकर्ता सैय्यद सालार मसूद उर्फ बाले मियाँ के मेले के बारे में हिन्दू जनमानस में लम्बे समय से संचित इस भ्रम या अंधविश्वास को तत्काल दूर करने पर आमादा हैं कि बाले मियाँ कोई सूफी फकीर या सन्त या दरवेश थे। उनकी बात पर यकीन करें तो वे डकैत, लुटेरे, आततायी या आक्रमणकारी थे, जिन्हें हिन्दू राजा सुहेलदेव पासी ने युद्ध में मार गिराया था। ऐसे लोक-मिथकों के वृत्तांत सदियों तक इतनी गहरी नींव बना चुके होते हैं कि उनके पीछे चाहे भ्रम ही हों, उनकी खुरचन अचानक मिटाई नहीं जा सकती।

याद कर सकते हैं कि कुर्रतुल-ऐन हैदर अपने क्लासिक बन चुके उपन्यास 'आग का दरिया' (1959) में लिखती हैं : 'जिस प्रकार पिछले दो हजार वर्षों से शाक्यमुनि विष्णु के अवतार बना दिए गए थे, महायान बौद्ध मत के मन्दिरों में हजारों देवी-देवता बस चुके थे और सारा बिहार तान्त्रिक मन्त्रों और देवी तारा के भजनों की आवाजों से गूँज रहा था, उसी प्रकार बुतों को नष्ट करने वाला मसूद गाजी पिछले दो सौ वर्षों से बाले मियाँ के रूप में कौसल देश के लिए देवता बन चुका है। हिन्दू और मुसलमान दोनों ही उसके मजार पर चिराग जलाते हैं और बारात निकालते हैं।' इन पंक्तियों को पढ़ते हुए इतिहास, लोक़ और मिथक (जिनमें विश्वास-अंधविश्वास दोनों घुल मिल गए हैं) के रिश्तों को समझने

के लिए इतिहास दृष्टि की वैज्ञानिकता और प्रामाणिकता की जाँच जरूरी है। अजब है कि महज इस मामले में पहली बार विहिप और हिन्दू जागरण मंच कम्युनिस्टों के इतिहास बोध को सही ठहरा रहे हैं। वे बहराइच के किसी चित्तौरा झील के तट पर महाराज सुहेलदेव का विजयोत्सव समारोह तक आयोजित कर चुके हैं। उनकी माँग है कि बाले मियाँ के मेले में हिन्दू जाना बन्द करें। इस मेले के नाम पर घोषित सरकारी छुट्टी रद्द की जाए। देख रहा हूँ कि लोक मिथक का महत्त्व रत्ती भर कम नहीं हो रहा है। बहराइच के मेले के उन्माद से लेकर हिन्दू-मुसलमान स्त्रियों-पुरुषों के मनौतियाँ मानने और तरह-तरह के चमत्कारों पर मुग्ध होने वालों की संख्या लाखों में है।

याद आता है कि अमृतराय लिखित प्रेमचन्द की जीवनी में बाले मियाँ के मेले का वृत्तांत है। फ़िराक़ के किसी आत्मवक्तव्य में मेले की उस छवि का विलक्षण बयान है जो प्रकारान्तर से प्रेमचन्द के यहाँ भी है कि आने-जाने वालों का तार नहीं टूटता। रात मेले में बिताकर सुबह-सुबह जो भीड़ लौटती है, उसमें सिरों पर टिके तरबूजों की कतार यहाँ से वहाँ तक नजर आती है। प्रेमचन्द की जीवनी 'कलम का सिपाही' में अमृतराय लिखते हैं : 'गोरखपुर प्रेमचन्द के लिए कोई नई जगह नहीं है। यहाँ के एक-एक गली-कूचे से वह परिचित है। बचपन के कई बरस उसने यहाँ बिताए हैं। आवारागर्दी भी खूब की है। तिलिस्मे होशरुबा और हरमसरा के क़िस्से भी यहाँ पढ़े और सुने हैं। बाले मियाँ के मैदान में पतंगों का लड़ना भी घंटों यहीं देखा है। और तरस कर रह गया है, क्योंकि खुद पतंग उड़ाने के लिए पास में पैसे नहीं थे।'

सदियों पार जाकर इतिहास मिथक में बदल जाता है, मिथक इतिहास में, फंतासी यथार्थ में और यथार्थ फंतासी में परस्पर गड्डमड्ड नजर आते हैं। इतिहास में भूलसुधार हमेशा सच का पक्ष लेकर नहीं आता। कहना कठिन है कि कब इतिहास में कौन-सा पाठ वर्चस्व हासिल कर लेगा और कौन-सा पाठ हाशिए पर फेंक दिया जाएगा। रहा, कुर्रतुल-ऐन हैदर का उपन्यास 'आग का दरिया' तो यह भी याद रहे कि उसकी मुख्य अन्तर्वस्तु है—देश विभाजन की त्रासदी। यह उपन्यास के रूप में एक महावृत्तांत है—जितना समयबद्ध, उतना ही समयातीत। समय की अनन्तता में मुक्त विचरण करता एक महान आख्यान।

मेरे भीतर उस पंक्ति के सहारे चली आती धुन—'ऐसे आए हैं मय्यत में मेरी/जैसे शादी में आए हुए हैं'—जस की तस बेचैनी भरने वाली है। अगर प्रसंग मौत का भी है और ब्याह-शादी का भी, तो याद आते हैं—कबीर : 'दुलहिनि गावहु मंगलवार'। कहना कठिन है कि स्मृतियाँ कितनी तार्किक होती हैं, कितनी तर्कातीत। इतिहास और मिथक का विपर्यय एक अनन्त खेल है। संकट यह है कि एक इतिहास का सच अगर कम्युनिस्टों तक के इतिहास बोध के प्रति आश्वस्त करने वाला है, तो मदरसों को यहाँ से पाकिस्तान तक और इधर नेपाल के सीमा क्षेत्रों तक आई.एस.आई. के जाल या इस्लामी आतंकवाद के रूप में प्रचारित प्रवादों के बारे में वामपंथियों की राय अविश्वास के दायरे में क्यों है। सच और झूठ को सत्ता अपने वर्चस्व के लिए जब तक केवल अपने हित का मुद्दा बनाकर रखेगी, तब तक यह डर जाने वाला नहीं है कि सत्ता अपने फासीवादी चरित्र में संस्कृति

का सबसे बड़ा संकट बन चुकी है। भिटनी गाँव के मदरसे की तोड़फोड़, अल्पसंख्यकों के घरों की लूट को लेकर दो तरह के पक्ष हैं—आमने-सामने। और सत्ता की पुलिस फिर एक बार गुनहगार तमाशाई है।

इस अप्रिय घटना पर कोई और टिप्पणी न करते हुए मैं वामपंथी विचारधारा के पत्र 'समकालीन जनमत' के अक्तूबर-दिसम्बर 2002 अंक में प्रकाशित दस्तावेज 'चन्दनबाड़ा मदरसा पर नागरिक रपट' की ओर सजग पाठकों, विशेषकर इतिहास के अध्येताओं का ध्यान खींचना चाहूँगा। रपट प्रकाशित करते हुए कहा गया है—इंसानी एकता मुहिम, पटना की ओर से जारी की गई यह रपट मदरसों के विरुद्ध चलाए जा रहे उस साम्प्रदायिक दुष्प्रचार का खण्डन करती है जो सत्ता के फासीवादी एजेंडे के अधीन सच को झूठ और झूठ को सच बनाकर पेश करने के रणनीतिक कार्यक्रम का हिस्सा है। यहाँ इसका दुष्प्रचार जारी था कि चन्दनबाड़ा मदरसे में अवैध तहखाने और शस्त्रागार हैं, वहाँ अचानक बिना बताए पहुँचने पर भी न तहखाने मिले, न हथियार ! मिली तो एक विकसित लाइब्रेरी, जिसमें अठारह हजार किताबें हैं—दो हजार उर्दू की, अंग्रेजी की सात सौ के लगभग, हिन्दी की सत्तर, शेष अरबी और फारसी की। यहाँ और कुछ न कहकर 13 मई 2003 को हारलेम, न्यूयार्क के रिवरसाइड चर्च में सुप्रसिद्ध लेखिका अरुंधति राय के भाषण के इस हिस्से की याद दिलाना काफी है—'इराक के खिलाफ युद्ध जीत लिया गया और अभी तक जनसंहार के हथियार नहीं मिले हैं। शायद वे तभी मिलेंगे जब उन्हें वहाँ चुपके से रखा जाएगा और इसका कोई जवाब नहीं होगा कि जब हुसैन के देश पर हमला किया गया तो उन्होंने ऐसे हथियारों का इस्तेमाल क्यों नहीं किया।'

कविता का अर्थ

फ्रेंच विचारक रोलाँ बार्थ ने पाठ की रहस्यमयता (Mystique of the text) का सवाल उठाया था तो कहना मुश्किल है कि किस हद तक कविता को ध्यान में रखकर और कहाँ तक पूरे विमर्श (डिस्कोर्स) को ध्यान में रखकर, जो एक 'वाक्य' भी हो सकता है। सौराष्ट्र विश्वविद्यालय के अंग्रेजी तथा तुलनात्मक साहित्य विभाग द्वारा आयोजित राष्ट्रीय संगोष्ठी (**उन्नीसवीं शताब्दी : साहित्यिक-साहित्येतर विधाएँ** : हिन्दी, गुजराती, अंग्रेजी साहित्य के सन्दर्भ में) से लौटकर पहले ही दिन अपने शहर के अभिविन्यास पाठ्यक्रम के अन्तर्गत मेरा पहला व्याख्यान **उत्तर आधुनिक विमर्श** पर केन्द्रित था। वहाँ साथ थे—नामवर सिंह, भोलाभाई पटेल, सीतांशु यशश्चन्द्र और अलका सरावगी! यहाँ प्रतिभागी थे—विभिन्न अनुशासनों के युवा और प्रौढ़ अध्यापक—मेघालय, मणिपुर, असम तथा उत्तर प्रदेश, मध्यप्रदेश और बिहार के। ज़ाहिर है व्याख्यान वैश्विक विमर्श और साहित्य का भविष्य, दरीदा और भर्तृहरि, अरस्तू और अभिनवगुप्त तक गया और प्रश्न ही प्रश्न उठाकर रह गया। याद आया कि राजकोट में एक छात्रा ने अपना नाम ही **'ध्वनि'** बताया था और विनोदपूर्वक मुझे कहना पड़ा—फिर तो कोई वक्रोक्ति भी होगी। वह सारा आयोजन इतना सर्जनात्मक, आत्मीय, उत्तेजक था कि कई नाम स्मृति में हैं—जैसे नीलोफ़र भरुचा, अवनीश भट्ट, गुजराती कवयित्री उषा उपाध्याय, अखिलेश त्रिपाठी। अच्छा लगा कि मेरी छात्रा-जैसी **विन्दु भट्ट** को इस साल का **साहित्य अकादमी पुरस्कार** मिला। उनके घर बैठकर रात देर तक कविताएँ सुनाता रहा, जबकि सुबह सात बजे एक महिला महाविद्यालय की छात्राओं से **'कविता का अर्थ'** पर बात करनी थी। उससे पहले अहमदाबाद में काव्य पाठ। तब प्रभा मुजुमदार की कविताएँ भी। यह स्वीकार करने में किसी को असुविधा नहीं हुई कि कविता का निश्चित अर्थ हो, ज़रूरी नहीं।

आज के अभिविन्यास कार्यक्रम को ''जटिलता के विरुद्ध मूर्खतापूर्ण सरलता की माँग'' कहा जा सकता था। आयोजकों के सन्दर्भ में नहीं, प्रतिभागियों के सन्दर्भ में। उन्हें तीन-चार प्रश्नों के सीधे-सटीक उत्तरों की ज़रूरत थी, परिभाषाओं की ज़रूरत थी—वह भी दो टूक। **'कविता और कविता बेन से संवाद,' 'एलिना के लिए', 'सुबह-सबेरे,' 'भूमिकाएँ'**—जैसी कविताएँ पढ़कर सफ़ाई दी—कि सच तो यह कि कविता का अर्थ होता ही नहीं है। या कि कोई और, कोई और अर्थ या अभिप्राय हो सकता है—पर एक नहीं, स्पष्ट नहीं, दो टूक नहीं। और यह भी पूछने का मन हुआ कि क्या—'आकाशदीप,' 'पूस की रात', 'उसने कहा था,' 'राजा भोज का सपना' का एक

अर्थ है ! **कविता में कविता** कहाँ है ! **कहानी में कहानी कहाँ है,** तसलीमा नसरीन का **'लज्जा'** उपन्यास के रूप में क्या है ! **नौकर की कमीज़** विनोदकुमार शुक्ल की **कविता** है या **उपन्यास** या **फ़िल्म**। 'होना कहाँ था वो भी जो हम समझे थे !' शमशेर की रुबाई है—

हम अपने ख़याल को सनम समझे थे
अपने को ख़याल से भी कम समझे थे
होना था समझना न था कुछ भी शमशेर
होना भी कहाँ था जो ***भी*** *हम समझे थे*

यहाँ तो प्रश्नकर्ता घबराहट में पूछ रहे थे कि आधुनिकता क्या है, उत्तर आधुनिकता क्या है ! उनका आरम्भ किस तिथि को हुआ और कब हुआ ! आधुनिकता को आधुनिकता के 'उत्तर' से कैसे अलगाया जाए ! अब यह कैसे समझाया जाए कि एक **आन्दोलन** न एक **तिथि** को जन्म लेता है, न एक तिथि को मर जाता है। कई तो **संधिकाल** होते हैं, जो सुविधा के तर्क से ही एक-दूसरे से अलग होते हैं। यह रेने वेलेक और एफ.आर. लीविस सभी कहते हैं।

कभी जे.एन.यू., नई दिल्ली की छात्रा रह चुकी **करुणा गुप्त** पुनश्चर्या के लिए आईं और इंटरव्यू लिया—पूछा—'आपने अभिव्यक्ति के लिए **कविता** को ही क्यों चुना ?' मेरा असहाय-सा उत्तर था—''कुछ पता नहीं होता कि **हम** किस **विधा** को चुनते हैं और कब या क्यों ! शायद **विधा** ही हमें चुनती है ! तभी तो हम कहते हैं कि **कन्टेन्ट** ही **फ़ार्म** है और **फ़ार्म** ही **कन्टेन्ट**।'' यहाँ इशारे अध्यापक वृत्तिवालों के लिए व्यर्थ थे। फ़िराक़ का शेर है—**कुछ इशारे थे जिन्हें दुनिया समझ बैठे थे हम !** व्याख्यान में **एडोर्नो** का जिक्र आया जिन्होंने **संगीत और उत्तर आधुनिकता** पर विचार किया और संगीत के सन्दर्भ में कहा कि उत्तर आधुनिकता **प्रोटेस्ट** भी है और **यूटोपिया** भी। बल्कि Negative Utopia है—**निषेधमूलक स्वप्न**। सलमान रुश्दी मार्क्वेज़ लगातार चर्चा में रहे। **हेमन्त कुकरेती** की कविता **'ईश्वर का वेतन'** / वरिष्ठ कवियों में **केदारनाथ सिंह** की **'शहर बदल'** और **'पांडुलिपियाँ'**। केदारनाथ सिंह अब होश में बेहोशी, यथार्थ में फंतासी संभव कर पाते हैं। 'बाघ' को क्या **जादुई यथार्थवाद** के दायरे में हम परिभाषित कर पाएँगे ! वह **इकाई** में **एपिक** है—महाकाव्यात्मक कल्पना के बग़ैर असंभव। शायद **मंगलेश**-जैसे कवि के सांगीतिक अभिप्रायों को अभी तक आलोचना खोल नहीं सकी है—**'संगतकार'**, **'अमीर खाँ'**, **'केशव अनुरागी'**, **'गुणानन्द पथिक'** ये कविताएँ संगीत के मर्म में इस तरह प्रवेश करती हैं जैसे कविता उच्चतम संगीत हो और संगीत सर्वोच्च कविता। यह वह संगीत है जो जितना **'बाहर बजता है उतना अपने भीतर भी'**। केशव अनुरागी की पंक्तियाँ हैं—*''एक पाखे से फूटते बोल सुनकर बज उठता है / दूसरे पाखे का कोई ढोल बतलाता है उस तरफ़ के हालचाल !'* आगे : *''पानी की पहली कोमल बूँद यह फुहार / यह झमाझम बारिश यह बहने लगी नदी / यह बना एक सागर विराट प्रकृति गुंजायमान / लेकिन मैं हूँ एक अछूत कौन मुझे कहे कलाकार !''* **'अमीर खाँ'**

पर कविता जो **सांगीतिक महाकाव्यात्मकता** प्राप्त करती है, वही **थ्योडोर अडोर्नो** का **प्रोटेस्ट** भी है और **यूटोपिया** भी। यहाँ अक्षय वर्तमान ही विगत और भविष्य के बीच का पुल है। *'संगीत के मेरुखंड में तुम कहीं एक कोना ढूँढ़ते रहे / तुम बनाते रहे एक असंभव घर / सरगमों और छूट की तानों में / खिड़कियों दरवाज़ों के लिए खाली जगहें छोड़ते हुए / इतनी दूर से तुम सहज ही सम पर लौट आते थे / जैसे कोई लौटता है अपने घर / जहाँ बहुत दूर की चीज़ें भी बहुत पास रखी हुई होती हैं।'* कविता यही तो करती है—सुदूर को नज़दीक लाती है। युवा कवि **हेमन्त कुकरेती** के लिए वह 'थोड़ा-सा पानी' और 'ढेर सारा नमक' लाती है।

—"अपने समुदाय की तरफ़ से मैं कहता हूँ कि हड्डियाँ कहीं और गिरवी हैं हमारी / हमें शरण देने के नाम पर बहस बाद में करना / अभी तो हमें थोड़ा-सा पानी दो / जिसमें ढेर सारा नमक हो।" हेमन्त का ही कहना है *"मैं पृथ्वी का अटूट धैर्य हूँ / और आकाश की अतल चुप्पी / पानी से भी ज्यादा पतले मेरे दुख / काटते रहते हैं मुझे।"*

आज के कवियों को पढ़ते हुए कविता का निश्चित अर्थ एक असंभावना है। कभी इब्बार रब्बी जोखिम उठा सकते थे। आज **बोधिसत्व, बद्रीनारायण, स्वप्निल, प्रेमरंजन अनिमेष, आर. चेतनक्रांति, आशुतोष दुबे** लगातार काव्य विन्यास को कविता के बने-बनाए व्याकरण के बाहर ले जा रहे हैं। **'कमलादासी की कविताएँ'** लिखते हुए बोधिसत्व मिर्ज़ा हादी रुस्वा हो जाना चाहते हैं जिन्होंने सौ साल पहले 'उमराव जान' लिखा। **'न कोई ठौर'** कविता में बोधिसत्व लिखते हैं—*"मैं सुलग रही हूँ / लाल लपटें उठ रही हैं / आकाश तक / धूसरित / मिथिला के बाद अयोध्या से दूर / पंचवटी के भग्न हृदय में / मैं सुलग रही हूँ / मैं पार्वती / मैं कमला / मैं काया स्त्री की / रोज हरण रोज़ विलाप / पर निस्तार कोई नहीं... ।"* 'कांसे की घंटियाँ', 'पानी' (सर्वेन्द्र विक्रम) एक स्त्री का रोज़नामचा (अनिल त्रिपाठी), वसन्त त्रिपाठी की कविता 'अब क्या' भाषा के बीच खाली छूटी जगहों को समझने की दृष्टि से उल्लेखनीय है। श्रीप्रकाश शुक्ल की 'तीन बहनें' भी।

'मैं विचार में ही गाता हूँ;' टिप्पणी में कवि **लीलाधर मंडलोई ने कुमार गन्धर्व** को याद किया है—जिनका कहना है—"**पीछे देखने को समय है ही नहीं। पीछे वो देखता है जिसको समय** हो।" आज की कविता को एक बार शुरू से—अर्थात् वर्णमाला से चलने की जरूरत है। पीछे देखना हो तो हज़ार साल पहले देखना भी सम्भव है। **अंशुल त्रिपाठी** जैसा कम परिचित युवा कवि इस भाषा में लिख सकता है : *"मुझे ये छूटा हुआ फंदा / एक ताबूत की तरह नज़र आता है / जिसमें ये पूरा का पूरा स्वेटर / एक दिन समा जाएगा / उस एक दिन / कोई अर्थ नहीं होगा तुम्हारे आने का !"* **पंकज चतुर्वेदी** के लिए—*"बुखार में लिखी गई चिट्ठी / खून से रौशन सतह पर / शब्द की दस्तक है।"* कविता का बुखार कविता का रूमान नहीं है—विद्रोह का रूमान भी है।

अज्ञेय की कविता **'असाध्य वीणा'** को भाष्यकर्ताओं ने **'अँधेरे में'** के समकक्ष रख

दिया है। रमेशचन्द्र शाह को यह समझने में कठिनाई होगी कि कम शब्दों में **मंगलेश डबराल** की कविता **'रचना-प्रक्रिया'** न सिर्फ **भिन्न** कहनेवाली है, बल्कि कुछ अलग **अद्वितीय** भी कहनेवाली है। *"हारमोनियम से उठते स्वरों को उसने इस तरह पकड़ा / जैसे कठिन चढ़ाई पर हम पकड़ते हैं घास झाड़ियाँ टहनियाँ / कई जगह वह छोड़ देता था लम्बे अन्तराल / सुस्ताने बैठ जाता था / ...कभी-कभी उनमें प्रवेश कर जातीं बाहर की आवाज़ें / सहसा वह सारे अवलम्बन छोड़कर गाने लगता अकेला... ।"* **मंगलेश** की कविताएँ अपनी हकलाहट में भी **'दीवार में एक खिड़की'** (विनोद कुमार शुक्ल) की तरह हैं। उपन्यास में एक वाक्य आता है : "याद आने में किसी वस्तु, दृश्य, समय इत्यादि का बहुत आधार या तारतम्य नहीं हो पा रहा था।" जैसे यह वाक्य मंगलेश की रचना-प्रक्रिया को समझने की कुँजी हो। **मंगलेश** के संग्रह का नाम है : **'आवाज़ भी एक जगह है।'** राजेश जोशी लिखते हैं—*"उसकी कई आवाज़ों में एक आवाज़ / उसके छत से टपकने की भी थी / टपके की जगह पर जब कोई बर्तन रख दिया जाता था / तो उसमें छन्न...की एक आवाज़ और जुड़ जाती थी।"* 'एकस्वरता और 'नीरवता' अलग-अलग शब्द हैं। जन्मशती के अवसर पर जीवनानन्ददास ऐसे पढ़े गए जैसे इधर का कोई हमारा समकालीन। **'वनलता सेन'** (अनुवाद : प्रयाग शुक्ल) कई अर्थों में हमारे समय के स्त्री-विमर्श का हिस्सा बन गई :

संध्या आती, ओस बूँद-सी दिन के चुक जाने पर धीरे
...   .
थम जातीं सारी आवाजें चमक जुगनुओं की रह जाती
और पांडुलिपि कोरी जिसमें कथा बुनेगी रात उतरती
सब चिड़ियाँ सब नदियाँ अपने घर को जातीं
चुक जाता है जीवन का सब लेन-देन
रह जाता केवल अन्धकार—सामने वही ***वनलता सेन***

कविता का अर्थ तो अलग, कविता का सारांश भी असम्भव है। मलयालम के कवि **के. सच्चिदानन्दन** की कविता 'अशान्त' एक लम्बी आत्मकथात्मक कविता है जिसमें 'निघंटु' शब्द बहुअर्थव्यंजक है। जैसे **अष्टभुजा शुक्ल** की कविता 'हलन्त्'। हलन्त् की पंक्तियाँ हैं—

"सदैव अन्त में या बीच में / लेकिन सदैव जिसे सबसे नीचे मिली जगह / जिससे, आपस में मिले बहुत सारे विरोधी शब्द / व्यंजनों के नीचे पहुँचकर / उसे आधा कर देनेवाला / स्वर को हटा देनेवाला / वह अनंग 'हलन्त्'।" के. सच्चिदानन्दन लिखते हैं—*"शब्द से गिरा एक अक्षर था मैं / आज भी उस शब्द को खोजता हुआ / हर एक शब्द में बैठकर देखता हूँ / अपना नहीं जानकर / छोड़ आता हूँ / निघंटु में अकेले / डरते हुए।"* **'देखना'** और **'सुनना'** शायद कम होता जा रहा है—जीवन में। कविता इन्हीं पर निर्भर है। आशुतोष दुबे के संग्रह का नाम है—'असंभव सारांश'। बहुतों को उन पर अशोक वाजपेयी का प्रभाव दिखेगा पर आशुतोष कविता के मुहावरे में एक

नया हस्तक्षेप कर पा रहे हैं। देशज का पुनरुज्जीवन उनकी ऐन्द्रिकता का ही हिस्सा है। **'सुनना चाहता हूँ'** कविता की पंक्तियाँ हैं—*"किस तरह देती हैं धन्यवाद/सूर्य के अक्षयपात्र से/दाना चुगती हुई पत्तियाँ/किस तरह सूर्य अपनी चमक के लिए/...क्या कहता है जंग लगा ताला/अब अचानक मिलती है/बरसों से गुमी हुई चाबी/कितनी साफ़ सुनाई देती है/पुरखों की इतमीनान भरी साँस/सुनना चाहता हूँ।"* कविता का तुरत-फुरत अर्थ निकाल लेनेवाले पाठक **अनीता वर्मा** की **'जुलाई'** को किस तरह पढ़ेंगे—कैसे पढ़ेंगे इन पक्तियों को—*"हम इसे बर्फ़ तक ढोएँगे/डाल देंगे दिसम्बर की गोद में/जनवरी हमारी कब्र होगी/पड़ी होगी उस पर धूप 'बारिश और बर्फ़।"* भ्रम होगा कि अमरीकी कवयित्री **एमिली डिकिन्सन** को पढ़ रहे हैं—मरणोपरान्त प्रकाशित एमिली की डायरी के शब्द हैं—"तुम्हे क्या पता कि क्या-क्या तुम बुन सकते हो। इन अदृश्य धागों से ! सुनहरे धागे, जो तुम्हें जीवन के प्रति लगातार उत्सुक बनाते हैं !...**संगीत** की जगह मैं चुनती हूँ चुप्पी। याद आती है मंगलेश की गद्य कविता—*"कागज की कविता !"* या मदन कश्यप जैसे युवा कवि के शब्द—"जितना बड़ा होता है घर/उतना ही छोटा होता है स्त्री का कोना। यह कविता के लिए भी सच है। दुनिया के कामचलाऊपन के बीच विरल होती जाती है कविता। मदन कश्यप का कहना है, 'जितने शब्द आ पाते हैं कविता में, उससे कहीं ज्यादा छूट जाते हैं।'

कविता का अर्थ अनिश्चित इसलिए है कि कविता का काम झूठ के बग़ैर चल नहीं सकता। यहाँ सच और झूठ, यथार्थ और कल्पना, वस्तुगत और फंतासी के बीच एक झीना परदा है—'अक्षरपर्व रचना वार्षिकी 2003' में **आर. चेतनक्रान्ति** की कविता 'एक बार फिर करुणामय' की शुरू की पंक्तियाँ हैं—*"मैंने सारा खतरा अपनी तरफ़ रखा/और शहर के बीचोबीच खड़े होकर पूछा/कि अगर आप चाहें तो बता दें कि सच क्या है/...क्योंकि मेरे पास सच को जानने का कोई तरीका नहीं था/और क्योंकि उन्हें झूठ से अनेक फ़ायदे थे/इसलिए/उन्होंने बिल्कुल सच की तरह सहज होकर कहा/कि सच तो यही है जो तुम देख रहे हो।"* कविता आगे एक और मोड़ लेती है—*"और ईश्वर से कहा कान में/कि चलो अभी स्थगित करते हैं... ।"* कहना न होगा कि न कविता का सारांश संभव है, न अर्थ, न सटीक भाष्य। कविकर्म भीतर बाहर को जोड़नेवाला एक पतला धागा है—सहमति-असहमति के बीच।

उदात्त और **खिलन्दड़ेपन** की कविता का अर्थ और भविष्य कहीं छिपा हो सकता है। **बद्रीनारायण** ने इतिहास समाजविज्ञान दर्शन के बीच से एक नया मुहावरा विकसित किया है जो कभी-कभार दूसरों के यहाँ भी हो सकता है-जैसे **निलय उपाध्याय** के यहाँ विलक्षण विन्यास और विखंडन में। *"चीखते-चीखते थक चुका हूँ/अब चुप होना चाहता हूँ/मेरी गलतियो/जो मैंने कीं और नहीं कीं/मुझे क्षमा कर दो कतार में खड़ी अपेक्षाओं/चलते चलते/जैसे फट जाती है रिक्शे के ट्यूब की हवा/फट गया है मेरे भीतर का साहस/मेरा धीरज।"* **'अकेला घर हुसैन का'** से **'कटौती'** तक ठेठ देशज और अजनबी शहरीपन का द्वन्द्व एक से अधिक अर्थ देता है। सिर्फ़ भदेस काफी नहीं हैं।

स्मृति संवेदना का वह पतला धागा भी जरूरी है जो अदृश्य हो तो हो अजाना नहीं है। हरीश्चन्द्र पाण्डे और श्रीप्रकाश शुक्ल जैसे युवा कवि का भेद यहीं जाना जाता है। देशज के ठाठ को सब कुछ नहीं मान लेना चाहिए, यह अष्टभुजा शुक्ल को भी पता है। इसलिए विचलन के दूसरे रास्ते भी खोज लेतें हैं। आज गुमनाम कवियों में कभी-कभी ऐसी चमक दिख सकती है जिस पर अचरज हो ! बद्रीनारायण जो एक दशक से अधिक पहले से कविता के इलाक़े में नई संभावना हैं–वे ही लिख सकते हैं–"बुदबुदाहटें दुनिया भर के उत्पीड़ितों की सबसे विश्वसनीय दस्तावेज़ होती हैं।" या **'साइकिल'** या **'नागरिक सभ्यता'**। वे ही लिख सकते हैं–'नागरिक-बुद्ध संवाद :

–"अब भी नगर में बजते हैं घंटे/अब भी रोहिणी, पुर्णिका, पटाचार/आदि स्त्रियों के गृहत्याग की पूरी संभावना है/अब भी यहाँ दिन अत्यन्त दमनकारी होते हैं/रातें दुखदायी !"

कला आलोचक के रूप में **बॉदलेयर** को पढ़ते हुए **ऑक्तोवियो पाज़** ने कहा था : आधुनिक का लक्षण है एक धब्बा–समय से आहत एक उपस्थिति, मृत्युविद्ध छाप। आधुनिकता एक **तिथिहीन पुरातनता** (antiquity) है। इस अर्थ में कि जो **आधुनिकतम** है वही **प्राचीनतम** है।

कालबद्ध और कालातीत के बीच अर्थ की **अनिश्चितता** एक विशेष अभिप्राय है–इस अर्थ में उन्नीसवीं सदी बीसवीं में, और बीसवीं इक्कीसवीं में संक्रमित है। कभी निजता का महोत्सव है–जो कि उन्नीसवीं सदी से पहले का दौर है; उन्नीसवीं में एक गोपन आत्मकथा का उपन्यास है; बीसवीं में पर्सनल ही पोलिटिकल हो जाता है। कविता का अर्थ भी धीरे-धीरे खुलता है। वह एक मुक्त पाठ (open text) बनता है। जो इससे इनकार करते हैं, वे कभी कविता के निकट नहीं जा पाते। दूर-दूर से वे अर्थ खोलने की कुंजी तलाशते हैं, जो सूचनाओं के अम्बार में गुम है। **दरीदा** के लिए पाठ ही सब कुछ है–**पाठ** के बाहर कुछ नहीं है–पर जो पाठ है, वही किस जादू से कम है ! जादुई यथार्थवाद आदिम से आधुनिक तक की काव्ययात्रा है। न उसे परिभाषित किया जा सकता है, न उसका अर्थ खोजा या बताया जा सकता है। **बॉदलेयर** ही कह सकते थे–*"मैं अकेला ही करता अद्‌भुत मशक्कत / हर कोने में कविता के पैतरों को टोहता / हर शब्द को पीसता जैसे चक्की पर / भिड़ता जब-तब ध्यानमग्न रचे छन्दों से।"*

कविता कौन पढ़ता है

बीसवीं शताब्दी के आखिरी दशक में आधुनिक स्पहानी कवि आक्तोवियो पॉज़ का एक लेख 'पार्टिज़न रिव्यू' में छपते-छपते चर्चा में आ गया था—'कविता कौन पढ़ता है !' इस प्रश्न की एक अर्थध्वनि यह भी है कि कविता कितने लोग पढ़ते हैं ! पिछले दिनों हमारे विश्वविद्यालयों के हिन्दी प्राध्यापकों की एक राष्ट्रीय संस्था 'भारतीय हिन्दी परिषद्' का चौंतीसवाँ सम्मेलन सम्पन्न हुआ और इस बहाने कुछ ऐसा भी हुआ (शायद युवाओं की बड़ी हिस्सेदारी के कारण) जैसे बरसों की नींद टूटी हो और विचार या विमर्श के लिए भी नई सम्भावना प्रकट हुई हो। यहाँ उसका ज़िक्र इसलिए कि और सवालों के साथ हिन्दी कविता के समकालीन स्वरूप और संकट को लेकर भी कई सवाल इस संवाद में उभरकर सामने आए हैं। इस दृष्टि से आक्तोवियो पॉज़ के तब के निबन्ध को याद करते हुए 'कौन पढ़ता है' प्रश्न के साथ मुझे जोड़ना जरूरी लग रहा है—क्यों पढ़ता है ! और कैसे !

एक अनिवार्य विडम्बना विश्वविद्यालय के अध्यापक की यह है कि वह कविता पढ़ता भी है और कविता पढ़ाता भी है। इस 'पढ़ाने' में पद्धति की विडम्बना के साथ एक तरह का पूर्वग्रह युक्त दम्भ भी शामिल है। उसे कहने का अधिकार प्राप्त है कि मैं कविता को ठीक से पढ़ता हूँ और ठीक-ठीक पढ़ाता हूँ, पर क्या करूँ—एक यह जो कविता है, खुलती ही नहीं है या खुलते-खुलते बन्द हो जाती है। अधिकारपूर्वक वह यह भी कह सकता है कि नहीं खुलती है तो मेरी निगाह में खराब कविता है—खराब अर्थहीन—अर्थ से परे। क्योंकि अर्थ होता, तो खुलता ही। ये वे हैं जो रस-रीति-छन्द-अलंकार भाषा—सबको स्वायत्त कर बैठे हैं। दक्ष भाष्यकार या टीकाकार हैं, कूटोक्ति समझते हैं, और तो और, स्वायत्तता के साथ-साथ अस्पष्टता का भी अर्थ और मर्म समझते हैं, जो एम्पसन ने बता दिया है कि सात ही तरह की होती है। जाने-अनजाने इसी आत्मसम्मोहन में उनसे चूक हो जाती है। उन्हें लगता तो है कि कविता ठीक पढ़ रहे हैं, पर चूक कहाँ हो रही है, जान नहीं पाते। दुख उनका यही है कि वह कविता हर तरह से अर्थहीन लग रही है और खुल नहीं रही है। दुरूह और दुष्कर लगनेवाला सांग रूपक तो समझ में आ रहा है, यह निरलंकार सादी लगनेवाली कविता समझ में या समझाने में हाथ नहीं आ रही है। पेंच या गुत्थी कहाँ है। संकट दरअसल यह है कि चूक कहीं और है और अधिक गहरी—कविता के सच्चे तात्कालिक आस्वाद में है। कविता के सामने आते ही अगर व्याख्या का दम्भ सक्रिय हो उठे, तो मुश्किल ही

मुश्किल है।

आलोचना या आलोचक का छल बेशक एक पूर्वग्रह हो सकता है। सफाई गैरज़रूरी है। वह संवेदना-सजग हो तो यह तो कहेगा भी नहीं कि यही कविता का एक और अन्तिम पाठ है और अन्तिम अर्थ भी यही है। अपवादों को छोड़कर अधिसंख्य अध्यापकों के पाठ में निहित दम्भ भी पूर्वग्रह है और बद्धमूल पूर्वग्रह है—क्योंकि वह कह रहा है कि अन्ततः यही है कविता—अच्छी और बुरी—और उसका एक ही पूर्वनिश्चित अर्थ है। इससे भिन्न या आगे नहीं है। पूर्वग्रह कई हैं। एक तो उसे समकालीन कविता के भी किसी व्यापक या सीमित पाठक वर्ग का पता नहीं है, जो जरूरी तौर पर अध्यापक या छात्र न भी हो, किसी और पेशे में हो और कविता से सच्चा प्रेम करता हो। वह कल्पना ही नहीं कर सकता कि उड़िया, नेपाली, मलयालम, बांग्ला पाठकों का कोई वर्ग हिन्दी के किसी थोड़े दुरूह और जादुई लगनेवाले कवि का प्रशंसक हो सकता है या उसे ऐसे किसी कवि की काव्य पंक्तियाँ याद हो सकती हैं। उदाहरण के लिए, उसके पूर्वग्रह तो इतने जबर्दस्त हैं कि 'नेपाली' कहते ही उसे किसी 'बहादुर' का ही ध्यान आता है जो होटलों में चाय के प्याले साफ करता है या कहीं दरबान होता है। युवा नेपाली पाठकों-पाठिकाओं का कोई चित्र उसके मानसिक भूगोल में बनता ही नहीं है। यह भी पूर्वग्रह प्रेरित भ्रम है कि गद्य सरीखी कविता स्मृति में टिक ही नहीं सकती। आश्चर्य यह कि ऐसा भ्रम धूमिल के बावजूद है।

हिन्दीभाषी क्षेत्र के अध्यापकों का मन इस गद्य कविता जैसी कविता से अधिक घबराता हुआ-सा लग रहा है। जबकि दूसरे भाषायी क्षेत्र के विश्वविद्यालयों के परिसर कविता-संवाद के लिए बेहतर मनोभूमि उपलब्ध करने में सक्षम या सम्भावनापूर्ण दिखाई दे रहे हैं। कभी-कभी तो दिल्ली-कानपुर के आई.आई.टी. जैसे परिसर। प्रकृति से घुमक्कड़ होने के नाते मुझे अक्सर इन अनुभवों से गुजरना पड़ता है। विषयान्तर न माना जाए, मेरे लिए प्रीतिकर अनुभव था जब सोलह साल पहले, 1984 में कोचीन विश्वविद्यालय के रामचन्द्र शुक्ल जन्मशती के अवसर पर युवा अध्यापिका एन.जी. देवकी पहली बार मुझसे मिलीं तो मलयालम के सबसे दुरूह समझे जानेवाले आधुनिक कवि कटम्मनिट्टा रामकृष्णन की कई कविताओं के हिन्दी अनुवाद के साथ। वे केवल द्विभाषी होने के कारण इस अनुवाद में नहीं लगी थीं—कविता के बारे में अपनी समझ बढ़ाना चाहती थीं। अब जब लम्बे समय बाद यहाँ वे मिलीं तो कविता के प्रति उनका प्रेम जस का तस था—कहीं अधिक विकसित। कुछ ही पहले गुजरात विद्यापीठ में गुजरात साहित्य अकादमी के निमन्त्रण पर मैंने इधर के ही काव्य परिदृश्य पर व्याख्यान दिया था। जो संवाद सम्भव था वह इधर की-सी न्यूनतम आपत्तियों को लेकर नहीं था—समझ में नहीं आती, गद्य सरीखी है या छन्द में नहीं है। यहाँ तो हाल यह है—'या रब न समझे हैं न समझेंगे मेरी बात।' वहाँ कविता की प्रकृति और संरचना पर जो बात हुई, वह आगे ले जानेवाली थी। व्याख्यान के अगले दिन गुजराती साहित्य पढ़ानेवाली वो अध्यापिका मुझसे कविता पर बातचीत के लिए अतिथि भवन में मौजूद

थीं, उनके हाथ में उदयप्रकाश का संग्रह 'रात में हारमोनियम' था और जिस कविता पर बातचीत केन्द्रित हुई, वह थी 'ताना-बाना।' यह सब प्रसंगवश।

इसलिए मुझे आक्तोवियो पॉज़ के 'कविता कौन पढ़ता है' प्रश्न के साथ जोड़ना जरूरी लग रहा है—'क्यों पढ़ता है !' और 'कैसे !' पढ़ाने के लिए सीधा सरल दो-टूक अन्तिम अर्थ बता देने के लिए पढ़ता है तो सब सीमाओं के साथ उसकी बड़ी सीमा यह है कि प्रक्रिया पर ध्यान नहीं, ध्यान परिणति पर है, अन्तिम अर्थ तुरन्त जान लेने और बता देने की बेताबी पर है। ऐसे अध्यापक-अध्येता समझ रहे होंगे कि विद्यापति को तो वे तैयारी के साथ पढ़ाते ही आ रहे हैं और कहीं मुश्किल नहीं है। उन्हें जाँचना चाहिए कि यहाँ उनके लिए बाधक पूर्वग्रह क्या हैं। यह प्रश्न दूसरे कवियों की कविता के सन्दर्भ में भी उठ सकता है। फिलहाल इतना ही कि सब कुछ जानने का दम्भ न केवल हमें कविता या किसी भी महत्त्वपूर्ण कृति के प्रति अविनम्र बनाता है बल्कि उस तक पहुँचने का रास्ता भी बन्द कर देता है। विजयदेवनारायण साही कहा करते थे कि साहित्य का संकट ही यह है कि हर कोई उसकी परिभाषा और प्रयोजन पूछना चाहता है—भीमसेन जोशी से कोई नहीं पूछता कि आप गाते क्यों हैं !

विडम्बना शायद यह भी है कि हम विश्वविद्यालयों में पचास साल बाद भी नई-नई लगनेवाली कविता के बारे में, उसे पढ़ाने के ढंग के बारे में खोज या बता नहीं पाए हैं कि कविता का अन्तिम और एक ही सुस्पष्ट अर्थ न बताएँ तो उसे सराहने के, पढ़ने और विश्लेषित करने के ढंग कैसे बताएँ, जो सरल अर्थ या व्याख्या का विकल्प बने और जिसकी सार्थकता परीक्षण पद्धति में भी स्वीकार योग्य हो सके। शायद कविता के पाठ की अच्छी कार्यशालाएँ ऐसे संवाद मार्ग की खोज में सहायक हो सकें।

आक्तोवियो पॉज़ ने अपने लेख में इस बात पर भी खेद प्रकट किया था कि एक कोई ऐसा समय भी रहा होगा जब लोकप्रियता और उत्कृष्टता एक बिन्दु पर मिल सकते थे और अब समय यह है कि लोकप्रियता का मानदंड ब्रिक्री (बेस्ट सेलर्स) है और उसकी कसौटी पर उत्कृष्टता को खारिज करने का चलन है। पॉज़ ने साफ तौर पर कहा था कि बाज़ार साहित्य की गुणवत्ता जाँचने की एकमात्र कसौटी नहीं है। फिर प्रकाशन उद्योग यह तो बताता है कि कविता की किताबें नहीं बिकती हैं, पर यह नहीं बताता कि जो बिकती हैं, वे कौन-सी किताबें हैं, मंचीय गीत-ग़ज़लवाली हैं या यही गद्य के-से विन्यासवाली हैं ? यहाँ बाज़ार के समाजशास्त्र पर विचार करनेवालों को दूसरे स्रोतों का पता लगाने की जरूरत हो सकती है। पॉज़ ने इसी दृष्टि से बन्द या स्थिर संरचना (स्ट्रक्चर) और मुक्त जीवन्त संरचना (आर्किटेक्सचर) में फ़र्क़ किया है।

●●●